Gertraud & Lydia Sigwart,
Viktor Grunser, Josef Mühlmann
und Christoph Wagner

DIE GUTE TIROLER KÜCHE

Gertraud & Lydia Sigwart,
Viktor Grunser, Josef Mühlmann
und Christoph Wagner

DIE GUTE TIROLER KÜCHE

über 400 traditionelle und zeitgemäße Rezepte aus Nord-, Ost- und Südtirol

loewenzahn

E-Mail: **loewenzahn@studienverlag.at** Internet: **www.loewenzahn.at**

Buch- und Umschlaggestaltung sowie grafische Umsetzung:
Kurt Höretzeder – Büro für Grafische Gestaltung, Scheffau/Tirol, Mitarbeit: Ines Zwerger

Fotografie: alle Fotos www.fotowerk.at, außer: S. 3 Ludwig Mallaun,
S. 6: Kunsthistorisches Museum, Wien (Schloss Ambras), S. 8: Herbert Gyss,
S. 196: Parkhotel Tristachersee, S. 256: Christa Engstler, S. 275: Landgasthof Linde,
S. 384, 389: www.shutterstock.com
Vignetten: alle von www.shutterstock.com, außer: S. 380: www.fotowerk.at
Umschlag: www.fotowerk.at

Fachlektorat: Renate Wagner-Wittula

Gedruckt auf umweltfreundlichem, chlor- und säurefrei gebleichtem Papier.

Bibliografische Information Der Deutschen Bibliothek
Die Deutsche Bibliothek verzeichnet diese Publikation in der Deutschen Nationalbibliografie; detaillierte bibliografische Daten sind im Internet über <http://dnb.ddb.de> abrufbar.

ISBN 978-3-7066-2419-0

INHALT

Zwischen Schloss- und Bergbauernküchen

Von kochenden Bürgerstöchtern und schlemmenden Fürstenhöfen

Wer etwas über Tirols Küche wissen will, der muss sich zunächst mit den Bett- und Küchengeschichten der alten Habsburger beschäftigen. Genau genommen geht es dabei um Erzherzog Ferdinand II., der eine geheime Ehe mit der Bürgerstochter Philippine Welser schloss. Sie war nicht nur, wie man sich auf alten Gemälden überzeugen kann, wunderschön, sondern konnte – was in unserem Fall fast noch wichtiger ist – ganz ausgezeichnet kochen. Mit seiner Philippine pflegte Ferdinand II. im 16. Jahrhundert im unmittelbar an der alten Heerstraße von Aachen nach Rom und Nord-Süd-Handelsroute gelegenen Renaissanceschloss Ambras bei Innsbruck eine besonders opulente Hofhaltung.

Berühmte Kochpionierin in Tirol: Philippine Welser

Philippine Welser, Besitzerin und (allerdings nur teilweise) Autorin des nach ihr benannten Kochbuches, wurde im Jahre 1527 als Tochter eines Kaufmanns in Augsburg geboren. 30 Jahre später fand die heimliche Hochzeit mit Erzherzog Ferdinand in der Burgkapelle statt, von der der damalige Kaiser Ferdinand I. zwei Jahre danach erfuhr. Von ihren vier Kindern überlebten nur die beiden älteren das frühe Kindesalter. Erst vier Jahre vor ihrem Tod wurde sie von der Geheimhaltung ihrer Ehe entbunden. Am 24. April des Jahres 1580 starb sie und wurde vier Tage später in der Silbernen Kapelle der Innsbrucker Hofkirche beigesetzt.

Ob Philippine Welser das Kochbuch im Alter von 18 Jahren selbst zusammengestellt hat oder ob die Mutter ihr dieses zum Geschenk machte, ist bis heute nicht klar. Wahrscheinlicher ist aber, dass ein Unbekannter (oder eine Unbekannte) 1545 das Buch für das Mädchen schrieb und sie nur nachträglich einige Rezepte aus der Praxis hinzufügte. Denn es spiegeln sich weniger die Tiroler Essgewohnheiten, als vielmehr eher die einer Augsburger Patrizierfamilie wider. In dieser Handschrift sind neben Speisen auch Hausmittel gegen verschiedenste Leiden vermerkt. Das Buch ist gut erhalten und weist kaum Spuren der Benützung auf. Man nimmt an, dass es nicht als Gedächtnisstütze für die Hausfrau, sondern als Lehrwerk gedacht war. Obwohl dem Kochbuch ein Register fehlt, sind die einzelnen Rezepte durch die sinnvolle Gliederung leicht zu finden. Von den 245 Speisen enthalten jedoch lediglich 41 Fleisch, so dass man es fast als Fastenspeisensammlung bezeichnen könnte.

Weckt Vorfreude: ein schön gedeckter Tisch

Das Kochbuch der Philippine Welser ist eines der wenigen seiner Art, die aus der frühen europäischen Neuzeit erhalten sind. Und Frau Philippines Kochkünste trugen gewiss das ihrige dazu bei, dass es damals bei den Adelsgeschlechtern in ganz Europa als besondere Auszeichnung galt, bei Habsburgs in Innsbruck zu Gast sein zu dürfen.

Mit ihren Rezepten hielt Philippine Welser dabei offenbar nicht hinter dem Berg – sie gab dieselben freigiebig im adeligen Freundeskreis weiter, was in der Folge dazu führte, dass Gerichte „à la tyrolienne“ bald auch an vielen anderen europäischen Fürstenhöfen als „dernier cri“ galten, also hochmodern waren und – wie etwa die weltberühmte Tiroler Leber oder die Sauce tyrolienne – sogar Einzug in Escoffiers Kanon der klassischen Küche hielten.

Nudeln, Nocken, Knödel, Plenten

Die Tiroler Küche ist, bei allen aristokratischen Einflüssen, letztlich dennoch eine bäuerliche geblieben, auch wenn diese in den 1960er und 1970er Jahren schon beinahe im Aussterben begriffen schien. Erst Ende der 1980er Jahre hörte man da und dort plötzlich wieder das alte Sprichwort: „Nudeln, Nocken, Knödel, Plenten – das sind die vier Tiroler Elementen."
Und in den 1990ern führte das neu erwachte Interesse an unverfälschten kulinarischen Traditionen dazu, dass heute wieder auf vielen Speisekarten althergebrachte Gerichte wie Plenten (Polenta), Schwarzplenten (Buchweizen), Hunknidei (Honignudeln), Tirteln (Teigtascherln), Schlutzer oder Moosbeernocken stehen.

Typische Tiroler Küche – das ist jedoch auch der „schwarz geselchte" (also ursprünglich in einer schwarzen Rauchküche geräucherte) Speck, der für gewöhnlich die Grundlage für den berühmten Tiroler Knödel bildet. Den Ehrentitel eines „Nationalgerichts" muss dieser sich allerdings mit dem berühmten „Tiroler Gröstl" teilen, einem in der Stielpfanne zubereiteten Allerlei aus Schweinsschulter, Kalb- oder Rindfleisch, Zwiebel, Majoran und Erdäpfeln.

Durch den EU-Beitritt sind Nord- und Osttirol, die seit dem Untergang des Habsburgerreichs nach dem Ersten Weltkrieg von Südtirol getrennt wurden, auf erfreuliche Weise auch in kulinarischer Hinsicht wieder zusammengewachsen, wobei die Südtiroler Küche mittlerweile viele innovative Einflüsse Italiens in die klassische Tiroler Küche mit eingebracht hat.

In allen Teilen Tirols zählt die Marende – die Jause – zu den wichtigsten Mahlzeiten des Tages. Speck und Schnaps, etwa ein Enzian, Obstler oder Vogelbeer aus dem sogenannten „Budele", gehören ebenso dazu wie Käse, der im milchwirtschaftlich orientierten Tiroler Gebirgsland seit vielen Jahrhunderten eine ganz besondere Rolle spielt.

Ein Klassiker der Tiroler Küche: Kiachl

Eine typische Spezialität, die sich in ganz Tirol größter Wertschätzung erfreut, ist der Graukäse. Er wird nach einem alten Bauernrezept, das heute noch auf manchen Höfen hochgehalten wird, durch Erhitzen des Topfens von sauer gewordener Magermilch zubereitet. Mit Essig, Öl und Zwiebeln angerichtet, kann eine Portion Graukäse allerdings nicht nur eine Jause, sondern auch eine komplette Mahlzeit sein.

Kochkultur früherer Generationen: ein Blick in das Museum des Hotel Elephant

Die neue Freude an alten Rezepturen hat in Tirol dazu geführt, dass man sich bei den Grundprodukten wieder aufs Bodenständige besann: Tuxer Ochsen, Tannheimer Berglamm, Achenseesaiblinge, Speck und Kaminwurzen aus Pians, Marmeladen aus dem Unterinntal oder der Weltmeister-Emmentaler aus Hatzenstädt bei Kufstein – das alles spiegelt das Bild einer durchaus lebendigen kulinarischen Landschaft wider. Die zahlreichen meist noch in ihrer alten Bausubstanz erhaltenen historischen Gasthöfe Tirols werden somit – nach einer längeren Durststrecke – endlich wieder mit neuem kulinarischen Leben erfüllt.

Da es in Nordtirol – abgesehen von einem kleinen Weinberg bei Zirl – keinen eigenen Weinbau gibt, stehen österreichische Weine von der Wachau bis zum Burgenland mittlerweile in recht produktiver Konkurrenz zu den Kreszenzen des Weinlands Südtirol, das in den letzten Jahrzehnten auch auf den internationalen Weinbörsen zunehmend von sich reden macht. Überhaupt vermag sich Südtirol als eine Region zu präsentieren, in der mediterrane Lebensfreude und alpine Wurzeln zu einer im besten Sinne „autochthonen", also unverwechselbaren Mischung findet.

Die Nord- und Osttiroler ziehen dem Wein jedoch im Zweifelsfall oft den Gerstensaft vor – sie zählen gemeinsam mit den Iren zu den mächtigsten Biertrinkern der Welt. Daran änderte auch die Tatsache nicht, dass die Tiroler Brauereilandschaft im zwanzigsten Jahrhundert starken Konzentrationsprozessen unterworfen war. Auf der anderen Seite blüht gerade in jüngster Zeit wieder eine große Vielfalt an Kleinst- und Gasthausbrauereien, die dem Genussland Tirol neues „bieriges" Leben einhaucht.

Profiliert hat sich Tirol ebenso auf dem Schnapssektor, wobei der Bogen von einfachen Bauernbränden wie dem Pregler oder dem aus weißen Hirschrüben hergestellten Wildschönauer Krautinger, wie ihn etwa Beate Holaus aus Dillental brennt, bis hin zu hochqualitativen Edelbränden reicht, die ein „Menu à la tyrolienne" aufs Perfekteste abschließen.

Zu Gast in Innervillgraten

Die Osttiroler Rezepte des vorliegenden Kochbuchs wurden größtenteils von Josef Mühlmann gestaltet, der in Innervillgraten das romantische Hotelrestaurant Gannerhof gemeinsam mit seiner Lebensgefährtin Verena Huber-Mühlmann und seinem Vater Alois Mühlmann führt. Verena Mühlmann ist als geprüfte Sommelière nicht nur eine exzellente Weinkennerin, sondern bringt als ausgebildete Diätassistentin auch ein profundes Wissen über das Wesen gesunder Ernährung in die Küche mit ein. Die aus dem Tal stammende Sous-Chefin Kathrin Fürhapter ist eine begnadete „Zuapitscherin von Schlipfern" (das Schlipfkrapfenrezept in diesem Buch stammt von ihr). Sie bringt außerdem aus der Familienwirtschaft auf der Kamelisenalm gute Produkte mit und versteht sich auf deren Verarbeitung trotz ihrer erst 23 Lenze wie ein „alter Profi".

Auch wenn in Josef Mühlmanns Restaurant zeitgemäß und modern gekocht wird, lässt sich das Osttiroler Bauernhaus im Hintergrund nicht verleugnen: Gemüse und Kräuter stammen durchwegs aus eigenem Anbau oder aus dem „Wundergarten" von Nachbar Hubert Senfter am Innerahornhof, wo Hafer, Erbsen, Rübenkraut und das hier Zettel- oder Köpfkraut genannte Weißkraut fürs Sauerkraut gedeihen.

Vieles von der Marmelade bis zu Chutneys, angesetzten Essigen und Ölen sowie unterschiedlichsten „Einlegearbeiten" von Eierschwammerln bis Rüben wird selbst gemacht. Verena Mühlmann ist eine famose Bäckerin. Vater Alois sorgt für den Bauernspeck. Gemeinsam macht man (in Mostfässern aus der steirischen Heimat von Oma Trois) Mostsekt. Die selbst eingelegten Weichseln stammen von einem der wenigen Sauerkirschenbäume von Villgraten, der jährlich einen Ertrag von 11 kg Kirschen liefert. Bald sollen am Gannerhof wieder die Hühner gackern. Und kleine Flusskrebse sowie die nicht gekreuzte Urforelle gibt es jetzt auch wieder in der Isel.

Josef Mühlmann, leidenschaftlicher Motorradfahrer, Genießer feinen Kaffees mit Sinn für Ästhetik, hat, nachdem er bei der Mutter gelernt und sich bei einigen Haubenköchen umgetan hat, schon mit 23 die erste und bald darauf eine zweite Haube erhalten.

Die Zukunft seiner Heimat sieht er im sanften Tourismus. Gemeinsam mit einigen Freunden – darunter Schafzüchter, Schmiede, Zimmerer, Besenbinder, Schreiner und Heimatpfleger – hat Mühlmann die „Villgrater Kraft-Werke" gegründet.

Gerade durch das nachhaltige Bewahren von Altbewährtem wollen die „Kraft-Werke" fit für eine ökologisch gesunde Zukunft machen.

Aus diesem Grund hält Mühlmann intensiven Kontakt mit seinen Lieferanten und diskutiert mit ihnen regelmäßig

über fast schon vergessene alte kulinarische Bräuche und vor allem Rezepte – oder über die Sehnsucht mancher Gäste, ihren Urlaub in alten Almhütten ohne Strom im Lichtschein der Petroleumlampe zu verbringen, wie sie Mühlmanns Freund und Honiglieferant Anton Gutwenger vermietet.

Aus ebendiesem Grund wurde der Neubau für das Hotel im heimischen Baustil errichtet, in der jahrundertealten Blockholzbauweise und mit Fensterrahmen aus Lärchenholz.

Innen ist der Gannerhof freilich mit allermodernstem Hotelkomfort ausgestattet. Und Josef Mühlmanns Schwester Petra, die als Designerin in Wien lebt, hat die holzreiche Architektur immer wieder mit erfrischenden, zeitgemäßen Akzenten aufgelockert.

Auch Josef Mühlmann hat über seine kulinarische Phantasie hinaus noch eine künstlerische Begabung: Er ist sehr musikalisch. Was sich nicht nur in einer stattlichen Sammlung alter Röhrenradios äußert, sondern auch in seiner Liebe zum Schlagwerk. Sein Können stellt Mühlmann beim alljährlichen Gannerhof-Jazz-Frühstück unter Beweis.

Einladung nach Brixlegg

Die vielen Nordtiroler Rezepte des vorliegenden Werks kommen von zwei Damen, die – Mutter und Schwiegertochter – das Küchenszepter in einem der ehrwürdigsten und schönsten alten Gasthöfe des Inntals führen: Traudi und Lydia Sigwart sind weithin bekannt für ihre Küche, die zutiefst in der Region verwurzelt ist, aber ihren Blick immer wieder auch ins Mediterrane schweifen lässt. Ihren Namen verdankt „Sigwarts Tiroler Weinstuben" allerdings zunächst nicht der Küche, sondern dem vorzüglichen Weinkeller, um den sich heute Anton Sigwart als Chef des Hauses kümmert.

Ein Einkehrgasthof ist das direkt an der Kreuzung des Unterinntals mit dem Alpbachtal gelegene Sigwart'sche Anwesen schon seit 1774. Die zentrale Lage Brixleggs, wo schon in der Bronzezeit Bergbau und Erzschmelze betrieben wurde und das daher zu den ältesten Siedlungsgebieten Österreichs zählt, brachte hier schon immer Fuhrleute, Bauern, Handwerker und fahrende Händler in gemeinsamer Runde an einen Tisch. Die Franzosenkriege überstand das alte Anwesen ohne größere Schäden. 1850 – kurz nach der Thronbesteigung durch Kaiser Franz Joseph – wurde das Haus von dem aus dem Schwarzwald zugezogenen Anton Sigwart erworben, an den heute noch jener alte Marmorbrunnen erinnert, den der „neue Wirt“ 1858 aus einem Felsenstück meißeln ließ.

Im Jahr 1868 entstanden die Brixlegger Passionsspiele, die sich im deutschsprachigen Raum einen hervorragenden Ruf schaffen konnten. Bedeutende Persönlichkeiten, die die Spiele in Brixlegg besuchten, kehrten in Sigwarts Gaststätte ein. Besonders Bruder Willram, der Initiator der Passionsspiele, war ein gerngesehener und häufiger Gast. Zu den Stammgästen des Hauses zählten auch die bekannten Schriftsteller Ludwig Steub und Rudolf Greinz sowie der Komponist des „Corregidor“ Hugo Wolf.

Nicht nur die künstlerische Prominenz zwischen Innsbruck, der Bezirkshauptstadt Kufstein und den nahen Erler Festspielen ist den schmucken Stuben bis heute treu geblieben. Neben zahlreichen Stammgästen aus Wissenschaft, Philosophie und Politik, die im nahen Alpbach die Zukunft der Welt besprechen, machen vor allem durchreisende Feinschmecker hier Station, um zu kosten, was die beiden vielfach ausgezeichneten Köchinnen des Hauses ihren Gästen aufzuwarten haben.

An Quellen für Inspirationen fehlt es den beiden nicht. Das beginnt schon in der unmittelbaren Umgebung vor dem Haus, wo unter den „Scherhaufen“ genannten Maulwurfshügeln der Löwenzahn gedeiht und wo die Sigwarts im Felsenschatten

eine eigene, nur etwa 25 Quadratmeter große „Bärlauchzucht" angelegt haben, die garantiert, dass das wilde Küchenkraut in den Brixlegger Suppentöpfen selbst dann noch seinen Duft entfalten kann, wenn es anderswo schon längst verblüht ist.

Von der Weinstuben ist es auch nicht weit in die umliegenden Wälder, in welche Traudi und Lydia Sigwart an den Ruhetagen gerne gemeinsam ausschwärmen, um zur Saison Moosbeeren, nach denen Traudi, wie sie freimütig bekennt, „ganz siechisch" ist, sowie Walderdbeeren und Brombeeren zu brocken und für ihre Gäste die zahlreichen köstlichen Waldpilze zu sammeln.

Zum „spezifischen Know-how" Lydia Sigwarts, die schon seit 1958 in der Küche des Hauses werkt und wirkt, zählt der im Freien erbaute Räucherofen, in dem sich alles warm räuchern lässt, was aus nah und fern herangebracht wird: die Hausente und das Perlhuhn ebenso wie die Bachforelle, der Lachs oder der Schwertfisch – und gelegentlich sogar das edle Iberico-Schwein.

Um biologische Säfte anbieten zu können, haben die Sigwarts eine eigene große Presse erworben. Und auch die im Haus angesetzten Schnäpse und Liköre sowie der nach neapolitanischem Rezept selbst gemachte Limoncello sind Teil der grandios sortierten Sigwart'schen Vorratskammer.

Aufwartung für einen Elephanten

„Das Sacher von Südtirol" – so wird das Hotel Elephant in Brixen wegen seines weltweiten Bekanntheitsgrades gerne genannt. Im Gegensatz zu seinem Wiener Antipoden hat der „Elephant" jedoch gute drei Jahrhunderte mehr auf dem Buckel. Ins Licht der Gastronomiegeschichte rückte die alte Renaissance-Herberge zu Brixen bereits im Dezember 1551, als sich in der Stadt die Nachricht wie ein Lauffeuer verbreitete, sie sei von einem Fabelwesen heimgesucht worden. 12 Schuh sei es hoch, liest man heute noch in alten Berichten, „zwen Zendt" wiege es, „bewehrt und mausfarb" sei das Riesentier. Selbiges entpuppte sich jedoch schon bald keineswegs als Ausgeburt des Teufels, sondern vielmehr als wackerer indischer Elefant aus der indischen Kolonie Goa, den König Johann III. von Portugal seinem Freund Kaiser Ferdinand geschenkt hatte, um dessen Hofmenagerie zu bereichern. Als der Elephant vom Brixener Wirt Andrä Posch auf kaiserliche Anordnung für vierzehn Tage Kost und Logis in dessen Herberge erhielt, hatte der arme Dickhäuter schon eine weite Reise hinter und noch einen weiten Weg vor sich. Nach einer Schiffsreise von Lissabon nach Genua war der Elephant wie weiland seine Vorfahren unter Hannibal über die Alpen marschiert und brach am 2. Jänner 1552 in Richtung Wien auf, wo das arme Tier nach den Anstrengungen der Reise und aufgrund falscher Fütterung schon im darauffolgenden Winter verstarb. Unsterblich wurde der „Elephant“ hingegen durch den Brixner Maler Lenhard Mair, der den Einzug des Wundertiers und seiner Begleitung in ansprechender Al-Fresco-Malerei an der Außenwand der Herberge verewigte, die seither nach dem berühmten Gast benannt ist. Es sollten ihm viele weitere Gäste von „Lederstrumpf“-Autor James F. Cooper über Erzherzog Johann, Carl Spitzweg oder Zarin Alexandra Feodorowna bis hin zum feinsinnigen Gourmet und Weltenbummler Joseph Wechsberg oder Horst „Derrick“ Tappert folgen, die die gemütliche Noblesse des Hauses ebenso schätzten wie seine legendäre Kochkultur, die in einem kleinen Museum eindrucksvoll dokumentiert ist.

Heute kocht in den seit 1806 im Besitz der Familie Heiss (früher Mayr) befindlichen gediegenen Stuben des Hotelrestaurants Küchenchef Viktor Grunser, von dem die Südtiroler Rezepte in diesem Buch stammen. Gemeinsam mit seinem aus Bruneck gebürtigen Kollegen Markus Bacher als kongenialem Sous-Chef sowie seiner kreativen Brigade strebt der ebenso innovative wie traditionsverbundene Grunser eine Ideallinie zwischen Nord und Süd an, einen Gourmetslalom zwischen den autochthonen Köstlichkeiten seiner Heimat und dem für die Südtiroler Küche längst stilbildenden mediterranen Einschlag.

Grunsers Küche zählt laut „L' Espresso"-Guide zu den erfolgreichsten in Südtirol und wird – allein schon wegen der Ehrwürdigkeit des Ortes, aber auch wegen ihrer Ideenfrische und ihrem kreativen Esprit – von Gourmets und Fernsehteams aus aller Welt immer wieder in den höchsten Tönen gelobt.

Wer wissen möchte, wie Grunser an seine Aufgabe herangeht, der sollte einmal dabei sein, wenn der Südtiroler seine „Elephantenrunde" zu den besten Produzenten des Landes macht und beispielsweise seinen Freund Hansi Baumgartner, den ehemaligen Pustertaler Starkoch und heutigen Käse-Affineur, in seinem „Käsebunker" besucht oder sich in der nahen Viumser Fleischerei nicht nur nach dem besten Speck, sondern auch nach optimal ausgereiftem Rindfleisch, Kutteln oder Kalbskoteletts umsieht.

Ein ganz besonderes Erlebnis ist es, Viktor Grunser zu einem seiner Lieblingslieferanten, dem Bodner-Andreas, zu begleiten, der auf dem Hollererhof, einem alten Ansitz in Karnol, eine Landwirtschaft betreibt, deren Gründungsdatum 1536 noch heute im Hof nachzulesen ist. Autarkie scheint hier, hoch über dem Eisacktal, das Zauberwort zu sein. Zahlreiche Fleischschafe, Milchlämmer und sogar ein paar Kühe bevölkern den Stall. Auf 15000 Quadratmetern werden alljährlich 2000 Kilo Buchweizen, das Ausgangsprodukt der berühmten „Schwarzplentenen Knödel" gewonnen. Je nach Jahresausbeute werden jährlich bis zu 1000 Kilo Walnüsse „eingefahren". Und für den „Hausgebrauch" gibt's neben etlichen „rennaten" und eierlegenden Hühnern auch Speck sowie, als „Haustrunk", Müller Thurgau, Zweigelt und Portugieser. Und natürlich den hausgebrannten „Zwetschgeler", den man nach dem Mittagessen oder spätestens bei der „halbe vier Marenden" unbedingt gekostet haben sollte.

♦

Zum Elephanten
1551 · 1630
1773 · 1869

Vorspeisen aus allen Tälern Tirols

Vom Rübenkraut bis zum Hirschcarpaccio

Vormas

Zutaten:
- 150 g gepresster Kalbskopf
- 150 g geräucherte Schweins- oder Rindszunge
- 150 g Tiroler Frischwurst im Ganzen
- 150 g Graukäse
- 2–3 weiße Zwiebeln
- 1 EL Essig
- 2 EL Öl
- Salz, Pfeffer
- 4 Scheiben Bauernbrot

Vormas – ursprüngl. „Vormess" (Essen vor der Messe), ist eine alte Bezeichnung für ein ausgiebiges Frühstück, allgemein aber auch für Jause.

Zubereitung: Kalbskopf, Rindszunge und Frischwurst in Scheiben, den Graukäse in Würfel schneiden und auf einer Platte dekorativ anrichten. Die Zwiebeln in Ringe schneiden und die Platte mit den Zwiebelringen dekorieren. Salzen, pfeffern und mit Essig sowie Öl marinieren. Mit frischem, knusprigem Bauernbrot servieren.

Graukas

in Himbeeressig und Nussöl

Zutaten:
- 400 g Tiroler Graukäse, möglichst speckig
- 2 große weiße Zwiebeln
- 80 g Walnusskerne
- 2 EL Himbeeressig
- 4 EL Walnussöl
- Salz, Pfeffer aus der Mühle
- Petersilie oder Schnittlauch, fein gehackt

Zubereitung: Den Graukäse in quadratische Würfel von ca. 1 cm schneiden. Die Zwiebeln fein hacken, die Walnusskerne eventuell schälen und halbieren. Alle Zutaten salzen, pfeffern, mit Himbeeressig und Walnussöl abmischen und mit Petersilie oder Schnittlauch bestreut zu Bauernbrotschnitten servieren.

Pochiertes Ei
im Salatbett

Gannerhof-Chef Josef Mühlmann, von dem dieses Rezept stammt, verwendet dafür ausschließlich Eier aus Bodenhaltung von Anton Bodner im 1300 m hoch gelegenen Oberried in Anras, wo man 1200 Hendln in Bodenhaltung beobachten kann. Die Hendln werden hier alt. Denn zum Kochen, so Bodner, „kann man's dann in die Suppen tuan."

Zubereitung: **Salat** waschen, putzen und in kleine mundgerechte Stücke zupfen. In einem Topf reichlich Wasser mit 4 Esslöffeln Essig und etwas Salz aufkochen. Nun die **Eier** vorsichtig aufschlagen und nacheinander hineingleiten lassen, ohne dabei das Dotter zu zerstören. Die Eier etwa 4–5 Minuten darin ziehen lassen.

Inzwischen für die **Marinade** sämtliche Zutaten miteinander verrühren. Den Salat damit marinieren. Dann auf den Tellern schichtweise zuerst etwas Salat, dann das pochierte Ei und abermals etwas Salat anrichten. Mit frischen Kräutern und Rucola garnieren.

Zutaten:
4 Eier
1 Kopfsalat
Kräuter nach Belieben
1 Handvoll Rucola
2 EL geröstete Sonnenblumenkerne
Essig und Salz zum Aufkochen

Für die Marinade:
4 EL Olivenöl
2 EL Erdnussöl
3 EL weißer Balsamicoessig
Salz, Pfeffer, Zucker

Beilagenempfehlung:
knuspriges Stangenbrot

Herbstlicher Salat
mit Grammeln

Zubereitung: Den **Salat** sauber waschen und die dicken, groben Strunke entfernen. In mundgerechte Stücke zupfen. Den Speck und die Grammeln rösten. Kürbiskerne und die in kurze Streifen geschnittene Paprikaschote ebenfalls kurz anrösten. Tomaten halbieren oder vierteln, Erdapfel kleinwürfelig oder in Blätter schneiden.

Für die **Marinade** Öle und Essig mit Salz, Pfeffer sowie Zucker vermengen und so lange rühren, bis die Marinade schön bindet. Nun alle Zutaten mit dem Salat vorsichtig vermengen und marinieren. Mit gezupfter Minze garnieren.

Zutaten:
1 Kopfsalat
½ rote Paprikaschote
1 gekochter Erdapfel (speckig)
Kürbiskerne
3 Scheiben Bauchspeck
Kräuter nach Belieben
100 g Grammeln
4 Kirschtomaten
3 EL Kürbiskernöl
2 EL Kräuteressig
1 EL Sonnenblumenöl
Salz, Pfeffer, Zucker
Minze zum Garnieren

Osttiroler Weißes Rübenkraut
mit Räucherforelle

Zutaten:
2 Filets von der Räucherforelle (oder vom Steckerlfisch)
500 g Osttiroler Weißes Rübenkraut
100 ml Schlagobers
100 g geschnittener Kochschinken
1 TL geriebener Kren
1 EL Mascarpone
Suppe zum Aufgießen nach Bedarf
1–2 EL Mehl zum Binden
Salz, Pfeffer, Zucker

Zubereitung: **Weißes Rübenkraut** waschen und mit Schlagobers, Schinken, Kren und Mascarpone langsam erhitzen. Wenn nötig, mit etwas Suppe aufgießen. Abschmecken und abschließend mit etwas Mehl binden.

Den **Fisch** in mundgerechte Stückchen zupfen und dekorativ auf die Teller auflegen.

Mit dem heißen Rübenkraut so bedecken, dass das Rübenkraut den Fisch erwärmt.

Marinierte Steinpilze
mit Bohnenkraut

Zutaten für 6 Portionen:
500 g makellose, frische, kleine Steinpilze
Salz, frisch gemahlener weißer Pfeffer
6 cl Pilzessig (vom Einlegen frischer Pilze)
12 cl Pilzöl (ebenfalls vom Einlegen der Pilze oder im Fachhandel zu kaufen)
150 g Parmesan, in Späne geschnitten
frisches Bohnenkraut
etwas Pilzmehl (gemahlene getrocknete Steinpilze)
Kapuzinerkresse, Porree- oder Schnittlauchblüten, Ysopblüten usw. oder frische Kräuter zum Garnieren

Zubereitung: Die **Pilze** nur mit einem feuchten Tuch putzen, nicht waschen! Mit der Schneidemaschine in dünne Scheiben schneiden und kreisförmig auf Teller auflegen. Mit Salz und Pfeffer würzen. Den Essig vorsichtig darüberträufeln, das Pilzöl gleichmäßig darüber verteilen.

Das frisch abgerebelte **Bohnenkraut** sowie etwas Pilzmehl darüberstreuen und mit Parmesanspänen dekorieren. Nach Belieben mit Blüten oder frischen Kräutern garnieren.

Eingelegte Sardinen
mit Apfel-Sauerrahm-Salat

Zutaten:
500 g frische kleine Sardinen
Salz, weißer Pfeffer aus der Mühle
2 TL Zucker
½ TL zerstoßene Korianderkörner
2 Knoblauchzehen, in Scheiben geschnitten
100 ml Olivenöl
200 ml Apfelessig
1 kleiner Rosmarinzweig
2 Thymianzweige
1 Lorbeerblatt
1 Chilischote
rote Zwiebelringe, Schnittlauch und Paprikapulver zum Garnieren

Für den Apfel-Sauerrahm-Salat:
300 g säuerliche Äpfel (Boskop)
300 g Sauerrahm
Salz, Pfeffer
etwas Worcester-shiresauce
Cayennepfeffer
1 EL frisch geriebener Kren
100 g Zwiebeln, in Ringe geschnitten und halbiert
etwas Zitronensaft

Beilagenempfehlung:
frisch gebackenes Schwarzbrot

Zubereitung: Die **Sardinen** kalt waschen und jeweils den Kopf gemeinsam mit der Mittelgräte entfernen. Man erhält dabei ein Doppelfilet, an dem die Schwanzflosse noch haftet. Die Filets mit der Hautseite nach oben in ein flaches Gefäß schlichten, dabei aber nicht übereinander legen! Mit Salz, Pfeffer und Zucker würzen und die zerstoßenen Korianderkörner darüberstreuen. Knoblauch in etwas Olivenöl anschwitzen, mit den restlichen Zutaten in einer Schüssel verrühren und über die Filets gießen. Im Kühlschrank 2 Tage durchziehen lassen.

Für den **Apfel-Sauerrahm-Salat** die Äpfel schälen, vierteln, entkernen und in feine Scheiben schneiden. Die halbierten Zwiebelringe, Sauerrahm, Kren, Zitronensaft und die Gewürze dazugeben, gut vermengen und 1 Stunde im Kühlschrank durchziehen lassen. Vor dem Anrichten nochmals abschmecken.

Dann in die Tellermitte jeweils etwas Salat platzieren. Die eingelegten Sardinen so einrollen, dass das „Schwanzerl" nach oben steht, und auf dem Salat anrichten. Mit roten Zwiebelringen, frisch geschnittenem Schnittlauch und etwas Paprikapulver garnieren.

Familiensport mit Löwenzahn

Es gibt nur wenig, was an Schönheit mit einer blühenden Tiroler Frühlingswiese vergleichbar ist. Solche „Tiroler Wiesen" sind aber nicht nur schön, sondern können auch äußerst wohlschmeckend sein. Achten Sie beim Spazierengehen und Wandern daher besonders darauf, wo sich ein Maulwurfhügel befindet. Sehen Sie dann ganz genau hin, wo ein Spitzerl vom Löwenzahn gerade ein oder zwei Zentimeter hervorlugt. Sobald Sie eine solche Spitze gefunden haben, kann dann mit einem langen Messer die dazugehörige Pfahlwurzel wie Spargel ausgestochen und auf unterschiedliche Weise weiterverarbeitet werden. So hilft beispielsweise der daraus gezogene Extrakt gegen Magenbeschwerden.

Löwenzahn-Erdäpfel-Salat

mit Ei und knusprigem Speck

Zubereitung: Für den **Erdäpfelsalat** die Erdäpfel ungeschält mit Salz und etwas Kümmel kochen. Dann schälen und in gleichmäßig dicke Scheiben schneiden. Mit Salz und Pfeffer würzen. Etwas Weißweinessig mit wenig Wasser verdünnen und erhitzen, über die Erdäpfel gießen und das Pflanzenöl darübergeben. Zwiebeln unterheben und kurz durchziehen lassen. Anrichten und mit roten Zwiebeln sowie Schnittlauch bestreuen.

Den **Löwenzahn** sorgfältig waschen und die Wurzel abschaben. Mit Salz, etwas Zucker, heißem Weißweinessig sowie Öl marinieren und auf dem Erdäpfelsalat anrichten.

Die **Speckscheiben** knusprig braten und auf dem Salat verteilen. Die gekochten Eier in Scheiben schneiden und den Salat damit garnieren. Mit Kräutern und/oder Schnittlauchfäden garnieren.

Zutaten für 6 Portionen:
600 g geputzter und gewaschener Löwenzahn
200 g Bauchspeck zum Braten
6 gekochte Eier (am besten von Junghühnern oder Wachteln)
500 g Erdäpfel
1 kleine Zwiebel, fein geschnitten
Salz, Kümmel, weißer Pfeffer aus der Mühle
etwas Zucker
Weißweinessig
Maiskeimöl
rote Zwiebelringe
Kräuter und/oder Schnittlauch zum Garnieren

Ronensalat
im Strudelteigkörbchen

Zutaten:
3 mittlere Ronen (Rote Rüben)
Frische Krenwurzel
Kümmel
Salz, Pfeffer, Zucker
Schwarzer Balsamicoessig
Nussöl, Sonnenblumenöl
Kren und Kirschtomaten zum Garnieren

Für die Strudelteigkörbchen:
Strudelteig (‣ S. 383)
Fett zum Backen
1 Ei zum Bestreichen

Für die Balsamicoreduktion:
1 l Balsamicoessig
500 g Zucker

Zubereitung: Bereits am Vortag die **Roten Rüben** kochen, schälen und in 1 cm große Würfel schneiden. Die restlichen Zutaten zu einer Marinade verarbeiten. Die Rübenwürfel damit marinieren und einen Tag ziehen lassen.

Am nächsten Tag für die **Balsamicoreduktion** den Balsamicoessig gemeinsam mit dem Zucker auf ein Fünftel reduzieren und in eine Dressierflasche füllen.

Für die **Teigkörbchen** den Strudelteig auflegen und zu Dreiecken schneiden, wobei 2 Kanten ca. 15 cm lang und 1 Kante 5 cm lang sein sollte. Ein Dreieck mit Ei bestreichen und ein zweites Dreieck darüberlegen. In einem Topf Fett erhitzen. Nun das Dreieck mit einem Schöpflöffel in das heiße Fett nach unten drücken, so dass der längere Teil des Dreiecks nach oben schwimmt. Knusprig frittieren, herausheben und abtropfen lassen. Die restlichen Dreiecke ebenso herausbacken.

Nun den **Salat** in das Körbchen füllen und mit frisch gerissenem Kren bestreuen. Mit Kirschtomaten und etwas Balsamicoreduktion garnieren.

Verenas Lieblingssalat

Verena Huber-Mühlmann, aus München stammende Juniorchefin vom Innervillgratener Gannerhof, ist ausgebildete Sommelière und Diätassistentin.

Zutaten:
Rucola und Radicchio nach Belieben
1 Apfel
8 Kirschtomaten
Pecorinokäse zum Reiben (ersatzweise anderer Hartkäse)
Salz, Pfeffer, Zucker
Erdnussöl
schwarzer Balsamicoessig
geröstete Sonnenblumenkerne
Minze, Basilikum, Petersilie

Zubereitung: Den **Apfel** nach Belieben schälen, entkernen und klein schneiden. **Salate** sowie Tomaten waschen und in Streifen bzw. kleinere Stücke schneiden. Mit den restlichen Zutaten locker und vorsichtig vermengen.

Zutaten:
2 Blätter Frühlingsrollenteig
400 g Büffelmozzarella
1 EL gehacktes Basilikum
Salz, weißer Pfeffer aus der Mühle
Öl zum Herausbacken
marinierte Salate nach Belieben zum Garnieren

Für die Ofentomaten:
2 geschälte reife Tomaten
1 gehackte Knoblauchzehe
1 Thymianzweig
Salz, Pfeffer
Olivenöl

Für das Rucolapesto:
1 Bund Rucola
1 EL Pignoli (Pinienkerne)
1 EL geriebener Parmesan
1 gehackte Knoblauchzehe
Salz, Pfeffer
150 ml Olivenöl

Knusprige Mozzarella-Cannelloni

auf Ofentomaten mit Rucolapesto

Zubereitung: Zuerst die **Tomaten** vierteln und entkernen. Auf ein Backblech legen, mit den Gewürzen bestreuen, mit Olivenöl beträufeln und im Ofen bei 90 °C ca. 1 Stunde trocknen.

Dann den **Teig** in 8 gleichmäßige rechteckige Blätter schneiden, um Metallröllchen wickeln und in heißem Fett goldbraun backen. Herausheben, abziehen und abtropfen lassen. Den **Mozzarella** gemeinsam mit Basilikum, Salz und Pfeffer durch ein grobes Sieb streichen. Die Masse in einen Spritzsack füllen und in die Röllchen dressieren.

Für das **Rucolapesto** alle Zutaten gemeinsam pürieren. Die gefüllten Cannelloni auf die Ofentomaten setzen, mit den marinierten Salaten und dem Rucolapesto anrichten.

Ziegenfrischkaseröllchen

mit Walnussbröseln auf Ronen

Zubereitung: Für die **Roulade** die ausgedrückte Gelatine in flüssigem Obers erwärmen und unter den glatt gerührten Ziegenfrischkäse mengen. Mit Salz und Pfeffer würzen. Das leicht geschlagene Obers unterheben und die Masse auf eine Klarsichtfolie etwa ½ cm dick aufstreichen. Mit den gehackten Küchenkräutern bestreuen und zu einer Roulade einrollen. Aus der Folie nehmen und in den gehackten Walnüssen wälzen. Kalt stellen.

Dann für das **Schalottendressing** die gehackten Schalotten mit den restlichen Zutaten gut verrühren. Die gekochten Ronen in Scheiben schneiden und fächerartig auf Tellern anrichten. Ziegenfrischkäseröllchen portionieren, auf dem Ronenfächer anrichten und mit Dressing beträufeln.

Zutaten:

300 g Ziegenfrischkäse
2 Blatt Gelatine, in kaltem Wasser eingeweicht
3 EL flüssiges Schlagobers
Salz, weißer Pfeffer
150 ml leicht geschlagenes Obers
gemischte Kräuter, fein gehackt
100 g gehackte Walnüsse
rote, gelbe und weiße Ronen, gekocht

Für das Schalottendressing:

100 g fein gehackte Schalotten
1 TL Senf
30 ml Essig (hell)
60 ml Sonnenblumenkernöl
Salz, Pfeffer
1 EL geschnittener Schnittlauch

Carpaccio vom Fohlen

In Osttirol, dem Land der Haflingerzucht, gilt Fohlen an besonderen Feiertagen als exquisite Delikatesse.

Zutaten:
2 Fohlensteaks à 200 g
Salz, Pfeffer
Dijonsenf
Eierschwammerl nach Belieben
Basilikum
Parmesan zum Hobeln
1 Handvoll Rucola
Öl zum Anbraten

Für die Marinade:
2 EL Olivenöl
1 EL Erdnussöl
2 EL schwarzer Balsamicoessig
Salz, Pfeffer, Zucker

Zubereitung: Zunächst für die **Carpacciofülle** die Eierschwammerl fein hacken und in Öl scharf anbraten. Mit Salz, Pfeffer und frischem Basilikum abschmecken.

Nun die **Fohlensteaks** zu dünnen Schnitzeln klopfen. Salzen und pfeffern, mit Senf bestreichen und die Eierschwammerlmasse dünn aufstreichen. Die Schnitzel einrollen und in Frischhaltefolie einwickeln. An beiden Enden gut verknoten und ca. 6 Stunden tiefkühlen.

Dann für die **Marinade** beide Öle mit Balsamicoessig verrühren und abschmecken. Das Fohlencarpaccio in hauchdünne Scheiben schneiden und dekorativ auf die Teller auflegen. Mit der Marinade beträufeln, den Parmesan darüberhobeln und mit Rucola garnieren.

Steinpilzcarpaccio
mit Parmesanchips

Zutaten:
3 topfrische, schöne Steinpilze mittlerer Größe
Nussöl, Balsamicoessig
Salz, Pfeffer
Basilikum, Petersilie
300 g geriebener Parmesan
Kirschtomaten

Zubereitung: Die **Steinpilze** mit einem feuchten Tuch putzen und in hauchdünne Scheiben schneiden. Auf Teller auflegen. Salzen, pfeffern und mit Essig sowie Öl marinieren. Basilikum und Petersilie zupfen und darüberstreuen. Mit Kirschtomaten sowie den vorbereiteten Parmesanchips garnieren.

Für die **Parmesanchips** Backpapier auf eine ca. auf 100 °C temperierte Herdplatte legen und mit etwas Parmesan bestreuen. Sobald der Käse goldgelb geworden ist, vom Backpapier lösen und noch in heißem Zustand in die gewünschte Form bringen (z. B. wellenartig formen). Steht kein Elektroherd zur Verfügung, so können die Chips auch im vorgeheizten Backrohr zubereitet werden.

Feigencarpaccio

mit luftgetrocknetem Rückenspeck und Melonendrink

Zubereitung: Für den **Melonendrink** den Zucker mit 200 ml Melonensaft zu Sirup kochen und wieder kalt werden lassen. Restlichen Melonen- sowie Zitronensaft und Campari dazugießen. Eine Hälfte in ein flaches Gefäß gießen und gefrieren lassen. Dabei die Masse ab und an zerbrechen, damit eine Granita mit rauer Struktur entsteht. Die andere Hälfte kühl stellen.

Die **Feigen** mit der Aufschnittmaschine in dünne Scheiben schneiden und jeweils auf einem dekorativen Teller anrichten. Mit Balsamicoessig beträufeln. Die Speckscheiben einzeln einrollen und daneben anrichten. Den gekühlten Drink zur Hälfte in ein Glas gießen und mit etwas geschabter Granita auffüllen. Gemeinsam servieren.

Zutaten:
8 große blaue Feigen
Balsamicoessig
400 g Rückenspeck, in dünne Scheiben geschnitten

Für den Melonendrink:
200 g Zucker
600 ml Melonensaft
100 ml Campari
50 ml Zitronensaft

Gebratene Rehleber
mit Steinpilzen und Salatherzen

Zutaten für 4–6 Portionen:
ca. 600 g frische Rehleber
1 EL Butterschmalz zum Braten
100 g dünne Bauchspeckscheiben (ohne Knorpel)
300 g geputzte Salatherzen (Häuptelsalat)
300 g frische, möglichst kleine Steinpilze
2 EL Kalbsjus
2 cl Madeira
30 g Butter
frisch gerebelter Majoran
Paprikapulver
Salz, Pfeffer
1 kleine rote Zwiebel
2 cl weißer Balsamicoessig
6 cl Olivenöl
2 EL frische Preiselbeeren
frische Schnittlauchfäden zum Dekorieren

Zubereitung: Die **Leber** von Häutchen sowie Sehnen befreien und in schöne Scheiben schneiden. In einer Pfanne die Speckstreifen knusprig braten und beiseite legen. Butterschmalz in derselben Pfanne erhitzen und die Leber auf beiden Seiten hellbraun braten. Wieder herausnehmen. Nun die geputzten **Steinpilze** in Scheiben schneiden und ebenfalls beidseitig anbraten. Mit Salz und Pfeffer würzen. Herausnehmen und zur Leber geben. Den Bratensatz mit Madeira und Kalbsjus löschen, die Butter dazugeben und mit etwas Paprikapulver und frischem Majoran abschmecken.

Die Leber- und Pilzscheiben kurz vor dem Anrichten in den heißen Backofen geben. Den gewaschenen, trocken geschleuderten **Salat** mit Salz, Essig sowie Öl marinieren und in die Tellermitte setzen. Die gebratenen Leberscheiben außen herum anrichten und mit den gebratenen Speckscheiben, Preiselbeeren, Zwiebelringen und Schnittlauchfäden garnieren.

Spargelsülzchen
mit Basilikumvinaigrette

Zubereitung: Karotten schälen, in Würfel oder Streifen schneiden und bissfest kochen. Kalt abschrecken. **Spargel** schälen (grünen Spargel nur bei Bedarf schälen), die holzigen Enden entfernen, in Stücke schneiden und ebenfalls bissfest kochen. Kalt abschrecken. Vom Spargelsud 350 ml abmessen. Gelatine in kaltem Wasser einweichen, ausdrücken und im Spargelfond auflösen.

Nun eine passende Terrinenform mit Frischhaltefolie auslegen. Spargel, Tomaten und Karotten abwechselnd mit dem Fond in die Form füllen und das Sülzchen mindestens 4 Stunden kühl stellen.

Für die **Basilikumvinaigrette** die Zwiebeln kleinwürfelig schneiden und kurz in etwas Olivenöl anrösten. Mit den restlichen Zutaten vermengen und abschmecken. Sülzchen portionieren und mit der Vinaigrette beträufeln.

Zutaten:
150 g Karotten
500 g grüner Spargel
500 g weißer Spargel
12 Blatt Gelatine
1 geschälte Tomate, würfelig geschnitten

Für die Basilikumvinaigrette:
80 g rote Zwiebeln
125 ml Olivenöl
6 EL weißer Balsamicoessig
Salz, Pfeffer
Zucker, Zitronensaft
1 Handvoll Basilikumblätter
Öl zum Anrösten

Rote-Rüben-Mousse
mit Krenschaum

Zubereitung: Die gekochten **Roten Rüben** schälen und mit der Rindsuppe fein aufmixen. Gelatine in kaltem Wasser einweichen, ausdrücken und mit 3 Esslöffeln der Roten Rüben erwärmen. Schnell in die restliche Masse einrühren. Mit Balsamicoessig sowie den Gewürzen abschmecken und das geschlagene Obers vorsichtig unterheben. Die fertige Mousse in Gläser füllen und ca. 2 Stunden kühl stellen.

Für den **Krenschaum** den frisch geriebenen Kren in der Milch ca. 20 Minuten ziehen lassen. Dann abseihen. Die Milch abschmecken und auf Körpertemperatur erwärmen. Mit dem Mixstab aufschäumen und erst unmittelbar vor dem Anrichten in die Gläser füllen.

Zutaten:
4 gekochte Rote Rüben
500 ml Rindsuppe
6 Blatt Gelatine
1 EL Balsamicoessig
300 ml geschlagenes Obers
Salz, Pfeffer, Muskatnuss, gemahlener Kümmel

Für den Krenschaum:
2 EL geriebener Kren
300 ml Milch
Salz, Pfeffer, Zucker

Tomaten-Kren-Mousse

mit Honigbrioche und mariniertem Mangold

Zubereitung: Zunächst für die **Brioche** alle Zutaten miteinander vermengen und im Kühlschrank eine Nacht gehen lassen. Am nächsten Tag den Teig durchkneten, nach Belieben teilen und in befettete Terrinenformen füllen. Im vorgeheizten Backrohr bei 150 °C goldbraun backen. Kurz überkühlen lassen, stürzen und in Portionen schneiden. Kurz vor dem Servieren in einer Pfanne in etwas Olivenöl und Honig beidseitig anbraten.

Für die **Tomatenmousse** zunächst die Tomaten pürieren und passieren. Gelatine in kaltem Wasser einweichen. Die Tomatenmasse mit Tomatenmark, Salz, Pfeffer und Zucker abschmecken. Ausgedrückte Gelatine erwärmen und untermengen. Das geschlagene Obers vorsichtig unterheben und Mousse portionsweise in Gläser füllen.

Für die **Krenmousse** den geriebenen Kren in Joghurt etwas ziehen lassen und dann passieren. Mit Salz und Pfeffer abschmecken. Gelatine in kaltem Wasser einweichen, ausdrücken, kurz erwärmen und unterrühren. Das geschlagene Obers vorsichtig unterheben und die Gläser mit der Krenmousse auffüllen. Etwa 3 Stunden kalt stellen.

Den **Mangold** waschen, vom Strunk befreien und in feine Streifen schneiden. Mit den restlichen Zutaten marinieren und portionsweise in einen Metallring drücken. Den Ring beim Anrichten entfernen und gemeinsam mit der Mousse und Brioche servieren.

☞ ***Das kühle und langsame Gehen des Germteiges bewirkt, dass im Teig viele kleine Bläschen entstehen und somit die Perlage schöner wird – das Gebäck wird dadurch fluffiger.***

☞ ***Dekorieren Sie das Mousse mit einem Fenchelchip: dünne Fenchelscheiben bei 50 °C Heißluft und offener Ofentür ca. 4 Stunden trocknen lassen.***

Zutaten für 10 Portionen

Honigbrioche:
- 1 kg griffiges Mehl
- 240 g Zucker
- 20 g Salz
- 500 g flüssige Butter
- 7 Eier
- 40 g Germ, in Wasser aufgelöst
- 20 g Vanillezucker
- 1 TL Kurkuma (Gelbwurz)
- Olivenöl und Honig zum Braten

Für die Tomatenmousse:
- 4 reife Tomaten
- 1 EL Tomatenmark
- Salz, Pfeffer, Zucker
- 3 Blatt Gelatine
- 250 ml Schlagobers

Für die Krenmousse:
- geriebener Kren nach Geschmack
- 500 g Joghurt
- Salz, Pfeffer
- 6 Blatt Gelatine
- 300 ml Schlagobers

Für den marinierten Mangold:
- 1 Mangold
- Nussöl
- weißer Balsamicoessig
- Salz, Pfeffer, Zucker

Erdäpfelpralinen

mit Brennnesselfüllung
vom Pretzhof

Zutaten für den Teig:
600 g gekochte, wenn möglich mehlige Erdäpfel
3 Eidotter
50 g zerlassene Butter
200 g Mehl
Salz und Pfeffer

Für die Fülle:
500 g Brennnesseln
250 g Topfen
150 g würziger Käse (z.B. Almkäse, Gorgonzola)
Salz und Pfeffer

Zubereitung: Für den **Teig** die passierten, gut ausgedämpften Erdäpfel mit den Eidottern, der zerlassenen Butter und mit Salz und Pfeffer verkneten. Zum Schluss noch vorsichtig das Mehl einarbeiten. Sollten die Erdäpfel ziemlich nass sein, etwas mehr Mehl verwenden.

Für die **Fülle** werden die Brennnesselblätter roh verwendet, jedoch mit heißem Wasser überbrüht, damit sie das Brennen verlieren. Nachdem die Blätter gut abgetropft sind, werden sie gewiegt bzw. faschiert. Die Brennnesseln mit Topfen und geriebenem oder kleinwürfelig geschnittenem Käse gut verrühren und würzig abschmecken.

Den Erdäpfelteig nicht allzu dünn ausrollen. Kreise ausstechen und jeweils einen kleinen Löffel Fülle daraufsetzen. Kleine Knöderl formen und in kochendes Salzwasser einlegen. Sobald sie an die Wasseroberfläche kommen, abschöpfen und mit zerlassener Butter und Parmesan bestreut servieren.

Wie die Bozner Sauce erfunden wurde

Dass die Bozner Sauce nicht aus Bozen, sondern aus Terlan stammt, wird nicht einmal von den Boznern selbst bestritten. Wie sie jedoch zustande kam, darüber scheiden sich die kulinarischen Geister. Die Terlaner erzählen die Geschichte so: Bereits in den 30er Jahren des vorigen Jahrhunderts habe sich hier der Brauch entwickelt, dass die Bozner in den Frühlingstagen zwischen 10. April und Mitte Mai ins sogenannte „Goldene Spargeldreieck" zwischen Vilpian, Siebeneich und Terlan pilgerten, um Spargel zu essen. Sie bekamen den Spargel damals mit einer Garnitur von Eiern, Zwiebeln und anderen Würzzutaten, die sie mit der Gabel zu einer Sauce vermantschten, wobei sie jedoch so geferkelt haben sollen, dass es der Wirtin des heute noch bestehenden Gasthofes „Huber Schwarz" eines Tages zu bunt wurde und sie die Devise ausgab: „Ab heute machen wir für die Bozner eine eigene Sauce, damit sie uns nicht mehr die ganzen Tischtücher bekleckern."

Die Bozner erzählen die Geschichte allerdings ganz anders: Sie geben zwar zu, in den Frühlingstagen nach Terlan gepilgert zu sein, um dort Spargel zu essen, doch hätten die Terlaner ihren Spargel, so erzählen sie, in einer derart schauderbaren Sauce serviert, dass beherzte Bozner dazu übergingen, sich nur noch die Zutaten servieren zu lassen und die Sauce lieber selbst zuzubereiten.

Südtiroler Spargelmousse
mit Bozner Sauce

Zubereitung: Die Schalotten in Olivenöl andünsten und **Spargel** dazugeben. Mit Weißwein und Zitronensaft ablöschen und zugedeckt weichdünsten. Alles aufmixen und fein durchpassieren. Gelatine einweichen, ausdrücken und in der noch heißen Masse auflösen. Abschmecken. Das geschlagene Obers unterziehen und die Masse in kleine Ringförmchen füllen. Ca. 2 Stunden kalt stellen.

Für die **Bozner Sauce** die gekochten Eidotter vom Eiweiß trennen. Eidotter fein passieren und mit den Gewürzen, Zitronensaft, Essig sowie Öl langsam zu einer Mayonnaise rühren. Gehacktes Eiweiß und Schnittlauch einmengen.

Kresse und Löwenzahn waschen und nach Belieben marinieren. Nun dekorative Teller (Glasteller) mit dünn geschnittenem Speck auslegen. Spargelmousse daraufstürzen und mit den marinierten Salaten garnieren. Mit der Bozner Sauce überziehen.

☞ ***Besonders dekorativ sieht das gestürzte Spargelmousse aus, wenn Sie die Förmchen vor dem Einfüllen mit der Länge nach halbierten grünen Spargelstangen auskleiden.***

Zutaten:
150 g weißer Spargel, geschält und zerkleinert
1 kleine Schalotte, fein geschnitten
1 EL Olivenöl
200 ml trockener Weißwein
1 Spritzer Zitronensaft
2 Blatt Gelatine
Salz, weißer Pfeffer aus der Mühle
200 ml Obers, leicht geschlagen
1 Bund gemischte Kresse und Löwenzahnblätter
20 dünne Scheiben Bauernspeck

Für die Bozner Sauce:
2 gekochte Eier
1 kleiner TL Senf
Salz, Pfeffer
Zitronensaft, Essig
150 ml Samenöl (Traubenkern-, Sonnenblumenkernöl oder anderes neutrales Pflanzenöl)
fein geschnittener Schnittlauch

Hirschcarpaccio
mit Eierschwammerltatar

Zutaten für 6 Portionen:
500 g junger, zugeputzter Hirschrücken
Salz, Pfeffer
Pilzessig und Pilzöl
Parmesanspäne und Kräuter wie Thymian, Bohnenkraut, Ysop oder Majoran zum Garnieren

Für das Eierschwammerltatar:
400 g geputzte Eierschwammerl
50 g sehr fein geschnittene rohe Zwiebeln
Salz, weißer Pfeffer
gemahlener Kümmel
gehacktes Liebstöckel (Maggikraut)
3 EL Olivenöl
2 EL Kernöl
etwas Pilzmehl (fein gemahlene getrocknete Pilze)

Beilagenempfehlung:
knuspriges Baguette und frische Almbutter

Zubereitung: Den zugeputzten **Hirschrücken** in Folie wickeln und kurz anfrieren. Danach mit der Wurstmaschine oder mit einem scharfen, glatten Messer dünn aufschneiden und schön gleichmäßig auf Tellern auflegen. Mit Salz und Pfeffer würzen. Pilzessig sowie Pilzöl nach Geschmack darüber dünn verteilen.

Für das **Eierschwammerltatar** die Pilze in einer weiten Pfanne in wenig Olivenöl kurz anbraten. Auf ein Schneidbrett geben und fein hacken. Mit den restlichen Gewürzen und Zutaten marinieren und mit Hilfe einer Form in die Mitte des Carpaccios setzen. Nach Belieben mit Parmesanspänen und Kräutern garnieren.

☞ ***Aromatisierte Öl- und Essigsorten sind heute im guten Fachhandel nahezu überall erhältlich, aber es eignen sich auch selbstgemachte Produkte, die etwa beim Einmachen von Pilzen „übrig bleiben", hervorragend zum Marinieren.***

Millefoglie
von Hirschschinken und Steinpilzen

Zubereitung: Die **Steinpilze** gut putzen und vierteln. Gemeinsam mit den Kräutern und Gewürzen im Olivenöl bei 75 °C 1 Stunde confieren (langsam garen).

Die **Blattsalate** marinieren. Nun den **Hirschschinken** abwechselnd mit den Scheiben vom Sauerteig schichtweise übereinander zu einem Türmchen anrichten. Mit den Steinpilzen und Salaten garnieren.

☞ ***Dieses Rezept lässt sich auf vielerlei schmackhafte Arten variieren. Statt des Hirschschinkens eignet sich auch Tiroler Schinkenspeck, Prosciutto oder auch Räucherfisch (z.B. geräucherter Saibling oder Seeforelle). Statt der frischen Steinpilze kann man selbstverständlich auch solche verwenden, die in Essig oder Öl eingelegt sind.***

♦ **Zutaten:**
12 dünne Scheiben Sauerteig, im Ofen getrocknet (ersatzweise getrocknetes Weißbrot)
16 Scheiben geräucherter Hirschschinken
gemischte Blattsalate nach Belieben
Traubenkernöl, Balsamicoessig
Salz, schwarzer Pfeffer aus der Mühle

♦ **Für die Steinpilze:**
500 g frische Steinpilze
1 l Olivenöl
gehackte Zwiebeln und Knoblauch
Lorbeer, Thymian, Rosmarin
zerdrückte Pfefferkörner und Salz

Gänseleber „Elephant"

auf Gewürztraminergelee

Zutaten:
1 Gänseleber mit ca. 600 g
9 g Salz
2 g Pökelsalz
3 g weißer Pfeffer
1 Prise Zucker
400 g zerlassenes Gänseschmalz
grober schwarzer Pfeffer zum Wälzen
1 frische Trüffel nach Belieben
eingeweckte Quitten (‣ S. 375)

Für das Gewürztraminergelee:
300 ml Gewürztraminer (oder anderer voller Weißwein)
150 ml Prosecco (oder Sekt)
1 EL Zucker
4 Blatt aufgeweichte, ausgedrückte Gelatine

Für den Preiselbeerschaum:
400 ml Preiselbeermark
3 Blatt aufgeweichte, ausgedrückte Gelatine

Für das Briochegebäck:
500 g Mehl
15 g Salz
25 g Zucker
20 g Germ
5 Eier
25 ml Wasser
250 g Butter
Butter für die Förmchen

Zubereitung: *Achtung: 5 Tage Vorbereitungszeit!*
Die **Leber** in 2 Hälften auseinanderbrechen und die dünnen Häutchen sowie die Äderchen vorsichtig entfernen. Sämtliche Gewürze miteinander vermengen, die Leber damit bestreuen und wieder zusammenklappen. In ein Tuch einrollen, mit Küchengarn zusammenbinden und über Nacht kühl stellen. Am nächsten Tag das Tuch entfernen. Die Leber im zerlassenen Gänseschmalz wenden und anschließend im groben Pfeffer wälzen. In Alufolie einwickeln und 5 Tage im Kühlschrank durchziehen lassen.

Für das **Gewürztraminergelee** etwa ein Drittel des Weines (100 ml) mit Gelatine erwärmen. Mit den restlichen Zutaten vermengen und kühl stocken lassen.

Für das **Briochegebäck** aus allen Zutaten einen geschmeidigen Germteig zubereiten. In ausgebutterte Förmchen füllen, aufgehen lassen und im vorgeheizten Backrohr bei 170 °C goldgelb backen.

Für den **Preiselbeerschaum** das Preiselbeermark fein passieren. Die aufgeweichte, ausgedrückte Gelatine auflösen und einrühren. In eine Espuma-Flasche abfüllen.

Nun ganz nach Belieben den Fett- und Pfeffermantel von der Gänseleber entfernen und die Leber vorsichtig in Scheiben schneiden. Das Traminergelee anrichten, die Leber daraufsetzen, die eingeweckten Quitten daneben platzieren und den Preiselbeerschaum aufspritzen. Nach Belieben mit einer Scheibe Trüffel garnieren und mit Briochegebäck servieren.

Leberpastete
mit Brioche und Orangengelee

Zutaten für den Teig:
200 g Gänseleber (oder andere Geflügelleber)
200 g Butter
1 Eidotter (20 g)
5 g Pökelsalz
Salz, weißer Pfeffer aus der Mühle
2 cl Madeira
1 Rosmarinzweig
2 Thymianzweige
etwas frischer Majoran
1 Lorbeerblatt
Orangengelee (‣ S. 376)

Für die Brioche:
250 g glattes Weizenmehl
1 Ei
1 Eidotter
1 EL Vanillezucker
1 abgeriebene Zitronenschale
Salz
15 g Germ
30 g Zucker
30 g weiche Butter
1 cl Rum
100 ml Milch

Zubereitung: Butter mit Lorbeerblatt, Majoran, Rosmarin- und Thymianzweigen erhitzen, einige Minuten durchziehen lassen und abseihen. Die **Gänseleber** von Häuten, Äderchen und Gallenansatz säubern, in einem Mixglas aufmixen und wie eine Pastete durch ein Sieb streichen. Lebermasse wieder in das gereinigte, kalte, trockene Glas geben und mit dem Dotter, Pökelsalz, Salz, Pfeffer und Madeira aufmixen. Die flüssige lauwarme Butter wie bei einer Mayonnaise einlaufen lassen, bis eine homogene Masse entsteht. In mit Klarsichtfolie ausgelegte Terrinenformen füllen und im Wasserbad bei 120 °C ca. 40 Minuten pochieren. Dann auskühlen lassen. Portionieren, mit dem vorbereiteten Orangengelee garnieren und etwas Briochegebäck dazu reichen.

Für die **Brioche** Germ mit etwas Milch glattrühren. Mit Butter und allen restlichen Zutaten zu einem glatten, geschmeidigen Teig verkneten. ½ Stunde rasten lassen, nochmals durchkneten und in beliebige Formen bringen. Im vorgeheizten Backrohr bei 180 °C hell backen.

☞ ***Für eine getrüffelte Pastete arbeiten Sie einfach zusätzlich 30 g gehackte Herbsttrompetenpilze und 1 cl Trüffelöl ein.***

☞ ***Je nach Geschmack können Sie in das Briochegebäck auch Rosinen oder Dörrfrüchte einarbeiten.***

Ochsenschwanzbonbon

auf gegrilltem Kürbis

Zubereitung: Den **Ochsenschwanz** in heißem Samenöl scharf anbraten. Gemüse dazugeben und mit kaltem Wasser bedecken. Leicht würzen und ca. 3 Stunden langsam köcheln lassen. Den gegarten Ochsenschwanz aus der Brühe nehmen, von den Knochen befreien, Sehnen und das übrige Fett entfernen. Das noch warme Fleisch in eine Schüssel geben, mit einem Teller beschweren und einige Stunden im Kühlschrank fest werden lassen.

Dann für die **Kruste** alle Zutaten gut vermengen. Den **Kürbis** in Salzwasser einmal aufkochen. Herausheben, abtropfen lassen und in einer heißen Pfanne von allen Seiten anbraten. Würzen.

Den Ochsenschwanz aus der Pressform nehmen, in Scheiben schneiden und jeweils auf die Kürbisstücke setzen. Mit Parmesankruste bestreichen und im Ofen bei 180 °C goldbraun überbacken. Mit den Kürbiskernen und Kürbiskernöl auf warmen Tellern anrichten.

Zutaten:
1 schönes Mittelstück vom Ochsenschwanz (1–1,5 kg), geputzt und in Stücke geschnitten
1 Bund Wurzelgemüse
1 kleine, leicht gebräunte Zwiebel
1 halbierte Tomate
Salz und Pfefferkörner, zerdrückt

Für den Kürbis:
Kürbisfleisch, in 12 gleichgroße Würfel geschnitten
Kürbiskernöl und Kürbiskerne
Samenöl (Traubenkern-, Sonnenblumenkernöl oder anderes neutrales Pflanzenöl) zum Anbraten

Für die Kruste:
100 g cremige Butter
50 g weiße Semmelbrösel
70 g geriebener Parmesan
Salz und Pfeffer

Rehpastete
auf Apfel-Sellerie-Salat

Zubereitung: *Achtung: 1 Woche Vorbereitungszeit!*
Das **Fleisch** mit Gewürzen, Pökelsalz und Knoblauch etwa eine Woche im Kühlschrank durchziehen lassen! Dann Schlagobers, Madeira sowie das Ei unterrühren und in einem Cutter zu einer Farce zerkleinern. Durch ein Haarsieb drücken und nochmals abschmecken. Bei Bedarf noch etwas Salz oder Alkohol zugeben. Geschlagenes Obers unterheben.

Passende Pastetenformen mit dem dünn geschnittenen Bauchspeck auslegen, die Farce fest und gleichmäßig einstreichen und mit Speck abschließen. Im vorgeheizten Backrohr bei 180°C Unter- und Oberhitze ca. 30 Minuten backen. (Backzeit hängt von der Größe der Form ab.) Kalt stellen.

Für den **Apfel-Sellerie-Salat** Äpfel sowie Sellerie schälen und in längliche, feine Streifen schneiden. Sofort mit Zitronensaft vermengen, um eine bräunliche Verfärbung zu verhindern. Nüsse grob hacken, mit Honig und Sauerrahm zugeben. Mit Salz und Pfeffer würzen. Kurz im Kühlschrank durchziehen lassen. Vor dem Anrichten nochmals abschmecken. Je eine Scheibe Pastete darauflegen und mit etwas Orangengelee bestreichen. Mit Orangenzesten, Thymian und Beeren beliebig garnieren.

☞ ***Noch raffinierter schmeckt diese Pastete, wenn Sie diese durch Einlagen wie angebratene Rehfilets, Pilze oder Nüsse verfeinern.***

Zutaten:
- 250 g Rehfleisch (schmale Teile von der Schulter)
- 250 ml flüssiges Schlagobers
- ca. 1 TL Pökelsalz
- weißer Pfeffer aus der Mühle
- ½ TL Majoran
- ½ TL Thymian
- 5 gehackte Wacholderbeeren
- 1 Knoblauchzehe
- 3 cl Madeira
- 1 Ei
- 1 EL geschlagenes Obers
- ca. 200 g dünn geschnittener Bauchspeck ohne Knorpel zum Auskleiden der Formen
- Thymianzweige, kleine eingelegte Zieräpfel oder gekochte (!) Vogelbeeren sowie Orangengelee (▸ S. 376) zum Garnieren

Für den Apfel-Sellerie-Salat:
- 200 g säuerliche Äpfel
- 200 g Knollensellerie
- 50 g Walnusskerne
- 30 g Bienenhonig
- Saft von ½ Zitrone
- 200 g Sauerrahm
- Salz, weißer Pfeffer aus der Mühle

Rehtatar
auf Erdäpfelrösti

Zutaten für 6 Portionen:
400 g zugeputzte Teile vom Rehschlögel (keine Wadenteile)
50 g sehr fein geschnittene Schalotten
Salz, weißer Pfeffer aus der Mühle
5 cl neutrales Olivenöl
2 cl Trüffelöl
frisch abgerebelter Thymian
Pilzmehl (getrocknete gemahlene Steinpilze)
Salatbouquet und Alba-Trüffeln nach Belieben (s. auch Tipp)

Für die Erdäpfelrösti:
250 g mehlige Erdäpfel
Salz, Muskatnuss
ca. 1 EL Mehl
Butterschmalz zum Braten

Zubereitung: Das **Fleisch** in sehr feine Würfel schneiden oder durch einen Fleischwolf (mit mittlerer Scheibe) drehen. Fein geschnittene Schalotten, Gewürze und Öle vorsichtig mit der Gabel untermengen. Das Tatar mit Hilfe einer Ringform auf die vorbereiteten Erdäpfelrösti setzen. Nach Belieben mit einem kleinen Salatbouquet garnieren und etwas weiße Alba-Trüffeln darüberhobeln.

Für die **Rösti** die Erdäpfel schälen, am besten mit der Wurstmaschine in dünne Scheiben und dann mit dem Messer in feine längliche Streifen schneiden. Kurz ins Wasser legen, danach in einem Tuch ausdrücken. Mit Salz und Muskatnuss würzen, mit etwas Mehl stauben. In einer heißen (beschichteten) Pfanne in etwas Butterschmalz zu 8-10 cm großen Laibchen braten. Sobald sie goldbraun sind, umdrehen und ebenfalls knusprig braten. Herausheben und auf Küchenpapier abtropfen lassen.

☞ ***Auch ohne Trüffeln schmeckt dieses feine Tatar köstlich. In diesem Fall sollte man allerdings dem Tatar durch eine verstärkte Zugabe von Kräutern, Olivenöl und Zwiebeln etwas mehr aromatisches „Rückgrat“ verleihen.***

Rehtatar
mit eingemachten Eierschwammerln

Zubereitung: Zuerst die Schwarzbrotscheiben etwas einrollen und im Ofen trocknen. Währenddessen für das **Rehtatar** die Servierschüssel mit Knoblauch einreiben. Eidotter, Senf, Tomatenketschup, Olivenöl, Zitronensaft und Cognac zu einer Sauce vermengen. Die restlichen Zutaten fein hacken und gemeinsam mit dem Fleisch unter die Marinade mischen. Alles gut vermengen und nach Belieben abschmecken.

Das fein geschnittene **Rotkraut** mit Balsamicoessig und Preiselbeeren marinieren. Für die **Eierschwammerl** das Wasser mit Essig, Schalotte, Knoblauch und Gewürzen aufkochen. Die Gewürze entfernen und die Eierschwammerl in diesem Gewürzsud 2 Minuten kochen. Abseihen und mit Olivenöl marinieren.

Nun das Tatar zu kleinen Nockerln formen und in je eine knusprige Schwarzbrotscheibe setzen. Auf Rotkraut anrichten und mit Eierschwammerln sowie marinierten Salaten nach Belieben garnieren.

Zutaten für das Rehtatar:

400 g Rehrücken, zupariert und fein gehackt
1 kleine Zwiebel
1 Essig-Gewürzgurke
2 Sardellenfilets
1 TL Kapern
1 TL Senf
2 Eidotter
1 EL Olivenöl
150 g Tomatenketschup
3 Wacholderbeeren, zerdrückt und fein gehackt
wenig Knoblauch
Salz, Pfeffer aus der Mühle
Paprikapulver, Zitronensaft
frische Kräuter (Majoran, Thymian und Petersilie)
Cognac
8 dünn geschnittene Schwarzbrotscheiben zum Anrichten
kleine Salate und Kresse zum Garnieren

Für das Rotkraut:

etwas Rotkraut, fein geschnitten
1 Esslöffel Preiselbeeren
Balsamicoessig

Für die eingemachten Eierschwammerl:

300 g frische, geputzte Eierschwammerl
1 Glas Wasser
1 Schalotte
1 Knoblauchzehe
3 EL Weinessig
Lorbeerblatt, Salz und zerdrückte Pfefferkörner
100 ml Olivenöl

Gebeizter Rehschlögel
mit Rucolasalat

Zutaten für 8–10 Portionen:
500 g zugeputzter Rehschlögel (vom dickeren Teil)

Für die Beize:
½ Bund Thymian
½ Bund Petersilie
½ Bund Rosmarin
20 g weiße Pfefferkörner, zerstoßen
20 g schwarze Pfefferkörner, zerstoßen
20 g grüne Pfefferkörner aus der Lake, gemixt
20 g Szechuanpfefferkörner, zerstoßen
20 g Wacholderbeeren, zerstoßen
20 g Gewürznelken, zerstoßen
20 g Piment (Neugewürz), zerstoßen
50 g Preiselbeeren
150 g Zucker
250 g Salz
3 cl Wacholderschnaps oder Grappa

Für ca. 10 Parmesanchips:
150 g frisch geriebener Parmesan

Für den Rucolasalat:
200 g Rucola
150 g Olivenöl
Saft von 1 Zitrone
Salz, frisch geriebener weißer Pfeffer
½ TL schwarze Pfefferkörner, zerstoßen

Garniturempfehlung:
roh gehobelte Egerlinge oder Steinpilze von bester Qualität

Zubereitung: Thymian abrebeln, Petersilie sowie Rosmarin hacken und mit den restlichen Zutaten vermengen. Den **Rehschlögel** in dieser Beize 48 Stunden gekühlt durchziehen lassen.

Die Beize vom Fleisch abstreifen. Fleisch in Folie wickeln und im Tiefkühler anfrieren. Mit der Aufschnittmaschine in dünne Scheiben schneiden. Mit dem vorbereiteten Rucolasalat anrichten und mit Parmesanchips garnieren.

Für die **Parmesanchips** den geriebenen Parmesan jeweils in Form eines ca. 8 × 2 cm großen Rechtecks etwa 1 mm dick auf Backpapier aufstreuen und im vorhgeheizten Rohr bei 150 °C Unter- und Oberhitze hell schmelzen lassen. Auskühlen lassen.

Für den **Rucolasalat** Olivenöl mit Zitronensaft und den Gewürzen zu einer Marinade gut verschlagen. Etwas Marinade über den Rucolasalat geben und einige Tropfen über das aufgeschnittene Reh träufeln.

☞ ***Wenn Sie nur eine kleinere Menge servieren möchten, so schneiden Sie weniger auf und frieren den Rest für einige, wenige Tage ein.***

Blutwurstterrine
mit Kernölbutter

Zubereitung: Zunächst die Zutaten für den **Sud** aufkochen und den Schweinebauch, Kalbskopf sowie die Zunge darin weichkochen. Die Zunge schälen, die Randstücke gemeinsam mit dem Kalbskopf und dem Schweinsbauch noch heiß mit einem Fleischwolf mit der mittleren Scheibe faschieren. Die restliche Zunge in kleine Würferl schneiden und für die Einlage beiseite stellen. Den Speck ebenfalls in ½ cm große, gleichmäßige Würfel schneiden und kurz anschwitzen. Zwiebelwürfel und Lauch darin kurz durchschwenken, ohne Farbe nehmen zu lassen.

Nun das heiß faschierte Fleisch mit dem Blut, den Gewürzen und Aromastoffen verrühren. Zwiebel-Lauch-Speck-Mischung zugeben, Zungenwürfel einmengen, abschmecken und ca. 200 ml abgeseihten Kochsud zugießen. Rasch in mit Klarsichtfolie ausgelegte Terrinenformen abfüllen. Über Nacht kalt stellen. Aus der Form stürzen, in Scheiben schneiden und mit der vorbereiteten Kernölbutter und frisch gebackenem Schwarzbrot servieren.

Für die **Kernölbutter** die temperierte Butter schaumig schlagen. Das Öl langsam einrühren, salzen und pfeffern. Die gehackten und gerösteten Kürbiskerne unterheben.

☞ ***Da dieses Gericht doch sehr viel an Arbeitsaufwand erfordert, ist es ratsam, gleich größere Mengen herzustellen. Übrig gebliebene Blutwurstterrine lässt sich übrigens auch einfrieren und später zu einem köstlichen Blutwurstgröstl verarbeiten!***

Zutaten für den Sud:
- 2,5 l Wasser
- 60 g Salz
- 20 g weiße Pfefferkörner
- 3 Gewürznelken
- 40 g Knoblauch
- 20 g Lorbeerlaub

Für die Blutwurst:
- 1 kg Schweinebauch
- 1,5 kg Kalbskopf, ausgelöst und vom Metzger sauber zugeputzt
- 500 g gepökelte Kalbszunge
- 500 ml frisches Schweineblut
- 250 g Grüner Speck (nicht geräucherter Fettspeck)

Zum Würzen der Terrine:
- 50 g gehackter Knoblauch
- 10 g Anis, frisch aufgemixt
- 10 g Koriander, frisch aufgemixt
- 10 g Muskatnuss, gemahlen
- 100 g Petersilie, gehackt
- 10 g Ingwer, gerieben
- 15 g frischer Majoran
- 70 g Salz
- 60 g Zwiebelwürfel
- 30 g das Grüne vom Lauch, fein gewürfelt

Für die Kernölbutter:
- 200 g weiche Butter
- Salz, Pfeffer
- 100 g erstklassiges Kürbiskernöl
- 50 g geröstete und gehackte Kürbiskerne

Beilagen- und Garniturempfehlung:
knuspriges Schwarzbrot, geröstete Kürbiskerne und Radieschen

Kitzleber

auf Häuptelsalat mit gebratenen Walnüssen und Speck

Zutaten für 6 Portionen:
600 g frische Kitzleber
100 g dünne Bauchspeckscheiben ohne Knorpel
100 g ausgelöste Walnusskerne
300 g Häuptelsalat oder Romanischer Salat
2 EL Kalbsjus
1 EL Madeira
1 walnussgroßes Stück Butter
frischer Majoran
Salz, Pfeffer
2 cl weißer Balsamicoessig
6 cl Olivenöl
blaue Zwiebelringe, Kräuter, (gekochte!) Vogelbeeren, Preiselbeeren etc. zum Garnieren

Zubereitung: Zunächst den gewaschenen **Salat** in der Tellermitte anrichten. Leicht salzen und mit dem verquirlten Essig sowie Öl leicht beträufeln.

Die **Leber** von Häutchen und Sehnen befreien, in schöne Scheiben schneiden. In einer nicht zu heißen Pfanne die Speckscheiben auslassen, Leber zugeben, wenden und die Nüsse mitrösten. Nun alle Zutaten herausnehmen und mit frisch abgerebeltem Majoran sowie Salz und Pfeffer würzen.

Den Bratensatz mit Madeira löschen, mit Kalbsjus aufgießen und Butter beigeben. Abschmecken. Die Leber kurz vor dem Anrichten in den heißen Backofen geben und mit der Sauce begießen. Rund um den Salat nett anrichten. Mit Zwiebelringen, Beeren, Blüten oder Kräutern garnieren.

Pochierte Kalbsfiletscheiben

mit gebackenen Steinpilzen und Salsa verde

Zutaten:
12 kleine Kalbsfiletscheiben
500 ml Olivenöl zum Pochieren
Salz und weißer Pfeffer
gemischte Blattsalate nach Belieben

Für die Steinpilze:
2 mittlere, geputzte Steinpilze
Mehl, Ei, Brösel zum Panieren
Salz
Fett zum Frittieren

Für die Salsa verde:
5 EL fein gehackte Petersilie
1 Essiggurke
1 Schalotte
1 Knoblauchzehe
1 TL Kapern
1 Sardellenfilet
Senf, Essig, Öl
Salz und Pfeffer

Zubereitung: Die **Filetscheiben** zwischen eine Klarsicht-folie legen und dünn ausklopfen. Würzen und in heißem Öl (bei 75 °C) 5 Minuten pochieren.

Die gut geputzten **Steinpilze** in Scheiben schneiden. In Mehl, versprudeltem Ei sowie Bröseln panieren und in heißem Fett goldgelb herausbacken. Herausheben, abtropfen lassen und salzen.

Für die **Salsa verde** alle Zutaten sehr fein hacken und mit Salz, Pfeffer, Essig, Senf und Öl vermischen.

Nun die Kalbsfiletscheiben aus dem Öl nehmen und auf den Tellern kreisförmig anrichten. Die Salate rundum anrichten und mit Salsa verde marinieren. In der Mitte die gebackenen Steinpilze schichtweise zu einem Türmchen anrichten.

Sülzchen vom Hirsch

mit Apfel-Sellerie-Salat

Zutaten:
500 g Hirschrücken
500 ml klare Rindsuppe
4 EL gekochte Gerste
1 Zucchini
20 Dörrzwetschken
7 Blatt Gelatine
Öl zum Anbraten
Salz, Pfeffer
Preiselbeermarmelade zum Garnieren

Für den Apfel-Sellerie-Salat:
½ Knolle Sellerie
1 Apfel
100 g Sauerrahm
Nussöl, weißer Balsamicoessig
Salz, Pfeffer, Zucker

Zubereitung: Den **Hirschrücken** würzen, beidseitig scharf anbraten und im vorgeheizten Ofen bei 150 °C je nach Stärke des Stückes zwischen 8 und 16 Minuten rosa garen. Herausheben, auskühlen lassen und dann in 1 cm starke Streifen schneiden. Die Zucchini der Länge nach in 2 mm dünne Scheiben schneiden und diese kurz blanchieren.

Eine passende Terrinenform mit Klarsichtfolie auslegen. Die Terrinenform der Quere nach mit Zucchinistreifen überlappend auslegen. Dann die Form in der Reihenfolge mit gekochter Gerste, Hirschrückenstreifen und Dörrzwetschken auffüllen. Gelatine in kaltem Wasser einweichen, gut ausdrücken und in warmer Rindsuppe auflösen. Suppe kalt stellen, bis sie beginnt anzuziehen. Bevor sie stockt, die Form damit ausgießen. Die Zucchinistreifen übereinander schlagen und die Sulz ca. 3 Stunden kühl stellen. Aus der Form geben und in ca. 4 cm dicke Stücke schneiden. Mit dem währenddessen vorbereiteten Apfel-Sellerie-Salat anrichten. Preiselbeermarmelade mit dem Stabmixer pürieren und bei Bedarf etwas Wasser dazugeben. Die Sulz damit garnieren.

Für den **Apfel-Sellerie-Salat** Sellerie und Apfel in feine Streifen schneiden und mit den restlichen Zutaten vermengen. Abschmecken.

☞ ***Besonders delikat mundet diese Sulz, wenn sie mit eingelegten oder kurz gebratenen Pilzen, etwa Eierschwammerln, serviert wird.***

Zutaten:
1 Erdäpfelbrot in Kastenform (oder anderes Kastenbrot)
4 Scheiben (gekochter, gepresster) Kalbskopf, ½ cm dick geschnitten
100 g geklärte Butter
Salz, weißer Pfeffer

Für das Kürbistatar:
400 g Muskatkürbis, in kleine Würfel geschnitten
Amaretti-Kekse (oder andere sehr knusprige Kekse)
4 EL Olivenöl
Salz, Pfeffer

Für die Kräutersalate:
beliebige kleine Salate (Rote-Rüben-Scheiben oder Spinatblätter, Rucola, Kresse, Löwenzahn etc.)
Kräuter (Koriander, Petersilie, Dillspitzen, Estragon, Kerbel, Schnittlauch und Basilikum)
Kürbiskernöl und geröstete Kürbiskerne
Balsamicoessig
Salz, Pfeffer

Kalbskopfpofesen

auf Kürbistatar mit Kräutersalaten

Zubereitung: Das Erdäpfelbrot in 8 Scheiben schneiden. Je eine Scheibe Brot mit **Kalbskopf** belegen, mit Salz sowie Pfeffer würzen und wieder mit einer Brotscheibe abdecken. Ränder zu einem formschönen Viereck zuschneiden. In geklärter Butter goldgelb backen.

Für das **Kürbistatar** die Kürbiswürfel mit den zerdrückten Keksen, Olivenöl, Salz und Pfeffer vermengen. In eine Alufolie einschlagen und bei 180 °C für 10 Minuten in den vorgeheizten Ofen geben.

Die **Kräuter** und **Salate** nach Belieben marinieren.

Das Kürbistatar mit Hilfe eines Ringes auf Tellern anrichten. Die Kalbskopfpofesen einmal halbieren und auf das Tatar setzen. Die marinierten Kräutersalate rundum anrichten und mit Kürbiskernen bestreuen.

Pökelzungenscheiben

mit Graukas-Erdäpfelchips und gebackenen Zwiebelringen

Zubereitung: Die gepökelte **Rindszunge** in der Fleischsuppe leicht temperieren. Den **Erdapfel** schälen, der Länge nach mit der Aufschnittmaschine in 1 mm dünne Scheiben schneiden und in nicht zu heißem Fett zu knusprigen Chips backen. Auf Küchenkrepp abtropfen lassen, salzen und auf eine feuerfeste Platte gruppieren. Den Graukäse zerbröckeln, auf die Erdäpfelchips verteilen und unter dem Salamander (oder im Backrohr bei Oberhitze) zart schmelzen lassen.

Inzwischen Radieschen in dünne Blättchen schneiden und gemeinsam mit dem Feldsalat marinieren. Tomaten schälen und in Würfel schneiden. Mit Zwiebeln, Salz, Pfeffer, Essig, Schnittlauch und Öl zu einem Dressing vermengen.

Die **Zwiebelringe** mit Mehl sowie Paprika stauben und in Frittierfett (160 °C) langsam goldgelb backen. Herausheben, abtropfen lassen und dann salzen.

Für den **Buttermilchschaum** Schlagobers mit Salz und Pfeffer aufkochen, Buttermilch zugießen und aufschäumen.

Nun die Rindszungenscheiben, Erdäpfelchips und den Feldsalat mit Hilfe eines runden Ausstechers schichtweise zu einem Türmchen aufbauen. Zwischendurch mit Tomatendressing beträufeln. Den Ring abziehen und die gebackenen Zwiebelringe obenauf platzieren.

Mit Buttermilchschaum ringsum vollenden.

Zutaten:
12 dünne Scheiben gepökelte Rindszunge, gekocht
Fleischsuppe
1 großer Erdapfel
Fett zum Frittieren
200 g reifer Graukäse
Feldsalat nach Belieben
1 Bund Radieschen
2 reife Tomaten
1 kleine blaue Zwiebel, gehackt
Schnittlauch
Salz, Pfeffer
Rotweinessig
Samenöl (Traubenkern-, Sonnenblumenkernöl oder anderes neutrales Pflanzenöl)

Für die Zwiebelringe:
1 Zwiebel, in Ringe geschnitten
1 EL Mehl
1 gestrichener TL Paprikapulver
Salz
Frittierfett

Für den Buttermilchschaum:
50 ml Schlagobers
100 ml Buttermilch
Salz und Pfeffer aus der Mühle

Gebackenes Kitzhirn

auf Blattsalat mit Bozner Schaum

Zutaten für 6 Portionen:

500 g frisches Kitzhirn vom Metzger (ersatzweise Kalbshirn)
Salz, weißer Pfeffer aus der Mühle
Mehl, mit etwas gehacktem Knoblauch vermischt,
verquirlte Eier und weiße Brösel zum Panieren
Pflanzenöl zum Herausbacken
1 EL Butterschmalz
Radieschen, Kräuter, Blüten, Zwiebelringe, Schnittlauchringe usw. nach Belieben als Garnitur

Für den Blattsalat:

400 g feine Blattsalate (Rucola, Vogerl, junger Spinatsalat, gelber Löwenzahn, Kresse, gelbe Herzen vom Kopfsalat)
3 cl alter Balsamicoessig
10 cl gutes Olivenöl
etwas Salz

Für den Bozner Schaum:

2 EL Olivenöl
40 g fein geschnittene Schalotten
80 ml trockener Weißwein
10 schwarze Pfefferkörner
Cayennepfeffer
etwas Zucker
3 Eidotter
1 Ei
300 g warme, geklärte Butter
Saft einer Zitrone
Zeste von ½ Zitrone

Zubereitung: Das frische **Kitzhirn** sorgfältig von Häuten und Blutgerinnseln befreien, mit kaltem Wasser kurz durchwaschen und abtrocknen. Mit Salz und Pfeffer würzen. In Mehl, Ei und Bröseln panieren. In eine Pfanne ca. 2 cm hoch Öl eingießen, erhitzen und das Hirn bei mittlerer Hitze ca. 5 Minuten auf beiden Seiten backen. Das Öl abgießen, etwas Butterschmalz zugeben und das Hirn noch ca. 3–5 Minuten im Rohr bei 180 °C durchziehen lassen.

Für die **Salatmarinade** den Balsamicoessig mit Olivenöl und etwas Salz in ein Glas mit Schraubverschluss geben und kräftig schütteln. Den Salat damit gleichmäßig marinieren.

Für den **Bozner Schaum** die Schalotten in Olivenöl anschwitzen. Mit Weißwein löschen, die Gewürze zugeben und bei schwacher Hitze langsam einreduzieren lassen. Den Gewürzfond durch ein feines Sieb passieren und mit Ei und Eidottern in einer Chromschüssel über Wasserdampf schaumig schlagen. Dann die noch warme, flüssige Butter langsam einschlagen, bis eine cremige Sauce entsteht. Mit Zitronensaft und fein geriebenen Zitronenzesten abschmecken.

Salat anrichten, das gebackene Hirn darauf platzieren und mit dem Bozner Schaum sowie beliebiger Garnitur vollenden.

☞ ***Bozner Schaum harmoniert auch mit Spargel- oder Fleischgerichten ganz hervorragend. Noch schaumiger wird er übrigens, wenn man die fertige Sauce mit Hilfe einer Espuma-Flasche aufspritzt.***

Ötztaler Rote-Rüben-Salat

mit Kalbsbries

Zutaten:
300 g Kalbsbries, gut zugeputzt und vorpochiert
4 Erdäpfel, gekocht
2 Schalotten
1 Rote Rübe, gekocht
100 g Fisolen, gekocht
2 EL Butterschmalz
Salz
1 Stück Würfelzucker
1 Prise Zimt
1 Schuss Rotweinessig
2 EL Butter
1 kleine Zwiebel, fein gehackt

Zubereitung: Das pochierte **Kalbsbries** in Scheiben von ca. 1 cm Dicke schneiden. Die Erdäpfel blättrig schneiden und gemeinsam mit den fein gehackten Schalotten in Butterschmalz anrösten. Die gekochte **Rote Rübe** durch ein Reibeisen darüberraffeln. Die klein geschnittenen Fisolen daruntermengen, den Würfelzucker im Gemüse auflösen und alles mit Zimt, Salz, Pfeffer und Essig abschmecken.

In der Zwischenzeit Zwiebel in der zerlassenen Butter anschmelzen und die Briesscheiben auf kleiner Flamme mitrösten. Den warmen Rote-Rüben-Salat portionsweise anrichten und die Bries-Zwiebel-Mischung darüber drapieren.

Lardo-Kaninchenrücken

im Gemüsekörbchen mit Rotweinzwiebeln

Zutaten:
4 ausgelöste Kaninchenrückenfilets
30 ml Olivenöl
je 1 Zweig Rosmarin und Thymian
Salz und schwarzer Pfeffer aus der Mühle
4 Scheiben Lardo (Weißspeck) zum Umwickeln
50 ml Samenöl (Traubenkern-, Sonnenblumenkernöl oder anderes neutrales Pflanzenöl) zum Anbraten

Für die Rotweinzwiebeln:
20 Perlzwiebelchen
1 EL brauner Zucker
3 EL Balsamicoessig
200 ml kräftiger Rotwein
1 kleines Lorbeerblatt
Salz und Pfeffer

Für die Gemüsekörbchen:
1 mittlerer Erdapfel
1 Karotte
1 Zucchini
1 kleine Melanzani
Salz
Frittierfett

Zubereitung: Die **Kaninchenfilets** von Sehnen befreien, mit Kräutern und Olivenöl kurz marinieren, würzen und in den Speck einrollen. In Samenöl auf allen Seiten kurz anbraten, in Alufolie wickeln und nachziehen lassen.

Für die **Rotweinzwiebeln** den Zucker leicht karamellisieren. Mit Essig und Rotwein ablöschen, Zwiebelchen und Lorbeer dazugeben und bis zur gewünschten Konsistenz einreduzieren. Abschließend abschmecken.

Für die **Gemüsekörbchen** die Gemüse in feine Streifen schneiden. Salzen, portionsweise in kleine Frittierkörbchen geben und im heißen Backfett zu knusprigen Körbchen backen. Herausheben und kurz abtropfen lassen.

Nun die Rotweinzwiebelchen kreisförmig auf Tellern anrichten. Die Rotweinreduktion darüberträufeln. Das Körbchen in die Mitte setzen und mit dem in Scheibchen geschnittenen Kaninchenfilet auslegen.

Lachsröllchen

mit grünem Spargel auf Frühlingssalaten

Zubereitung: Zunächst die **Lachsscheiben** mit Olivenöl, Salz und Pfeffer marinieren. Dann je eine Spargelspitze auf eine Scheibe Lachs legen. So einrollen, dass die Spargelspitze selbst nicht von Lachs bedeckt ist. In eine Form geben und im vorgeheizten Backrohr zwischen 55 °C und 60 °C etwa 40 Minuten temperieren.

Währenddessen für das **Tomatendressing** sämtliche Zutaten miteinander verrühren. Möglichst dekorative Glasteller mit den gewaschenen, gezupften Salaten auslegen. Je drei Spargel-Lachsröllchen darauf gruppieren und mit der Vinaigrette reichlich beträufeln.

Zutaten:
12 dünne Scheiben roher Lachs
12 grüne, gekochte, nicht zu kleine Spargelspitzen
2 EL Olivenöl
Salz, weißer Pfeffer
Frühlingssalate, geputzt und gewaschen (Rucola, Maikönigherzen, Frisée, Feldsalat, Löwenzahnspitzen, Bachkresse etc.)

Für das Tomatendressing:
3 EL Rotweinessig
2 EL Tomatenessig
100 ml Olivenöl
Salz, Pfeffer
300 g Tomaten, geschält und in kleine Würfel geschnitten
5 Blätter Basilikum, in Streifen geschnitten

Gedämpfte Karpfentranchen
mit Mangold, Fenchel und Kren
vom Parkhotel Tristachersee

Zubereitung: Ein Bambuskörbchen oder einen Dämpfeinsatz mit den **Mangoldblättern** auslegen. Den **Fenchel** in Streifen schneiden und mit den Cherrytomaten auf die Mangoldblätter geben. Aus den Erdäpfeln je 3–4 kleine Perlen stechen und ebenfalls ins Körbchen geben.

Das **Karpfenfilet** gleichmäßig in vier Tranchen schneiden, auf das Gemüse legen und etwas salzen.

Die Zutaten für den Sud in einer Pfanne erhitzen, das Körbchen mit Deckel in den Sud hineinstellen und ca. 7–8 Minuten dünsten lassen.

Zum Schluss noch mit frischem **Kren** und Kräutern garnieren.

Zutaten:
1 großes Filet vom Spiegelkarpfen
4 Blätter Mangold
1 Fenchel
3 Cherrytomaten
3–4 gekochte Erdäpfel

Für den Sud:
Wasser
1 Spritzer Weißwein
etwas Essig
Senfkörner
Koriander, ganz
1 Lorbeerblatt
etwas Salz
frischer Kren und Kräuter zum Garnieren

Speckhechtwürfel
mit Brombeersauce

Zubereitung: Für die **Brombeersauce** zunächst alle Zutaten außer den Brombeeren für die Einlage aufkochen und ca. 5 Minuten ziehen lassen. Aufmixen und durchpassieren. Die restlichen Brombeeren im Ganzen zugeben und die Sauce warm stellen.

Das **Hechtfilet** in gleichmäßige Würfel schneiden. Mit Salz, Pfeffer, Zitronensaft und frisch gehacktem Rosmarin würzen. Mit dünn geschnittenem Speck umwickeln und bei mittlerer Hitze in Olivenöl auf den Punkt braten.

Den **Blattsalat** nach Belieben marinieren und auf Tellern anrichten. Die Hechtwüferl darauf anrichten und mit der Brombeersauce garnieren. Mit Rosmarinzweiglein nach Belieben garnieren.

Zutaten für 6 Portionen:
300 g entgrätetes Hechtfilet
Salz, weißer Pfeffer
Zitronensaft
frisch gehackter Rosmarin
dünn geschnittene Bauchspeckscheiben ohne Knorpel
Olivenöl
250 g Blattsalat nach eigener Wahl
Balsamico und Olivenöl zum Marinieren
Rosmarinzweiglein zum Garnieren

Für die Brombeersauce:
100 ml Rotwein
50 ml Portwein (rot)
100 g Brombeeren zum Mixen
100 g Brombeeren als Einlage
80 g Zucker
1 Msp. Cayennepfeffer
2 cl Brombeeressig

Gefüllte Erdäpfelblattln

mit Bachsaibling auf Kümmelkrautsalat

Zutaten:
4 kleine Bachsaiblingsfilets
Salz, weißer Pfeffer aus der Mühle
Dillspitzen
Zitronensaft
Olivenöl zum Marinieren

Für die Erdäpfelblattln:
300 g gekochte, passierte, mehlige Erdäpfel
2 Eidotter
1 EL zerlassene Butter
100 g Mehl
Salz
Öl zum Herausbacken

Für die Fülle:
1 blauer Erdapfel
1 weißer Erdapfel
1 kleine Schalotte, in Würfel geschnitten
Salz, Pfeffer
Essig und Öl
ev. etwas Lachsforellenkaviar

Für den Krautsalat:
½ Weißkraut
Salz, Pfeffer, Kümmel
Heller Essig und Samenöl (Traubenkern-, Sonnenblumenkernöl oder anderes neutrales Pflanzenöl)

Für den Krenschaum:
100 ml Buttermilch
100 ml Schlagobers
frisch geriebener Kren
Salz und Pfeffer

Zubereitung: Die **Bachsaiblingsfilets** sorgfältig entgräten und halbieren. Mit Salz, Pfeffer, Dille, Zitronensaft sowie Olivenöl marinieren. Im vorgewärmten Backrohr bei 70 °C etwa 30 Minuten temperieren.

Für die **Erdäpfelblattln** die zerlassene Butter mit Eidottern vermischen und mit den Erdäpfeln vermengen. Mehl und Salz einkneten. Den Teig ausrollen und zu Rechtecken schneiden oder ausstechen. Die Erdäpfelblattln in heißem Fett goldgelb herausbacken. Herausheben und abtropfen lassen.

Für die **Fülle** der Blattln die Erdäpfel schälen, in Würfel schneiden und weich kochen. Mit Schalottenwürfeln, Essig, Öl, Salz und Pfeffer abschmecken.

Das **Weißkraut** fein schneiden und mit Salz, Pfeffer, Kümmel, Essig und Öl marinieren. Für den **Krenschaum** alle Zutaten mit dem Mixstab aufmixen.

Nun das Weißkraut anrichten, das Saiblingsfilet darauf platzieren und mit Krenschaum beträufeln. Dann die Erdäpfelblattln abwechselnd mit der vorbereiteten Fülle daneben anrichten.

Jakobsmuschel-Rosmarin-Spieß
mit Garnelen auf Marktgemüse

Zutaten:
8 Jakobsmuscheln, zugeputzt und ohne Rogen
4 Rosmarinzweige
8 große Garnelenschwänze ohne Schale
Salz und Pfeffer aus der Mühle
1 Melanzani
2 Zucchini
1 rote Paprikaschote
1 gelbe Paprikaschote
8 Kirschtomaten
Balsamicoessig (am besten 12 Jahre alt)
kaltgepresstes Olivenöl

Zubereitung: Jeweils zwei **Jakobsmuscheln** auf einen Rosmarinzweig stecken. Jakobsmuscheln sowie die Garnelen würzen und in wenig Olivenöl in einer Grillpfanne braten. Gewaschenes, geputztes **Gemüse** in größere Rauten schneiden. Mit Olivenöl, Salz und Pfeffer marinieren und auf dem vorgeheizten Grill ca. 5 Minuten grillen.

Nun das Grillgemüse mosaikartig auf heißen Tellern anrichten. Je einen Jakobsmuschelspieß und jeweils zwei Garnelen daraufsetzen. Olivenöl und Balsamicoessig in kleinen Gläsern separat servieren.

Lauwarmer Oktopus-Garnelen-Salat
auf mediterranem Gemüse

Zutaten:
1 Oktopus (ca. 700 g)
16 geputzte Garnelen
50 ml Olivenöl
für den Oktopus
1 kleine Zwiebel
Karotte und Selleriestange
1 Knoblauchzehe
1 Lorbeerblatt
200 ml Weißwein
500 ml Wasser
Salz und Pfeffer
Olivenöl
Zitronensaft, Dillspitzen
1 Tomate, geschält und in Würfel geschnitten
gehackte Petersilie

Für das Gemüse:
½ Aubergine
1 Zucchini
je 1 rote und gelbe Paprikaschote
1 kleine blaue Zwiebel
1 Artischockenherz
100 ml Olivenöl
Salz und Pfeffer
frische Kräuter zum Garnieren

Zubereitung: Für den **Oktopussalat** zunächst einen Kochtopf mit Olivenöl erhitzen und das grob gewürfelte Gemüse sowie Knoblauch darin anbraten. Oktopus dazugeben, mit Weißwein ablöschen und mit Wasser aufgießen. Würzen und zugedeckt ca. 45 Minuten schmoren lassen. Sobald der Oktopus weich ist, herausnehmen, die blaue Haut entfernen und den Oktopus in dünne Scheiben schneiden. Mit Salz, Pfeffer, Olivenöl, Zitronensaft, Tomatenwürfeln und gehackter Petersilie abschmecken. **Garnelen** würzen, mit Zitronensaft sowie Dillspitzen marinieren und in Olivenöl bei 70 °C kurz pochieren.

Gemüse waschen, putzen und in gleichmäßige, erbsengroße Würfelchen schneiden. In Olivenöl ansautieren und mit Salz sowie Pfeffer würzen. Nun mit Hilfe einer Ringform das Gemüse in die Mitte des Tellers platzieren. Darauf den Oktopussalat sowie die pochierten, aufgestellten Garnelen anrichten. Mit Kräutersträußchen garnieren.

Aus dem Tiroler Suppentopf

Von der Gerstlsuppe bis zur Terlaner Weinsuppe

Klare Rindsuppe

Zutaten:
2 kg Klärfleisch und Knochen
1 kg Karotten, Sellerie, Lauch und Zwiebeln
Liebstöckel, Petersilie, Wacholderbeeren, Pfefferkörner
2–3 Lorbeerblätter

Zubereitung: Das Gemüse waschen und in kleine Würfel schneiden. Nun alle Zutaten gemeinsam in einen Topf geben und mit kaltem Wasser langsam erhitzen. (Je mehr feste Bestandteile im Verhältnis zum Wasser beigegeben werden, desto intensiver wird auch die Suppe.)

Auf kleiner Flamme so lange vor sich hin köcheln lassen, bis sich die Flüssigkeit auf etwa die Hälfte reduziert hat (ca. 3–4 Stunden). Währenddessen immer wieder den Schaum von der Suppe abschöpfen.

Nun den Fond aus dem Topf gießen oder schöpfen, ohne die festen Bestandteile allzu sehr aufzuwirbeln. Die Suppe mit etwas Sherry und Weißwein abschmecken!

Parmesanknödel

in klarer Rindsuppe

Zutaten:
Klare Rindsuppe (s. oben)
250 ml Wasser
125 g Butter
125 g Mehl
4 Eier
Basilikum, Petersilie
Salz, Pfeffer, Zucker
100 g geriebener Parmesan

Zubereitung: Das Wasser mit Butter, Salz, Pfeffer und Zucker aufkochen lassen. Das Mehl beifügen und zu einem glatten Teig rühren, bis sich der Teig vom Topf löst. Den Teig auskühlen lassen. Dann mit den Eiern, Parmesan und den Kräutern verrühren.

Nun aus der Masse ca. 50 g schwere Knödel formen. In einem Topf reichlich Salzwasser aufkochen. Knödel einlegen und etwa 15 Minuten ziehen lassen. Herausheben und in der heißen Rindsuppe servieren.

☞ ***Die Parmesanknödel eignen sich auch vorzüglich als Beilage zu Wildgerichten oder anderen Fleischgerichten mit kräftiger Sauce.***

Ochsenschwanzessenz

mit Beef Tatar

Zubereitung: Zunächst den **Ochsenschwanz** in Stücke schneiden und in Öl scharf anbraten. Wurzelgemüse zugeben und miträsten, dann Tomatenmark einrühren. Das Fett abgießen, mit Rotwein ablöschen, mit Suppe aufgießen und die Gewürze zugeben. Nun ca. 3 Stunden leicht sieden lassen. Dann die Ochsenschwanzstücke herausnehmen und das Fleisch von den Knochen lösen. Das noch warme Fleisch in eine Schüssel geben und mit einem Teller beschweren. Einige Stunden im Kühlschrank fest werden lassen.

Das **Rindfleisch** grob faschieren. Eiklar mit Wasser gut aufschlagen. Mit faschiertem Fleisch, dem Wurzelgemüse, Pfefferkörnern und Salz gut vermengen. Mit der Ochsenschwanzsuppe aufgießen und unter vorsichtigem Rühren langsam zum Kochen bringen. Ungefähr 2 Stunden ziehen lassen. Das entstandene Fett abschöpfen, die Essenz vorsichtig abseihen. Mit Cognac abschmecken.

Für die **Einlage** den Ochsenschwanz in Würfel schneiden und leicht erwärmen. Die heiße Essenz in vorgewärmte Tassen füllen, Ochsenschwanz und gekochte Gemüsewürfel dazugeben. Das vorbereitete Tatar in Form eines Nockerls auf je eine Scheibe getrocknetes Brot setzen und dazu reichen.

Zutaten für den Ansatz:
1 kg Ochsenschwanz
80 ml Olivenöl
200 g Wurzelgemüse
1 EL Tomatenmark
150 ml Rotwein
3 l Knochensuppe
1 Lorbeerblatt
1 Knoblauchzehe
Salz

Zum Klären:
600 g mageres Rindfleisch
200 g Wurzelgemüse
3 Eiklar
5 zerdrückte Pfefferkörner
250 ml Wasser
Salz
2 l Ansatz (Ochsenschwanzsuppe)

Zum Vollenden:
200 g Karotten, Sellerie, Lauch (alles klein geschnitten und weich gekocht)
200 g Ochsenschwanz ebenfalls in Würfel geschnitten
50 ml Cognac
Tatar vom Rind- oder Rehfleisch (▸ Rehtatar S. 51)
im Ofen getrocknete Brotscheiben zum Anrichten

Ochsenschwanzsuppe
mit Markknöderln

Zutaten:
800 g Ochsenschwanz
1,2 kg zerkleinerte Kalbs- und Rindsknochen
200 g Zwiebeln
100 g Möhren
80 g Sellerie
100 g Lauch
1 EL Tomatenmark
750 ml kräftiger Weißwein
150 g Butter
je 1 Zweig Thymian, Rosmarin, Petersilie und Basilikum

Zum Klären:
400 g Rindfleisch (Wade), grob faschiert
5 Eiklar
100 g Karotten
100 g Lauch
60 g Petersilwurzel
2 Gewürznelken
1 Lorbeerblatt
2 Pimentkörner
8 weiße Pfefferkörner
je 1 Zweig Thymian, Rosmarin und Basilikum
½ TL Majoran
2 Knoblauchzehen
5 cl trockener Sherry nach Belieben
Salz

Für die Markknöderl:
200 g Rindermark
100 g sehr fein geschnittene Zwiebeln
1 TL Butter
4 Eidotter
Salz, weißer Pfeffer aus der Mühle
Muskatnuss
100 g weiße Semmelbrösel ohne Rinde
100 g Mehl

Zubereitung: Den **Ochsenschwanz** bei den Gelenken durchschneiden. Zwiebeln, Karotten, Sellerie und Lauch in große Stücke schneiden. Das Rohr auf 180 °C vorheizen und die Knochen, Ochsenschwanz sowie das Gemüse in Butter 20–30 Minuten gut anbraten. Dabei immer wieder umrühren. Sobald die Knochen Farbe angenommen haben, das Tomatenmark einrühren und noch kurz trocken rösten. Wein nach und nach angießen und zwischendurch verdampfen lassen. (So verliert das Tomatenmark seine Süße und gewinnt an Farbe.) Sobald der Wein einreduziert ist, Kräuter zugeben und die Knochen mit kaltem Wasser bedecken. Bei kleiner Hitze auf dem Herd ohne Deckel 3½–4 Stunden vor sich hin köcheln lassen.

Dann die Ochsenschwanzteile herausnehmen und das Fleisch mit einem kleinen Messer vom Knochen lösen (ohne Knorpel!). Auf einen Teller geben, leicht pressen und auskühlen lassen. Anschließend in kleine Würfel schneiden, die später in der Suppe serviert werden. Den Fond durchpassieren und auskühlen lassen. (Für den Klärvorgang muss der Grundfond kalt sein!)

Zum Klären Rindfleisch, Karotten und Petersilwurzel durch die grobe Scheibe des Fleischwolfs drehen. Lauch, Gewürze und das flüssige Eiklar in einer Schüssel mit dem Fleisch mischen und einige Eiswürfel dazugeben. Die kalte Mischung in einen Topf geben und den kalten, entfetteten Ochsenfond zugeben. Langsam aufkochen lassen und dabei mit einem Bratenwender ständig am Topfboden langsam rühren, damit das Eiklar nicht anbrennt. Sobald dichter Schaum aufsteigt, nicht mehr rühren. Noch ca. 1 Stunde leicht ziehen lassen. Danach vorsichtig durch ein Etamin (Passiertuch) abschöpfen. Nochmals abschmecken und mit Sherry verfeinern. Mit den Markknöderln sowie den Fleischwürferln servieren.

Für die **Markknöderl** das Rindermark 1 Stunde unter fließendem kaltem Wasser wässern. In einer Sauteuse bei geringer Hitze auslassen und durch ein Sieb passieren, um noch vorhandene Knochensplitter zu entfernen. Das überkühlte Mark schaumig aufschlagen, Dotter langsam einrühren und die Gewürze dazugeben. Zwiebeln mit etwas Butter hell anschwitzen und wieder auskühlen lassen. Die erkalteten Zwiebeln, Semmelbrösel und das Mehl langsam unter die Mark-Dotter-Masse heben. Aus der Masse kleine Knöderl formen, in kochendes Salzwasser einlegen, aufkochen lassen und den Topf von der Herdplatte nehmen. Knöderl noch etwas ziehen lassen.

Rehconsommé

mit Markroulade

Zubereitung: Das Rindermark erhitzen, bei schwacher Hitze auslassen und durch ein feines Sieb passieren. Das entrindete Brot für beide Massen getrennt in grobe Stücke schneiden und jeweils mit der lauwarmen Milch begießen.

Für die **weiße Markmasse** die fein geschnittenen Zwiebeln mit einem Teelöffel Rindermark glasig anschwitzen und auskühlen lassen. Das Brot gut ausdrücken und durch den Fleischwolf drehen. Nun das Mark schaumig rühren, langsam nach und nach die Eier sowie Dotter dazugeben und dabei fest weiterrühren. Mit Salz, Pfeffer und geriebener Muskatnuss würzen. Jetzt die Brotmasse und die Brösel vorsichtig unterheben und nochmals abschmecken.

Für die **grüne Masse** die Butter schaumig rühren und die Dotter langsam einrühren. Der Reihe nach die restliche Zutaten dazugeben (faschiertes Weißbrot, Brösel, Cremespinat). Die Masse gut abschmecken und die frischen Kräuter einrühren.

Nun auf einer Klarsichtfolie zuerst die weiße Masse ca. 1 cm dick aufstreichen. Die Kräutermasse wesentlich dünner daraufstreichen. Vorsichtig und fest einrollen und diese Rolle im wallenden Wasser ca. 15 Minuten ziehen lassen. (Am besten die Masse zu mehreren kleinen Rollen, die nicht dicker als 4 cm sind, einrollen.) Die Roulade erkalten lassen, die Folie entfernen und Röllchen in 1 cm dicke Scheiben schneiden. In die vorgewärmten Suppenteller legen und mit der heißen Consommé übergießen. Vor dem Servieren mit Basilikumblättern garnieren.

Zutaten:

Rehconsommé (▸ S. 72)
300 g Rindermark
300 g entrindetes Weißbrot vom Vortag
500 ml Milch zum Einweichen
200 g sehr fein geschnittene Zwiebeln
2 Eier
2 Eidotter
40 g Weißbrotbrösel
Salz, Pfeffer
geriebene Muskatnuss
Basilikumblätter zum Garnieren

Für die grüne Masse:

200 g entrindetes Weißbrot vom Vortag
250 ml Milch zum Einweichen
60 g Butter
2 Eidotter
20 g Weißbrotbrösel (ohne Rinde gerieben)
80 g gut ausgedrückter Cremespinat
sehr fein gehackte frische Kräuter (Basilikum, Petersilie, Majoran, Schnittlauch, Bärlauch usw.)
Salz, Pfeffer
Muskatnuss

Von Marendern und Suppenburgern

Die „Imster Marender“ und die „Imster Suppenburger“ sind zwei Spitznamen, die heute noch daran erinnern, dass Imst stets zu den reichsten Tiroler Gemeinden zählte – und daher auch zahlreiche Neider auf den Plan rief. Immer bei der „Marenden“ (Jause) und immer nah beim Suppentopf zu sein – das warfen den Imstern ihre Feinde vor, und ganz Böswillige erfanden sogar die Imster Steigerungsstufen: „dumm – dümmer – d’Imster“. Wie unberechtigt solche Vorurteile sind, zeigt ein kurzer Blick in die lange Liste großer Imster, zu denen unter anderen die Erbauer der ersten österreichischen Zahnradbahn und der Budapester Kettenbrücke gehören.

Rehconsommé
mit Eierschwammerlravioli

Zutaten für den Rehfond:
2 kg Rehknochen
1 kg Rindsknochen
40 ml Pflanzenöl
2 in der Schale angebratene Zwiebelhälften
2 Gewürznelken
8 Wacholderbeeren
insgesamt 500 g Karotten, Sellerie, Lauch und Petersilwurzel
3 Knoblauchzehen
2 Lorbeerblätter
1 kleine Handvoll Salz

Für die Rehconsommé:
300 g Rehfleisch vom Wadel
100 g Karotten
100 g Lauch
30 g Petersilknolle
30 g Knollensellerie
2 Gewürznelken
1 Lorbeerblatt
3 Pimentkörner
1 gute Prise Salz
6 Eiklar
10 Eiswürfel
ca. 2 l Rehfond, erkaltet und entfettet

Für die Ravioli:
Nudelteig mit Hartweizengrieß (‣ S. 382)
Eiklar zum Bestreichen
300 g gehackte Eierschwammerl
1 EL Olivenöl
1 EL Butter
80 g fein geschnittene Zwiebeln
2 fein gehackte Knoblauchzehen
Salz, Pfeffer
2 EL gehackte Petersilie
1 TL Pilzmehl (geriebene getrocknete Steinpilze)
½ TL Mehl
2 cl Madeira
2 EL geschlagenes Obers
60 g sehr zarte Eierschwammerl (Chanterelles)
ca. 2 cl trockener Sherry

Zubereitung: Zunächst für den **Rehfond** die gewaschenen und zerkleinerten Knochen in Öl im heißen Backrohr gut anbraten. Währenddessen wiederholt umrühren. Das Fett durch ein Sieb abtropfen lassen. Die Knochen mit dem Wurzelwerk in einen Topf geben, mit kaltem Wasser bedecken und aufkochen lassen. Dabei den Schaum mit einem Schöpfer abschöpfen. Die Zwiebelhälften sowie Aromastoffe dazugeben und ca. 3 Stunden langsam köcheln lassen. Dann durch ein Passiertuch abgießen und den Fond sehr kalt werden lassen. Das erkaltete Fett von der Oberfläche entfernen.

Für die **Rehconsommé** das Rehfleisch mit Karotten, Lauch, Petersilknolle und Sellerie faschieren. Mit den Gewürzen, Eiklar, Eiswürfeln sowie dem Salz vermengen, in den kalten Rehfond geben und umrühren. Den Topf auf den Herd stellen und unter langsamem, aber ständigem Rühren aufkochen lassen. Sobald die Trübstoffe nach oben steigen (wenn sich oben ein dicker Schaum bildet), nicht mehr weiterrühren. Die Suppe noch ca. 1 Stunde bei schwacher Hitze ziehen lassen. Durch ein Passiertuch seihen und je nach weiterer Verwendung erhitzen sowie bei Bedarf nachwürzen.

Für die **Eierschwammerlravioli** Olivenöl mit Butter erhitzen und die gehackten Eierschwammerl resch anbraten. Zwiebeln und Knoblauch dazugeben und weiterbraten. Mit Salz, Pfeffer sowie Pilzmehl würzen, ein wenig Mehl darüberstauben und mit etwas Madeira aufgießen. Die Pilze auskühlen lassen. Jetzt die gehackte Petersilie und das aufgeschlagene Obers unterheben und ganz nach eigenem Geschmack abschmecken.

Den Nudelteig dünn ausrollen und mit einem runden Ausstecher Scheiben mit 4 cm Durchmesser ausstechen. In die Mitte jeweils etwas vorbereitete Pilzfülle setzen, den Rand mit Eiklar bestreichen und ein zweites Teigblatt daraufsetzen. Mit einer Gabel den Rand fest andrücken.

Die Ravioli in gesalzenem Wasser leicht wallend ca. 4 Minuten kochen und in die vorgewärmten Suppenteller geben. In jeden Teller noch einige Tropfen Sherry träufeln und die halbierten zarten Pilze einlegen. Die heiße Consommé darüberschöpfen und sofort servieren.

Graukas-Pressknödel

in klarer Zwiebelsuppe

Zutaten:

1 l Fleischsuppe
50 g Butter
100 g kleinwürfelig geschnittene Zwiebeln
300 g fein geschnittenes Weißbrot
125 ml Milch
2 Eier
200 g Graukäse
Salz, Pfeffer aus der Mühle
Schnittlauch und gehackte Petersilie
knusprig gebratene Zwiebelringe
Butter zum Braten

Zubereitung: Milch mit Eiern aufschlagen und über das Weißbrot gießen. Die geschnittenen Zwiebeln in Butter andünsten und gemeinsam mit dem Graukäse sowie den gehackten Kräutern untermengen. Mit Salz sowie Pfeffer abschmecken und 10 Minuten rasten lassen. Aus der Masse platt gedrückte Knödel formen und diese in heißer Butter auf beiden Seiten goldgelb anbraten.

In einem Topf Salzwasser aufstellen und die Graukas-Pressknödel darin 10 Minuten kochen. Währenddessen die Suppe erhitzen und die Zwiebelringe goldgelb braten. Die heiße Suppe in vorgewärmte Teller gießen, die Graukas-Pressknödel einlegen und mit den Zwiebelringen garnieren.

Lebernockensuppe

Zubereitung: Butter und Dotter mit Salz, Majoran und geriebener Zitronenschale schaumig abtreiben. Die Semmeln würfelig schneiden und in Milch einweichen. Ausdrücken und gemeinsam mit der Leber durch den Fleischwolf drehen oder in der Küchenmaschine fein cuttern.

Die Masse mit Mehl und Semmelbröseln zu einem Teig verarbeiten. Mit Hilfe eines nassen Löffels aus der Masse Nocken stechen. In einem Topf die Rindsuppe aufkochen lassen, die Nocken einlegen und in der sanft wallenden Suppe ca. 10 Minuten lang kochen. In heißen Tellern anrichten und mit Petersilie bestreut heiß servieren.

Zutaten:
ca. 1 l Rindsuppe
50 g Butter
3 Eidotter
Salz, Majoran
Zitronenschale
300 g Schweinsleber
2 Schneidsemmeln
100 ml Milch
1 EL Mehl
1 EL Semmelbrösel
1 l Rindsuppe
1 EL fein gehackte Petersilie

Zerggl und Schmalz

Dass ein Knödel rund sein muss, ist eine Binsenweisheit. Doch auch in Tirol haben die Regeln ihre Ausnahmen. Eine davon ist der plattgedrückte Pressknödel oder Kaspressknödel, der im Zillertal als Zerggl aus dem heißen Schmalz kommt, in dem er knusprig braun gebacken wird.

Eine andere, ziemlich archaische Form der Pressknödelzubereitung ist heute noch auf einzelnen Höfen in Osttirol verbreitet. Der rohe, ohne Käse zubereitete Pressknödel wird in einer gusseisernen Pfanne so lange mit Zwiebeln geröstet, bis Rauch aufsteigt und der Knödel unten schwarz ist. Dann wird mit viel Wasser aufgegossen, dass es zischt. Anschließend muss der Knödel in der Suppe so lange köcheln, bis er nicht nur durchgegart, sondern von einer dunklen Sauce umgeben ist, in der er – nach dem Abseihen – auch serviert wird.

Ronensuppe
mit Ziegentopfen

Zutaten:
4 gekochte Ronen (Rote Rüben)
500 ml Rindsuppe
Salz, Pfeffer, gemahlener Kümmel
Zucker
Ziegentopfen

Das „weiße Gold", das diesem köstlichen Gericht seinen Geschmack verleiht, ist der Ziegentopfen vom Noltnerhof in Innervillgraten, der sich in 1500 m Höhe auf Frischkäse von Kuh und Ziege spezialisiert hat.

Zubereitung: Die gekochten Ronen pürieren, mit Suppe vermengen und erwärmen, mit den restlichen Zutaten abschmecken. Vor dem Servieren kurz aufschäumen. Anrichten und jeweils etwas Ziegentopfen in die Suppe geben.

☞ ***Für diese nicht alltägliche Suppenspielart eignen sich auch gegarte Fischstückchen oder frisch geriebener Kren als Einlage.***

Zwiebelsuppe
mit Pressknödeln

Zubereitung: **Zwiebeln** in der Butter hell anschwitzen, mit Weißwein ablöschen und mit der Rindsuppe aufgießen. Lorbeerblätter zugeben, mit etwas Paprikapulver, Muskatnuss, Salz sowie Pfeffer abschmecken und ca. 15 Minuten leicht köcheln lassen. Mit Cognac und gehackter Petersilie abrunden. Die Suppe nach Belieben passieren. Die fertigen Pressknödel einlegen und mit frischem Schnittlauch garnieren.

Für die **Pressknödel** die am Vortag gekochten Erdäpfel schälen und durch die Presse drücken. Mit allen anderen Zutaten vermengen und nach Geschmack würzen. Die Masse zu dünnen Laibchen mit ca. 6 cm Durchmesser formen und in heißem Butterschmalz bei mittlerer Hitze gleichmäßig goldbraun herausbacken. (Dieses Unterfangen ist nicht immer leicht, da der Graukäse zu rinnen beginnt. In diesem Fall noch 1 Esslöffel Mehl zugeben).

☞ ***Diese durch Zwiebeln raffiniert verfeinerte Rindsuppe harmoniert auch mit vielen anderen Knöderln, Krapferln und Tascherln ganz hervorragend.***

Zutaten:
- 3 Zwiebeln (ca. 300 g), fein geschnitten
- 1 EL Butter
- 125 ml Weißwein
- 1 l helle Rindsuppe
- 2 Lorbeerblätter
- Salz, Pfeffer
- gemahlene Muskatnuss
- 1 Msp. Paprikapulver
- 2 cl Cognac
- 1 EL gehackte Petersilie
- 1 EL frisch geschnittener Schnittlauch

Für die Pressknödel:
- 400 g gekochte Erdäpfel vom Vortag
- 100 g fein geschnittene Zwiebeln
- 30 g fein gehackter Knoblauch
- 80 g Topfen oder „Broada" (Bauerntopfen)
- 200–300 g Graukäse, in Würfel geschnitten (die Menge hängt von der Reife vom Käse ab)
- Salz, Pfeffer
- 1 Bund geschnittener Schnittlauch
- 1 EL gehackte Petersilie
- Butterschmalz zum Herausbacken

Milzschnittensuppe
mit Wurzelrauten

Zutaten:
Weißbrotscheiben
1 Kalbsmilz
2 Eidotter
2 Eiklar
50 g Butter
Zeste von ½ Zitrone
Majoran, Petersilie
Salz, Pfeffer
Öl zum Herausbacken
Wurzelgemüse nach Belieben, in Rauten geschnitten und bissfest gekocht
750 ml–1 l kräftige Fleischsuppe vom Tafelspitz

Zubereitung: Die **Milz** klopfen, in der Mitte quer durchschneiden und mit einem Löffel ausschaben.

Butter und Eidotter schaumig rühren, mit der Milz und den Gewürzen vermengen. Eiklar zu Schnee schlagen und vorsichtig unterheben. Nun die Masse etwa ½ cm dick auf Brotscheiben aufstreichen und in heißem Öl goldbraun backen. Beliebig schneiden und mit den bissfest gekochten **Gemüserauten** in der heißen Suppe servieren.

Salbei-Ingwer-Suppe

mit Suppenhendl und Gemüse

Zubereitung: Zunächst von den **Hühnerhaxen** die Haut abziehen, das Ende am Gelenk abtrennen und den Knochen zuputzen. Den mittleren Knochen auslösen und die Haxen mit den getrockneten Tomaten füllen. Den Lauch schichtenweise auseinander lösen und die Haxen damit umwickeln. Mit Zahnstochern oder einem Spieß fixieren. In etwas Öl rundum kurz anbraten. Dann in der vorbereiteten Suppe bei 85 °C ca. 18 Minuten ziehen lassen. Hühnerhaxen aufschneiden und mit dem Gemüse in der Suppe anrichten.

Für die **Suppe** den Ingwer mit den Salbeiblättern in der Hühnersuppe ca. 15 Minuten ziehen lassen. Inzwischen das **Gemüse** schälen, in die gewünschte Form schneiden und bissfest kochen.

Zutaten:
4 Hühnerhaxen
1 l Hühnersuppe
sonnengetrocknete Tomaten
1 Lauchstange
4 Erdäpfel
3 Karotten
1 Sellerie
1 große Ingwerknolle
frische Salbeiblätter
Öl zum Anbraten

Selleriecremesuppe
mit Zimtäpfeln

Zutaten:
1 Sellerieknolle
200 ml Schlagobers
1 Apfel
Zimt
Salz, Pfeffer, Zucker

Zubereitung: Die **Sellerieknolle** schälen, in Stücke schneiden und in etwa 2 Liter Salzwasser weich kochen. Selleriewürfel gemeinsam mit so viel Selleriefond pürieren, dass eine cremige Suppe entsteht. Mit Schlagobers montieren und abschmecken. Bei Bedarf noch etwas Selleriefond zugießen.

Den **Apfel** schälen und in 2–3 mm kleine Würfelchen schneiden. Mit Zucker und Zimt marinieren.

Die Suppe aufschäumen und mit den Äpfeln servieren.

Zirbenbaum-Limonen-Suppe

Zutaten:
grüne Nadeln
von 2 Zirbenästen
1 l Wasser
Salz, Pfeffer, Limonensaft,
Zucker
250 g Sauerrahm

Zubereitung: Zirben in Wasser ca. 10 Minuten kochen lassen. Aufmixen und durchpassieren (nicht zu lange mixen, sonst wird die Suppe bitter!). Mit den restlichen Zutaten abschmecken.

Wiesenkräuterschaumsuppe

Zubereitung: Die klein geschnittene Zwiebel in der aufschäumenden Butter hell anschwitzen. Mit Weißwein ablöschen und mit Gemüsefond sowie Obers aufgießen. Die Suppe aufkochen und die Erdäpfel darin weich kochen. Mit Salz, Pfeffer und Muskatnuss würzen. Dann die Suppe mit den Wiesenkräutern aufmixen und durch ein feines Sieb passieren.

Die Suppe nochmals erhitzen und mit Noilly Prat und geschlagenem Obers vollenden. Sofort in schönen Suppentellern anrichten und mit den knusprig gerösteten Weißbrotwürferln bestreuen. Je ein Schlagobersnockerl in die Suppe setzen und dieses mit Kräutern bestreuen.

☞ ***Da die Suppe bei längerem Stehen ihre grüne Farbe verliert, rasch servieren oder gegebenenfalls nochmals grüne Kräuter einmixen.***

Zutaten für 10 Portionen:
1 mittlere Zwiebel, fein geschnitten
1 EL Butter (ca. 50 g)
100 ml trockener Weißwein
1 l Gemüsefond
500 ml Schlagobers
Salz, Pfeffer
geriebene Muskatnuss
200 g geschälte, klein geschnittene Erdäpfel
Wiesenkräuter (Blätter von Himmelschlüsseln, Spitzwegerich, Buchecker, Bachkress, jungem Löwenzahn, Sauerampfer, jungem Spinat, Rucola)
2 cl Noilly Prat
3 EL geschlagenes Obers
60 g Weißbrot, in kleine Würfel geschnitten und in etwas Kräuterbutter knusprig gebraten
Schlagobers und Kräuter zum Garnieren

Bärlauchsuppe

Zubereitung: Zwiebeln, Lauch, Knoblauch, Petersilie und Sellerie in Butter anschwitzen. Mit Salz und Pfeffer würzen, mit Weißwein sowie Noilly Prat ablöschen und mit Geflügelfond aufgießen. Aufkochen und auf etwa zwei Drittel einreduzieren. Das flüssige Obers zugießen und 15 Minuten leicht weiterkochen lassen.

Nun die Suppe mit Bärlauch und Butter so lange mixen, bis eine schöne hellgrüne Farbe entsteht. Passieren, abschmecken und das geschlagene Obers unterziehen.

Zutaten:
4 gehackte Zwiebeln
1 Lauch (nur das Weiße), in Ringe geschnitten
3 Knoblauchzehen
1 Bund Petersilie
½ Sellerieknolle
40 g Butter
Salz, weißer Pfeffer
120 ml trockener Weißwein
50 ml Noilly Prat (oder weißer Martini)
600 ml Geflügel- oder Gemüsefond bzw. Fleischsuppe
150 ml Schlagobers
etwas Cayennepfeffer
40 g Butter zum Abrunden
60 g Bärlauch
4 EL geschlagenes Obers

Spinatsuppn
mit Schottennockerln

Zutaten:
1–1,5 l Rindsuppe
300 g frischer Blattspinat (auch tiefgekühlt)
2 EL Butter
2 EL Mehl
1 kleine gehackte Zwiebel
200 ml Schlagobers
Salz, Pfeffer aus der Mühle
geriebene Muskatnuss
1–2 gepresste Knoblauchzehen
Butter oder Crème fraîche nach Belieben

Für die Schottennockerl:
200 g Topfen
2 EL Butter
5 EL Reibkäse
1 Ei
1 Eidotter
1–2 EL Mehl
etwas Semmelbrösel
Salz, Pfeffer
geriebene Muskatnuss
gehackter Schnittlauch zum Bestreuen

Zubereitung: Den frischen **Blattspinat** putzen, entstielen, in Salzwasser blanchieren und in kaltem Wasser abschrecken. (Tiefgekühlten Spinat nach Anleitung auftauen und kurz andämpfen.) Nun den Spinat mit einem scharfen Messer feinst schneiden oder faschieren. In einer Kasserolle die Butter erhitzen und die gehackten Zwiebeln anrösten. Mehl einrühren, kurz anschwitzen lassen und danach mit Schlagobers und Suppe aufgießen. Alles gut durchkochen lassen.

Dann den Spinat sowie sämtliche Aromastoffe hinzufügen und alles nochmals auf die gewünschte Molligkeit hin einkochen. Kurz vor dem Servieren eventuell noch mit etwas Butter oder Crème fraîche legieren oder die Suppe mit dem Stabmixer aufschäumen.

Für die **Schottennockerl** alle Zutaten rasch zu einem Teig verarbeiten und ½ Stunde im Kühlschrank rasten lassen. Aus dem Teig dann mit zwei Kaffeelöffeln kleine Nockerl formen und diese in kochendem Salzwasser 5–7 Minuten ziehen lassen. Die fertigen Nockerl in der Suppe anrichten und mit gehacktem Schnittlauch bestreuen.

Schotten ohne Röckchen

Wer von einer „Schottenkugel" getroffen wird, muss nicht tot sein. Denn dabei handelt es sich um kleine Kügelchen aus getrocknetem Sauermilchkäse. Schotten hat jedenfalls nichts mit Kriegsführung, aber auch nichts mit Schottenröckchen und Dudelsäcken zu tun. Schotten bedeutet schlicht und einfach „Magertopfen", und dieser wiederum wird durch Abscheiden von Eiweiß aus sauer gewordener und entsprechend erhitzter Magermilch gewonnen, die von der Hartkäseherstellung übriggeblieben ist. Aufgrund ihrer Einfachheit funktioniert die Erzeugung dieses Käses heute noch auf jeder Almhütte, wo der Schott oder Schotten zahlreichen Gerichten von der „Schottsuppn" bis zu den „Schottennockerln" seinen Namen gegeben hat.

Manche nennen den selten gewordenen Osttiroler Schotten auch „Tiroler Parmesan".

Mit Parmigiano Reggiano sind die aus Molke mit Buttermilchzusätzen hergestellten und wochenlang in großen Fässern gereiften Schottenkugeln in käsereitechnischer Hinsicht zwar nicht zu vergleichen, aber doch insoferne verwandt, als sie sich hervorragend über Nudeln, Nocken und andere Spezialitäten reiben lassen, denen sie eine unverwechselbar pikante Note verleihen.

Klare Steinpilzsuppe
mit Eierschwammerlravioli

Zubereitung: Zunächst für die **klare Suppe** die Steinpilze in Wasser leicht köcheln lassen, bis sich die Flüssigkeit auf die Hälfte reduziert hat. Die Steinpilze abseihen. Suppe mit Salz und Zucker abschmecken. Karotte, Sellerie sowie Lauch in sehr feine Streifen schneiden. In der Steinpilzsuppe kurz ziehen lassen. Vorbereitete Ravioli einlegen und mit frisch geschnittenem Schnittlauch garniert servieren.

Für die **Eierschwammerlravioli** alle Teigzutaten zu einem glatten Teig verarbeiten und diesen 30 Minuten rasten lassen. Inzwischen für die Fülle die Eierschwammerl mit Schalotten und Knoblauch in etwas Öl scharf anbraten. Die restlichen Zutaten zugeben und abschmecken. Die Masse auskühlen lassen. Den Teig ausrollen und runde Scheiben ausstechen. Die Schwammerlfülle auftragen, die Teigränder mit Ei oder Wasser bestreichen und die Tascherl gut verschließen. In kochendem Wasser ca. 3 Minuten kochen.

Zutaten:
- 1 kg Steinpilze
- 2 l Wasser
- Salz, Zucker
- 1 Karotte
- ½ Sellerieknolle
- ¼ Lauchstange
- Schnittlauch zum Garnieren

Für die Eierschwammerlravioli:
- 500 g glattes Mehl
- 8 Eidotter
- 3 EL Öl
- Salz, lauwarmes Wasser
- Ei oder Wasser zum Bestreichen

Für die Fülle:
- 300 g Eierschwammerl
- 2 gekochte, geriebene Erdäpfel
- 3 gehackte Schalotten
- 2 gehackte Knoblauchzehen
- 50 g geriebener Parmesan
- 1 Ei
- Salz, Pfeffer
- gehacktes Basilikum, Petersilie
- Öl zum Anrösten

Einbrennsuppe
mit Schüttelbrotcroûtons

Zutaten:
70 g Mehl
40 g Butter
50 g fein gehackte Zwiebeln
200 g würfelig geschnittene Erdäpfel
1 l Fleischsuppe
1 Lorbeerblatt
Salz und Pfeffer
Schüttelbrot in kleine Stücke zerbrochen
50 g Butter zum Rösten

Zubereitung: Mehl in einem Topf unter ständigem Rühren hellbraun rösten. Leicht abkühlen lassen. Dann Butter und Zwiebeln dazugeben, mit Suppe aufgießen und zum Kochen bringen. Erdäpfel sowie Gewürze einrühren und alles 10 Minuten fertig kochen.

Währenddessen das zerkleinerte Schüttelbrot in aufschäumender Butter durchschwenken. Die fertige Suppe in vorgewärmten Tellern anrichten und mit den Brotcroûtons bestreuen.

Tomatencremesuppe
mit Wacholderschnaps

Zutaten:
2 vollreife Tomaten, geschnitten
30 g neutrales Öl
1 kleine Zwiebel, fein geschnitten
1 TL Mehl
1 EL Tomatenmark
2 Lorbeerblätter
Meersalz, Pfeffer
2 TL Zucker
1 l Gemüsefond
2 EL geschlagenes Obers
4 cl Wacholderschnaps

Zubereitung: Die fein geschnittene Zwiebel in Öl anschwitzen. Tomatenmark einrühren, etwas Mehl einstauben und die grob geschnittenen Tomaten dazugeben. Mit Zucker abschmecken und mit dem Gemüsefond aufgießen.

Sobald die Suppe zu kochen beginnt, Lorbeerblätter, Pfeffer sowie Meersalz zugeben und ca. 30 Minuten durchköcheln lassen. Dann aufmixen und durch ein feines Sieb passieren. Die Suppe erhitzen, nochmals mit Salz oder Zucker abschmecken. Mit dem Wacholderschnaps abrunden und mit je einem Schlagobersnockerl anrichten.

ROCHELT

Sylvaner-Weinsuppe
mit Zimtgebäck

Zutaten:
3 Eidotter
250 ml Sylvaner (oder anderer aromatischer Weißwein)
4 EL Schlagobers
500 ml kräftige Fleischsuppe
Salz, Pfeffer, Lorbeerblatt

Für das Zimtgebäck:
Blätterteig
Ei zum Bestreichen
Zimt

Zubereitung: Zuerst das **Zimtgebäck** vorbereiten. Dafür den Blätterteig ausrollen, mit Ei bestreichen und mit Zimt bestreuen. In beliebige Formen (Schiffchen, Fische, Halbmonde etc.) schneiden oder ausstechen. Auf ein mit Backpapier belegtes Backblech legen und im vorgeheizten Backrohr bei 180°C etwa 5 Minuten backen.

Für die **Suppe** zunächst den Wein auf 8 Esslöffel einkochen lassen. Mit den restichen Zutaten vermengen und in einem heißen Wasserbad cremig aufschlagen. Die Weinsuppe in vorgewärmte Tassen füllen, mit wenig Zimt bestreuen und mit dem Zimtgebäck servieren.

Terlaner Weinsuppe
(Originalrezept)

Zutaten für 6 Portionen:
30 g Butter
30 g Mehl
800 ml Rindsuppe
300 ml Schlagobers
200 ml Terlaner Weißwein
Salz, Pfeffer
Muskatnuss
200 ml halbfest geschlagenes Obers
1 Eidotter
200 g Weißbrot ohne Rinde, in ca. 5 mm große Würfel geschnitten
1 TL Butter
1 Msp. Zimt

Zubereitung: Aus Butter und Mehl eine helle Mehlschwitze (ohne Farbe) zubereiten. Mit Suppe, Schlagobers sowie Weißwein aufgießen und würzen. Aufkochen lassen und währenddessen wiederholt umrühren. Durch ein feines Sieb passieren. Das Schlagobers nur halbfest schlagen und mit dem Dotter verrühren. In die heiße Suppe einrühren. Die Suppe darf jetzt nicht mehr kochen, da sie sonst ausflockt! Nach Belieben noch mit einem Schuss Wein abrunden.

Die Weißbrotwürfel mit der Butter langsam rösten. Zum Schluss mit etwas Zimt bestreuen. Die Suppe in heißen Tassen anrichten, mit den Zimtbrotwürfeln bestreuen und auftragen.

Weinsuppe ja, aber womit?

Die Terlaner Weinsuppe ist der Klassiker unter allen europäischen Weißweinsuppen. Man kann sie im Grunde mit jedem Weißwein zubereiten, der Terlaner eignet sich jedoch aufgrund seiner Trockenheit ganz besonders gut dafür. Seit über hundert Jahren bezeichnet der Begriff Terlaner nämlich keine eigene Rebsorte, sondern einen Verschnitt aus drei verschiedenen Traubensorten: 80 % davon sind Weißburgunder, der Rest Chardonnay und Sauvignon Blanc. Manche schwören darauf, dass die Terlaner Weinsuppe am besten mit Südtiroler Gewürztraminer mundet, weil dieser am besten zum obligatorischen Zimt passt. Es gibt freilich auch Köche, die sich das feine Aroma der Terlaner Weinsuppe nicht ohne eine Prise Muskatnuss vorstellen mögen. Das spräche wieder für die Verwendung von Weinen mit einem höheren Sauvignon-Blanc-Anteil. Denn der ist nichts anderes als ein Muskat-Sylvaner.

Das Grundrezept der Terlaner Weinsuppe ist mittlerweile auch weit über Tirol hinaus ein Welterfolg geworden und wird auch in anderen Weinregionen mit großem Erfolg kopiert. Besonders in Österreichs Osten hat sich dieser hocharomatische, sämige Weinsuppentypus durchgesetzt, der jedoch in der Wachau vorzugsweise mit Riesling oder Grünem Veltliner zubereitet wird, während im Burgenland auch gerne Welschriesling dafür verwendet wird.

In der modernen Küche wird das Schlagobers aus diätetischen Gründen gerne durch etwas aufgeschäumte Milch ersetzt.

Unterinntaler Biersuppe

Zutaten für 6 Portionen:
30 g Butter
30 g Mehl
700 ml Rindsuppe
200 ml helles Bier
200 ml Schlagobers
100 ml Milch
Salz, Pfeffer,
1 Prise Zucker
etwas Muskatnuss
100 ml Bier zum Verfeinern
100 ml geschlagenes Obers
200 g Weißbrot ohne Rinde, in 1 ½ cm Würfel geschnitten
ca. 100 g Gartenkresse (im Frühjahr evtl. Bachlkresse)

Zubereitung: Butter und Mehl zu einer hellen Mehlschwitze zergehen lassen (ohne Farbe). Mit Suppe, Schlagobers, Milch sowie Bier aufgießen und aufkochen lassen. Zwischendurch öfters umrühren. Mit Salz, Pfeffer, wenig Muskatnuss und etwas Zucker würzen. Die Suppe durch ein feines Sieb passieren. Nochmals mit einem Schluck Bier vollenden und das geschlagene Obers unterheben.
Mit frischen Weißbrotwürfeln und der Kresse garnieren.

Die Suche nach dem „rechten Bier"

Die Nordtiroler sind, wenn man Statistiken Glauben schenken darf, Österreichs mächtigste Biertrinker. Mit ihrem Pro-Kopf-Konsum stellen sie sogar Biervölker wie die Deutschen und Iren so spielend wie trinkend in den Schatten. Die Ursprünge dieser notorischen Bierfreundlichkeit liegen bereits im 16. Jahrhundert und gehen auf den aus dem heutigen Tschechien stammenden Erzherzog Ferdinand II. zurück, der, bevor er mit seinem böhmischen Gefolge in Innsbruck glorreichen Einzug hielt, zunächst einmal einen Kundschafter aussandte, um zu überprüfen, wie es denn um die Tiroler Bierkultur bestellt sei. Als dieser ihm die betrübliche Nachricht übermittelte, dass in Innsbruck zu diesem Zeitpunkt praktisch ausschließlich jenes Schwarzbier gebraut wurde, das Ferdinand für gesundheitsschädlich hielt, sann er auf Abhilfe. „Es würde sowohl Uns als auch Unser Hofgesinde hart ankommen, demnächst Unseres Bieres entwöhnt zu werden", schrieb er am 28. September 1565 und schickte einen eigenen Braumeister vor, der nach dem „rechten Bier" sehen sollte. Seither wird in Tirol übrigens fast ausschließlich helles Bier getrunken.

Sauerkraut-Schaumsüppchen
mit Schinkenkipferl

Zubereitung: Zuerst die **Schinkenkipferl** zubereiten. Dafür den Blätterteig ausrollen, in längliche Dreiecke schneiden und mit Schinkenwürferln belegen. Zu Kipferln einrollen und formen. Mit Ei bestreichen und im vorgeheizten Backrohr bei 180 °C ca. 15–20 Minuten goldgelb backen.

Butter in einem Topf schmelzen und darin die Schalotten andünsten. Mehl einrühren und ebenfalls mitdünsten. Mit Weißwein ablöschen, **Sauerkraut** zugeben und mit Suppe aufgießen. Etwa 20 Minuten kochen lassen. Mit den Gewürzen abschmecken, aufmixen und durch ein feinmaschiges Spitzsieb passieren. Mit dem Stabmixer nochmals mit kalter Butter und Schlagobers aufmixen. Die gut aufgeschäumte Suppe von oben abschöpfen und sofort anrichten. Mit dem Schinkenkipferl servieren.

Zutaten für 6 Portionen:
50 g Butter
40 g Schalottenwürfel
30 g Mehl
100 ml Weißwein
1 l Rindsuppe
Salz und Pfeffer
Kümmel, Lorbeerblatt
200 g gekochtes Sauerkraut
80 ml Schlagobers
50 g kalte Butter

Für die Schinkenkipferl:
Blätterteig
gekochter Schinken, klein geschnitten
Ei zum Bestreichen

Kürbissamtsuppe
unter der Haube

Zubereitung: Das klein geschnittene Gemüse mit dem Knoblauch in Butter anschwitzen. In Würfel geschnittenen Kürbis zugeben, mitdünsten und mit Mehl stauben. Mit der Suppe aufgießen und zum Kochen bringen. Nach etwa 20 Minuten Kochzeit die Suppe aufmixen, fein durchsieben und mit Salz sowie Pfeffer abschmecken. Mit Schlagobers und Eidottern legieren. Die Kürbiskerne einrühren.

Feuerfeste Suppentassen zu ¾ mit der Suppe füllen. Die Tassenränder mit Ei bestreichen, den ausgerollten und passend zugeschnittenen Blätterteig darüberklappen und leicht andrücken. Mit Ei bestreichen und im vorgeheizten Backrohr bei 180 °C goldgelb überbacken.

Zutaten für 6 Portionen:
20 g Butter
je 20 g Zwiebeln, Sellerieknolle und Lauch, alles klein geschnitten
1 gehackte Knoblauchzehe
300 g Muskatkürbis
15 g Mehl
500 ml Fleischsuppe
Salz und weißer Pfeffer
50 g Kürbiskerne
100 ml Schlagobers
2 Eidotter
200 g Blätterteig
Ei zum Bestreichen

Bauerngerstsuppe
mit Selchfleisch und Sauerkrauttirtln

Zutaten für 8 Portionen:
50 g Butter
80 g Zwiebelwürfelchen
150 g Rollgerste
200 ml Weißwein
2,5 l Suppe oder Wasser zum Aufgießen
400 g Selchkarree im Ganzen
200 g kleine Erdäpfelwürfel
80 g Lauchwürfel
80 g Stangenselleriewürfel
80 g Karottenwürfel
Salz und Pfeffer aus der Mühle
fein geschnittener Schnittlauch

Für die Sauerkrauttirtln:
300 g Roggenmehl
200 g Weizenmehl
1 Ei
Salz
gewürztes, fertiges Sauerkraut nach Belieben
Öl zum Herausbacken

Zubereitung: In einem Topf die Zwiebeln in heißer Butter anrösten. **Gerstenkörner** waschen und kurz mitdünsten. Mit Weißwein ablöschen und mit Suppe oder Wasser aufgießen. Sobald die Gerste kocht, das Selchfleisch zugeben und 45 Minuten leicht kochen lassen. Das Selchkarree wieder herausnehmen und in feine Würfel schneiden.

Erdäpfel und Gemüse je nach Garzeit gestaffelt die letzten paar Minuten mit der Gerste mitkochen. Abschließend abschmecken und in heißen Tellern oder Tassen anrichten. Das Selchfleisch als Einlage dazugeben und mit Schnittlauch garnieren. Mit den mittlerweile vorbereiteten Sauerkrauttirtln servieren.

Für die **Sauerkrauttirtln** Roggenmehl und Weizemmehl mit dem Ei, etwas lauwarmem Wasser und Salz zu einem festen Teig kneten. Einige Zeit rasten lassen. Dann den Teig ausrollen und Scheiben von rund 15 cm Durchmesser ausstechen. Auf die Hälfte der Teigblätter etwas Sauerkraut auftragen, mit einem zweiten Blatt abdecken, rundum gut festdrücken und abradeln. In heißem Fett schwimmend auf beiden Seiten goldgelb herausbacken. Herausheben, gut abtropfen lassen und heiß servieren.

„Fisolensuppe“

mit Kiachl

Dieses alte Rezept aus „Sigwarts Tiroler Weinstuben“ macht deutlich, wie kompliziert die Tiroler Speisengeografie gelegentlich sein kann. Als „Fisolen“ werden in der Gegend um Brixlegg nämlich keineswegs, wie fast überall anders in Österreich, die grünen Bohnen verstanden, sondern die nahrhaften, getrockneten Wachtelbohnen.

Zutaten für 6 Portionen:

200 g „Fisolen“ (getrocknete Wachtelbohnen)
1,5 l Fleischsuppe
80 g klein geschnittener Bauchspeck
100 g fein geschnittene Zwiebeln
2 fein gehackte Knoblauchzehen
30 g Mehl, mit etwas Wasser verrührt
1 EL Butter zum Anbraten
1 TL Paprikapulver
1 EL gehackte Petersilie

Für die Kiachl:

500 g glattes Weizenmehl
1 Prise Salz
20 g Germ (½ Würfel)
1 TL Zucker
2 Eier
20 g zerlaufene Butter
ca. 250 ml lauwarme Milch
1 EL Topfen
1 TL Anis
1 Stamperl Rum (2 cl)
Butterschmalz zum Herausbacken

Zubereitung: Die **Bohnen** über Nacht in Wasser einweichen. Am nächsten Tag Speck, Zwiebeln und Knoblauch in Butter glasig anschwitzen, die eingeweichten Bohnen ohne Wasser zugeben und mit Suppe aufgießen. Nun etwas Paprikapulver einrühren (zwecks Farbgebung) und die Suppe zugedeckt ca. 1–1 ½ Stunden langsam köcheln lassen. Abschließend wenig „Mehlteigerl“ zugeben und die gehackte Petersilie einrühren. Die Suppe ganz nach Belieben vor den Kiachln essen, oder auch die (ohne Zucker zubereiteten) Kiachl darin eintunken.

Für die **Kiachl** den Germ mit Zucker und ca. 2 Esslöffel lauwarmer Milch glattrühren. Mit allen restlichen Zutaten zu einem weichen, geschmeidigen Germteig abschlagen (am besten mit einem Kochlöffel). Den Teig an einem warmen Ort stehen lassen und nach ca. 45 Minuten nochmals abschlagen, bis er Blasen wirft. Mit einem Löffel Teigstücke abstechen und zu glatten Kugeln schleifen. Teigkugeln zudecken und nochmals ca. ½ Stunde rasten lassen.

Eine weite Pfanne mit ca. 2 cm hoch Butterschmalz aufstellen. Nun jedes Kiachl so auseinanderziehen, dass der Teig in der Mitte sehr dünn ist, der Rand aber dickwülstig bleibt.

Mit der oberen Seite ins mittelheiße Fett legen, wiederholt mit Fett begießen, umdrehen und fertig backen. Mit dem Schaumlöffel in ein Abtropfsieb geben. Noch heiß servieren.

☞ ***Werden die Kiachl alleine serviert, so reicht man dazu auch oft Dörrzwetschkenkompott. Traditionellerweise wurde dieses Gericht meist Samstag mittags gegessen. Die übrig gebliebenen Kiachl gab es dann Sonntag morgens mit Honig zum Kaffee.***

Buchweizensuppe

mit Wachtelbrüstchen und schwarzen Trüffeln

Zutaten für 8 Portionen:
50 g Zwiebeln
50 g Karotten
50 g Sellerie
50 g Lauch
50 g Butter
500 ml klare Gemüsesuppe
70 g grobes Buchweizen- (Heiden- bzw. Schwarzplenten)mehl
8 Wachtelbrüstchen
8 Wachteleier
Salz, Pfeffer
Kräuter zum Garnieren
1 schwarze Trüffel
Öl oder Butter zum Anbraten
Salz-Essig-Wasser zum Pochieren

Zubereitung: Das Gemüse blättrig schneiden und in Butter andünsten. Buchweizen einrühren und mit der Gemüsesuppe aufgießen. Etwa 10 Minuten kochen lassen und dann mit Salz sowie Pfeffer abschmecken.

Währenddessen die **Wachtelbrüstchen** würzen und auf der Hautseite in etwas Öl oder Butter kräftig anbraten. Wenden und kurz fertigbraten.

In einem Topf etwas Salz-Essig-Wasser aufkochen. Die Wachteleier vorsichtig hineinschlagen, ohne die Dotter dabei zu zerstören und kurz kernweich pochieren. Behutsam herausheben.

Die Buchweizensuppe in vorgewärmten Tellern anrichten, die Wachtelbrüstchen hineinsetzen und die pochierten Eier daneben platzieren. Die gezupften Kräuter darüberstreuen und die Trüffel darüberhobeln.

☞ ***Stehen keine Trüffeln zur Verfügung, so schmeckt diese ohnehin recht raffinierte Suppenkreation auch ganz sicher ohne den Nobelpilz hervorragend.***

Rehgulaschsuppe
mit Gerste

Zubereitung: Zwiebeln in heißem Öl goldgelb anrösten. Tomatenmark mitrösten, Paprikapulver einrühren und mit Rotwein löschen. Nun das Fleisch hinzufügen, mit Mehl stauben und mit Suppe aufgießen. Alles etwa 10 Minuten kochen lassen. Dann Erdäpfel, Gerste, Lorbeerblatt und fein gehackte Gewürze dazugeben. Das Fleisch weichkochen. Vor dem Servieren nochmals abschmecken.

Zutaten für 6 Portionen:
200 g würfelig geschnittenes Rehfleisch
100 g fein geschnittene Zwiebeln
150 g würfelig geschnittene Erdäpfel
50 g Gerste
2 EL Öl
1 TL Tomatenmark
100 ml Rotwein
Mehl zum Stauben (gestrichener Esslöffel)
1 l Fleischsuppe
Paprikapulver, Lorbeer
Knoblauch, Kümmel, Majoran und Zitronenschale
Salz und Pfeffer

Saure Suppe

Zutaten:
70 g Butter
1 kleine Zwiebel, mit Gewürznelken gespickt
70 g Mehl
100 ml Rotwein
1 l klare Fleischsuppe
1 EL fein gehackte Kapern, Sardellen und Essiggurken
1 Lorbeerblatt
Salz und schwarzer Pfeffer
400 g weich gekochte Kutteln
3 EL Rotweinessig
Lorbeerblätter zum Garnieren

Zubereitung: In einem Topf die Butter zergehen lassen. Mehl einrühren und braun rösten. Mit Rotwein löschen und mit der Suppe aufgießen. Dann alle Zutaten außer Kutteln und Essig beifügen und köcheln lassen. Nach 20 Minuten Kochzeit durch ein Spitzsieb abseihen.

Die in Streifen geschnittenen Kutteln untermengen und aufkochen lassen. Mit Salz und Pfeffer abschmecken. In vorgewärmten Tellern anrichten und nach Belieben mit Lorbeerblättern garnieren.

Tiroler Gerstensuppe
mit pochiertem Saibling

Zubereitung: Die **Gerste** über Nacht in Wasser einweichen. Zwiebel, Karotte, Sellerie und Speck kleinwürfelig schneiden und mit den Grammeln anrösten. Mit der Suppe aufgießen. Die gewaschene Gerste dazugeben und bissfest köcheln. Erdapfel und Lauch klein schneiden und abschließend einmengen. Mit den restlichen Gewürzen abschmecken.

Den **Saibling** zuputzen und würzen. Der Länge nach einrollen und auf ein Ofenblech setzen. Sobald die Gerstensuppe fertig ist, den Fisch ca. 5 Minuten bei Wasserdampf im Backrohr garen. (Oder eine feuerfeste Schale mit Wasser in den Ofen stellen und den Fisch bei 130 °C garen.) Suppe in vorgewärmten Tellern anrichten und den pochierten Saibling einlegen.

Zutaten:
4 kleine Saiblingsfilets
2 Scheiben geräucherter Bauchspeck
60 g Sellerie
1 kleine Zwiebel
200 g Grammeln
2 l Rindsuppe
1 Karotte
1 speckiger gekochter Erdapfel
60 g Lauch
70 g Rollgerste
Salz, Pfeffer, Zucker
Liebstöckel, Schnittlauch

Buttermilchsuppe
mit Räucherlachs und Kerbel

Zubereitung: Buttermilch, Milch und Sauerrahm gemeinsam aufkochen lassen. Mit etwas Mehl binden und gut abschmecken. Den **Räucherlachs** in Streifen schneiden. Die fertige Suppe mit Kerbel und Räucherlachs garnieren.

Zutaten für 4–6 Portionen:
1 l Buttermilch
125 ml Milch
125 g Sauerrahm
Mehl zum Binden
Salz, Pfeffer
Räucherlachs nach Belieben
Kerbel

Schaumsuppe

von Roten Rüben mit knusprigem Zanderfilet

Zubereitung: Die Butter zergehen lassen und das Wurzelgemüse andünsten. **Rote Rüben** in Würfel schneiden, mitdünsten und mit Mehl binden. Mit Weißwein ablöschen und mit heißer Suppe aufgießen. Weich kochen, aufmixen, passieren und die Suppe abschmecken.

Inzwischen die sorgfältig entgräteten **Zanderfilets** mit Salz, Pfeffer und Olivenöl marinieren. In mehrere Stücke teilen und kross braten. Suppe vor dem Servieren nochmals mit Schlagobers aufschäumen und in tiefen Tellern anrichten. Das knusprige Zanderfilet hineinsetzen.

Zutaten für 6 Portionen:
2 Zanderfilets, entgrätet
50 g Butter
100 g helles Wurzelgemüse, würfelig geschnitten
400 g Rote Rüben
30 g Weizenmehl
100 ml Weißwein
1 l Gemüsesuppe
Salz und Pfeffer
150 ml Schlagobers
50 ml Olivenöl

Kohlrabischaumsüppchen

mit pochiertem Bachsaibling

Zubereitung: Zunächst von den **Kohlrabi** jeweils einen Deckel abschneiden und das Innere mit einem Kugel-Ausstecher vorsichtig aushöhlen, damit das Süppchen später eingefüllt werden kann. Ausgehöhlte Kohlrabi in Salzwasser blanchieren und in Eiswasser abschrecken, damit die grüne Farbe erhalten bleibt.

Das ausgehöhlte Fruchtfleisch in etwas Butter glasig andünsten. Suppe zugießen und langsam bei mittlerer Hitze auf die Hälfte einköcheln lassen. Suppe mit dem Mixer ganz fein pürieren und abschmecken. Mit kalter Butter und Obers aufschäumen.

Inzwischen für den Sud sämtliche Zutaten in Wasser aufstellen und 10 Minuten sieden lassen. Den Sud abseihen. Das sorgfältig entgrätete **Saiblingsfilet** in 4 gleichmäßige Stücke teilen und diese im Sud bei 80 °C etwa 5 Minuten pochieren. Die Kohlrabi im heißen Wasser erwärmen, Saiblingsfilets aufteilen und jeweils mit aufgeschäumter Suppe auffüllen. Nach Belieben mit Kerbel garnieren.

☞ ***Sollten die Kohlrabi das Aushöhlen nicht heil überstehen und dabei brechen, so füllen Sie das Schaumsüppchen einfach in vorgewärmte Suppentassen oder Teller und richten das Saiblingsfilet darin an.***

Zutaten:
1 Bachsaiblingsfilet, zugeputzt und gut entgrätet
4 kleine Kohlrabi
50 g Butter
500 ml Geflügelsuppe
200 ml Schlagobers
Salz, Muskatnuss
Zitronensaft
1 gehäufter TL kalte Butter
Kerbel zum Garnieren

Für den Sud:
helles Wurzelgemüse
Lorbeerblatt
½ Zitrone
zerdrückte Pfefferkörner
1 Schuss Essig

Sauerampfersuppe
mit Hechtnockerln

Zutaten:
1 EL zerlassene Butter
100 g grob gehackte Zwiebeln
20 g Knoblauch
300 g Wurzelgemüse (je 100 g Karotten, Sellerie, Porree)
1 Erdapfel oder Stangensellerie, grob gewürfelt
1 l Fleisch- oder Hühnersuppe
Salz, Pfeffer, Muskatnuss
10 g Sauerampferblätter
10 g frischer Blattspinat
5–6 EL geschlagenes Obers
Butter zum Vollenden
Sauerampfer zum Garnieren

Für die Hechtnockerl:
120 g Hechtfilet
100 ml Schlagobers
etwas Zitronensaft
Cayennepfeffer, Salz
1 cl Martini
1 EL geschlagenes Obers zum Abrunden
Fischfond und Weißwein zum Garen

Zubereitung: Das grob geschnittene Gemüse in Butter andünsten und mit Fleisch- oder Hühnersuppe aufgießen. Mit Salz, Pfeffer sowie Muskatnuss würzen und 1½ Stunden leicht köcheln, bis das Gemüse weich ist. Dann mixen und durch ein feines Sieb passieren.

Die gemixte Suppe aufstellen, einmal aufkochen, wieder in den Mixer geben und mit einem Stück Butter, den Sauerampferblättern und dem frischen Blattspinat mixen. Passieren, noch einmal aufkochen, abschmecken und zum Schluss das Schlagobers unterziehen.

Währenddessen für die **Hechtnockerl** das gut entgrätete Hechtfleisch in Würfel schneiden, mit den restlichen Zutaten vermengen und 1 Stunde kalt stellen. Im Cutter aufmixen und durch ein Haarsieb streichen. Fest durchrühren, Schlagobers unterrühren und aus der Masse gleichmäßige Nockerl ausstechen. Etwas Fischfond und etwas Weißwein bis knapp unter den Siedepunkt erhitzen (auf 96 °C) und die Nockerl 2 Minuten dämpfen. In die fertige Suppe einlegen und mit Sauerampfer garnieren.

Spargelcremesuppe

mit kross gebratener Garnele im Speckmantel

Zubereitung: Bereits am Vortag das Backrohr auf 160 °C vorheizen, abschalten und den Speck darin über Nacht trocknen. Am nächsten Tag zu Bröseln reiben oder im Blitzcutter zerkleinern.

Den **Spargel** schälen, holzige Teile wegschneiden und die Spargelspitzen getrennt in Salzwasser bissfest kochen. Restlichen Spargel in kleine Stücke schneiden. Zwiebeln in Butter andünsten, klein geschnittene Spargelstücke dazugeben, mit Mehl stauben und mit Weißwein ablöschen. Mit Suppe aufgießen und 15 Minuten kochen. Mit dem Pürierstab aufmixen und passieren. Das Schlagobers leicht schlagen. Suppe würzen und mit dem Schlagobers verfeinern.

Parallel dazu die **Garnelen** mit Salz und Pfeffer würzen. In den Speckbröseln wälzen und in Öl knusprig braten. Aufgeschäumte Suppe in Gläsern (oder Suppentassen) anrichten. Die gekochten Spargelspitzen sowie die Garnelen dekorativ dazugeben und mit Kerbel garnieren.

Zutaten:
400 g weißer Spargel
4 große Garnelen
4 Scheiben Bauernspeck
40 g Butter
1 EL Mehl
50 g fein geschnittene Zwiebeln
100 ml Weißwein
1 Spritzer Zitronensaft
500 ml Fleischsuppe
Salz und weißer Pfeffer
80 ml Schlagobers
Kerbel zum Garnieren
Öl zum Braten

Erdäpfelcremesuppe

mit geräuchertem Achenseesaibling im Erdäpfelnest

Zutaten für 6 Portionen:
30 g Butter
150 g Lauch (nur das Weiße), in Ringe geschnitten
200 g fein geschnittene Zwiebeln
2 fein gehackte Knoblauchzehen
300 g geschälte, in kleine Würfel geschnittene Erdäpfel
1 l Rindsuppe
200 ml Milch
200 ml Schlagobers
Salz, Pfeffer, Muskatnuss
etwas Majoran
3 Lorbeerblätter
1 Msp. Kümmel
100 ml geschlagenes Obers

Für den geräucherten Seesaibling:
500 g Seesaibling
Salz, Pfeffer
Zitronensaft
etwas gestoßener Wacholder
Majoran, Lorbeerblatt, Rosmarin
1 gehackte Knoblauchzehe
etwas Worcestershiresauce
Sägemehl zum Räuchern

Für das Erdäpfelnest:
500 g geschälte mehlige Erdäpfel
Salz, Pfeffer, Muskatnuss
ca. 30 g Mehl
neutrales Fett zum Herausbacken
Dille oder Majoran zum Garnieren

Zubereitung: Für den geräucherten **Saibling** den Fisch zunächst mit den Würzzutaten gut einreiben und ca. 2 Stunden durchziehen lassen. In eine Bratenwanne ca. 1 cm dick Sägemehl einfüllen. Gewürze dazulegen und darüber ein Gitter platzieren. Den Fisch darauflegen und mit einem Deckel gut verschließen. Nun die Wanne erhitzen, bis sich das Sägemehl entzündet und zu rauchen beginnt. Den Saibling je nach Hitze ca. 15 Minuten garen. Auskühlen lassen, in Filets zerteilen und in schöne Würfel schneiden.

Für das **Erdäpfelnest** die Erdäpfel mit der Wurstmaschine in dünne Scheiben, dann mit dem Messer in längliche Streifen schneiden. Kurz in lauwarmes Wasser legen. Die Erdäpfelstreifen gut ausdrücken (mit Küchenkrepp abtrocknen), würzen und mit dem Mehl vermengen. In kleine Frittierkörbe einlegen und im heißen Fett herausbacken. Vorsichtig herunterlösen und die Saiblingswürfel darin anrichten. Mit etwas Dille oder Majoran dekorieren!

Für die **Suppe** Lauch, Zwiebeln und Knoblauch in Butter hell anschwitzen (ohne Farbe nehmen zu lassen). Mit Rindsuppe, Milch sowie Schlagobers aufgießen und die Erdäpfel dazugeben.

Aufkochen lassen, die Gewürze wie Salz, Pfeffer, Muskatnuss, etwas Majoran, Lorbeerblatt und Kümmel einrühren. Nun die Suppe so lange köcheln lassen, bis die Erdäpfel weich sind. Aufmixen und durchpassieren. Mit dem geschlagenen Obers abrunden. In heiße Tassen füllen und mit dem Saibling im Erdäpfelnest auftragen.

☞ ***Wenn Sie keine Frittierkörbchen zur Verfügung haben, so backen Sie die Erdäpfelstreifen zu kleinen Plätzchen heraus und richten den Saibling darauf an.***

Außerferner Erdäpfelsuppe

Zubereitung: Erdäpfel und die Zwiebel grobwürfelig hacken. Die Zwiebelwürfel in zerlassener Butter glasig werden lassen, die Erdäpfelwürfel dazugeben und mit Wasser ablöschen. Aufkochen lassen und ca. 20 Minuten weiterkochen lassen. Dann mit Salz und Pfeffer abschmecken.

Nun die Suppe im Mixer pürieren, erneut aufkochen lassen und dabei allmählich die Milch unterrühren. Danach weitere 5 Minuten leise dahinköcheln lassen. Am Schluss die fein gehackten Kräuter unterrühren. Mit einem Schuss Essig oder Zitronensaft sowie einer Prise geriebener Muskatnuss abschmecken. Die Brotwürfel knusprig rösten und über die in heißen Schalen angerichtete Suppe streuen.

☞ ***Noch molliger schmeckt diese Erdäpfelsuppe, wenn Sie einen Teil der Milch durch Obers ersetzen.***

Zutaten:
600 g Erdäpfel
1 mittlere Zwiebel
300 ml Wasser
1 EL Butter
Salz, Pfeffer
700 ml Milch
3 EL fein gehackte Mischkräuter (z.B. Kerbel, Estragon, Majoran, Thymian, Minze, Petersilie)
1 Schuss Essig oder Zitronensaft
1 Prise Muskatnuss
4 EL geröstete Schwarz- oder Weißbrotwürfel

Fischsuppe
mit knusprigen Fischstangerln

Zutaten:
250 ml Weißwein
2 l Fischfond
50 g Olivenöl
250 g fein geschnittene Zwiebeln
100 g fein gehackter Knoblauch
100 g Lauch, in dünne Scheiben geschnitten (nur das Weiße)
3 Lorbeerblätter
10 g fein gehackte Dille
50 g Tomatenmark
50 g kleine Karottenwürfel
50 g Selleriewürfel
10 g Paprikapulver
1 Brieferl Safran, aufgelöst
20 g Meersalz
4 cl Noilly Prat
500 g Süßwasserfische, in kleine Stücke geschnitten (oder Muscheln, Garnelen etc.)
100 g Krebsbutter (ersatzweise Olivenöl mit roter Paprikareduktion ‣ Hirschgulasch S. 276)
Dille oder Kerbel zum Garnieren

Für die Fischstangerl:
100 g Blätterteig
10 g Paprikapulver
20 g geriebener Parmesan
10 g gehackte Dille
10 g gehackte Petersilie
etwas Rosmarin
10 g fein gehackter Knoblauch

Zubereitung: Zwiebeln, Knoblauch und Lauchringe in Olivenöl hell anschwitzen. Mit Weißwein ablöschen und mit Fischfond aufgießen. Alle restlichen Zutaten außer Krebsbutter und Fischstücke dazugeben, aufkochen lassen und auf kleiner Flamme ca. ½ Stunde köcheln lassen. Erst dann die Fischstücke sowie die Krebsbutter dazugeben. Bei Bedarf mit etwas Noilly Prat abschmecken. Die Suppe jetzt nur mehr ziehen, aber nicht mehr kochen lassen! In vorgewärmten Tellern oder Tassen anrichten. (Beim Herausschöpfen der Suppe darauf achten, dass man den Fettspiegel gleichmäßig darauf verteilt.) Mit frischen kleinen Dill- oder Kerbelzweigen garnieren. Mit den Fischstangerln auftragen.

Für die **Fischstangerl** den Blätterteig ca. 2 mm dick ausrollen. Mit sämtlichen Zutaten bestreuen, bis zur Hälfte zudecken und nochmals ausrollen. Nun die Stangerl ca. 20 cm lang und 1 ½ cm breit schneiden, auf ein mit Backpapier belegtes Backblech legen und bei 220 °C backen. Zur Fischsuppe reichen.

Schwarze Bohnensuppe

mit Limetten und gegrillter Jakobsmuschel

Zubereitung: Die **Bohnen** über Nacht in kaltem Wasser einweichen. Am nächsten Tag das Olivenöl erhitzen und das Gemüse darin gut anbraten. Bohnen und Lorbeerblatt zugeben und mitrösten.

Mit Rotwein ablöschen, mit Suppe aufgießen und die Bohnen weichkochen. Einige Bohnen als Einlage herausnehmen, den Rest passieren und die Suppe nochmals abschmecken.

Währenddessen die **Jakobsmuscheln** würzen und in heißer Butter oder Öl kurz braten. In vorgewärmte tiefe Teller setzen und die Suppe eingießen. Gekochte Bohnen hineingeben, mit Limettenfilets und abgeriebener Zeste garnieren.

Zutaten:

200 g getrocknete schwarze Bohnen
8 Jakobsmuscheln
2 EL Olivenöl
1 fein geschnittene kleine Zwiebel
1 Stange Sellerie, in Würfel geschnitten
1 fein gehackte Knoblauchzehe
1 würfelig geschnittene Tomate
1 Lorbeerblatt
100 ml Rotwein
500 ml Rindsuppe
Salz und schwarzer Pfeffer
Schale und Filets von 1 Limette
Butter oder Öl zum Braten

Keschtnsuppn
(Kastaniensuppe)

Zutaten für ca. 6 Portionen:
750 g Edelkastanien
ca. 2 l Rindsuppe
40 g Semmelbrösel
200 ml Schlagobers
Salz, Pfeffer, Muskatnuss, Zimtpulver

Zubereitung: Kastanien mit einem Kastanienschneider (oder scharfen Messer) an der flachen Seite einschneiden, einige Minuten in kochend heißem Wasser überbrühen und gleich schälen. Einige geschälte Kastanien beiseite stellen, den Rest zunächst in Rindsuppe weichkochen und anschließend im Cutter zerkleinern oder durch ein feines Sieb drücken.

Nun das **Kastanienpüree** mit den Bröseln vermischen und mit soviel Rindsuppe aufgießen, dass eine sämige, nicht zu dicke Suppe entsteht. Das Obers unter die Suppe rühren, kurz weiterköcheln lassen und abschmecken. Nach Geschmack auch noch mit dem Stabmixer schaumig aufschlagen. Mit geriebener Muskatnuss oder Zimtpulver bestreuen sowie jeweils ein bis zwei ganze gekochte Kastanien als Einlage dazugeben.

„Keschtn" oder Maroni?

Das wahre Mekka der altösterreichischen Maronikultur gehört längst zu Italien und liegt in der Provinz Alto Adige, wo der Südtiroler Weinherbst alljährlich mit (mittlerweile leider schon stark kommerzialisierten) Törggele-Festen eingeläutet wird. Törggelen – das behaupten zumindest die Fremdenverkehrsprospekte – ist nämlich eine Tätigkeit, die im Wesentlichen aus zwei Dingen besteht: aus Weintrinken und Maronibraten. Beides geht auf die alten Römer zurück. Sie kannten bereits die lateinische „nuc castanea", aus der später die Edelkastanie oder Maroni (ital. marrone) wurde, die im Deutschen lange Zeit besser als „Kesten" bekannt war und von den römischen Legionären bis hinauf in den Schwarzwald kultiviert wurde. Die Edelkastanie war nämlich kein Kind der Ackerbau-, sondern eines der Wald- und Weidenutzung. Speziell in Süd- und Mitteleuropa wurde anstelle alter, abgestorbener Eichenbäume immer häufiger die aus wilden Kastanienarten gezüchtete Esskastanie gepflanzt – allerdings nicht, um damit frühe Maronibrater auf den Märkten des Mittelalters zu beschicken, sondern weil man hoffte, mit dem daraus hergestellten Mehl einen Ersatz für Weizenmehl zu schaffen. In Italien wird der Edelkastanienbaum daher auch bis heute noch häufig „Albero del pane" – Baum des Brotes – genannt.

Hummer-Maroni-Schaumsuppe
mit Trüffeln

Zubereitung: Bereits am Vortag für den Fond die Hummerkarkassen in Butter so lange dünsten, bis die Flüssigkeit vollkommen verdampft ist. Schalotten, Wurzelgemüse und Knoblauch zugeben und kurz anbraten. Tomatenmark einrühren, mit Cognac flambieren und mit Weißwein ablöschen. Nun mit Wasser auffüllen, Gewürze dazugeben, aber nicht salzen und ohne das Fett abzuschöpfen ca. 30 Minuten köcheln lassen. Anschließend durch ein Passiertuch abseihen und über Nacht kühl stellen.

Dann die Hummerbutter, die sich obenauf abgesetzt hat, abschöpfen und erwärmen. Nochmals abseihen und kalt stellen. Die Hummersuppe auf etwa 500 ml Flüssigkeit einkochen lassen.

Butter schmelzen lassen, Mehl einrühren und eine Mehlschwitze herstellen. Leicht abkühlen lassen. Die geschälten **Kastanien** zugeben. Mit dem eingekochten **Hummerfond** aufgießen, Schlagobers zugießen und nochmals 10 Minuten kochen lassen. Tomatenwürfel einmengen, mit Salz, Cayennepfeffer und Cognac abschmecken. Alles mit dem Mixstab fein aufmixen. Während des Mixvorgangs nach Belieben die eiskalte Hummerbutter dazugeben.

Die Hummersuppe in vorgewärmten, tiefen Tellern anrichten. Mit Hummerschale garnieren und die frische Trüffel darüberhobeln.

Zutaten:
200 ml geklärte Butter
1 kg zerstoßene Hummerkarkassen (Schalen)
100 g grob geschnittene Schalotten
200 g grob geschnittenes Wurzelgemüse
2 angedrückte Knoblauchzehen
60 g Tomatenmark
5 cl Cognac
200 ml trockener Weißwein
2 l kaltes Wasser
Lorbeer, Pfefferkörner, Kümmel, Dille
15 g Butter
15 g Mehl
150 ml Schlagobers
100 g Tomatenwürfel
Salz, Cayennepfeffer
1 cl Cognac
200 g Maroni (Kastanien), gekocht und geschält
1 kleine schwarze Trüffel

Tiroler Zwischengerichte

Von Schlutzkrapfen bis zum Spargelrisotto

Deftige Zwischengerichte

Der klassische Tiroler Knödel

Zutaten für 10 Knödel:
350 g Knödelbrot
200 ml Milch
4 Eier
20 g Butter
100 g leicht durchzogener Tiroler Speck
100 g Bergsteigerwurst oder Kaminwurzen
1 kleine, fein gehackte Zwiebel
jeweils 1 TL fein gehackte Petersilie und Schnittlauch
80 g Mehl
Salz
Muskatnuss
2 EL fein gehackter Schnittlauch

Zubereitung: Zunächst die Milch mit den Eiern versprudeln, über das Knödelbrot gießen und 20–30 Minuten ziehen lassen. Den kleinwürfelig geschnittenen Speck und die fein gewiegte Bergsteigerwurst bzw. Kaminwurzen in zerlassener Butter gemeinsam mit Zwiebeln, Petersilie und Schnittlauch anrösten. Mit Salz und Muskatnuss abschmecken. Unter die Knödelmasse mischen, Mehl darüberstreuen und alles gut verkneten.

Aus der Masse mit befeuchteten Händen schöne Knödel formen. In kochendes Salzwasser einlegen und knappe 15 Minuten köcheln lassen. Herausheben und nach Belieben in Suppe, mit Kraut oder Salat servieren.

☞ ***Wie bei allen Knödeln gilt: Wenn Sie sich nicht sicher sind, ob der Teig die richtige Konsistenz hat, formen Sie besser zuerst einen Probeknödel. Legen Sie ihn ins siedende Salzwasser ein – wenn er die Form behält, können Sie sich gleich ans Formen der restlichen Knödel machen. Ansonsten noch etwas Mehl unter die Knödelmasse kneten.***

☞ ***Wenn Ihnen noch Knödel übrig bleiben (oder als heißer Tipp: machen Sie gleich die doppelte Menge!), dann empfehlen wir eine „Restlverwertung" à la Geröstete Knödel: Die gekochten Knödel halbieren und in Scheiben schneiden, portionsweise in Butter anrösten und ein Ei darüberschlagen, würzen, stocken lassen. Dazu knackigen frischen grünen Salat servieren.***

Spinatknödel

Zubereitung: Die Eier versprudeln und zum Knödelbrot in eine weite Schüssel geben. Milch erhitzen und über die Knödelmasse gießen, etwas anziehen lassen. Den gut durch ein Etamin ausgedrückten Cremespinat und den gehackten Blattspinat mit den Gewürzen, Kräutern und Parmesan unterheben.

Butterschmalz erhitzen, Zwiebel und Knoblauch hell anschwitzen und in den Knödelteig einarbeiten. 1/2 Stunde rasten lassen.

Ca. 60 g schwere Knöderl formen und im Salzwasser ca. 25 Minuten leicht köcheln lassen.

Mit frisch geriebenem Parmesan, brauner Butter, Schnittlauch und einigen blanchierten Spinatblättern anrichten.

Eventuell auch Parmesanchips daraufgeben.

Zutaten:
250 g Knödelbrot
200 g gut ausgedrückter passierter Spinat
50 g Blattspinat, blanchiert (im ausgedrückten Zustand gewogen)
80 g Butterschmalz
120 g fein geschnittene Zwiebel
20 g fein gehackte Knoblauch
125 ml Milch
2 Eier
ca. 50 g geriebener Parmesan
Salz, weißer Pfeffer
Muskat

Für die Fertigstellung:
Parmesan
braune Butter
schöne blanchierte Spinatblätter als Garnitur
frisch geschnittener Schnittlauch
Parmesanchips (▸ S. 34)

Knödel, Nudel, Nocken, Plenten …

Wie man es auch dreht und wendet, um die magische Vier kommt man in den Küchen des Heiligen Landes Tirol ebenso wenig herum wie um die vier Evangelisten und die vier Himmelsrichtungen. Die Tiroler Küche war nämlich schon immer auf einer Vierzahl aufgebaut: „Knödle, Nudle, Mües und Plente – hent die via Tiroler Elemente", liest man auf bestickten Kissen oder auf mit Brandmalerei verzierten Türbalken. Manchmal findet man, zumal in Andenkenläden, auch die „zivilisiertere" und auch von des Tirolerischen Unkundigen entzifferbare Fassung: „Knödel, Nudel, Nocken, Plenten, sind die vier Tiroler Elementen."

Um die Tiroler Küchen-Vier kommt auch nicht herum, wer Knödel isst. Denn auch derer müssen es, so will es zumindest der Brauch, mindestens vier sein: der erste in der Suppe, der zweite mit Kraut, der dritte zum Schweinsbraten und der vierte mit Salat. Erst ab dem fünften Knödel, so pflegen Spötter zu sagen, beginnt der Tiroler dann auch wirklich, seinen Hunger zu stillen, die ersten vier dienen lediglich dazu, Appetit zu machen.

Kasnocken

Zutaten:
300 g Knödelbrot
300 ml Milch
300 g Graukäse oder Gouda (je nach Vorliebe)
100 g fein geschnittener Zwiebel
1 EL Butterschmalz
20 g Mehl
3 Eier
1 EL geschnittener Schnittlauch
1 EL gehackte Petersilie
Salz, Pfeffer aus der Mühle

Für die Fertigstellung:
100 g heiße braune Butter
80 g frisch geriebener Parmesan
Schnittlauch
einige Schnittlauchfäden zur Dekoration

Zubereitung: Das Knödelbrot in eine Schüssel geben, die Milch erhitzen und darübergießen. Die fein geschnittene Zwiebel in Butterschmalz glasig anschwitzen und zum Knödelbrot geben. Alle restlichen Zutaten wie die versprudelten Eier, den in ca. 1 cm große Stücke geschnittenen Käse, Mehl, Schnittlauch, Petersilie, Salz und Pfeffer dazugeben. Vorsichtig vermengen und 1/2 Stunde durchziehen lassen. Abschmecken und mit 2 Esslöffeln Nockerl formen (ca. 40 g schwer).

Diese Nockerl ca. 8 Minuten in Salzwasser leicht köcheln lassen.

Mit geriebenem Parmesan bestreuen, die heiße, leicht braune Butter darübergießen und mit frisch geschnittenem Schnittlauch bestreuen. Mit Schnittlauchfäden ausgarnieren.

Tris – oder die heilige Tiroler Knödeldreifaltigkeit

Fast möchte man meinen, das Wörtchen Tris sei urtirolerisch, so weitverbreitet ist dieses Gericht in allen Teilen Tirols. Wer in Franz Maier-Brucks Standardwerk der österreichischen Regionalküchen „Vom Essen auf dem Lande" nachsieht, der wird es allerdings nicht finden. Schon eher hat eine Chance, wer den „großen Sansoni", das ultimative Italienischwörterbuch, bemüht und daraus erfährt, dass Tris kein tirolerisches, sondern ein italienisches Vokabel ist und soviel wie „Drilling" bedeutet.

Tatsächlich kommt die erst in den letzten Jahren auch in Österreich populär gewordene Sitte, auf den Tafeln alle möglichen „Dreisprünge" anzubieten, aus Italien, wo man schon immer drei kleine, zueinander passende Vorspeisen als „Tris" bezeichnet hat. Das konnten dreierlei Antipasti ebenso sein wie dreierlei Pasta-Spezialitäten oder Spaghetti mit dreierlei Saucen. Tris ist ein Name, der viel Phantasie möglich macht. In Tirol ist das „Tris" aber mittlerweile fast schon kanonisiert und besteht aus dreierlei Knödel, dreierlei Nocken oder aus der Triade von Knödel, Nocken und Schlutz- bzw. Schlipfkrapfen. (Eine große Auswahl an Rezepten dazu finden Sie in diesem Kapitel.) Für das Umschlagbild dieses Tiroler Kochbuchs bereitete Traudi Sigwart Spinatknödel, Kasnocken und Pustertaler Schlutzkrapferl zu (Rezepte auf S. 109, 110, 123).

Kaspressknödel

auf eingemachtem Sauerkraut mit geriebenem Käsebolla

Um dieses Gericht im Original nachkochen zu können, benötigt man frischen Käsebolla, wie ihn Josef Mühlmann von seiner Nachbarin Magdalena Senfter bekommt, die ihm auch Grau- und Hüttenkäse sowie eine noch mit dem „Schloakaschlaga" handgerührte Bauernbutter liefert. Der pyramidenförmige Käsebolla wiegt in Osttirol ca. 260 g und wird auch gerne nach einer zweiwöchigen Reifezeit verwendet, in der er noch würziger wird. Ersatzweise für den Käsebolla kann jeder Kuhfrischkäse verwendet werden.

Zutaten
150 g Knödelbrot
1 große gehackte Zwiebel
1 gehackte Knoblauchzehe
125 ml Milch
1 geriebener Käsebolla (ca. 260 g Kuhfrischkäse)
1 gekochter und geriebener Erdapfel
2 Eier
2 Eidotter
Schnittlauch, Petersilie, Liebstöckel (Maggikraut)
Salz, Pfeffer, Olivenöl
Mehl zum Wenden
Rindsuppe zum Kochen
braune Butter zum Abschmalzen

Für das Sauerkraut:
350 g Sauerkraut
250 ml Rindsuppe
Mehl zum Binden
3 EL Butter
Salz, Pfeffer, Zucker

Zubereitung: Die warme Milch kräftig salzen, pfeffern und über das Knödelbrot gießen. Die Zwiebel gemeinsam mit dem Knoblauch in heißem Olivenöl anschwitzen und mit den restlichen Zutaten vermengen. Dabei etwas Käse zum Bestreuen beiseite geben. Die Masse abschmecken und daraus kleine Laibchen formen. In Mehl wenden und in der Pfanne beidseitig anbraten. In Rindsuppe etwa 10 Minuten fertigkochen.

Für das **Sauerkraut** das Kraut mit der Suppe erhitzen und mit Salz, Pfeffer sowie Zucker würzen. Mit Mehl binden. Nochmals abschmecken. Zum Schluss mit der Butter montieren.

Die **Kaspressknödel** mit dem fertigen Sauerkraut anrichten. Mit etwas Käsebolla bestreuen und mit brauner Butter abschmalzen.

Buchweizenknödel

mit Graukaskern auf Kümmelkraut

Zutaten:

3 Tassen grob gehacktes Grünzeug (Lauch, Mangold, Schnittlauch, Zwiebelröhren)
1 Tasse in Würfel geschnittener weißer Speck
2 Tassen grobes Buchweizenmehl
1 Handvoll Roggenmehl
½ Tasse kaltes Wasser
Salz
150 g Graukäse, in vier Stücke geteilt
150 g aufgeschäumte Butter zum Abschmelzen

Für das Kümmelkraut:

1 kleiner Kopf Weißkraut
Salz, Kümmel
50 g Butter

Zubereitung: Das grob gehackte Grünzeug mit Speckwürfeln und Mehl gut vermischen. Wasser mit dem Salz zugeben und alles gut vermengen. Aus der Masse vier Knödel formen und dabei jeweils ein Stück Graukäse als Fülle in die Mitte geben. Ins kochende Salzwasser einlegen und 20 Minuten kochen.

Inzwischen den **Krautkopf** teilen, Strunk entfernen und in größere Fleckerl schneiden. In Salzwasser blanchieren und mit kaltem Wasser abschrecken. In einer Pfanne in heißer Butter durchschwenken. Mit Salz sowie Kümmel würzen. Mit je einem Buchweizenknödel anrichten und mit aufschäumender Butter abschmelzen.

Blaugrau muss der Käse sein

In früheren Zeiten wurde der Graukäse auf den Almen aus der sogenannten Restmilch gekäst, die für diesen Zweck mehrere Tage lang gesammelt wurde. Die Kuhmilch wurde sauer und erhitzt – jedoch keinesfalls über 100 Grad Celsius –, mit Salz gemischt und in Holzformen gepresst. Dann kam der Käse in den Käsekeller, wo er aufgrund der erhöhten Temperatur aufzureißen begann. Durch die so entstandenen Risse wächst der Schimmel von der Oberfläche nach innen. Graukäse trägt seinen Namen nach ebendiesem blaugrauen Schimmel, den er nach der 12–24-tägigen Reifung herausbildet, der aber vor dem Verkauf abgewaschen wird.

Wie Graukäse letztlich schmeckt, das hängt neben der verwendeten Milchqualität vor allem von der Reifestufe (2–3 Monate) ab, in der man ihn genießt. Graukäse reift bei hoher Zimmertemperatur ziemlich schnell und gelangt deshalb auch sehr jung – wenn er noch topfig und bröselig ist – in den Handel. Es gibt freilich auch Käsefreunde, die ihren Graukäse so durchgereift und glasig bevorzugen, dass kein einziges Topfenstückchen mehr zu erkennen ist. In diesem Zustand mundet Graukäse, der übrigens zu 99 Prozent fettfrei ist und daher von Ärzten und Ernährungswissenschaftlern auch häufig bei Abmagerungskuren empfohlen wird, noch herzhafter und pikanter.

Osttiroler Kasknödel

Zutaten:
250 g altes Weißbrot
4 Eier
1 Glas Milch
1 Zwiebel
100 g Käse (es können auch Reste verwendet werden)
60 g Mehl
Muskatnuss, Salz, Schnittlauch

Zubereitung: Das Brot fein schneiden, Eier mit Milch verquirlen und über das Brot geben.

Die feingeschnittene Zwiebel in Butter anschwitzen lassen.

Käse in feine Würfel schneiden, dann alles zusammen mit dem Mehl unter das Knödelbrot geben, gut vermischen und mit Muskat und wenig Salz würzen. Man kann auch Schnittlauch nach Geschmack dazugeben.

Knödel formen, in kochendes Salzwasser einlegen und 15 Minuten darin leise kochen lassen.

Speckknödel

Zutaten:
400 g Knödelbrot
6 Eier
200 g würfelig geschnittener Bauchspeck
100 g dunkle Wurst, würfelig geschnitten (Polnische etc.)
200 g Zwiebelwürfel
2 gehackte Knoblauchzehen
140 g Butterschmalz
300 ml Milch
3 EL gehackte Petersilie
2 EL gehackter Majoran
gute Fleischsuppe zum Ziehen

Beilagenempfehlung:
frischer, knackiger grüner Blattsalat

Zubereitung: Butterschmalz mit Speck, Wurst, Zwiebeln und Knoblauch hell anschwitzen. Die Milch erhitzen, Eier versprudeln und beides über das Knödelbrot gießen. Danach die heiße Speck-Zwiebel-Masse zugeben und alles mit den Gewürzen gut vermischen. Etwa 1 Stunde durchziehen lassen.

Dann aus der Masse Knödel zu je ca. 60 g formen und in Klarsichtfolie einwickeln.

Die Knödel in der Folie in leicht köchelndem Wasser etwa 15 Minuten gar ziehen lassen. Knödel herausheben, die Folie entfernen und noch 1 Minute in einer abgeschmeckten Fleischsuppe ziehen lassen.

☞ ***Speckknödel geben nicht nur eine feine Zwischenmahlzeit ab, sondern eignen sich auch als nahrhafte Suppeneinlage. In diesem Fall sollten die Knöderl freilich keinesfalls zu groß geformt werden.***

Abgeschmalzte Speckknödel

Zubereitung: Die Milch erwärmen und über das Knödelbrot gießen. Knödelwurst, Bauchspeck, Schalotten sowie Knoblauch kleinwürfelig schneiden und alles kurz anrösten. Mit der Knödelmasse vermengen. Eier und Mehl zugeben, mit den Gewürzen und Kräutern abschmecken.

Nun aus der Masse ca. 150 g schwere Knödel formen. In einem Topf reichlich Salzwasser aufkochen, die Knödel einlegen und ca. 8 Minuten ziehen lassen, bis die Knödel deutlich obenauf schwimmen.

Währenddessen etwas Butter bräunen. Die fertig gegarten Knödel herausheben, abtropfen lassen und auf vorgewärmten Tellern anrichten. Die braune Butter über die Knödel gießen. Mit etwas Parmesan und Schnittlauch garnieren.

Zutaten:
200 g Knödelbrot
125 ml Milch
80 g Bauchspeck
60 g Knödelwurst (oder Braunschweiger)
2 Schalotten
1 Knoblauchzehe
Schnittlauch, Liebstöckel, Majoran, Petersilie
5 EL Mehl
4 Eier
Salz, Pfeffer
Butter zum Abschmalzen
Parmesan und Schnittlauch zum Garnieren

„Blinde Suppn“ und gleime Knödel

Während große Köchinnen und Köche heutzutage zum Thema Tiroler Knödel überschaubarere und flaumigere Varianten anbieten, musste dieses archaische Tiroler Urgericht früher vor allem zweierlei sein: groß und gleim. Als „hart, fest und zäh“ definiert etwa das Zillertaler Wörterbuch solche Knödel, die in kärgeren Zeiten meist in einer „blinden Suppn“ serviert wurden. Nämlich einer solchen, die kaum ein Fleisch (und daher auch kein Fett) gesehen hatte und folglich auch keine glänzenden „Augen“ hatte. Mitunter war aber nicht nur in der Suppe kein Fett, sondern auch in den Tiroler Knödeln kein Speck. Worauf sich das alte Sprichwort gründet: „Leichter ist's, die Dreifaltigkeit zu ergründen, als im Knödel Speck zu finden.“

Schwarzplentenknödel
(aus Buchweizen- bzw. Heidenmehl)

Zutaten:
4 trockene Semmeln
100 g Bauchspeck
1 Zwiebel
50 g Selchfleisch oder Wurst
2 Eier
ca. 1,25 l Milch
6 EL Schwarzplentenmehl
3 EL Weizenmehl
viel Petersilie und Schnittlauch

Zubereitung: Semmeln würfelig schneiden, Milch und Eier verrühren und darübergießen.

Zwiebel anrösten, Speck und Wurst dazugeben und alles zusammen zur Semmelmasse geben und mit den Mehlsorten gut verrühren.

15 Minuten ziehen lassen und daraus Knödel formen. 15–20 Minuten im Salzwasser kochen lassen.

Der Eppaner Urknödel

Der Knödel, zumal der Tiroler Knödel, ist die Ikone der Tiroler Küche schlechthin. Der Speck, neben den Semmelwürfeln unverzichtbarer Bestandteil dieses essbaren Titans, kam freilich erst relativ spät dazu. Wer aber hat den ersten Knödel geformt? Die Antwort auf diese Frage können nur die Archäologen geben, und die führen uns in jungsteinzeitliche Pfahlbaudörfer am Mondsee und am Ledrosee aus der Zeit zwischen 2500 und 1800 v. Chr., wo gefundene Teigreste ganz eindeutig darauf schließen lassen, dass diese Teige mit Fleisch oder Obst gefüllt waren. Noch leichter lässt sich indessen die Frage beantworten, wer den ersten Knödel gemalt hat. Das war, wie es scheint, tatsächlich ein Tiroler. Denn die älteste bildliche Darstellung eines Knödels findet sich auf einem Fresko in der Burgkapelle von Hocheppan in Südtirol. Das Fresko stammt bereits aus dem 12. Jahrhundert, und es ist umso erstaunlicher, dass es weitere vier Jahrhunderte dauern sollte, bis sich im Ende des 16. Jahrhunderts erschienenen Kochbuch einer Tiroler Adelsfamilie das erste niedergeschriebene Knödelrezept findet.

Teufel oder Plenten?

Das Plenten-, Hadn- oder Buchweizenmehl (vom durch Tirol reisenden Geheimrat Goethe in seinen Tagebüchern als „schwarze Blende" bezeichnet) wird heute im Zuge der Bio- und Vollwertküche allmählich auch von Feinschmeckern wieder entdeckt, galt früher jedoch als Essen der Ärmsten unter den Armen. Die Reichen bevorzugten weiße Polenta, die Bürger verspeisten die gelbe Maisgrieß-Polenta, und die arme Unterschicht musste sich mit dem „Schwarzplentenen" begnügen.

Wen wundert es da, dass die Schwarzplentenköchinnen beim Rühren des Buchweizenmehls despektierlich vor sich hin sangen:

Heut haben wir Knödel g'habt
Aus Schwarzplentenmehl,
Morgen gibt's Teufelsschwänz
In Essig und Öl.

Polentanockerl

mit frischen Eierschwammerln und Kräutern

Zutaten für 6 Portionen:
300 g Polenta (Maisgrieß)
750 ml Wasser
Salz
1 nussgroßes Stück Butter
ca. 50 g geriebener Parmesan
ca. 100 g frisch gehobelte Parmesanspäne
Basilikumblätter zum Garnieren
Öl zum Beträufeln
1 milde fein geschnittene Pfefferonischote für die Garnitur

Für die Eierschwammerl:
500 g kleine Tiroler „Reche" (= Eierschwammerl)
80 g sehr fein geschnittene Zwiebeln
1 fein gehackte Knoblauchzehe
½ TL Pilzmehl (fein geriebene getrocknete Steinpilze)
100 ml neutrales Olivenöl
frisch gerebelter Majoran und Thymian
etwas Petersilie, länglich geschnitten
Salz, Pfeffer

Zubereitung: Das Wasser salzen, die Butter zugeben und zum Kochen bringen. Polenta einrühren und ca. 5–10 Minuten bei kleiner Hitze ziehen bzw. köcheln lassen. Währenddessen immer wieder mit einem Kochlöffel umrühren und bei Bedarf noch etwas Wasser einrühren. Abschließend den geriebenen Parmesan einrühren. Aus der Masse mit einem nassen, heißen Löffel Nockerl ausstechen, auf vorgewärmte Teller setzen und mit den vorbereiteten Eierschwammerln anrichten. Mit etwas Öl beträufeln und mit Parmesanspänen und Basilikumblättern vollenden. Mit der Pfefferonischote garnieren.

Für die **Eierschwammerlgarnitur** die gesäuberten Eierschwammerl in das heiße Olivenöl geben. Gemeinsam mit Zwiebeln und Knoblauch rösten. Mit Salz, Pfeffer und Pilzmehl würzen und mit den Kräutern abschmecken.

Graukasnocken
auf Rahmspinat

Zutaten:
1 kleine Zwiebel
1 EL Butter
300 g Weißbrotbrösel
350 ml Milch
125 g Graukäse
20 g Mehl
2 Eier
Salz
Schnittlauch
400 g Rahmspinat
(▸ Rehlaibchen S. 179)

Zubereitung: Zwiebel fein hacken und in geschmolzener Butter anrösten. Mit den Bröseln vermengen und mit einer Masse aus mit Milch und Mehl verquirlten Eiern begießen. 1 Stunde lang rasten lassen. Dann fein gehackten Schnittlauch, etwas Salz und ein wenig abgebröselten Käse daruntermischen und alles miteinander zu einem Teig vermengen. Mit einem nassen Löffel Nocken daraus stechen und diese in Salzwasser kochen.

Die Nocken auf Rahmspinat anrichten, den restlichen Graukäse zerbröckeln, mit Semmelbröseln vermischen, über die Nocken streuen und diese zuletzt mit brauner Butter übergießen.

Steinpilznockerl
mit Butter und Parmesan

Zutaten:
250 g entrindetes Weißbrot vom Vortag, in Würfel geschnitten
250 ml heiße Milch
4 Eier
140 g flüssige Butter
100 g geschnittene Zwiebeln
10 g fein gehackter Knoblauch
30 g geschnittener Schnittlauch
10 g Mehl
Salz, weißer Pfeffer aus der Mühle
300 g geputzte Steinpilze
1 EL Pilzmehl (getrocknete gemahlene Steinpilze)

Für die Garnitur:
150 g nussbraune Butter
150 g frisch geriebener Parmesan
1 Bund frisch geschnittener Schnittlauch
1 junger, fester Steinpilz
ca. 20 dünne Parmesanscheiben zum Dekorieren

Zubereitung: Die Steinpilze in 5 mm große Würferl schneiden. In etwa einem Esslöffel flüssiger Butter die gehackten Steinpilze anbraten. Danach Zwiebeln und Knoblauch zugeben und noch etwas anbraten lassen. Die heiße Milch und die versprudelten Eier über das Brot gießen, die angebratenen Pilze dazugeben und alle restlichen Zutaten untermengen. Durchmischen und ca. 1 Stunde ziehen lassen. Dann aus der Masse ca. 40 g schwere Nockerl formen. In Folie einwickeln und 10 Minuten bei schwacher Hitze köcheln lassen. Die Folie entfernen und die Nockerl noch für 1 Minute im Salzwasser ziehen lassen.

Auf einem vorgewärmten, weißen Porzellanteller anrichten und mit dem geriebenen Parmesan und der heißen, braunen Butter begießen. Den fein geschnittenen Schnittlauch darüberstreuen. Sehr dünn geschnittene Steinpilzscheiben darüberhobeln und mit Parmesanspänen ausgarnieren.

Rote-Rüben-Nockerl
mit Almkäse-Fonduta und schwarzen Trüffeln

Zutaten:
150 g gekochte Rote Rüben
1 kleine Zwiebel
50 g Butter
200 g Knödelbrot (klein geschnitten)
2 Eier
50 g geriebener Parmesan
1 EL Mehl
Milch nach Bedarf
Salz
ev. schwarze Trüffel

Für die Almkäse-Fonduta:
100 g würfelig geschnittener Almkäse
200 ml Schlagobers
Salz und Pfeffer

Zubereitung: Die Zwiebel fein hacken und in Butter andünsten und über das Knödelbrot geben. Die **Roten Rüben** in Würfel schneiden, mit den Eiern aufmixen und unter das Brot mischen. Mehl und Parmesan einarbeiten. Salzen und bei Bedarf noch etwas Milch beimengen. Die Masse etwa 10 Minuten rasten lassen. Dann Nockerl formen und in Salzwasser 5 Minuten kochen. Herausheben und auf den vorgewärmten Tellern anrichten. Mit der vorbereiteten Fonduta übergießen und die Trüffel darüberhobeln.

Für die **Almkäse-Fonduta** das Schlagobers auf die Hälfte einreduzieren. Mit Salz und Pfeffer abschmecken. Die Käsewürfel beigeben und zart schmelzen lassen.

Kasen wie anno dazumal

In manchen entlegenen Almkäsereien kann man in Tirol bis heute noch „live" dabei sein und miterleben, wie die Milch zu Käse wird, wenn der Kaser während des Erhitzens einen getrockneten Kalbsmagen oder ein Stück von der aus mehreren Kalbsmägen gedrehten „Labwurst" in den Kessel wirft. Das Rührwerk wird notfalls, wenn einmal das Aggregat ausfällt, händisch mit einem „Wobel" betrieben. Nunmehr macht sich der Käsemeister ans sogenannte „Bluttladen" und trennt den Käsebruch von der Molke, indem er ihn mit einem „ropfenen Sack" aus dem Kessel in die Presse hebt. Wenn man die so entstandenen und einige Tage in Salzlake gewaschenen Almkäselaibe in einem Keller auf ungehobeltem Fichtenholz lagert, so wird dann ein paar Monate später jener Käse daraus, der von Mitte September bis zum Frühjahr in den Handel gelangt.

Was die Käsevergangenheit von der Käsegegenwart unterscheidet, sind lediglich die genauen bakteriellen, veterinärmedizinischen und organoleptischen Kontrollen, denen der Käse während und nach der Produktion unterworfen wird. Nicht immer zur Freude der Käser. Einer von ihnen soll einmal laut aufgeschrien haben, als die Prüfungskommission eine Käseprobe auf der Schulnotenskala zu einem „Pinsch" verdonnerte: „Jeder Käse ist eine Gottesgabe", mahnte er, „und eine Gottesgabe kann keinen Fünfer bekommen."

Tiroler Spargelgnocchi

mit brauner Butter

Zubereitung: Erdäpfel im Rohr bei 200 °C in der Schale garen, bis sie durch sind. Schälen, durch eine Erdäpfelpresse drücken und mit Mehl, Butter, Dottern, Salz sowie Muskatnuss zu einem lockeren Teig verarbeiten. Den Teig zu Rollen formen, mit der Teigkarte kleine Stücke abstechen und diese zu Kugeln formen. In kochendes Salzwasser einlegen, die Hitze zurückschalten und 5 Minuten ziehen lassen. Mit einem Lochschöpfer herausheben, abtropfen lassen und auf vorgewärmten Tellern anrichten.

Währenddessen den frischen, grünen Spargel nur im unteren Drittel schälen. In Salzwasser kurz bissfest kochen. Herausheben, die Spitzen abtrennen und die unteren Stücke schräg schneiden. Einen Esslöffel Butter erwärmen, etwas Gemüsefond aufgießen, mit Salz, Pfeffer, etwas Zucker sowie Muskatnuss würzen und den Spargel darin kurz durchschwenken.

Die grünen Spargelspitzen aufrecht zwischen die angerichteten Gnocci hineinstecken. Restlichen Spargel außen herum anrichten. Mit frisch geriebenem Parmesan und heißer, brauner Butter anrichten, mit Schnittlauch bestreuen.

Zutaten:
1 kg rohe mehlige Erdäpfel (= 750 g ausgedämpfte, geschälte und gepresste Erdäpfel)
500 g junger, frischer Tiroler Spargel
240 g griffiges Mehl
90 g Butter für den Teig
6 Eidotter
Salz, geriebene Muskatnuss
Butter und etwas Gemüsefond zum Schwenken
Zucker, Muskat, Salz, Pfeffer
Schnittlauch zum Bestreuen
100 g geklärte nussbraune Butter
100 g frisch geriebener Parmesan

Villgrater Schlipfkrapfen
mit Käsebolla und brauner Butter

Zutaten:
500 g griffiges Mehl
150 g Roggenmehl
1 EL Öl
2 Eidotter
Salz
lauwarmes Wasser
braune Butter
zum Beträufeln
30 g Käsebolla (gereifter Kuhfrischkäse)
zum Bestreuen

Für die Fülle:
600 g mehlige Erdäpfel, gekocht und gerieben
150 g passierter Topfen
4 fein geschnittene Schalotten, geröstet
4 fein gehackte Knoblauchzehen
100 g geriebener Parmesan
1 Ei
Kürbiskernöl
Salz, Pfeffer, Majoran, Muskatnuss, Oregano, Basilikum, Schnittlauch, Petersilie, Liebstöckel nach Belieben

Zubereitung: Für den **Teig** zunächst alle Zutaten in eine Schüssel geben und vermengen. Anschließend auf einem Nudelbrett glatt kneten und 1/2 Stunde kühl stellen.

Währenddessen für die **Fülle** die geriebenen Erdäpfel in eine Schüssel geben. Mit den angerösteten Schalotten, Knoblauch und den restlichen Zutaten vermengen. Mit Kürbiskernöl, Kräutern und Gewürzen ganz nach Belieben abschmecken.

Den Teig 1 mm dünn ausrollen und mit einem runden Ausstecher (Durchmesser ca. 6 cm) Scheiben ausstechen. Etwas Fülle auftragen, zusammenklappen und die Ränder gut verschließen. In kochendem Salzwasser sanft garen, bis die Schlipfkrapfen an der Oberfläche schwimmen. Herausheben, mit Kuhfrischkäse sowie Schnittlauch bestreuen und mit heißer brauner Butter abschmalzen.

☞ ***Josef Mühlmanns Nachbarin Magdalena Senfter reibt gerne harte „Schottenkugeln" wie Parmesan über die fertigen Schlipfkrapfen und rät im übrigen dazu, immer ein paar Schlipfkrapfen „hinten zu halten" und erst am nächsten Tag wie geröstete Knödel in Butter zu bräunen, weil sie dann mindestens so gut schmecken.***

☞ ***Frau Senfter füllt ihre Schlipfkrapfen übrigens nicht nur mit der oben angegebenen Erdäpfel-Käse-Mischung, sondern auch mit einer puren Erdäpfel-Zwiebel-Fülle, sowie mit Äpfeln, Zwiebeln oder Käse und Schnittlauch.***

☞ ***Eine klassische Osttiroler Beilage zu Schlipfkrapfen ist Rübenkraut (Rezept Osttiroler Weißes Rübenkraut mit Räucherforelle, S. 26)***

Pustertaler Schlutzkrapferl

Zubereitung: Für den **Teig** die gekochten und ausgedämpften Erdäpfel schälen und pressen. Mit den restlichen Zutaten zu einem festen, glatten Teig verkneten. (Die Mehlmenge variiert, da dies von der Erdäpfelsorte abhängt und davon, wie gut die Erdäpfel im Rohr ausgedämpft wurden.)

Für die **Fülle** die Zwiebeln in Butterschmalz hell anschwitzen, überkühlen lassen und mit den restlichen Zutaten und Gewürzen gut verrühren. (Die Fülle darf ruhig kräftig gewürzt sein, da beim Kochen etwas Geschmack verloren geht.)

Den Teig dünn ausrollen, in runde Scheiben mit ca. 10 cm Durchmesser ausstechen und mit einem Esslöffel jeweils etwas Fülle auftragen. Halbmondförmig zusammenklappen. Mit dem Zeigefinger vorsichtig, aber fest und gut andrücken. Den Rand nochmals mit einer Gabel andrücken. Die Schlutzkrapferl auf ein leicht bemehltes Blech legen, bis alles verarbeitet wurde.

In einem weiten Topf reichlich Salzwasser zum Kochen bringen, Krapferl einlegen und 4 Minuten leicht köcheln lassen. Sofort mit einem Schaumlöffel herausheben, abtropfen lassen und auf Tellern kreisförmig anrichten. Mit Parmesan bestreuen, heiße geklärte, nussbraune Butter bzw. Olivenöl darübergießen und mit frischem Schnittlauch, Tomaten oder Parmesanspänen beliebig garnieren.

Zutaten für 6 Portionen:

Für den Teig:
400 g mehlige rohe Erdäpfel (= 200 g gekochte und im Rohr ausgedämpfte Erdäpfel)
ca. 170 g griffiges Mehl
30 g flüssige Butter
1 Eidotter
Salz, geriebene Muskatnuss

Für die Fülle:
200 g Topfen (20 % Fett i. Tr.)
200 g Cremespinat
100 g Blattspinat, blanchiert, ausgedrückt und gehackt
100 g fein geschnittene Zwiebeln
1 EL Butterschmalz
30 g fein gehackter Knoblauch
2 EL geschnittener Schnittlauch
Salz, weißer Pfeffer aus der Mühle
geriebene Muskatnuss

Für die Garnitur:
Tomatenwürfe oder Cocktailtomaten
100 g nussbraune Butter (Osttirol) oder etwas heißes Olivenöl (Südtirol)
100 g frisch geriebener Parmesan
frisch geschnittener Schnittlauch (oder im Frühling frisch geschnittener Bärlauch)
Parmesanspäne und Blütenblätter nach Belieben

Zillertaler Schlutzkrapferl

Zutaten für den Teig:
300 g gekochte, ausgedämpfte Erdäpfel, geschält und gepresst
20 g flüssige Butter
2 Eidotter (40 g)
50 g fest ausgedrückter Cremespinat
2 EL feinst gehackte Petersilie und Schnittlauch oder Bärlauch
Salz, Pfeffer
geriebene Muskatnuss
250 g griffiges Mehl
Eiklar zum Bestreichen
Zillertaler Bergkäse und/ oder Schnittlauch zum Bestreuen
Butter zum Beträufeln
aufgeschlagene Buttermilch nach Belieben

Für die Fülle:
400 g gekochte Erdäpfel vom Vortag
300 g Graukäse (halb speckig, halb topfig), in ½ cm große Würfel geschnitten
100 g fein geschnittene Zwiebeln
30 g fein gehackter Knoblauch
2 EL fein gehackte Petersilie
1 EL Bauerntopfen
1 EL frisch geriebener Ziegerkäse
Salz, Pfeffer, etwas geriebene Muskatnuss
1 EL frisch geschnittener Schnittlauch

Zubereitung: Für die **Fülle** die am Vortag gekochten Erdäpfel schälen, zerstampfen und mit den restlichen Zutaten zu einer würzigen Füllmasse vermengen.

Für den **Teig** alle Zutaten vermengen und zu einem glatten, festen Teig verkneten. Den Teig dünn ausrollen, Kreise mit 10 cm Durchmesser ausstechen und den Rand mit flüssigem Eiklar bestreichen. In die Mitte je einen kleinen Esslöffel Füllmasse setzen, zusammenklappen und mit einer Gabel die Ränder gut andrücken.

In einem weiten Topf Salzwasser zum Kochen bringen. Die Zillertaler Schlutzkrapferl einlegen und ca. 3 Minuten köcheln lassen. Mit dem Schaumlöffel herausnehmen, abtropfen lassen und auf heißen Tellern anrichten. Entweder traditionell mit geriebenem Zillertaler Bergkäse bestreuen und mit flüssiger Butter beträufeln oder mit viel geschnittenem Schnittlauch bestreut mit etwas heißer Butter benetzt servieren. Nach Belieben mit etwas aufgeschlagener Buttermilch anrichten.

☞ *Die Schlutzkrapferl eignen sich auch hervorragend als Suppeneinlage. Verfeinern Sie beispielsweise einmal eine delikate Zwiebelsuppe (Rezepte auf S. 74 und 77), die Sie ganz nach persönlichem Geschmack passieren oder nicht, mit den in diesem Fall etwas kleiner geformten Krapferln.*

Arzler Schlutzkrapferl

Zubereitung: Zuerst für die **Fülle** den Zucker in einem Pfandl mit einigen Tropfen Wasser hell karamellisieren lassen und mit Apfelessig löschen. Zwiebeln und Knoblauch in Ganslschmalz hell anschwitzen und das geschnittene Weißkraut einmengen. Kurze Zeit schmoren lassen. Mit Salz, Pfeffer und Kümmel würzen und das karamellisierte Saftl sorgfältig unterrühren. Mit Weißwein aufgießen und noch etwas einkochen lassen, bis das Weißkraut eine weiche, aber trotzdem noch bissfeste Konsistenz hat. Nochmals kräftig abschmecken und auskühlen lassen.

Für den **Teig** alle Zutaten vermengen und zu einem glatten, festen Teig verkneten. Den Teig dünn ausrollen, Kreise mit 10 cm Durchmesser ausstechen und den Rand mit flüssigem Eiklar bestreichen. In die Mitte jeder Scheibe je einen halben Esslöffel der kalten Krautfüllung geben, zusammenklappen und mit einer Gabel die Ränder andrücken. In einem weiten Topf Salzwasser zum Kochen bringen, die Krapferl einlegen und ca. 3 Minuten köcheln lassen. Mit dem Schaumlöffel herausnehmen und auf einem heißen Teller anrichten.

Den Bauchspeck in etwas Butterschmalz leicht kross auslassen und mit etwas Fett über die Krapferl gießen. Den fein geschnittenen Schnittlauch darüberstreuen und mit frischen Schnittlauchfäden garnieren.

Zutaten für den Teig
- 300 g gekochte, ausgedämpfte Erdäpfel, durchgepresst
- 50 g flüssige Butter
- 2 Eidotter (40 g)
- 200 g griffiges Mehl
- Salz, Pfeffer
- geriebene Muskatnuss
- Eiklar zum Bestreichen

Für die Fülle
- 700 g Arzler Weißkraut, in längliche Streifen geschnitten
- 2 EL Ganslschmalz
- 50 g Kristallzucker
- ca. 5 cl Apfelessig
- 100 g fein geschnittene Zwiebeln
- 50 g fein gehackter Knoblauch
- 180–200 ml Weißwein
- Salz, Pfeffer
- ½ TL Kümmel

Für die Garnitur:
- 30 g Butterschmalz
- 250 g fein würfelig geschnittener Bauchspeck (ohne Knorpel)
- 1 Bund frisch geschnittener Schnittlauch

Türschtlan

Zubereitung: Aus Mehl, Ei, Salz, Milch einen mittelfesten **Teig** bereiten und rasten lassen.

Den Teig zu einer Rolle formen, Stücke abschneiden und sehr dünn kreisförmig (ca. 10 cm im Durchmesser) auswalken.

Für die **Fülle** alle Zutaten mischen. Auf je ein Teigblatt einen Löffel voll Fülle geben, ein zweites Teigblatt darüberlegen, andrücken und die Ränder nochmals rund nachradeln. Schwimmend im Fett herausbacken.

☞ ***Man kann auch andere Füllen, z.B. wie bei den Schlipfkrapfen, verwenden. Die Speise ist im Pustertal zu Hause.***

Zutaten:
- 600 g Mehl (halb Roggenmehl und halb Weizenmehl)
- 1 Ei
- Salz
- Milch oder Molke nach Bedarf

Für die Fülle:
- 300 g Erdäpfel, gekocht und passiert
- 1 kleine Zwiebel, gehackt
- 20 g Butter
- Salz, Petersilie

Roggenteigtaschen
mit Ronen gefüllt und Kümmelschaum

Zutaten:
1 Ziegerkugel
(oder anderer kräftiger Käse zum Bestreuen)
Schnittlauch zum Bestreuen

Für den Nudelteig:
200 g Roggenmehl
100 g Weizenmehl
1 Ei
Salz und lauwarmes Wasser

Für die Fülle:
300 g Ronen (Rote Rüben), gekocht und geschält
50 g Zwiebelwürfel
50 g Butter
80 g geriebener Parmesan
Salz und Pfeffer

Für den Kümmelschaum:
1 gestrichener TL Mehl
1 TL Butter
1 TL gehackte Schalotten
2 EL Weißwein
100 ml Schlagobers
50 ml Buttermilch
Kümmel, zerstoßen
Salz und Pfeffer

Zubereitung: Zunächst aus den angegebenen Zutaten einen **Nudelteig** herstellen und etwas ruhen lassen.

Währenddessen für die **Fülle** die Hälfte der Ronen (150 g) in kleine Würfel schneiden, den Rest pürieren. Die Zwiebeln in Butter goldgelb andünsten, mit allen anderen Zutaten vermengen und gut abschmecken.

Nun den Nudelteig ausrollen, in runde Scheiben ausstechen und jeweils etwas Fülle auftragen. Ränder befeuchten, zusammenklappen und mit den Fingerspitzen gut zusammendrücken. In Salzwasser 3 Minuten kochen. Herausheben und abtropfen lassen.

Für den **Kümmelschaum** Mehl und Schalotten in Butter leicht andünsten. Mit Weißwein löschen, mit Schlagobers kurz aufkochen und mit den übrigen Zutaten aufschäumen.

Die gekochten Roggenteigtaschen auf vorgewärmten Tellern anrichten, gehobelte Ziegerkugel sowie gehackten Schnittlauch darüberstreuen und mit Kümmelschaum vollenden.

Osttiroler Krautnudeln

Zubereitung: Das Kraut fein schneiden und in Butter halbweich dünsten. Die Brösel einrühren und auskühlen lassen.

Die Eier dazugeben und mit Mehl zu einem festen Teig verarbeiten. Eine Rolle formen, in Stücke schneiden und diese Stücke nun wieder zu Nudeln formen.

Die Nudeln in Salzwasser kochen und anschließend mit gerösteten Bröseln abschmelzen.

Zutaten:
1 mittlerer Krautkopf
60 g Butter
3 Eier
4 EL Bröseln
45 g Butter
Salz

Matreier Tirtlen

Zubereitung: Butter erwärmen, alle Zutaten zu einem nicht zu festen Teig bereiten und 1 Stunde rasten lassen.

Für die **Spinatfülle** Butter erhitzen, den fein gehackten Spinat dazugeben, würzen, mit Mehl stauben, Käse untermischen.

Den **Teig** zu einer Rolle formen, Stücke abschneiden und sehr dünn kreisförmig (ca. 10 cm im Durchmesser) auswalken.

Auf je ein Teigblatt einen Löffel voll Fülle geben, ein zweites Teigblatt darüberlegen, andrücken und die Ränder nochmals rund nachradeln. Schwimmend im Fett herausbacken.

Zutaten:
250 g Roggenmehl
250 g Weizenmehl
2 Eier
Salz
3 EL Butter
lauwarmes Wasser nach Bedarf

Für die Spinatfülle:
800 g Blattspinat
4 EL gehackte Petersilie
40 g Butter
1 EL Mehl
1 EL geriebener Parmesan
Salz, Pfeffer, Muskatnuss

Die Hubener Nudeln

Die Ötztaler Ortschaft Huben war schon immer für ihre gute Küche bekannt, ganz besonders für die hausgemachten Nudeln. Das einzige, was die Hubener an ihren Nudeln störte, war die Tatsache, dass sie aufgrund ihrer außerordentlichen Qualität stets viel schneller aufgegessen als zubereitet waren. Daher sollen die Hubener – so berichtet es wenigstens die Legende – eines Tages beschlossen haben, ihre Nudeln nicht mehr in der Küche zu machen, sondern am Feld anzubauen. Und das versuchen sie, so sagen böse Zungen, mit nicht besonders durchschlagendem Erfolg bis auf den heutigen Tag.

Melchermues

Zutaten:
150–200 g Butter
250 g Mehl
750 ml Milch
Salz
gebräunte Butter

Zubereitung: Butter in einer Pfanne heiß werden lassen, Mehl einrühren, mit Milch aufgießen, salzen und – wie man früher sagte – „afn Foir föscht umananderrührn, bis der Löffel drinnen steckn bleib". Mit brauner Butter begießen.

Ein Schwingmuas für den Stozn

Die klassische Nahrung des Älplers bestand fast ausschließlich aus Milchprodukten und Getreidemusen. Besonders beliebt war beispielsweise das sogenannte „Fahmmus", das mithilfe von Butterschmalz zubereitet wird. Der „Fahm" wird zu diesem Zweck in einer Pfanne zerlassen und mit je einem Drittel Roggen-, Gersten und Hafermehl gemeinsam mit Wasser und Milch verrührt. Als Leckerbissen auf der Alm galt auch das „Biestmus" aus entrahmter, mit Mehl angedickter und zerlassener Butter abgeschmeckter „Biestmilch", der ersten Milch, die eine Kuh nach dem Kalben abgibt.

Die Küche auf der Alm ist eng mit dem älplerischen Tagesablauf verquickt. Normalerweise nimmt der „Stozn", also der Senn, sein Frühstück erst nach den Kühen ein, die sich um halb sechs Uhr früh schon wieder das erste Mal niederlegen, während der Senn oder die Sennerin, die schon um halb vier Uhr aufgestanden sind – jetzt ihre erste Pause haben.

Nur ein echter Stozn kann, so sagt man zumindest, das „Melchermus", das jetzt auf dem Speisezettel steht, wirklich perfekt zubereiten, das nicht ohne Grund auch „Schwingmuas" heißt. Es wird aus viel Butter, Milch und Weizenmehl zubereitet. Dafür sind zwei Pfannen vonnöten, von denen eine nie ausgewaschen wird, aber dennoch immer blitzsauber ist. Das Mus muss eine Konsistenz wie eine lockere Palatschinke haben und wird auch wie eine solche gewendet. Die wahre Geschicklichkeit des Sennen erweist sich auch aufgrund eines Brauchs, der ähnlich wie das Palatschinkenwerfen funktioniert: Ein guter Senn soll, so heißt es, das Melchermus durch den offenen Kamin hoch über das Hüttendach hinauf werfen, dann mit der Pfanne um die Hütte laufen und das Mus vor der Hüttentür wieder in der Pfanne auffangen können.

Leider ist das „Melchermuas" im Laufe der letzten Jahrzehnte auf den Almen fast völlig abgekommen. Die Butter auf dem Brot stammt meist aus der nächsten Talmolkerei. Ganz im Gegensatz zum Alm- oder Bergkäse, dessen Herstellung die sommerliche Almsaison zum größten Teil dient. Obwohl sich die käsereitechnische Ausstattung auch auf abgelegenen Almen in den letzten Jahrzehnten wesentlich verbessert hat und das elektrische Rührwerk aus Nirostastahl den guten alten Kupferkessel oft genug ersetzt hat, sind die Kapazitäten jedes echten Almbetriebs naturgemäß beschränkt, und kein Almkäselaib schmeckt wie der andere.

Melchermues mit Grieß

Zubereitung: Milch und Wasser in einer Pfanne zum Kochen bringen, salzen, das Mehl und den Grieß langsam einrühren. Unter leichtem Weiterkochen soll das Mues dicklich werden.

Mit Butter abschmelzen.

☞ ***Aus diesen beiden Grundrezepten lässt sich bei Bedarf auch eine beliebte Süßspeise, das Mohn- oder Weihnachtsmues, herstellen: Dazu entweder Mehlmues oder Mehlgrießmues kochen und eine Handvoll Rosinen einkochen. Oder das Mues mit einem Mohn-Zucker-Gemisch bestreuen und mit brauner Butter übergießen.***

♦ **Zutaten:**
750 ml Milch
750 ml Wasser
Salz
40 g Butter
130 g Mehl
110 g Weizengrieß

Erbirgnpaunzen

Zubereitung: Erdäpfel kochen, schälen, passieren und mit Mehl, Ei, Salz und Muskatnuss schnell zusammenkneten. Daumendicke Rollen formen und ca. 2–3 cm lange Stücke abschneiden und gut bemehlen, damit sie nicht zusammenkleben.

In einer Pfanne Butter heiß werden lassen und die Stücke (Paunzen) rundherum braun rösten.

Die Paunzen kann man trocken mit Kompott, Kraut oder Milch essen.

♦ **Zutaten:**
750 g Erdäpfel
250 g Mehl
1 Ei
Salz
Muskat
Butter

Erdäpfelblattlen

Zubereitung: Erdäpfel kochen, schälen, passieren, mit allen übrigen Zutaten rasch zu einem Teig verkneten.

Den Teig ca. ½ cm dick auswalken, Quadrate ausschneiden und im heißen Fett schwimmend herausbacken.

♦ **Zutaten:**
400 g Erdäpfel
150 g Mehl
1 Ei
Salz, Muskat, Petersilie
Backfett

Erdäpfelbrosen

Zutaten:
500 g Erdäpfel
4–5 EL Mehl
2 Eier
Salz
Fett zum Backen

Zubereitung: Die am Vortag gekochten Erdäpfel schälen, grob reiben oder passieren, mit Mehl und den anderen Zutaten mischen – die Masse soll noch bröselig sein – in wenig Fett in der Pfanne abrösten.

Mit Sauerkraut oder Apfelmus und 1 Glas Milch servieren.

Brixlegger Topfenblattl

mit Sauerkraut

Zutaten:
250 g Topfen (20 % Fett in Tr.)
Salz, Pfeffer
1 Msp. Kümmel (ganz)
2 Eier
50 g temperierte Butter
ca. 500 g griffiges Mehl
neutrales Öl zum Herausbacken
Lorbeerblätter und Wacholderbeeren zum Garnieren

Für das Sauerkraut:
750 g Natursauerkraut (feine, milde Qualität)
100 g fein geschnittene Zwiebeln
50 g fein gehackter Knoblauch
5 Wacholderbeeren
5 Lorbeerblätter
Salz, Kümmel
Zucker nach Bedarf
ca. 150 g Butter
500 ml Gemüsefond

Zubereitung: Für die **Topfenblattl** alle Zutaten zu einem festen, glatten Teig verarbeiten und kurze Zeit kühl stellen. (Die Mehlmenge hängt von der Feuchtigkeit des Topfens ab.) Dann den Teig mit dem Nudelwalker ca. 2 mm dick ausrollen und in Quadrate von 8 × 8 cm schneiden. In einer Pfanne Öl erhitzen und die Topfenblattl bei mittlerer Hitze goldbraun herausbacken. Währenddessen immer wieder mit etwas Fett übergießen. Herausheben, auf einem Abtropfsieb abtropfen lassen und dann rasch mit dem vorbereiteten Sauerkraut anrichten. Mit einem frischen Lorbeerblatt dekorieren oder einige Wacholderbeeren rundum streuen.

Für das **Sauerkraut** die Zwiebeln mit Knoblauch in einem kleinen Teil der Butter hell anschwitzen. Das Sauerkraut zugeben, mit Salz würzen, Lorbeerblätter, Kümmel und Wacholderbeeren einrühren und mit dem Gemüsefond aufgießen. (Ist das Kraut nicht fein und mild, mit etwas Zucker abmildern.) Nun das Kraut bei kleiner Hitze ca. 1/2 Stunde durchköcheln lassen. Die restliche Butter hell bräunen und über das Kraut träufeln (das verleiht dem Sauerkraut ein ausgesprochen feines Aroma).

Wildfleischknödel

mit Weißweinkraut und Speckgrammeln

Zubereitung: Zunächst für den **Teig** die ungeschälten Erdäpfel sauber waschen und im Rohr auf dem Grillrost garen. Erdäpfel schälen, pressen und mit den anderen Zutaten vorsichtig zu einem Teig verkneten. Mit Klarsichtfolie abdecken und kühl stellen.

Nun für die **Fülle** den Speck glasig anbraten, Zwiebeln sowie Knoblauch hell anrösten. Die halbe Fleischmenge zu den Zwiebeln geben und kurz durchschwenken. Alle Gewürze beigeben und gut vermengen. Überkühlen lassen und mit dem restlichen Fleisch verarbeiten. Die Masse zu 30 g schweren Kugeln formen und kalt stellen.

Den Erdäpfelteig ½ cm dick ausrollen, in Stücke schneiden und die Fülle daraufsetzen. Zu Knödeln formen und diese einzeln in Klarsichtfolie einwickeln. Etwa 20 Minuten in leicht kochendem Wasser ziehen lassen (durch die Folie bleibt der Geschmack besser erhalten). Die Folie von den Knödeln entfernen, die Knödel auf das vorbereitete Kraut setzen und mit heißem, ausgelassenem, knusprigem Speck und frischem Schnittlauch garnieren.

Für das **Weißweinkraut** das geschnittene Kraut 2–3 Minuten im Dampfgarer kochen. Zwiebeln und Knoblauch in Butterschmalz glasig anschwitzen, Kraut zugeben und mit Weißwein ablöschen. Kurz einreduzieren lassen. Mit Gemüsefond aufgießen und das Kraut durchschwenken. Abschmecken und in der Tellermitte (mit etwas Saftl) anrichten.

Zutaten für den Erdäpfelteig:
750 g mehlige Erdäpfel
120 g griffiges Mehl
1 Ei
2 EL Grieß
Salz
Muskatnuss

Für die Fülle:
400 g faschiertes Wildfleisch (dünne Schulterteile)
400 g faschiertes Schweinefleisch (Bauch- oder Halsteile)
100 g Bauchspeck ohne Knorpel, in Würfel geschnitten
70 g gehackter Knoblauch
200 g gehackte Zwiebeln
10 g Thymian
20 g Majoran
8 fein zerstoßene Wacholderbeeren
20 g gehackte Petersilie
20 g geschnittener Schnittlauch
Salz, schwarzer Pfeffer aus der Mühle

Für das Weißweinkraut:
600 g Weißkraut, in kleine Rauten (oder Quadrate) geschnitten
1 EL Butterschmalz
100 g fein geschnittene Zwiebeln
2 fein gehackte Knoblauchzehen
½ TL Kümmel (ganz)
1 EL Zucker
Salz, weißer Pfeffer aus der Mühle
200 ml Weißwein
ca. 100 ml Gemüsefond
300 g knusprig ausgelassene Bauchspeckwürfel und frisch geschnittener Schnittlauch zum Garnieren

Speck – der Gottesgaben beste

Speck – in Tirol versteht man darunter zunächst den weißen, rohen „Schweinespeck" und erst in zweiter Linie den geräucherten Speck – ist seiner Herkunft nach in der Tat ein Bauer, aber er ist ein Bauer als Millionär. Dabei hat er nur wenige seiner Hersteller wirklich reich gemacht (die wenigen dafür umso reicher).

Das Räuchern ausgewählter Fleischstücke diente jedoch zunächst keineswegs der Erhöhung von Geschmack und Preis, sondern lediglich der Haltbarmachung des Fleisches. Doch allein aus Konservierungsgründen hätte der Tiroler Speck die Erfindung des Kühlschranks gewiss keine paar Jahre überlebt. Speckräuchern – das heißt heute vor allem auch Verfeinern. Immerhin lassen sich in einem Tiroler Räucherofen, wie eine chemische Analyse bewies, an die 10.000 verschiedene Substanzen auseinanderdividieren, und da haben die menschlichen Geschmackspapillen schon einiges zu tun, um auf ein ähnliches Ergebnis zu kommen.

Wie Tiroler Speck gemacht wird, ist freilich nicht nur eine Frage der Technik, sondern auch eine der Philosophie. Das beginnt schon bei der Haltung der Schweine selbst. Den schönsten Speck, so sagt man in Tirol, bekommt man von Schweinen, die sehr knapp gehalten wurden und sich nur von Gras, Brennnesseln und Schwarzplenten ernährten. Die Schweine sollten beim Schlachten gerade 130 kg, nicht mehr, aber auch nicht viel weniger auf die Waage bringen. „Die Facken der armen Leute geben einen besseren Speck als die von den Wirten und Bäcken", sagte man einst. Oder noch deutlicher: „S' ganze Jahr im Dreck, /um Weihnachten weg, / gibt an bessern Speck."

Ob es zwischen Nord-, Ost- und Südtiroler Speck dabei einen gravierenden Unterschied gibt, ist meist Gegenstand von Spekulationen und vielleicht auch lokalpatriotischen Emotionen. Wer sich beispielsweise in Robert Prillers Produktionsstätte des hoch geschätzten Viumser Specks umsieht, der wird nicht nur eine blitzsaubere Fleischerei mit wohlgereiftem Rindfleisch, eindrucksvollen Kalbsköpfen, Kalenderkutteln und appetitlichen Milchkalbskoteletts kennenlernen, sondern auch einem „Geheimnis" auf die Spur kommen. Die typischen „Viumser Speckschweine" grunzen zwar gleich in einem Bauernhaus hinter der Fleischerei ihrem saftigen Ende entgegen, doch es sind ihrer nicht einmal drei Dutzend. Der sprichwörtliche „Löwenanteil" der Viumser Schweine hat weder Viums noch Südtirol zu Lebzeiten gesehen, sondern stammt direkt aus Osttirol, wo es laut Robert Priller „zur Zeit die besten Bioschweine in nachvollziehbarer AMA-Qualität" gibt.

Auch was die Herstellung betrifft, lassen sich kaum regionale Spezifika ausmachen. Das Grundrezept, die ausgewählten Fleischstücke erst zu pökeln, dann über Holz zu räuchern und anschließend luftig, dunkel und hängend reifen zu lassen, dient nur als grober Anhaltspunkt. Es ist vielmehr das „Wie", das „Wie viel" und vor allem das „Wie lange", das letztlich den Unterschied zwischen Speck und Speck ausmacht.

Zuletzt sollte sich der Speck jedenfalls so präsentieren, wie es der Tiroler Schriftsteller Josef Wenter beschreibt: „Kernig muss er sein wie die gerade reifen Nusskerne; das Fette in ihm schön weiß und ein bisschen ins Rötliche schimmernd und das Magere blutrot bis ins Bräunliche."

Erdäpfel-Speck-Gratin

Zubereitung: Die Erdäpfel schälen, in 5 mm dünne Scheiben schneiden und in eine befettete Auflaufform legen. Schalotten sowie Speck fein hacken und in Olivenöl kurz anschwitzen. Mit Rahm aufgießen, einmal aufkochen lassen und mit Maizena eindicken. Gut abschmecken. Die Sauce über die Erdäpfel gießen und mit Parmesan bestreuen. Im gut vorgeheizten Rohr bei 180 °C ca. 45 Minuten goldgelb backen.

Zutaten für 2–3 Portionen:
ca. 400 g rohe Erdäpfel
2 Schalotten
500 g Sauerrahm
2 EL Maizena (Maisstärke)
6 Scheiben Bauchspeck
Salz, Pfeffer, Muskatnuss, gemahlener Kümmel und Majoran
50 g Parmesan
Olivenöl

Flaumiger Erdäpfelschmarren

Zubereitung: Aus Mehl, Eidottern, passierten Erdäpfeln, Milch, Obers, geschlagenem Eiklar und Salz einen Schmarrenteig zubereiten. In einer beschichteten Pfanne auf beiden Seiten (am besten im Ofen) in heißem Öl goldgelb backen. In Stücke zerreißen und in Butter durchschwenken.

Zutaten:
150 g Mehl
200 g gekochte passierte Erdäpfel
100 ml Milch
50 ml Schlagobers
5 Eidotter
5 Eiklar, geschlagen
Salz
3 EL ÖL zum Backen
50 g Butter zum Durchschwenken

Erdäpfelpuffer

Zubereitung: Speck- und Zwiebelwürfel in Butter hell anschwitzen. Unter die gepressten Erdäpfel mischen und mit dem Dotter, Petersilie und den Gewürzen vermengen. Aus der Masse ca. 30 g schwere Laibchen formen und in Butterschmalz herausbraten.

Zutaten:
400 g mehlige Erdäpfel, gekocht, geschält und gepresst
1 Eidotter
20 g Bauchspeckwürfel
20 g fein geschnittene Zwiebeln
20 g Butter
1 EL fein geschnittene Petersilie
Salz, Pfeffer, gemahlene Muskatnuss
etwas Butterschmalz

Tiroler Gröstl

Zutaten für 6 Portionen:
1,5 kg am Vortag gekochte Erdäpfel
400 g Rinds-, Schweins- und/oder Kalbsbratenstücke
300 g fein geschnittene Zwiebeln
120 g fein gehackter Knoblauch
180 g Bauchspeckwürfel
1 TL Kümmel
1 EL frisch gerebelter Majoran
1 TL gehackter Rosmarin
1 EL gehackte Petersilie
1 EL geschnittener Schnittlauch
6 Eier
1 EL Grammelschmalz (oder Butterschmalz)
Butterschmalz zum Anbraten
Salz, Pfeffer
2 EL Bratensaft
Schnittlauch zum Garnieren

Wird dieses Gröstl ausschließlich mit Kalbfleisch zubereitet, so nennt man es auch Innsbrucker Gröstl oder „Herrengröstl".

Zubereitung: Die am Vortag gekochten und geschälten Erdäpfel in ca. 5 mm starke, gleichmäßige Scheiben schneiden, die Bratenstücke in schöne 2 × 3 cm große Scheibchen schneiden. Nun die Erdäpfelscheiben in einer großen Pfanne in etwas Butterschmalz knusprig braten. Dafür sollten die Erdäpfelscheiben nicht übereinander, sondern nebeneinander in der Pfanne liegen.

In einer anderen Pfanne Speck, Zwiebeln und Knoblauch in Grammelschmalz hell anschwitzen. Das geschnittene Fleisch kurz durchschwenken. Mit Kümmel, Salz und Pfeffer würzen, mit Majoran und Rosmarin abrunden.

Den Inhalt der beiden Pfannen miteinander vermengen, etwas Bratensaft darübergießen und mit frisch gehackter Petersilie und geschnittenem Schnittlauch bestreuen. Dann die Eier bei mittlerer Hitze in etwas Butterschmalz zu Spiegeleiern braten. Das Gröstl auf vorgewärmten Tellern anrichten, je ein Spiegelei daraufsetzen und mit Schnittlauchfäden und geschnittenem Schnittlauch garnieren.

Lebergröstl

Zutaten für 6 Portionen:
1,2 kg am Vortag gekochte Erdäpfel
ca. 700 g frische Schweinsleber
150 g fein geschnittene Zwiebeln
80 g fein gehackter Knoblauch
Salz, Pfeffer aus der Mühle
1 EL frisch abgerebelter Majoran
1 EL frisch gehackte Petersilie
1 TL Kümmel
2 EL Butterschmalz

Beilagenempfehlung:
Natursauerkraut (‣ Topfenblattl mit Sauerkraut S. 130)

Zubereitung: Die Leber durch die mittlere Scheibe eines Fleischwolfs drehen und in einer großen Pfanne in der halben Menge Butterschmalz mit Zwiebeln und Knoblauch rösten, bis sie gegart ist. Die Leber sollte eher hell- als dunkelbraun sein. Mit Salz, Pfeffer, Majoran und Kümmel abschmecken.

Die am Vortag gekochten Erdäpfel schälen, nicht zu fein reiben und in einer zweiten Pfanne im restlichen Butterschmalz knusprig und braun braten. Dabei darauf achten, dass die Erdäpfel nicht zu dunkel werden. Nun den Inhalt der beiden Pfannen vermengen, abschmecken und die gehackte Petersilie darüberstreuen.

☞ ***Besonders dekorativ sieht das Gröstl aus, wenn Sie es in einer großen Eisenpfanne anrichten (oder gleich darin braten) und direkt aus der Pfanne schöpfen. Garnieren Sie das Gröstl zuvor noch mit frittierten Petersilienblättern.***

Pilzgröstl

Zubereitung: Eine Eisenpfanne mit dem Meersalz bedecken. Die ungeschälten Erdäpfel daraufsetzen und im vorgeheizten Rohr bei 200 °C ca. 40 Minuten garen. Die Erdäpfel schälen und in gleichmäßige Scheiben schneiden. Die Ringe der Frühlingszwiebeln in Salzwasser kurz blanchieren, kalt abschrecken und abtropfen lassen.

Nun das Öl erhitzen, den Speck darin anbraten und die Erdäpfelscheiben mitbraten. In einer zweiten Pfanne die Pilze in Butterschmalz hell anbraten. Salzen, pfeffern und unter die Erdäpfel mischen. Zwiebelröllchen zugeben. Mit Salz, Pfeffer, Muskatnuss und etwas Zitronensaft würzen, mit Petersilie bestreuen. Die aufgeschlagenen Eier in die Pfanne gleiten lassen, durchschwenken und eine Minute stocken lassen. Rasch anrichten und mit Schnittlauch oder Petersilie bestreuen.

Zutaten:
600 g kleine, festkochende Erdäpfel
500 g Meersalz
120 g Frühlingszwiebeln, schräg in Röllchen geschnitten
Salz
800 g gemischte geputzte Pilze (Steinpilze, Eierschwammerl, Brätlinge, Perlpilze, Maronenpilze usw.)
1 TL Butterschmalz
3 EL Pflanzenöl
100 g Bauchspeck, in Streifen geschnitten
Pfeffer aus der Mühle
1 TL Zitronensaft
2 EL gehackte Petersilie
2 Eier
frisch geriebene Muskatnuss
1 EL Schnittlauchröllchen oder Petersilie

Beilagenempfehlung:
frischer Blattsalat

Alpbacher Gamsgröstl

Zutaten für 6 Portionen:
1,5 kg mit der Schale gekochte Erdäpfel
400 g Bratenreste vom Gamsschlögel oder -braten
300 g fein geschnittene Zwiebeln
120 g fein gehackter Knoblauch
180 g Bauchspeck (ohne Knorpel und Schwarte), in Würfel geschnitten
etwas Kümmel (ganz)
½ EL frisch gerebelter Majoran
½ EL frisch gehackter Rosmarin
1 EL frisch gehackte Petersilie
ca. 50 g Butteschmalz zum Braten
Salz, Pfeffer
ca. 2 EL Bratensauce
6 Eier
Schnittlauch, Blüten oder Kräuter zum Garnieren

Zubereitung: Die gekochten Erdäpfel schälen und in gleichmäßige Scheiben schneiden. Beidseitig in etwas Butterschmalz knusprig braten. In einer zweiten Pfanne Speck, Zwiebeln und Knoblauch hell anschwitzen. Das Fleisch in gleichmäßige, 2 cm breite Scheiben schneiden und zugeben. Durchschwenken.

Die knusprig gebratenen Erdäpfel, Kümmel und die Kräuter zugeben sowie etwas Bratensaft angießen. Nochmals abschmecken und sofort auf den vorgewärmten Tellern anrichten. Parallel dazu in einer Pfanne Butterschmalz erhitzen, Eier einschlagen und zu Spiegeleiern braten. Bei den Spiegeleiern nur das Eiweiß salzen und auf das Gröstl setzen. Mit frischen Schnittlauchfäden, Blüten oder Kräutern dekorieren.

Schwoaßnudeln schwitzen nicht

Die neuerdings wieder von jungen Köchinnen und Köchen neu entdeckten „Schwoaßnudeln" und „Schwoaßknödel" haben nichts mit dem Schweiß des Küchenpersonals, sondern vielmehr mit dem Blut aus der bäuerlichen Winterschlachtung zu tun. Während die Bandnudeln im Sommer grün wie die dafür verwendeten Spinatkräuter waren, nahmen sie im Winter die dunkelschwarze Farbe des Schweinebluts an, das von der Blutwurstproduktion übrig blieb. Besonders gute hausgemachte „Schwoaßnudeln" werden übrigens bis heute am Pretzhof im Südtiroler Pfitschertal angeboten und können ab Hof auch eingekauft werden.

Blutwurstgröstl
mit Kerbelschaum

Zubereitung: Die Blutwurst enthäuten und in grobe Stücke zerkleinern. Gekochte Erdäpfel würfelig schneiden. Olivenöl erhitzen und Knoblauch sowie Erdäpfel darin anrösten. Dann die Blutwurst beigeben und mit den restlichen Zutaten abschmecken. Dabei die Butter erst zum Schluss, also kurz vor dem Anrichten einrühren.

Für den **Kerbelschaum** die Milch mit dem Kerbel aufmixen. Durch ein feines Sieb passieren, abschmecken und kurz vor dem Aufkochen aufschäumen. Das angerichtete Gröstl damit garnieren.

☞ ***Besonders attraktiv sieht dieses rustikale Gericht aus, wenn Sie es in einem Körbchen aus frittiertem Strudelteig servieren.***

Zutaten:
3 Kränze Blutwurst
dieselbe Menge gekochte Erdäpfel
3 gehackte Knoblauchzehen
Balsamicoessig
frisch gehackte Kräuter
Olivenöl
Salz, Pfeffer
Muskatnuss
1 rote Paprikaschote
2 TL Butter

Für den Kerbelschaum:
500 ml Milch
1 Bund Kerbel
Salz, Pfeffer, Zitronensaft

Südtiroler Tellerfleisch

anno 1790

Zutaten:

800 g Fleisch aus Kalbs- und/oder Schweinsschulter
Salz, Pfeffer
Mehl zum Bestäuben
1 Zwiebel
200 g Wurzelwerk
2 EL Butter oder Öl
330 ml Kalbsknochen- oder kräftige Rindsuppe
8 Erdäpfel
2 Karotten
1 kleiner Kohlrabi
1 Stange Lauch
100 g Champignons, blättrig geschnitten
100 g Erbsen
1 Lorbeerblatt
1 Bund Schnittlauch
1 Schuss Zitronensaft
Mehl bei Bedarf

Beilagenempfehlung:

Südtiroler Fladenbrot (Vintschgerl), geröstete Schwarzbrotscheiben oder Schüttelbrot

Zubereitung: Das Fleisch in mundgerechte, nicht zu kleine Würfel schneiden, salzen, pfeffern und rundum in Mehl wenden. Die Zwiebel fein hacken und in Fett glasig anschwitzen. Fleisch hinzufügen und unter häufigem Wenden braten, bis sich alle Poren verschlossen haben. Wurzelwerk grob schneiden, zugeben und kurz mitrösten. Mit Suppe aufgießen, Lorbeerblatt hineingeben und das Fleisch zugedeckt (je nach Fleischqualität 1–1 ½ Stunden) weich dünsten.

In der Zwischenzeit Erdäpfel, Karotte und Kohlrabi zuputzen und grobwürfelig schneiden. Vom Lauch nur die weißen und hellgrünen Teile verwenden und in 5 mm dicke Scheiben schneiden. Nun das Gemüse ca. 15–20 Minuten in Salzwasser kochen lassen. Gemüse abseihen, gemeinsam mit Erbsen und Champignons dem fertig gegarten Fleisch hinzufügen und noch weitere 5–8 Minuten köcheln lassen. Den Schmorsaft bei Bedarf noch etwas einreduzieren oder mit wenig Mehl binden. Sodann mit Zitronensaft abschmecken und mit frisch gehacktem Schnittlauch bestreuen.

☞ ***Dieses Gericht mundet auch vorzüglich, wenn man den Zitronensaft durch einen Schuss guten Weißweinessig und den Schnittlauch durch frisch geriebenen Kren ersetzt.***

Mozart zwischen Bozen und Kaltern

„Mich hungert, mich dürstet, mich schläfert's, ich bin faul." Der erste Eindruck, den Wolfgang Amadeus Mozart vom Land, „wo die Zitronen blüh'n", hatte, war jener eines „Saulochs". So bezeichnete er jedenfalls das damals allerdings noch nicht zu Italien gehörige Bozen, und fügte einen kleinen Reim „über einen, der über Bozen fuchsteufelswild und harb war", hinzu:

Soll ich kommen nach Bozen,
So schlag ich mich lieber in d'Fozen.

In Kaltern scheint es dann allerdings schon etwas besser geklappt zu haben. Da ist freilich auch wieder Vater Mozart der Chronist, der „stehenden Fußes" ein paar Stücke „Tellerfleisch" vertilgte und dazu – der Südtiroler Wein scheint ihm offenbar nicht recht gemundet zu haben – eine „Maß recht guten Märzenbiers" trank.

Rehstrudel
mit Blaukrautsalat

Zutaten für 6 Personen:
200 g Rehfleisch (kleiner Teile von der Schulter)
200 g Schweinebauch
50 g Schinken
50 g Bauchspeck
100 g altbackenes Weißbrot
125 ml Milch
100 g fein geschnittene Zwiebeln
2 fein gehackte Knoblauchzehen
1 EL Olivenöl
1 kleiner Bund Petersilie, fein gehackt
2 Eier
1 TL scharfer Senf
Salz, Pfeffer, Muskatnuss
frisch gerebelter Majoran
5 Wacholderbeeren, gemahlen
50 g zerlassene Butter zum Bestreichen
Orangenfilets, Schwarze Nüsse, Preiselbeeren und Rosmarin zum Garnieren

Für die Einlage:
150 g blanchierte Karotten
150 g blanchierter Sellerie
150 g gekochte Stangenbohnen (Fisolen)
Salz und Pfeffer

Für den Strudelteig:
200 g Weizenmehl
125 ml lauwarmes Wasser
1 Prise Salz
1 EL neutrales Öl
1 Ei

Für den Blaukrautsalat:
500 g Blaukraut, in sehr feine Streifen geschnitten
Salz, Pfeffer
1 EL Kümmel (ganz)
1 EL Preiselbeeren
1 EL Orangengelee plus Zesten (‣ S. 376)
etwas frischer Orangensaft
60 ml Walnussöl
2 EL Sherryessig
1 EL grob gehackte Walnüsse

Zubereitung: Für die **Füllmasse** zunächst das altbackene Weißbrot in kleine Stücke schneiden, die Milch aufkochen und darübergießen. Fleisch, Schinken und Speck durch den Fleischwolf drehen. Eingeweichtes Weißbrot ebenfalls durchlassen. Zwiebeln und Knoblauch in Olivenöl hell anrösten, überkühlen lassen und unter das Fleisch mengen. Alle Zutaten vermengen und die Masse gut vermischen. Abschmecken. Das Gemüse für die Einlage der Länge nach in 3–4 mm starke Streifen schneiden.

Für den **Strudelteig** alle Zutaten vermengen und zu einem geschmeidigen Teig verkneten. Mit Öl einstreichen, mit Folie bedecken und ½ Stunde rasten lassen. Den Teig in 3 Teile teilen. Dann den ersten Teil zuerst etwas ausrollen und zu einem gleichmäßigen Rechteck von ca. 50 × 30 cm ausziehen. Auf ein bemehltes Strudeltuch legen. Mit etwas flüssiger Butter bepinseln. Ein Drittel der Fülle der Länge nach gleichmäßig verteilen. Jeweils ein Drittel des blanchierten und gewürzten Gemüses der Länge nach auflegen und den Strudel schön gleichmäßig einrollen. Fest andrücken, gleichmäßig nachformen und nochmals mit flüssiger Butter einstreichen.

Die restlichen 2 Strudel auf dieselbe Art zubereiten. Im vorgeheizten Backrohr bei ca. 210–220 °C ca. 15–20 Minuten backen. (Strudel sehr heiß backen, damit er außen knusprig, die Fülle aber noch saftig ist.) Noch heiß in gleichmäßige Stücke schneiden und mit dem vorbereiteten Blaukrautsalat anrichten. Mit Orangenfilets, Scheiben von schwarzen Nüssen, Preiselbeeren und einem Rosmarinzweig garnieren.

Für den **Blaukrautsalat** das geschnittene Blaukraut mit Salz sowie Pfeffer etwas abkneten. Etwa zwei Drittel der gehackten Nüsse mit den restlichen Zutaten dazugeben und abschmecken. Die restlichen Nüsse darüberstreuen.

☞ ***Blaukrautsalat harmoniert übrigens auch mit Rehpastete (Rezept auf S. 49) oder anderen Wildgerichten ganz hervorragend.***

Gebackene Fleischpalatschinken

mit roter und gelber Paprikasauce

Zutaten:
100 g Mehl
250 ml Milch
4 Eier
Salz, Pfeffer
gehackter Schnittlauch und/oder Petersilie nach Belieben
Fett zum Backen
Mehl, Eier und Brösel zum Panieren

Für die Fleischfülle:
500 g fein Faschiertes nach Wahl
3 gehackte Schalotten
1 gehackte Knoblauchzehe
300 g Tomatenwürfel mit Saft
2 EL Tomatenmark
Oregano, Majoran, Basilikum, Petersilie, Salz, Pfeffer
Olivenöl

Für die Paprikasaucen:
5 rote Paprikaschoten
5 gelbe Paprikaschoten
500 ml Rindsuppe
Salz, Pfeffer, Zucker
2 EL Butter zum Montieren

Zubereitung: Zunächst für die **Paprikasaucen** die Paprikaschoten waschen, entkernen und vierteln. Im vorgeheizten Ofen bei 190 °C ca. 20 Minuten garen (die Haut muss schwarz sein). Dann die Paprika schälen und je nach Sorte getrennt mit jeweils der Hälfte der Suppe aufmixen und passieren. Abschmecken und mit Butter montieren.

Währenddessen für die **Palatschinken** die Zutaten vermengen und zu einem glatten Teig verarbeiten. In einer Pfanne etwas Fett erhitzen und aus dem Teig dünne Palatschinken backen.

Dann für die **Fülle** die gehackten Schalotten gemeinsam mit Knoblauch in etwas Olivenöl anschwitzen. Das Faschierte zugeben, die Tomatenwürfel samt Saft einrühren und mit Tomatenmark sowie Gewürzen kräftig abschmecken. Die ausgekühlte Masse in die Palatschinken füllen, einrollen und in Mehl, verschlagenem Ei sowie Bröseln panieren. In heißem Fett bei 150 °C schwimmend goldbraun backen. Herausheben, gut abtropfen lassen und mit den vorbereiteten Paprikasaucen garniert anrichten.

Innervillgratener Lammbriesstrudel

Zutaten:
Strudelteig (▸ S. 383)
3 mittlere gekochte Erdäpfel
3 Schalotten
1 Knoblauchzehe
400 g geputztes Lammbries
etwas Schaffrischkäse
3 EL getrocknete Tomaten
1 Ei
Oregano, Majoran, Salz, Pfeffer
Schnittlauch
1 EL Butter
Öl zum Anrösten
Ei zum Bestreichen

Zubereitung: Zunächst das **Lammbries** in etwa 1 Liter Wasser 8–10 Minuten kochen. Abseihen. Die geschälten Erdäpfel reiben. Schalotten und Knoblauchzehe fein hacken und in etwas Öl anschwitzen. Die getrockneten Tomaten, Lammbries und die geriebenen Erdäpfel dazugeben. Mit Salz, Pfeffer, Oregano, Majoran und Schnittlauch abschmecken. Nun den Schafkäse, das Ei und die Butter vorsichtig unterheben. Die Masse auskühlen lassen.

Den **Strudelteig** auflegen und die Masse darauf verteilen. Vorsichtig einrollen, mit Ei bestreichen und im vorgeheizten Backrohr bei 200 °C ca. 15 Minuten backen.

Hirnpalatschinken

Zutaten:
150 g Mehl
125 ml Milch
Salz, Pfeffer, geriebene Muskatnuss
frisch gehackte Kräuter wie Petersilie, Basilikum, Majoran, Thymian
ca. 70 g ausgedrückter Cremespinat
1 TL sehr fein gehackter Knoblauch
3 Eier
1 Eiklar
2 EL Butterschmalz zum Herausbacken
frische Kräuter zum Garnieren

Für die Fülle:
500 g frisches, gut zugeputztes Kalbshirn
1 kleine Zwiebel, sehr fein geschnitten
2 sehr fein gehackte Knoblauchzehen
Salz, weißer Pfeffer aus der Mühle
6 Eier, aufgeschlagen und mit etwas Schlagobers verprudelt
1 EL frisch geschnittener Schnittlauch
2 EL halbfest geschlagenes Obers
1 EL Butterschmalz

Beilagenempfehlung:
Schnittlauchsauce

Zubereitung: Für den **Palatschinkenteig** Mehl mit Milch glattrühren (ohne kleine Klümpchen). Dann alle restlichen Zutaten außer Eier sowie Eiklar beimengen und abermals glattrühren. Eier und Eiklar nur kurz einschlagen (dadurch wird der Teig geschmeidiger). In heißem Butterschmalz dünne Palatschinken herausbacken. Warmstellen.

Für die **Fülle** das Hirn in Butterschmalz gar rösten. Nach etwa der halben Garzeit Zwiebeln und Knoblauch einmengen und weiterrösten. Mit Salz und Pfeffer würzen. (Das Hirn sollte mittlerweile eine goldbraune Farbe angenommen haben.) Nun die versprudelten Eier einlaufen lassen und mit einer Spachtel vorsichtig umrühren. Halbfest geschlagenes Obers und Schnittlauch unterrühren und abschmecken. Die Palatschinken mit der noch cremigen Masse füllen. Mit frischen Kräutern garnieren und nach Belieben direkt in der Pfanne servieren.

Kitzlaibchen
mit Erdäpfelpuffer

Zubereitung: Das altbackene Weißbrot in kleine Stücke schneiden, die Milch aufkochen und darübergießen. Kitzfleisch, Schweinebauch, Schinken sowie Speck durch den Fleischwolf drehen. Das eingeweichte Weißbrot ebenfalls faschieren. Nun Zwiebeln mit Knoblauch in Olivenöl hell anrösten, überkühlen lassen und unter das Fleisch mengen. Alle restlichen Zutaten sowie Gewürze zugeben und vermengen. Aus der Masse Laibchen zu je ca. 30 g formen. In einer Pfanne Olivenöl mit Butter aufschäumen lassen und die Laibchen darin goldbraun saftig braten.

Für die **Erdäpfelpuffer** die Speck- und Zwiebelwürfel in Butter hell anschwitzen. Unter die gepressten Erdäpfel mischen und mit dem Dotter, Petersilie und den Gewürzen vermengen. Aus der Masse ca. 30 g schwere Laibchen formen und in Butterschmalz herausbraten.

Die Kitzlaibchen halb auf den Erdäpfelpuffern anrichten. Den Bratensatz mit etwas Suppe aufgießen, ein Stück Butter einrühren, einkochen lassen und über die Laibchen träufeln. Einen Esslöffel gewürzten Schnittlauchrahm daneben setzen. Einige sehr klein geschnittene Karottenwürferl mit Olivenöl sowie Salz würzen und den Tellerrand damit bestreuen. Mit frischen Kräutern nach Belieben garnieren.

Zutaten:
300 g kleinere Teile vom Kitzfleisch (Hals oder Bauch)
100 g Schweinebauch (ohne Schwarte)
50 g Schinken
50 g Bauchspeck
100 g altbackenes Weißbrot
125 ml Milch
100 g fein geschnittene Zwiebeln
2 fein gehackte Knoblauchzehen
1 EL Olivenöl
1 kleiner Bund Petersilie, fein gehackt
2 Eier
1 TL scharfer Senf
Salz, Pfeffer
Muskatnuss, gerieben
frisch abgerebelter Majoran
etwas Olivenöl und ein Stück Butter zum Herausbraten
Suppe und etwas Butter
Sauerrahm, mit Schnittlauch, Salz und Pfeffer verrührt, für die Sauce
mit Olivenöl sowie Salz marinierte Karottenwürfel und frische Kräuter zum Garnieren

Für die Erdäpfelpuffer:
400 g mehlige Erdäpfel, gekocht, geschält und gepresst
1 Eidotter
20 g Bauchspeckwürfel
20 g fein geschnittene Zwiebeln
20 g Butter
1 EL fein geschnittene Petersilie
Salz, Pfeffer, gemahlene Muskatnuss
etwas Butterschmalz

Leichte Zwischengerichte und feine Köstlichkeiten

Tiroler Spargelteller
mit frischen Eierschwammerln

Zutaten für 6 Portionen:
1 kg frischer weißer Tiroler Spargel
Salz, Pfeffer, Zucker
70 g Butter (zum Ausstreichen und Belegen)
300 g frische, kleine Eierschwammerl
50 g fein geschnittene Zwiebeln
1 TL Petersilblätter, in Streifen geschnitten
30 g Butter für die Schwammerl
Kräuter zum Garnieren

Für die Sauce:
50 g fein geschnittene Zwiebeln
20 g Butter zum Anbraten
Salz, weißer Pfeffer
Cayennepfeffer
100 ml Madeira
250 ml Schlagobers
1 TL Maizena, verrührt
4 EL geschlagenes Obers

Zubereitung: Den **Spargel** schälen, in eine mit Butter ausgestrichene Auflaufform einlegen und mit Salz, Pfeffer sowie etwas Zucker würzen. Restliche Butterflocken daraufgeben. Mit Alufolie abdecken und bei 90 °C ca. 1 ½ Stunden (je nach Stärke der Stangen) im vorgeheizten Rohr garen.

Währenddessen für die **Sauce** die fein geschnittenen Zwiebeln in Butter glasig anbraten. Mit Madeira und flüssigem Schlagobers aufgießen. Gewürze zugeben und auf die Hälfte einkochen lassen. Etwas Maizena mit Madeira verrühren und untermengen. Sauce aufmixen, durch ein Sieb passieren. Kurz vor dem Anrichten nochmals erhitzen und das geschlagene Obers unterheben.

Parallel dazu die gut geputzten **Eierschwammerl** in Butter anbraten. Zwiebeln zugeben und mitrösten. Würzen und zum Schluss die geschnittene Petersilie einrühren. Den gegarten Spargel auf Tellern anrichten, die Eierschwammerl darüberstreuen und mit der Sauce begießen. Mit frischen Kräutern garnieren.

Gratinierter Kürbis

mit Rotholzer Käse und Honig

Zubereitung: Den Kürbis am besten mit der Aufschnittmaschine in dünne Scheiben schneiden. In heißem Olivenöl behutsam beidseitig kurz braten und wieder herausheben. Mit Fleur de sel würzen.

Ein Backblech mit etwas Olivenöl bestreichen. Die angebratenen Kürbisscheiben kreisförmig darauf anrichten. Etwas gestoßenen rosa Pfeffer darüberstreuen. Die unteren Nadeln des Rosmarinzweiges abrebeln, hacken und darüberstreuen. Den Honig dünn darüberziehen. Den Käse in dünne Scheiben schneiden und den Kürbis zum Teil damit belegen. Mit Bauchspeck abdecken. Bei sehr starker Oberhitze ca. 8 Minuten im Backrohr gratinieren. Mit Rucola und Rosmarin garnieren. Den Tellerrand mit einigen dünnen Honigfäden garnieren.

☞ ***Probieren Sie dieses schmackhafte Kürbisgericht zur Abwechslung auch einmal als Beilage zu Wildgerichten.***

Zutaten für 6 Portionen:
1 Muskatkürbis
bzw. 1 kg geschältes und entkerntes Kürbisfleisch
180 g Rotholzer/Rotburger Käse (oder Butterkäse)
150 g sehr dünn geschnittener Bauchspeck
2 Rosmarinzweige
1 EL Honig
1 EL gestoßener rosa Pfeffer
Fleur de sel (Meersalz)
2 EL Olivenöl
marinierter Rucolasalat zum Garnieren

Würzig gebratene Zucchini

aus dem „Hausgartl" mit knusprigem Baguette

Zubereitung: Die Tomaten kurz in siedendes Wasser tauchen, schälen und in kleine Würfel schneiden. Die Hälfte der Knoblauchzehen in Scheiben schneiden und kurz blanchieren. Die restlichen Knoblauchzehen fein hacken. Die Chilischote fein hacken, die Zucchini in 5 mm dicke Scheiben schneiden.

Nun das Olivenöl in einer großen (!) Pfanne erhitzen und die Zucchini auf beiden Seiten anbraten. Mit Salz und Pfeffer würzen. Die restlichen Zutaten dazugeben und noch 4–5 Minuten auf kleiner Hitze brutzeln lassen. Die Zucchinischeiben gleichmäßig auf den Tellern verteilen, das Kräuteröl aus der Pfanne darüberträufeln und mit frischen Basilikumblättern dekorieren. Mit frischem, knusprigem Baguette servieren.

Zutaten für 4–6 Portionen:
1 kg Zucchini
125 ml neutrales Olivenöl
2 Tomaten
6 Knoblauchzehen
1 kleine Chilischote
12 milde Pfefferoni im Ganzen
frisch gehackte Kräuter wie Rosmarin, Thymian, Majoran – sehr großzügig verwenden!
20 kleine ganze Basilikumblätter zum Garnieren
Salz, Pfeffer
Knuspriges Baguette
(▸ S. 370)

Gebackene Schopftintlinge
mit Sauce Tartare

Zutaten für 6 Portionen:
600 g junge (!) frische Schopftintlinge (wenn die Pilze beim Ansatz der Lamellen schwarz werden, nicht mehr verwenden)
Salz, Pfeffer
etwas Worcestershiresauce
Mehl, 2 versprudelte Eier und Semmelbrösel zum Panieren
neutrales Sonnenblumenöl zum Herausbacken
1 EL Butterschmalz
1 Zitrone, in Spalten geschnitten
Majoran, Petersilie und gedünstete Zieräpfel nach Belieben als Garnitur

Für die Sauce Tartare:
150 g Mayonnaise
2 hart gekochte Eier
1 Tomate
1 sehr fein geschnittene Schalotte
2 fein gewürfelte Essiggurken
1 EL fein gehackte Petersilie
Salz, weißer Pfeffer aus der Mühle
etwas Cayennepfeffer
einige Tropfen frisch gepresster Zitronensaft
1 EL geschlagenes Obers zum Verfeinern

Zubereitung: Die Stiele der **Schopftintlinge** entfernen und die Kappen innen sowie außen mit Salz, Pfeffer und etwas Worcestershiresauce würzen. (Die Stiele am besten trocknen und zu Pilzmehl mahlen.) Die Pilzkappen in Mehl, versprudeltem Ei und Bröseln panieren. In mittelheißem Fett herausbacken und mit einem Schaumlöffel herausheben. Das Öl abgießen, das Butterschmalz schmelzen lassen und die Pilze nochmals kurz durchschwenken. Die gebackenen Tintlinge auf warmen Tellern anrichten, eine Zitronenspalte dazugeben und nach Belieben mit gedünsteten Zieräpfeln, frischem Majoran und abgezupfter Petersilie garnieren.

Für die **Sauce Tartare** die Eier schälen und in Würfel schneiden. Die Tomate kurz in siedendes Wasser tauchen, schälen und ebenfalls in kleine Würfel schneiden. Nun sämtliche Zutaten vermengen, abschmecken und mit etwas geschlagenem Obers verfeinern.

☞ ***Wenn Sie der Sauce Tartare einen pikanten Pfiff verleihen wollen, so mischen Sie noch etwas frisch gehackte Pfefferoni darunter.***

Spinat-Cannelloni
mit Eierschwammerln

Zubereitung: Zunächst für den **Rahmspinat** den Spinat kurz in Salzwasser blanchieren und in Eiswasser schnell abschrecken. Abtropfen lassen. Zwiebeln und Knoblauch in Butter hell anschwitzen, mit Schlagobers aufgießen und abschmecken. Spinat ebenfalls würzen, zugeben und durchschwenken. Nochmals abschmecken und mit dem geschlagenen Obers verfeinern.

Für den **Teig** alle Zutaten zu einem glatten Nudelteig verarbeiten und bei Bedarf noch etwas lauwarmes Wasser einarbeiten. Nun mit Hilfe einer Nudelmaschine den Teig zu Bahnen ausrollen und diese in Blätter der gewünschten Größe schneiden. In Salzwasser bissfest kochen, herausheben und abtropfen lassen. Den vorbereiteten Blattspinat jeweils auf einem Nudelblatt verteilen und dabei unbedingt auch das „Saftl" mitverwenden. Die Blätter einrollen, auf heißen Tellern anrichten und kurz bei 200 °C ins heiße Bachrohr geben.

Währenddessen die geputzten **Eierschwammerl** in Olivenöl und Butter anschwitzen. Zwiebeln und Knoblauch zugeben und kurz braten lassen. Mit Weißwein ablöschen und mit Gemüsefond sowie Schlagobers aufgießen. Paprikapulver und Pilzmehl einrühren und alles etwa 5 Minuten leicht köcheln lassen. Dann mit etwas Maizena binden, nochmals kurz aufkochen lassen und abschmecken. Die Petersilie zugeben und die Schwammerl sofort über die Cannelloni gießen. Mit frisch geriebenem Parmesan bestreuen. Mit marinierten rohen Spinatblättern sowie Schnittlauch garnieren.

Zutaten für 6 Portionen:

Für den Nudelteig:
300 g Hartweizengrieß
2 Eier
1 Eidotter
Salz
lauwarmes Wasser nach Bedarf

Für den Rahmspinat:
400 g junger, sauber gewaschener Blattspinat
10 g Butter
50 g fein geschnittene Zwiebeln
20 g fein gehackter Knoblauch
100 ml Schlagobers
Salz, Pfeffer
frisch geriebene Muskatnuss
1 EL geschlagenes Obers
marinierte rohe junge Spinatblätter sowie Schnittlauch als Garnitur

Für die Eierschwammerl:
450 g junge kleine Eierschwammerl (oder andere Pilze)
80 g fein gehackter Knoblauch
50 g gehackte Zwiebeln
1 EL Weißwein
1 TL Pilzmehl (fein gemahlene getrocknete Steinpilze)
2 EL neutrales Olivenöl
1 nussgroßes Stück Butter
60–70 ml Gemüse- oder Geflügelfond
60–70 ml Schlagobers
1 EL länglich geschnittene Petersilie
1 Msp. edelsüßes Paprikapulver
½ TL Maizena, in wenig Wasser angerührt
ca. 200 g frisch geriebener Parmesan zum Drüberstreuen
Salz und Pfeffer aus der Mühle

Der Vater der Pilzwurst

Seit seinem fünften Lebensjahr ist Johann Adelsberger aus Wörgl ein leidenschaftlicher Schwammerlsucher. Beruflich hat der geprüfte Pilzberater und stellvertretende Obmann des Tiroler Pilzvereins jedoch mit dem „Fleisch der Wälder" nie etwas zu tun gehabt. Erst seit der Schlosser und Eisenbahner im verdienten Ruhestand ist, betreibt der „Pilzsammler aus Leiden- und Wissenschaft" die Mykonologie gemeinsam mit seiner Lebensgefährtin Irmgard Gruber als „Ganztagsjob". Material dafür gibt es mehr als genug. Immerhin 5500 Pilzarten findet man in Tirol. Allerdings sind nur 3,5 Prozent davon essbar. 95 Prozent sind ungenießbar, aber harmlos. Der Rest ist giftig.

Die 3,5 Prozent der essbaren Pilze entpuppen sich bei genauerer Kenntnis jedoch als viel weiteres Land, als es die landauf, landab fast ausschließlich gegessenen Steinpilze und Eierschwammerln ahnen lassen.

Alleine, was sich in den Gläsern mit „gemischten Pilzen" befindet, die Adelsberger für die wohlgedeckten Tafeln von „Sigwarts Tiroler Weinstuben" in Brixlegg abliefert, zeigt einen beachtlichen Querschnitt durch die Pilzwelt: Da finden sich etwa in trauter Nachbarschaft der Wurzelmörling, violetter Ritterling, jede Menge Stockschwammerl, Schweinsohr oder Hasenöhrl, graublättriger Schwefelkopf, Schopftintling, Ziegenlippe, Leisling, Wiesentäubling, Trompetenpfifferling, Echter Reizker, Brauner und Violetter Lacktrichterling und viele mehr.

Was das Pilzesammeln betrifft, so haben die beiden Schwammerlfetischisten eine Arbeitsteilung vereinbart. Da Johann Adelsberger nicht mehr ganz so gut zu Fuß ist, ist er fürs Erkennen zuständig, während Frau Irmgard sich nach eigenen Worten „als Rennmaschin" betätigt: „Er waß, wo se stehn, i hol se, und putzen tun wir se miteinander."

Besonders angetan hat es den beiden der sogenannte Schneepilz, auch Hygrophorus marzuolus, Märzellerling oder Märzschneckling genannt, der das ganze Jahr über außer im Juli und im August gedeiht, aber nur im Schnee wächst. „Sobald der Schnee verschwindet, is sofort der Schneepilz da", freut sich Adelsberger. „Die Eichkatzeln sind ganz verrückt danach, und auch das Wild is narrisch auf die weißen Brocken", die da überall in den nördlichen Kalkalpen herumliegen, die aber kaum einer kennt. Dabei schmecken sie köstlich, wenn man sie kurz abröstet und mit einem Ei verlängert.

Ja, und dann ist da auch der Schopftintling, für den die alte Schwammerlsucherweisheit gilt: „Hoamlafen und glei mochn. Sunst is a schworz."

Alljährlich findet eine große Pilzausstellung in Jenbach oder Oberau statt, an der Adelsberger und seine Gefährtin sich nicht nur mit diversen Prachtexponaten beteiligen, sondern auch mit ihrer hausgemachten „Tiroler Pilzwurst", die sie speziell für diesen Anlass selbst herstellen. Die Wurst besteht ausschließlich aus Mischpilzen, die ohne Zwiebel („sonst werden sie hantig") im Verhältnis 30 g Pilze auf 1 kg Weißwurstbrät vermischt und in einen Wurstdarm gefüllt werden. „Dieses Rezept kann jeder machen", versichert Adelsberger, „der eine Wurstmaschine besitzt oder einen Metzger gut kennt."

Und noch etwas gibt Adelsberger seinen Pilzfreunden mit auf den Weg: „Bitte die Pilze beim Sammeln niemals abschneiden, sondern ausgraben und herausdrehen und anschließend das Loch zudecken, damit es nicht austrocknet." Denn nur dann wird es auch im nächsten Jahr wieder Pilze – und eine Pilzwurst geben.

Steinpilztaschen

auf mariniertem Rucola mit heißer Tomatenbutter

Zubereitung: Zunächst für die **Nudelfülle** die kleingeschnittene Zwiebel mit Knoblauch in Butter andünsten. Steinpilze blättrig schneiden und mitdünsten, bis die Flüssigkeit eingekocht ist. Schlagobers dazugießen und abermals einkochen lassen. Mit Salz, Pfeffer und Majoran würzen.

Den vorbereiteten **Erdäpfelteig** ausrollen, Scheiben ausstechen und jeweils etwas Fülle auftragen. Zusammenfalten und gut festdrücken. In kochendem Salzwasser 2 Minuten kochen. Mit der Schaumkelle vorsichtig herausheben und abtropfen lassen.

Den **Rucola** mit Olivenöl, Balsamicoessig, Salz sowie Pfeffer marinieren. Die Tomatenwürfel in heißer Butter schwenken. Nun die gekochten Tascherl auf dem marinierten Rucola anrichten und mit der Tomatenbutter übergießen.

Zutaten:
400 g Erdäpfelteig (▸ Zwetschkenknödel S. 340)
250 g geputzte Steinpilze
1 kleine geschnittene Zwiebel
½ gehackte Knoblauchzehe
50 g Butter
100 ml Schlagobers
Majoran
Salz und Pfeffer aus der Mühle

Für den marinierten Rucola:
2 Bund Rucola
2 EL Olivenöl
1 EL Balsamicoessig
Salz und Pfeffer aus der Mühle

Für die Tomatenbutter:
100 g Butter
200 g Tomatenwürfel

Pilz-Schichttorte
mit Madeirasauce

Zutaten für den Teig:
150 g glattes Mehl
ca. 100 ml Milch
Salz, weißer Pfeffer
Muskatnuss
2 Eier
2 Eiklar
80 g ausgedrückter Cremespinat
1 fein gehackte Knoblauchzehe
1 EL fein gehackte Kräuter (Majoran, Thymian, Petersilie, Schnittlauch)
Butterschmalz zum Herausbacken

Für die Fülle:
800 g Waldpilze nach Belieben
100 g fein geschnittene Zwiebeln
40 g fein gehackter Knoblauch
1 EL fein gehackte Petersilie
Salz, Pfeffer
1 TL Pilzmehl (gemahlene getrocknete Steinpilze)
½ TL Mehl zum Stauben
100 ml flüssiges Schlagobers
1 EL geschlagenes Obers
Olivenöl

Für die Glasur:
200 ml kräftig einreduzierter Kalbsjus
50 g Butter
3 cl Madeira
Salz nach Bedarf

Für die Sauce:
100 ml Schlagobers
50 ml kräftig einreduzierter Kalbsjus
50 ml Madeira
Salz, Pfeffer
1 TL Pilzmehl
2 EL geschlagenes Obers

Zubereitung: Für den **Teig** Mehl mit den Gewürzen, Knoblauch und der Milch glattrühren. Cremespinat ebenfalls einrühren, Kräuter zugeben und die Eier sowie das flüssige Eiklar kurz unterrühren (nicht zu lange rühren, damit der Teig keine Blasen wirft). Aus der Masse 6 gleichmäßige dünne Palatschinken backen und diese übereinander stapeln.

Für die **Fülle** die Pilze fein hacken. Dabei zwei, drei Pilze beiseite legen und später für die Garnitur schneiden und kurz in Butter schwenken. Die restlichen Pilze in Olivenöl kurz heiß anbraten. Zwiebeln und Knoblauch zugeben, mit etwas Mehl stauben und mit Gewürzen sowie Pilzmehl abschmecken. Mit flüssigem Schlagobers aufgießen und überkühlen lassen. Petersilie und geschlagenes Obers unterheben. Nun die Palatschinken mit der Fülle bestreichen und übereinander schichten. Mit einer Palatschinke abschließen und die Torte kalt stellen.

Für die **Glasur** den konzentrierten Kalbsjus mit Madeira und Butter einreduzieren lassen, vorsichtig abschmecken (wegen dem Salzgehalt) und ebenfalls kalt stellen. Sobald die Sauce zu stocken beginnt, die kalte Torte damit glacieren. Die Torte in gleichmäßige Stücke schneiden. Den Deckel vorsichtig herunternehmen und wieder kalt stellen. Die Stücke in der Mikrowelle oder bei 50 °C im Rohr lauwarm werden lassen. Danach den kalten Deckel wieder daraufsetzen. Mit den gebratenen Pilzen und der vorbereiteten Madeirarahmsauce anrichten.

Für die **Sauce** alle Zutaten außer dem geschlagenen Obers auf die Hälfte einreduzieren lassen, aufmixen und passieren. Sauce erwärmen, etwas Madeira zugießen und mit geschlagenem Obers montieren.

Spaghetti mit Totentrompeten
und Pilzsauce

Zutaten für 6 Portionen:
300 g sehr dünne Spaghetti
1 EL Olivenöl für die Spaghetti
2 milde Pfefferoni
150 g Totentrompeten (ersatzweise andere Pilze)
1 EL Olivenöl für die Pilze
60–70 ml Gemüsefond oder Geflügelsuppe
50 g fein geschnittene Zwiebeln
2 Knoblauchzehen
1 Tomate
etwas Pilzmehl (getrocknete, gemahlene Steinpilze)
etwas Chili (oder Cayennepfeffer)
5 länglich geschnittene Basilikumblätter zum Garnieren
Salz, Pfeffer

Für die Pilzsauce:
80 g Pilze (ersatzweise Austernpilze oder Champignons)
50 g fein geschnittene Zwiebeln
1 Knoblauchzehe
1 TL Pilzmehl
1 TL gehackte Petersilie
80 ml Madeira
80 ml kräftig einreduzierter Kalbsjus
100 ml flüssiges Schlagobers
Salz, Pfeffer aus der Mühle
2 EL geschlagenes Obers
1 EL Butter
1 TL glattes Mehl, mit etwas Wasser verrührt

Zubereitung: Die **Spaghetti** in reichlich Salzwasser al dente kochen und abseihen. Die Pfefferoni in dünne Streifen schneiden und in Olivenöl hell anschwitzen. Spaghetti zugeben, durchschwenken, salzen und in die Tellermitte setzen.

Den Knoblauch in Scheiben schneiden und in Wasser kurz blanchieren. Die Tomate kurz in siedendem Wasser überbrühen, schälen und in Würfel schneiden. Nun die Zwiebeln mit den blanchierten Knoblauchscheiben in Olivenöl anschwitzen. Mit Gemüsefond aufgießen, Tomatenwürfel zugeben und mit Salz, Pfeffer, Pilzmehl sowie Chili würzen. Pilze einmengen und nur kurz darin erhitzen. Sofort rund um die Spaghetti anrichten und mit der fertigen Pilzrahmsauce überziehen. Mit Basilikumstreifen garnieren. Nach Belieben den Tellerrand zusätzlich mit einem feinen Streifen Pilzmehl dekorieren.

Für die **Pilzsauce** die fein geschnittenen Pilze in Butter anschwitzen, Zwiebeln und Knoblauch dazugeben. Mit Madeira löschen, mit dem konzentrierten Kalbsjus aufgießen und Schlagobers zugießen. Mit Pilzmehl, Salz, Pfeffer und Petersilie abschmecken. Etwa 10 Minuten bei schwacher Hitze köcheln lassen. Dann mit Mehl etwas eindicken (nur sehr wenig). Die Sauce in ein Mixglas gießen und gut mixen. Durch ein feines Sieb drücken, nochmals erwärmen und mit dem geschlagenen Obers abrunden.

Nudelschnecke

mit Spargelragout auf geschmolzenen Tomaten

Zubereitung: Zunächst den **Nudelteig** vorbereiten.
Für die **Fülle** die Frühlingszwiebelchen in Butter andünsten. Spargel zugeben, mit Mehl binden und mit Schlagobers einkochen. Leicht abkühlen lassen. Mit Parmesan, Salz, Pfeffer und Schnittlauch abschmecken.

Dann den Teig mit der Nudelmaschine dünn ausrollen und in lange Rechtecke (8 × 20 cm) schneiden. Auf jedes Nudelrechteck der Länge nach etwas Spargelmasse auftragen. Die Teigränder mit Wasser bestreichen und zusammenklappen. Die Teigtasche mit dem Längsrand nach oben aufstellen und zu einer Schnecke einrollen. Das Ende mit Wasser ankleben und in Salzwasser vorsichtig 4–5 Minuten kochen.

Von den **Tomaten** den Stängelansatz herausschneiden, Tomaten 1 Minute in kochendes Wasser geben und in Eiswasser abschrecken. Schälen, vierteln, Kerngehäuse entfernen und Tomaten in Würfel schneiden. Mit Butter, Olivenöl sowie in Streifen geschnittenem Basilikum erwärmen und würzen. Auf Tellern anrichten, gekochte Teigspirale daraufsetzen und mit Parmesan bestreuen. Mit aufgeschäumter Butter beträufeln und mit Spargelspitzen sowie Basilikum garnieren.

Zutaten:
300 g Nudelteig
(▸ Alpkäsetortelloni S. 156)
300 g weiße und grüne Spargel, gekocht und fein geschnitten
50 g Frühlingszwiebeln, in feine Streifen geschnitten
50 g Butter
1 gestrichener TL Mehl
250 ml Schlagobers
30 g geriebener Parmesan
Salz und Pfeffer
1 EL geschnittener Schnittlauch

Für die geschmolzenen Tomaten:
4 Tomaten
50 g Butter
50 ml Olivenöl
Basilikum
Salz und Pfeffer

Zum Garnieren:
100 g aufgeschäumte Butter
geraspelter Parmesan
gekochte Spargelspitzen zum Garnieren
Basilikumblätter

Trockener Kleister, made in Italy

Die italienische Spaghetti- und Tagliatelleküche bahnte sich im 20. Jahrhundert ihren Weg erst langsam durch das politisch an Italien gelangte Südtirol nach Norden. Heute ist mediterrane Nudelküche in allen Teilen Tirols ein ganz normaler Teil der Alltagsnahrung. Noch zu Beginn der 1980er Jahre fühlte sich der Brixener Wirt und Kulinarhistoriker Hans Fink jedoch bemüßigt, in seinem Buch über die Südtiroler Küche eine kleine sprachliche Orientierungshilfe zu erteilen: „Pasta asciutta", übersetzte er, bedeute „trockener Kleister", und „Pasta in brodo" schlicht „Kuchen in der Suppe."

Zutaten für den Nudelteig:
200 g Buchweizenmehl
100 g Weizenmehl
3 Eier
1 TL Öl
1 TL gehackte Petersilie und Thymian
Salz

Für das Rehragout:
300 g Rehschulter, zugeputzt und in Würfel geschnitten
150 g Wurzelgemüse, in Würfel geschnitten
2 EL Öl
1 TL Tomatenmark
200 ml dunkler Rotwein
200 ml Fleischsuppe
Rosmarin, Wacholderbeeren, Knoblauch
Thymian
nach Belieben Steinpilze oder Eierschwammerl

Für die karamellisierten Äpfel:
1 Apfel, geschält und in Spalten geschnitten
50 g Butter
50 g Zucker
80 ml Calvados
1 EL Preiselbeeren zum Garnieren

Schwarzplentene Nudelfleckerl

mit Rehragout und karamellisierten Äpfeln

Zubereitung: Zuerst für das **Rehragout** das Wurzelgemüse in Öl anbraten. Rehfleisch zugeben und mitdünsten, bis die ganze Flüssigkeit verdunstet ist. Tomatenmark mitrösten und langsam, nach und nach mit Rotwein ablöschen. Mit Suppe aufgießen und das Ragout langsam ca. 40 Minuten weich dünsten. Kurz vor Ende der Garzeit würzen und die Pilze untermengen.

Währenddessen aus den angeführten Zutaten einen **Nudelteig** herstellen. Mit der Nudelmaschine dünn ausrollen, zu Rauten bzw. Fleckerl schneiden und diese in reichlich Salzwasser 3 Minuten bissfest kochen. Nudelfleckerl herausheben und im fertigen Rehragout schwenken. Die **Apfelspalten** in Zucker und Butter karamellisieren und mit Calvados löschen. Fleckerl auf vorgewärmten Tellern anrichten und mit den karamellisierten Apfelspalten sowie Preiselbeeren garnieren.

Fasanenravioli

Zubereitung: Das **Fasanenfleisch** sorgfältig von Sehnen, Haut, Blut und Federteilchen befreien und in sehr feine Würfel schneiden. In heißem Olivenöl nicht zu dunkel anbraten. Zwiebeln sowie Knoblauch, dann Pilze zugeben und noch kurz durchschmoren lassen. Mit Madeira ablöschen, mit flüssigem Schlagobers aufgießen und mit Salz, Pfeffer sowie Pilzmehl würzen. Etwa 20 Minuten bei sehr kleiner Hitze köcheln lassen. Danach die Fülle auskühlen lassen. Die restlichen Zutaten wie Trüffelöl, geschlagenes Obers, Majoran, Petersilie und geriebenen Parmesan unterheben. Kräftig würzen, da die Fülle beim Kochen an Aroma verliert.

Für den **Nudelteig** alle Zutaten zu einem glatten Teig verkneten, mit Frischhaltefolie abdecken und ½ Stunde lang rasten lassen. Den Teig ausrollen und mit einem runden Ausstecher (Durchmesser 6 cm) kleine Teigblätter ausstechen. In die Mitte je einen halben Esslöffel Fülle setzen, den Teigrand mit flüssigem Eiklar bestreichen, ein zweites Teigblatt daraufsetzen und den Rand mit einer Gabel fest andrücken. Ravioli in viel kochendes Salzwasser geben und 3–4 Minuten ziehen lassen. Herausheben, abtropfen lassen und auf temperierten Tellern anrichten. Mit der vorbereiteten Sauce anrichten.

Für die **Sauce** Zwiebeln in Butter hell anschwitzen. Mit Weißwein löschen, alle Zutaten (außer Maizena und geschlagenes Obers) zugeben und 10 Minuten leicht köcheln lassen. Mit dem verrührten Maizena leicht binden. Aufmixen, durchpassieren und nochmals abschmecken. Die Sauce erhitzen und mit einem kleinen Schuss Madeira und geschlagenem Obers vollenden.

☞ ***Wenn zufällig Trüffelsaison ist und Sie eine solche edle Knolle zur Verfügung haben, so verfeinern Sie damit die Madeirasauce und hobeln abschließend einige Trüffelspäne über die Ravioli!***

☞ ***Übrig gebliebene Nudelteigreste lassen sich übrigens bestens zu Suppennudeln verarbeiten. Einfach dünn schneiden und etwas antrocknen lassen!***

Zutaten für 6 Portionen:
400 g Fasanenfleisch (von Flügeln oder Keulen)
80 g sehr fein geschnittene Zwiebeln
40 g sehr fein gehackter Knoblauch
1 EL Olivenöl
100 g klein geschnittene Steinpilze
60–70 ml Madeira
200 ml flüssiges Schlagobers
Salz, Pfeffer
1 TL Pilzmehl (gemahlene getrocknete Steinpilze)
frisch gerebelter Majoran
60–70 ml geschlagenes Obers
ca. 100 g frisch geriebener Parmesan
2 EL gehackte Petersilie
1 EL weißes Trüffelöl

Für den Nudelteig:
400 g Hartweizengrieß (Durumgrieß)
3 Eier
1 Eidotter
1 EL Salz
etwas lauwarmes Wasser
Eiklar zum Bestreichen

Für die Sauce:
50 g fein geschnittene Zwiebeln
1 TL Kapern, im Ganzen gewässert
1 TL Butter
1 EL Weißwein
125 ml Madeira
125 ml Schlagobers
150 ml Kalbsfond
Salz und Pfeffer
½ TL Maizena, mit Wasser verrührt
2 EL geschlagenes Obers zum Verfeinern
Schuss Madeira zum Abrunden

Alpkäsetortelloni

mit Grillgemüse, Lachs und Garnele

Zutaten:
8 dünne Scheiben frischer Lachs
4 große Garnelen
4 Scheiben Zucchini
4 Scheiben Melanzani
4 Scheiben geschälte Tomaten
Salz, weißer Pfeffer
Olivenöl zum Grillen
4 gelbe Paprikaringe (ca. 1 cm stark) zum Anrichten

Für den Nudelteig:
150 g Weizenmehl
150 g feines Hartweizenmehl
3 Eier
1 TL Öl
Salz

Für die Käsefülle:
100 g gereifter, in kleine Würfel geschnittener Alpkäse
30 g Mehl
30 g Butter
200 ml Milch
100 ml Schlagobers
Salz, geriebene Muskatnuss und Pfeffer

Für den Limettenschaum:
1 EL Limettensaft und abgeriebene Zeste
100 ml Schlagobers
50 ml Buttermilch
Salz und weißer Pfeffer
Dillspitzen zum Garnieren

Zubereitung: Für den **Nudelteig** alle Zutaten gut miteinander verkneten und den Teig 15 Minuten zugedeckt rasten lassen. Für die **Käsefülle** die Butter schmelzen und Mehl einrühren. Milch mit Obers aufkochen und einmengen. Salz, Pfeffer sowie Muskatnuss einrühren und unter ständigem Rühren bei schwacher Hitze weiterkochen. Abschließend die Käsewürfel untermengen und die Masse abkühlen lassen.

Den Nudelteig mit einer Nudelmaschine ausrollen und runde Scheiben ausstechen. Auf jede Scheibe etwas Käsefülle auftragen und zu Tortelloni (oder Halbmonden) zusammenfalten. Gut verschließen und in Salzwasser kochen.

Inzwischen Lachs, Garnelen sowie das Gemüse würzen und in Olivenöl grillen. Für den **Limettenschaum** Schlagobers aufkochen und mit den anderen Zutaten aufmixen. Nun die Tortelloni auf Tellern rund um den in der Mitte platzierten gelben Paprikaring anrichten.

Abwechselnd Grillgemüse, Garnele und Lachsscheiben auflegen. Mit Limettenschaum und Dillspitzen vollenden.

Es muss nicht immer nur Alpkäse sein

Nord- und Osttirol – das ist vor allem das Land der Hartkäse, aber auch der Magermilchkäse, die hier Zieger oder Graukäse genannt werden. Auch Südtirol, das der italienischen Halbhart- und Weichkäsekultur schon wesentlich näher ist, hat sich gerade während der letzten Jahre in Sachen Käse einen besonders guten Namen gemacht – und der lautet Hansi Baumgartner. „Degust" – Käsekunst, auf italienisch noch schöner „Formaggi d'artista" lautet der Name seines sehenswerten, begehbaren und temperierten Käseraums im Löwecenter von Vahrn, wo der ehemalige Haubenkoch aus dem Pustertal geradezu eine Weihestätte der modernen Käsekultur errichtet hat.

Das Ausgangsprodukt des von Hansi und Edith Baumgartner sehr persönlich geführten Betriebes sind Käsesorten, die aus Rohmilch von Kuh, Schaf oder Ziege hergestellt und von Hansi Baumgartner „veredelt", das heißt auf den idealen Reifezustand gebracht und aromatisch verfeinert werden. Das französische Fachvokabel lautet „affinieren", und wenn Hansi Baumgartner sich als „Milchgoldschmied" bezeichnet, so trifft er auch damit direkt ins Weiße.

Über 100 Käsespezialitäten hat der 1995 gegründete Betrieb mittlerweile im Angebot, und längst werden dafür nicht mehr nur Südtiroler Rohmilchkäse, sondern auch solche aus Piemont, der Toskana, oder der Lombardei verwendet. Einkaufen oder bestellen lassen sich die Käse auch paketweise, wobei es ein autochthones „Südtiroler Paket" ebenso gibt wie einen „Delizie d' Italia" genannten „Aromenfächer" der gesamtitalienischen Käsekultur. Dass Viktor Grunser vom „Elephant" in Brixen seinen Käseeinkauf hier tätigt, kann man fast selbstverständlich nennen. Dass aber auch Spitzenhotels von den USA bis Dubai ihre Käsevorräte aus diesem „Gründungsbetrieb" der italienischen Slow-Food-Bewegung bestücken, das verdient schon auch erwähnt zu werden.

Kürbisnockerl
mit Bachsaiblingsfilet und Ofentomaten

Zutaten:
4 Bachsaiblingsfilets, entgrätet
200 ml Zitronen-Olivenöl
Salz und Pfeffer
100 g frische kleine Spinatblätter
50 g Butter

Für die Kürbisnockerl:
150 g Ricotta
170 g gekochter, pürierter Kürbis
2 EL geriebener Parmesan
60 g ohne Rinde geriebenes Weißbrot
1 EL Mehl
1 EL zerdrückte Amaretti-Kekse (oder andere trockene Kekse)
1 EL Olivenöl
1 Ei
Salz

Für die Ofentomaten:
400 g reife Kirschtomaten an den Stielen
1 zerdrückte Knoblauchzehe
Thymianzweige
Olivenöl
Salz und Pfeffer

Zubereitung: Zuerst die **Bachsaiblingsfilets** mit Zitronen-Olivenöl, Salz sowie Pfeffer marinieren und in einem passenden Geschirr bei 80°C ca. 30–35 Minuten im vorgeheizten Ofen temperieren.

Für die **Kürbisnockerl** alle Zutaten zu einem Teig zusammenrühren und 20 Minuten kalt stellen. Dann aus der Masse kleine Nockerl formen. Über ein Reibeisen rollen, in kochendes Salzwasser geben und einmal aufkochen lassen. Abseihen.

Spinatblätter in Butter anschwitzen, mit Salz und Pfeffer würzen. Die Nockerl dazugeben und leicht durchschwenken. Auf heißen Tellern anrichten. Die temperierten Bachsaiblingsfilets in Stücke brechen und auf den Nockerln anrichten. Mit Zitronen-Olivenöl beträufeln und die vorbereiteten Ofentomaten daneben anrichten.

Für die **Ofentomaten** die Kirschtomaten so teilen, dass an den Stielen jeweils 3–4 Tomaten hängen bleiben. Tomaten einritzen und mit den Gewürzen im Ofen bei 80°C ca. 35 Minuten garen.

Das „Punggate" in Tirols Küche

Das Runde – oder wie die Tiroler sagen: das „Punggate" – ist in der Tiroler Küchengeometrie konstitutiv: „Punggat" müssen dem Sprichwort zufolge nicht nur die Erdäpfel und Knödel sein, sondern auch die „Deandln" und die Brieftaschen. „Punggat" – das beschreibt die Metamorphose vom Kargen zum Opulenten.

Rund sind auch die Keschtn oder Köschtn genannten Edelkastanien, die in Südtirol schon seit Römerzeiten heimisch und fast so etwas wie ein Symbol der gegenüber den nördlichen Regionen verspielteren und luftigeren Südtiroler Küche geworden sind, von der manche nicht zu Unrecht behaupten, dass sie „rund wie ein Meraner Bratapfel" sei und die Leichtfüßigkeit des Südens mit den Portionen des Nordens verbinde.

Kastanienbandnudeln

mit Graukas und gebratener Jakobsmuschel

Zubereitung: Für die **Bandnudeln** sämtliche Zutaten zu einem Teig verkneten. Etwa 15 Minuten zugedeckt ruhen lassen. Dann mit einer Nudelmaschine ausrollen und in Bandnudeln schneiden. In kochendem Salzwasser ungefähr 2 Minuten kochen und abseihen.

Währenddessen für die **Sauce** das Schlagobers leicht einkochen. Zerdrückte Kastanien sowie zerbröckelten Graukäse zugeben und abschmecken. Die Jakobsmuscheln kurz grillen und würzen. Die Bandnudeln in der fertigen Sauce schwenken und auf vorgewärmten Tellern anrichten. Die gegrillten Jakobsmuscheln darauf platzieren.

Zutaten:
4 große Jakobsmuscheln ohne Rogen, geputzt
Salz und Pfeffer
Öl

Für den Nudelteig:
150 g Kastanienmehl
150 g Weizenmehl
3 Eier
1 EL Öl
Salz

Für die Sauce:
150 g gekochte Kastanien
150 g Graukäse
250 ml Schlagobers
Salz und Pfeffer

Schneckenragout

auf feinen Nudeln

Zutaten:
- ca. 50 Weinbergschnecken
- 2 l Wasser
- 600 g Mischung aus: Zwiebeln, Lauch, Karotten, Sellerie
- 3 Knoblauchzehen
- 15 schwarze Pfefferkörner
- 5 Lorbeerblätter
- Schuss Weißwein
- 60 g Salz
- 400 g Spaghettini (feine Spaghetti)
- etwas Olivenöl
- Salz für das Nudelwasser
- Kerbel, Schnittlauch, Koriander etc. zum Garnieren

Für die Sauce:
- 80 g Karottenwürfel
- 80 g Knollenselleriewürfel
- 80 g Lauch (das Mittlere), in feine Ringe geschnitten
- 200 ml flüssiges Schlagobers
- 1 Brieferl Safran, in etwas heißem Wasser aufgelöst
- wenig Maizena
- etwas fein gehackter Knoblauch
- 4 cl Noilly Prat
- 1 TL frisch gehackte Petersilie
- 2 EL geschlagenes Obers
- Salz, weißer Pfeffer aus der Mühle

Zubereitung: Die **Schnecken** in viel kochendem Salzwasser ca. 3 Minuten kochen. Das Wasser abgießen und Schnecken kalt abwaschen. Mit Hilfe einer Schneckengabel die Schnecken aus dem Haus herausnehmen und den Darm entfernen. Nochmals waschen.

Wurzelwerk, Pfefferkörner, Lorbeer, Weißwein, Knoblauch sowie Salz in 2 Liter Wasser geben und aufkochen lassen. Die gereinigten Schnecken zugeben und 1–1,5 Stunden köcheln lassen.

Währenddessen die **Gemüsesauce** zubereiten. Dafür das Gemüse mit dem Knoblauch in ein Saucenpfanderl geben, mit Schlagobers aufgießen, aufkochen lassen und die Hitze reduzieren. Etwas aufgelösten Safran einrühren, salzen, pfeffern und so lange köcheln lassen, bis das Gemüse weich ist. Mit sehr wenig Maizena binden (nur wenig!).

Dann die Schnecken zerkleinern, in die Gemüsesauce geben und Petersilie sowie Noilly Prat einmengen. Mit etwas geschlagenem Obers verfeinern. Parallel dazu die Nudeln in Salzwasser bissfest kochen, abseihen und anrichten. Mit etwas gutem Olivenöl beträufeln. Schneckenragout auf den Nudeln anrichten und mit Kräutern nach Belieben garnieren.

☞ ***Für die in Tirol seit jeher populären Schneckengerichte verwendet man heute im Regelfall eingelegte Weinbergschnecken aus dem Glas oder aus der Dose, die es im Feinkosthandel in vorzüglicher Qualität gibt. Wer nach einem Regentag im Spätsommer im Wald spazieren geht, kann die Weinbergschnecken jedoch durchaus auch selbst sammeln. Wichtig ist freilich, die Schnecken danach mehrere Tage lang unter einer mit Papier ausgelegten Holzkiste zu „entschleimen" (Papier öfter wechseln).***

Tintenfische
mit schwarzen Nudeln

Zutaten für 6 Portionen:
500 g zugeputzte, junge, frische Calamari
2 EL Olivenöl
etwas Zitronensaft
Meersalz, weißer Pfeffer aus der Mühle
12 enthäutete Kirschtomaten
2 EL kleine, schwarze Oliven (gute Qualität)
4 blanchierte, geschnittene Knoblauchzehen
viel frisch geschnittenes Basilikum
1 EL Kräuterbutter oder Basilikumpesto
2 getrocknete Tomaten, in Würfel geschnitten
Basilikum und Blüten zum Garnieren

Für die Tintenfischnudeln:
700 g Hartweizengrieß
6 Pkg. Oktopustinte (im Fisch- oder Delikatessenfachhandel erhältlich)
3 Eier
etwas Salz

Für die Chardonnaysauce:
200 g fein geschnittene Zwiebeln
200 ml Chardonnay (oder anderer Weißwein)
Salz, Cayennepfeffer
1 cl trockener Wermut (Noilly Prat)
1 EL flüssiges Schlagobers
150 g kalte Butterwürfel
etwas geschlagenes Obers zum Verfeinern

Zubereitung: Für den **Nudelteig** alle Zutaten zu einem festen, geschmeidigen Teig verkneten. (Ist der Teig zu fest, noch ein Eiklar und einige Tropfen lauwarmes Wasser einarbeiten.) Den Teig mit der Nudelmaschine ausrollen und in feine Bandnudeln schneiden. In siedendes Salzwasser einlegen und nur kurz bissfest kochen! Auf vorgewärmten Tellern anrichten. Die vorbereiteten Calamari darauf anrichten und mit Chardonnaysauce beträufeln. Mit Basilikum und Blüten nach Belieben garnieren.

Für die **Calamari** die Körper und Tentakel mit Salz, Pfeffer und Zitronensaft würzen. Eine große Bratpfanne erhitzen und die Calamari kurz in heißem Olivenöl beidseitig anbraten. Alle restlichen Zutaten zugeben, durchschwenken und abschmecken. Sofort auf den Tintenfischnudeln anrichten.

Für die **Chardonnaysauce** die Zwiebeln mit Wein sowie Gewürzen aufkochen und ca. 5 Minuten auf kleiner Hitze köcheln lassen. Schlagobers und Wermut dazugeben und nochmals 5 Minuten reduzieren lassen. Die kalten Butterwürfel in ein Mixglas geben, die heiße Sauce daraufgießen und gut aufmixen. Durch ein feines Sieb passieren. Chardonnaysauce erhitzen, etwas geschlagenes Obers unterheben und sofort über die Calamari träufeln.

☞ ***Wem die Zubereitung der Tintenfischnudeln zu aufwändig ist, kann auch gute, im Fachhandel erhältliche frische Bandnudeln verwenden.***

☞ ***Diese Art von Weinsauce lässt sich übrigens ganz nach Lust und Laune, etwa durch die Zugabe von frischen Kräutern wie Basilikum, Dille oder Sauerampfer, in andere Geschmacksrichtungen variieren.***

Knusprige Roggen-Lasagnette
mit Ochsenschwanzragout und Steinpilzen

Zubereitung: Zuerst das **Ochsenschwanzragout** vorbereiten. Dafür den Ochsenschwanz in Stücke schneiden, würzen und mit Mehl stauben. In Öl von allen Seiten gut anbraten. Das in grobe Würfel geschnittene Röstgemüse in einem anderen Topf in Öl gut anbraten. Tomatenmark einrühren, weiterrösten und dann schließlich den Ochsenschwanz sowie die Kräuter und Gewürze einmengen. Mit Rotwein aufgießen und zugedeckt im Rohr bei 180 °C etwa 2 1/2 Stunden schmoren. Dann Ochsenschwanz herausnehmen, schöne Stücke von den Knochen befreien und warm stellen. Sauce durch ein feines Sieb passieren und zur Hälfte einreduzieren.

Inzwischen für den **Teig** alle Zutaten rasch zu einem Teig zusammenkneten und 1 Stunde rasten lassen. Dann dünn ausrollen und zu Vierecken (10 cm × 10 cm) schneiden. In sehr heißem Fett auf beiden Seiten knusprig backen. Abtropfen lassen.

Das **Urgemüse** gleichmäßig groß schneiden und alles separat in Salzwasser kochen. Die **Steinpilze** in Scheiben schneiden und in Olivenöl rösten. Mit Salz und Pfeffer würzen.

Nun den Ochsenschwanz mit dem Urgemüse in der Sauce nochmals wärmen. Abwechselnd mit den knusprigen Lasagnetteblättern anrichten und mit den Steinpilzen garnieren.

Zutaten:
1 Ochsenschwanz (ca.1 kg)
1 Karotte
1 Zwiebel
1/2 Sellerieknolle
2 Knoblauchzehen
2 Lorbeerblätter
1 Thymianzweig
1 Rosmarinzweig
5 zerdrückte Wacholderbeeren
5 zerdrückte Pfefferkörner
1 l Rotwein
40 g Tomatenmark
etwas Mehl
Salz und Pfeffer
Urgemüse (blaue Karotten, Petersilwurzeln, Kipflererdäpfel, Pastinaken, gelbe Bete)
frische Steinpilze nach Belieben
4 EL Olivenöl

Für die Roggen-Lasagnette:
100 g Roggenmehl
100 g Weizenmehl
70 ml Schlagobers
Salz
Öl zum Herausbacken

Wildfleischlasagne
mit Eierschwammerln

Zutaten:
100 g feinwürfelig geschnittener Bauchspeck
100 g fein geschnittene Zwiebeln
50 g fein gehackter Knoblauch
2 EL Olivenöl
200 g grob gehackte Eierschwammerl
300 g fein geschnittenes Reh- oder anderes Wildfleisch
je ½ rote, gelbe und grüne Paprikaschote, fein geschnitten
1 EL Tomatenmark
etwas Paprikapulver
500 ml Wildjus oder gute Fleischsuppe
100 ml Rotwein
1 Msp. Chili
½ TL fein gestoßener Wacholder
2 TL frisch gerebelter Majoran
1 TL Thymian
1 EL milder Senf
1 EL Mehl, mit etwas Wasser verrührt
2 EL frisch gehackte Petersilie
3 EL geschlagenes Obers
Salz, Pfeffer
1 TL Pilzmehl (fein gemahlene getrocknete Steinpilze)
Butter für die Form
300 g geriebener Parmesan zum Bestreuen
100 g Butterflocken
frische Kräuter nach Belieben

Für die grünen Lasagneblätter:
300 g griffiges Mehl
2 Eier
Salz
100 g gut ausgedrückter Cremespinat

Zubereitung: Den Bauchspeck mit Zwiebeln und Knoblauch hell anschwitzen. Die **Eierschwammerl** in einer zweiten Pfanne in heißem Olivenöl anbraten und mit dem gesalzenen Fleisch kurz rösten. Alles in einen Topf geben. Mit Rotwein ablöschen und mit Jus oder Suppe aufgießen. Tomatenmark, Paprikapulver sowie Senf, frische Paprikawürfel, Chili und Kräuter einrühren und bei kleiner Hitze langsam weichgaren. Abschließend mit dem „Mehlteigl" (Mehl mit Wasser verrührt) etwas eindicken. Kurz überkühlen lassen, geschlagenes Obers und frisch gehackte Petersilie unterrühren.

Für die **Lasagneblätter** alle Zutaten zu einem festen, geschmeidigen Teig verkneten. Nun mit Hilfe einer Nudelmaschine den Teig zu Bahnen ausrollen und diese in Blätter mit der gewünschten Größe schneiden. (Sollte der Teig zu weich sein, etwas Mehl dazugeben, sollte er zu fest sein, einige Tropfen Wasser einarbeiten). Die Nudelblätter in Salzwasser bissfest kochen.

Für die **Béchamelsauce** Butter mit Mehl erwärmen, unter ständigem Rühren die kalte und abgeseihte Gewürzmilch zugießen und ca. 10 Minuten schwach durchköcheln lassen, bis die Sauce eine schöne, cremige Konsistenz hat. (Kocht sie stärker, noch etwas Milch nachgießen.) Mit Salz, Pfeffer und Muskatnuss würzen.

Eine Auflaufform mit Butter ausstreichen. Mit Nudelblättern auslegen, leicht salzen, etwas frische Kräuter einstreuen und die Hälfte des Wildragouts auftragen. Mit Parmesan bestreuen, etwas Béchamelsauce darüberverteilen und Vorgang wiederholen, bis alles verbraucht ist. Mit Nudeln abschließen. Mit Kräutern bestreuen, mit Béchamelsauce beträufeln und Butterflocken sowie geriebenen Parmesan darauf verteilen. Im vorgeheizten Rohr bei 180 °C ca. 45 Minuten backen.

Währenddessen die Eierschwammerl mit etwas Zwiebeln, Knoblauch und Petersilie in Butter anrösten. Salzen, pfeffern und über die fertige Lasagne verteilen. Mit Parmesanspänen und frischen Kräutern garnieren.

Für die Béchamelsauce:
50 g Butter
80 g glattes Weizenmehl
700 ml Gewürzmilch (Milch am Vortag mit Pfefferkörnern, Lorbeerblatt, Wurzelwerk aufgekocht und über Nacht stehen gelassen)
Salz, Pfeffer
geriebene Muskatnuss

Für die Garnitur:
200 g Eierschwammerl
etwas gehackte Zwiebeln
gehackter Knoblauch und Petersilie
Salz und Pfeffer
Butter
Parmesanspäne und frische Kräuter

Melanzanilasagne

Zubereitung: **Melanzani** schälen und in 1 cm große Würfel schneiden. Zwiebel und Knoblauch ebenfalls kleinwürfelig schneiden. Nun Melanzani, Zwiebeln und Knoblauch in Olivenöl anrösten. Mit der Tomatensauce aufgießen. Basilikumpesto sowie Parmesan einrühren, mit Salz, Pfeffer, Oregano und Majoran abschmecken. Ist die Masse noch zu dünn, mit etwas Mehl binden.

Für die **Béchamelsauce** die Schalotte und den Knoblauch kleinwürfelig schneiden. Mit der Butter anschwitzen. Das Mehl dazugeben und mit der Milch aufgießen. Gut glatt rühren und einmal aufkochen lassen. Mit Salz, Pfeffer, Muskatnuss und den Kräutern abschmecken.

Eine feuerfeste Form ausbuttern. Nun abwechselnd eine Schicht Melanzanimasse, Béchamelsauce und Lasagneblätter einfüllen. Zum Schluss mit frisch geriebenem Parmesan und Butterflocken bestreuen. Ins vorgeheizte Backrohr schieben und bei 180 °C ca. 45 Minuten backen.

Zutaten:
2 Melanzani
½ Zwiebel
2 Knoblauchzehen
1 EL Basilikumpesto
350 ml Tomatensauce
150 g frisch geriebener Parmesan
Oregano, Majoran
Salz, Pfeffer
fertige Lasagneblätter
Mehl nach Bedarf
100 g geriebener Parmesan zum Bestreuen
Butter
Olivenöl zum Anrösten

Für die Béchamelsauce:
1 Schalotte
1 Knoblauchzehe
3 EL glattes Mehl
2 EL Butter
1 l Milch
Salz, Pfeffer, Muskatnuss
Majoran, Basilikum, Oregano

Spargelrisotto
mit Hauswürstel und Milchschaum

Zutaten:
- 4 Moccatassen Risottoreis
- 2 gehackte Schalotten
- 500 ml Milch zum Ablöschen
- heißes Wasser zum Aufgießen
- 2 Stangen gekochter grüner Spargel
- 2 Stangen gekochter weißer Spargel
- 1 geräuchertes Hauswürstel
- 100 g geriebener Parmesan
- 250 ml Schlagobers
- 2 EL Mascarpone
- 300 ml Milch für den Schaum
- Salz, Pfeffer
- Butter zum Anschwitzen

Zubereitung: Die gehackten Schalotten in etwas Butter anschwitzen. Den **Reis** zugeben und erhitzen. Mit Milch ablöschen und den Reis unter ständigem Rühren bissfest kochen. Währenddessen bei Bedarf noch mit heißem Wasser aufgießen. Auf ein Blech aufstreichen (damit der Reis nicht weitergart) und auskühlen lassen.

Dann das **Würstel** sowie den gekochten Spargel in mundgerechte Stücke schneiden und gemeinsam mit dem Reis erhitzen. Mit Mascarpone, Parmesan, Obers, Salz und Pfeffer abschmecken. Auf vorgewärmten Tellern anrichten. Die Milch fast aufkochen lassen und dabei kurz vor dem Siedepunkt abschmecken. Dann aufschäumen und über das Risotto träufeln.

Spargelrisotto
in der Parmesanhippe mit gebackener Zucchiniblüte

Zubereitung: Die **Spargel** mit dem Schäler in dünne Scheiben hobeln. Spargelspitzen getrennt kochen und für die Garnitur zur Seite legen. Klein geschnittene Zwiebeln in Butter andünsten, Reis zugeben, mit Weißwein ablöschen und mit wenig Suppe aufgießen. Unter ständigem Rühren etwa 10 Minuten garen und dabei wiederholt nachgießen. Nun die Spargelscheiben einmengen und den Reis noch etwa 8 Minuten fertig kochen. Vom Herd nehmen, würzen und mit Parmesan, kalter Butter und geschnittenem Schnittlauch verfeinern.

Unterdessen für die **Parmesanhippen** geriebenen Parmesan in schmalen Streifen auf ein Backpapier streuen. Im vorgeheizten Ofen hellbraun backen und noch heiß zu einem Ring einrollen.

Schalotte, Knoblauch sowie Zucchini klein hacken und in Olivenöl andünsten. Mit Parmesan, etwas gehackter Petersilie sowie Salz vermengen und die **Zucchiniblüten** damit füllen. Blüten gut zusammendrücken. In Mehl, verquirltem Ei und Bröseln panieren. In heißem Öl schwimmend goldgelb backen. Herausheben und abtropfen lassen.

Nun die Parmesanringe mit fertigem Risotto füllen. Die gebackenen Zucchiniblüten obenauf platzieren. Nach Belieben mit gekochten Spargelspitzen und Kräutern garnieren.

Zutaten:
300 g grüner und weißer Spargel, geputzt und geschält
160 g Risottoreis
50 g fein gehackte Zwiebeln
50 g Butter zum Andünsten
100 ml Weißwein
Fleisch- oder Gemüsesuppe
Salz und weißer Pfeffer
50 g geriebener Parmesan
50 g kalte Butter
Schnittlauch
frische Kräuter zum Garnieren

Für die Parmesanhippe:
geriebener Parmesan

Für die gebackenen Zucchiniblüten:
4 Zucchiniblüten
1 kleine Zucchini
1 kleine Schalotte
1 Knoblauchzehe
2 EL Olivenöl
Salz
Petersilie
2 EL Parmesan
Mehl, Ei und Brösel zum Panieren
Öl zum Herausbacken

Zutaten:
200 g Rundkornreis
50 g fein gehackte Zwiebeln
50 g Butter
50 ml Weißwein
150 ml Buttermilch
Gemüsesuppe zum Aufgießen
Salz, Pfeffer weiß aus der Mühle
40 g kalte Butter
40 g geriebener Parmesankäse

Für das Wildhasenfilet:
4 zuparierte Wildhasenfilets
Thymianzweige und Wacholderbeeren
Salz und Pfeffer
2 EL Olivenöl
100 ml Rotwein
2 EL eingekochte Preiselbeeren zum Garnieren

Buttermilchrisotto
mit rosa gebratenem Wildhasenfilet

Zubereitung: Zuerst die **Wildhasenfilets** mit Gewürzen und Olivenöl marinieren, abdecken und einige Zeit kühl stellen. Für das **Risotto** Zwiebeln in Butter anrösten, Reis zugeben und mit Wein ablöschen. Mit Buttermilch sowie Suppe bedecken und unter ständigem Rühren ungefähr 18 Minuten al dente garen. Währenddessen wiederholt leicht nachgießen. Ist der Reis bissfest, mit Parmesan und kalter Butter verfeinern. Abschmecken.

Unterdessen die marinierten Wildhasenfilets in einer flachen Pfanne bei schwacher Hitze langsam rosa braten. Herausnehmen, in Alufolie einschlagen und nachziehen lassen. Den Bratensatz in der Pfanne vom Fett befreien, Rotwein eingießen und völlig einreduzieren lassen. Wildhasenfilets der Länge nach aufschneiden und auf dem Risotto anrichten. Mit Rotweinjus und Preiselbeeren garnieren.

Sauerkraut-Kürbis-Taschen

mit knusprigem Schweinebauch und Bierschaum

Zubereitung: Zuerst den **Schweinebauch** mit einem scharfen Messer einritzen, mit der Schwarte nach oben in eine Pfanne geben und mit Öl besprenkeln. Salzen und pfeffern. Im 150 °C heißen Backrohr 2 1/2 Stunden garen und währenddessen wiederholt mit Bratensaft übergießen.

Inzwischen das **Kürbisfleisch** in Alufolie einschlagen und 15 Minuten bei 180 °C im vorgeheizten Ofen garen. Passieren und mit Eidottern sowie Butter verrühren. Erkalten lassen. Dann Mehl, Salz und Muskatnuss einkneten. Den Kürbisteig zu Rechtecken ausrollen, diese mit Sauerkraut füllen und zusammenklappen. Die Ränder mit einer Gabel andrücken und gut verschließen. In heißem Fett schwimmend auf beiden Seiten herausbacken. Auf Küchenkrepp abtropfen lassen und warm stellen.

Den fertig gegarten Schweinebauch in gleichmäßig große Stücke schneiden und bei großer Oberhitze kross überbacken. Honig mit Koriander und den restlichen Gewürzen verrühren und den Schweinebauch damit lackieren. Den Bratensatz entfetten, mit **Dunkelbier** löschen und auf die Hälfte einkochen. Schlagobers und Buttermilch zugießen und aufschäumen. Den Schweinebauch mit den Kürbistaschen anrichten und mit der aufgeschäumten Sauce umgießen.

Zutaten für die Kürbistaschen:
400 g Muskatkürbisfleisch, würfelig geschnitten
2 Eidotter
50 g zerlassene Butter
150 g Mehl
Salz und geriebene Muskatnuss
200 g Sauerkraut (küchenfertig)
Fett zum Herausbacken

Für den Schweinebauch:
500 g Schweinebauch
500 ml Olivenöl
Salz und Pfeffer

Zum Lackieren:
2 EL Honig
1 TL Koriander und Szechuanpfeffer, zerstoßen
Ingwer, Knoblauch, Rosmarin und Zitronenthymian, alles fein gehackt

Für den Bierschaum:
150 ml dunkles Bier
50 ml Schlagobers
50 ml Buttermilch

Kalbsvögerl süß-sauer

mit Bohnensalat

Zutaten für 6 Portionen:
1 kleine ausgelöste Kalbsstelze (ca. 700 g)
1,5 l Wasser
Zucker, Salz
1 Schuss Obstessig
100 g Zwiebeln
100 g Karotten
100 g Sellerie
2 Stangen Sellerie, in grobe Stücke geschnitten
Koriander zum Zupfen
Olivenöl zum Beträufeln

Für die Marinade:
1 EL Zucker
3 EL Obstessig
3 EL Erdnussöl
2 Zwiebeln, in Streifen geschnitten
3 Stangen Staudensellerie, in Scheiben geschnitten
je 1 rote, gelbe und grüne Paprikaschote, entkernt und in Streifen geschnitten
100 g Tomatenketschup
1 TL gehackte Chilischoten
1 Tomate, enthäutet und in Würfel geschnitten
Salz, Pfeffer

Für den Bohnensalat:
400 g geputzte Bohnen (Fisolen)
Salz, Pfeffer aus der Mühle
4 EL Olivenöl
2 fein gewürfelte Schalotten
einige feine abgezupfte glatte Petersilienblätter
Filets von 1 Limone

Zubereitung: Das Wasser mit Zucker, Salz und Obstessig kräftig abschmecken. Zum Kochen bringen. Zwiebeln, Karotten und beide Selleriesorten einlegen. Die ausgelösten **Kalbsvögerl** zugeben und ca. 1 1/2 Stunden bei niedriger Temperatur ziehen lassen.

Für die **Marinade** Zucker in einer Pfanne leicht karamellisieren. Mit Essig ablöschen und das Öl eingießen. Das geschnittene Gemüse einrühren und glasig anbraten. Ketschup sowie Chili einmengen und alles mit Salz sowie Pfeffer abschmecken. Tomatenwürfel einrühren.

Für den **Bohnensalat** die Bohnen in Salzwasser bissfest kochen. In Eiswasser abschrecken und abtropfen lassen. Salzen, pfeffern und mit Olivenöl sowie den gehackten Schalotten vermengen. Petersilie und Limonenfilets unterheben.

Den Salat auf Tellern anrichten. Die warmen Kalbsvögerl in Scheiben schneiden und darauflegen. Daneben etwas Sauce anrichten, mit etwas Marinade begießen und das ganze Gericht mit Olivenöl beträufeln. Mit gezupftem Koriander bestreuen.

Gepökelte Kalbskopfroulade
mit Schnittlauchsauce und jungem Gemüse

Zubereitung: *Achtung: Vorbereitungszeit 14 Tage!*
Das Wasser mit sämtlichen Gewürzen sowie Kräutern vermengen und den Kalbskopf mit der Zunge bei Kühlschranktemperatur 14 Tage durchpökeln lassen. Danach den **Kalbskopf** mit der Zunge wie einen Rollbraten schön eindrehen. Mit einigen Schichten Klarsichtfolie fest eindrehen und mit einem Bindfaden zusammenbinden. In siedendem Wasser etwa 1½–2 Stunden leicht köcheln lassen, bis der Kalbskopf weich ist. Zum Auskühlen aus dem Wasser heben, aber nicht aus der Folie wickeln! Sobald der Kalbskopf ausgekühlt ist, die Folie entfernen und in schöne gleichmäßige Scheiben schneiden.

Das **Gemüse** auf den Punkt kochen, herausheben und abtropfen lassen. In heißem Butterschmalz durchschwenken. Mit Salz und etwas geriebener Muskatnuss würzen. Erbsenschoten, Karotten oder junge Erbserl nach Belieben auch mit wenig Zucker abschmecken.

Für die **Schnittlauchsauce** die Schalotten in Butter hell anschwitzen. Mit Weißwein ablöschen, Kalbsjus beigeben und einige Minuten einköcheln lassen. Schlagobers, etwas Kren und Kapern dazugeben und nochmals ca. 10 Minuten leicht köcheln lassen. Sauce aufmixen, passieren und nochmals erwärmen. Mit frisch geschnittenem Schnittlauch sowie geschlagenem Obers (samt Dotter) abrunden und nicht zu lange stehen lassen.

Die Kalbskopfscheiben kurz (!) in heißer Suppe erwärmen und gemeinsam mit dem Gemüsebouquet anrichten. Mit der heißen Schnittlauchsauce nappieren. Nach Belieben mit frisch geriebenem Kren, jungen Bärlauchblättern oder Knoblauch-Schnittlauch garnieren.

Zutaten:
1 küchenfertiger Kalbskopf, vom Metzger halbiert mit enthäuteter Zunge (in rohem Zustand mit dem Messer dünn herunterschneiden)
1,5 l Wasser
150 g Pökelsalz
10 schwarze Pfefferkörner, zerstoßen
3 Knoblauchzehen, zerdrückt
1 TL Majoran
1 TL Thymian
10 Wacholderbeeren, zerdrückt
1 TL Zucker
5 Lorbeerblätter
Bärlauchblätter, frisch geriebener Kren und/oder Knoblauch-Schnittlauch zum Garnieren

Für die Schnittlauchsauce:
100 g geschnittene Schalotten
1 EL Butter
60–70 ml Weißwein
125 ml Kalbsjus
250 ml Schlagobers
etwas frisch geriebener Kren
1 TL gewaschene, gemixte Salzkapern
etwas geschlagenes Obers mit etwas Dotter verrührt
2 EL frisch geschnittener Schnittlauch

Für das junge Gemüse:
junges Gemüse nach Saison und Vorliebe
Butterschmalz zum Schwenken
Salz, Muskatnuss
Zucker nach Bedarf

Rosa Taubenbrüstchen

mit Nudelpyramiden und knusprigem Radicchio

Zutaten:
4 Taubenbrüstchen
2 EL Olivenöl
1 Rosmarinzweig
Salz und Pfeffer
200 g Eiernudelteig
(‣ Alpkäsetortelloni S. 156)
4 Scheiben Radicchio
stark reduzierter Apfelbalsamessig zum Garnieren

Für die Fülle:
300 g Radicchio
100 g Schalotten
1 gehackte Knoblauchzehe
50 g Butter
200 ml dunkler Rotwein
50 g geriebener Parmesan
Salz und Pfeffer

Für den Backteig:
300 ml Eiswasser
140 g Weizenmehl
50 g Erdäpfelstärke
1 Pkg. Backpulver
30 g Zucker
Salz
Öl zum Herausbacken

Zubereitung: Den **Nudelteig** zubereiten. Dann dünn ausrollen und zu Quadraten schneiden.

Für die **Fülle** die Schalotten in Streifen schneiden und mit Knoblauch in Butter anschwitzen. Radicchio ebenfalls in Streifen schneiden und zugeben. Mit Rotwein aufgießen und einkochen lassen. Mit Parmesan binden und abschmecken.

Die Nudelquadrate mit der Masse füllen. Den Rand befeuchten und die Teigspitzen nach oben hin so zusammenfalten, dass jeweils eine kleine Pyramide entsteht. In Salzwasser kochen. Herausheben und abtropfen lassen.

Für den **Backteig** alle Zutaten mit dem Mixstab verrühren. Die Radicchioscheiben durch den Teig ziehen und in heißem Frittierfett knusprig backen. Herausheben und abtropfen lassen.

Die **Taubenbrüstchen** würzen und gemeinsam mit dem Rosmarinzweig in Olivenöl im Ofen ca. 7 Minuten rosa braten. In Scheiben schneiden und mit den Nudelpyramiden sowie dem knusprigen Radicchio anrichten. Mit reduziertem Balsamico garnieren.

Tauben für Reiche, Arme und Kranke

Die Taube ist ein kulinarisches Geschenk, das die Küche des Südens jener des Nordens gemacht hat. Denn von Süden her, vorzugsweise aus der Toskana, kam nicht nur die Sitte, Vögel ganz im Allgemeinen zu verspeisen, sondern im Speziellen auch gezüchtete Tauben mit fleischigen Brüsten, die man am besten „saignant" – also innen noch blutig wie ein Steak – brät.

Im bäuerlichen Gebirgsalltag wurden freilich auch hin und wieder Tauben verspeist. Allerdings tat man das meist nur in Notzeiten (immerhin symbolisierte die Taube den Heiligen Geist, und wer wollte sich an dem schon versündigen?), oder man verwendete sie als Kost für Kranke und Schwangere. In diesem Fall wurde meist eine Taubensuppe (in manchen Fällen auch eine Krähensuppe) gekocht, die im Ruf stand, besonders kräftigend zu sein. Niemand wäre dabei jedoch auf die Idee gekommen, dass das etwas mit Feinschmeckerei zu tun hätte.

Artischockensalat

mit frisch gebratener Ganslleber

Zutaten für 6 Portionen:
350 g frische Ganslleber
2 Häuptelsalate
120 g ausgelöste Walnüsse
100 g Herbst-trompetenpilze, klein gehackt
6 frische Artischockenböden
frischer Majoran
frischer Rosmarin
2 cl Madeira
100 ml Geflügeljus oder Suppe
1 Prise Zucker
50 ml flüssiges Schlagobers
2 EL geschlagenes Obers
Salz, Pfeffer
Paprikapulver
etwas Olivenöl zum Anbraten
Butter

Für die Marinade:
100 ml Olivenöl
20 ml Zitronensaft
1 Spritzer Sherry-Essig
3 cl Madeira
1 TL Zucker
1 cl Trüffelöl
Salz, Pfeffer
30 g schwarze Trüffeln, klein geschnitten

Zubereitung: Für die **Marinade** alle Zutaten in einer Schüssel mit dem Schneebesen gut verquirlen. Den Häuptelsalat waschen, die Blätter dekorativ als Rose in die Tellermitte setzen und mit etwas Marinade beträufeln.

Die **Artischockenböden** mit der Aufschnittmaschine in großflächige, dünne Scheiben schneiden. In Olivenöl anschwitzen, salzen, pfeffern und mit einem Esslöffel Marinade begießen. Etwas Obers zugießen, eine Prise Zucker zugeben und 5–10 Minuten ziehen lassen. Abschmecken und etwas geschlagenes Obers unterheben. Artischocken neben dem Salat anrichten und die restliche Sauce darauf verteilen.

Währenddessen die zugeputzte **Ganslleber** im Olivenöl anbraten und dabei ein kleines Stück Butter zugeben. Leber wenden, Nüsse und Pilze kurz zugeben und alles wieder herausheben. Salzen, pfeffern und mit den gehackten Kräutern bestreuen.

Den Bratensatz mit Madeira löschen. Mit Geflügeljus oder Suppe aufgießen, Paprikapulver, eine Prise Salz sowie etwas Kräuter einrühren und einreduzieren lassen. Zum Schluss ein Stück Butter zugeben und die Sauce abseihen. Leber wieder einlegen, durchschwenken und neben dem Salat und den Artischocken anrichten. Mit Sauce beträufeln und die Nüsse mit den Pilzen über den Salat streuen.

Lienzer Salat

Die Sitte, zum Essen Salat zu reichen, hatte im städtischen Bereich längst Zuspruch gefunden, während sie in die Gebirgstäler erst viel später vordrang. So machte sich ein Villgrater Bauer der ausgehenden Kaiserzeit einst auf den Weg in die Stadt Lienz. Er kehrte in einer der dortigen Gaststätten ein und sah zu seiner Verwunderung, dass die meisten Gäste neben den Bratenstücken auch eine Schüssel voller Grünzeug vor sich stehen hatten. Als der Mann wieder nach Hause ins Villgratental zurückkehrte, kam er gerade zum Abendessen zurecht, das wie zumeist nur aus einer Suppe und einem Stück Brot bestand. „Dankt's unserem Herren", sagte er beim Eintreten, „dass es bei uns in Villgraten noch a Brot gibt. Die in der Stadt essen schon 's bloße Gras."

Kitzherzerl
in Rotwein-Schalotten-Sauce

Zubereitung: Die **Herzerl** sauber zuputzen und in kaltem Wasser kurz wässern. Abtrocknen und mit Salz, Pfeffer, Rosmarin, Thymian, Majoran, Senf und Wacholder marinieren. In heißem Pflanzenöl beidseitig anbraten und bei 180 °C im Rohr rosa durchziehen lassen.

Die **Schalotten** bissfest kochen. Butterschmalz mit Zucker schmelzen lassen, die Schalotten einlegen, salzen und ca. 10 Minuten schmoren lassen, bis sie schön weich sind. Die Herzerl dünn aufschneiden und kreisförmig auf vorgewärmten Tellern anrichten. Die Schalotten verstreut darüber anrichten und mit der vorbereiteten Rotwein-Schalotten-Sauce umgießen. Mit frischem Majoran oder Estragon garnieren.

Für die **Rotwein-Schalotten-Sauce** den Zucker in der Butter schmelzen lassen. Fein geschnittene Schalotten zugeben, anschwitzen lassen und mit dem Rotwein aufgießen. Einige Minuten leicht köcheln lassen. Nun die Kalbssauce und die Gewürze einmengen und nochmals kurz köcheln lassen. Aufmixen und durch ein feines Sieb passieren. Die Sauce wieder erwärmen, etwas Ronensaft oder Ronenpüree einrühren und mit dem geschlagenen Obers verfeinern.

Zutaten:
500 g frische Kitzherzerl (oder Kalbsherz)
Salz, weißer Pfeffer aus der Mühle
Rosmarin, Thymian, Majoran
milder Senf zum Einstreichen
fein gestoßene Wacholderbeeren
1 EL neutrales Pflanzenöl
300 g Schalotten
1 EL Butterschmalz
1 TL Zucker
Majoran- oder Estragonzweiglein zum Garnieren

Für die Rotwein-Schalotten-Sauce:
20 g Butter
30 g Zucker
200 g fein geschnittene Schalotten
250 ml Rotwein
Salz
1 EL Worcestershiresauce
1 ½ EL Senf
150 g kräftig einreduzierter Kalbsjus
ca. 80 ml Ronensaft (oder fein aufgemixte gekochte Ronen)
ca. 3 EL geschlagener Schlagobers

Gepökeltes Kitzzüngerl
auf Erdäpfel-Linsen-Salat

Zutaten für 6 Portionen:
1 kg frische Kitzzüngerl (ersatzweise Kalbszunge)
1 l Wasser
100 g Pökelsalz
1 gehackte Knoblauchzehe
3 Lorbeerblätter
etwas Majoran
etwas Rosmarin
1 TL Zucker

Für den Kochsud:
2 l Wasser
300 g Wurzelwerk (Karotten, Sellerie, Lauch, Zwiebel)
5 Lorbeerblätter
5 schwarze Pfefferkörner
3 Knoblauchzehen, mit Schale zerdrückt
1 TL Salz

Für den Erdäpfel-Linsen-Salat:
600 g Kipfler (oder andere Salaterdäpfel)
1 TL Kümmel
1 fein geschnittene Schalotte für die Erdäpfel
Salz, weißer Pfeffer aus der Mühle
Weißweinessig, mit etwas Suppe oder Wasser verdünnt
neutrales Pflanzenöl
100 g grüne Berglinsen (oder andere Linsen)
1 fein geschnittene Schalotte für die Linsen
4 EL Olivenöl

Für die Garnitur:
1 rote Zwiebel, in Ringe geschnitten
200 g marinierter Vogerlsalat
etwas frisch geriebener Kren
Schnittlauch

Zubereitung: *Achtung: 10 Tage Vorbereitungszeit!*
Für das **Pökeln** zunächst das Wasser mit sämtlichen Zutaten aromatisieren. Die Zungen einlegen und 10 Tage im Kühlschrank durchziehen lassen. Dann für den Kochsud das Wasser mit allen Zutaten aufkochen und die Zungen darin ca. 1½ Stunden langsam weich köcheln lassen.

Die weich gekochten **Zungen** schälen und den Sud abseihen. Züngerl im Sud nochmals temperieren. Dann der Länge nach in dünne Scheiben schneiden und auf vorgewärmten Tellern fächerförmig anrichten. Den vorbereiteten Erdäpfelsalat halbrund anrichten und die Linsen mit etwas Marinade darüber streuen. In die Mitte ein wenig marinierten Vogerlsalat platzieren und mit frisch geschnittenem Schnittlauch und roten Zwiebelringen garnieren. Zu allerletzt noch etwas frisch geriebenen Kren darüberreiben.

Für den **Erdäpfelsalat** die Erdäpfel waschen. Salzwasser mit etwas Kümmel würzen und die Erdäpfel darin weich kochen. Danach schälen, in gleichmäßige Scheiben schneiden. Erdäpfel salzen, pfeffern und mit gehackter Schalotte vermengen.
Den Weißweinessig mit etwas Wasser oder Suppe verdünnen, erwärmen und über die Erdäpfel träufeln. Pflanzenöl darüber geben, vorsichtig vermengen und durchziehen lassen.
Die Linsen in Salzwasser weich kochen. Wasser abgießen.
Mit der fein geschnittenen Schalotte, Salz, etwas Weinessig sowie Olivenöl vermengen und abschmecken.

Gebackenes Lammbries

auf Selleriepüree mit Pfefferhimbeeren

Zubereitung: Das **Bries** kurz kochen und von der Haut befreien. Würzen und in Mehl, Ei sowie Bröseln panieren. In heißem Fett goldbraun herausbacken.

Für das **Püree** Sellerie schälen, in kleine Stücke schneiden und weichkochen. Mit etwas Milch und so viel Kochwasser pürieren, dass ein feines Püree entsteht. Mit Salz, Pfeffer und einer Prise Zucker abschmecken.

Für die **Balsamicoschalotten** die Schalotten schälen und in dünne Ringe schneiden. In einem Topf den Balsamicoessig gemeinsam mit dem Zucker um die Hälfte reduzieren. Schalotten zugeben und zu dickflüssiger Konsistenz einkochen lassen.

Die Hälfte der **Himbeeren** mit etwa einem halben Teelöffel Zucker und Pfeffer zerkochen. Die restlichen Himbeeren vorsichtig erst kurz vor dem Anrichten zugeben, ohne sie zu zerstören.

Das gebackene Bries auf dem Selleriepüree anrichten und mit den Schalotten sowie den Pfefferhimbeeren garniert auftragen.

Zutaten:
500 g Lammbries
Mehl, Ei,
Brösel zum Panieren
500 ml Öl zum Backen
2 Sellerie
Milch
Salz, Pfeffer aus der Mühle, Zucker
15 Schalotten
1 l Balsamicoessig
500 g Zucker für die Reduktion
1 Tasse Himbeeren

Rehlaibchen

mit gebratenen Edelreizkern auf Rahmspinat

Zubereitung: Für die **Rehlaibchen** zunächst das altbackene Weißbrot in kleine Stücke schneiden, die Milch aufkochen und darübergießen. Fleisch, Schinken und Speck durch den Fleischwolf drehen. Eingeweichtes Weißbrot ebenfalls durchlassen. Zwiebeln und Knoblauch in Olivenöl hell anrösten, überkühlen lassen und zum Fleisch geben. Alle Zutaten vermengen und die Masse gut vermischen. Zu 30 g schweren gleichmäßigen Laibchen formen und in Olivenöl mit etwas Butter goldbraun und saftig braten.

Für den **Rahmspinat** den Spinat kurz in Salzwasser blanchieren und in Eiswasser schnell abschrecken. Abtropfen lassen. Zwiebeln und Knoblauch in Butter hell anschwitzen, mit Schlagobers aufgießen und abschmecken. Spinat ebenfalls würzen, zugeben und durchschwenken. Nochmals abschmecken und mit dem geschlagenen Schlagobers verfeinern.

Für die **Edelreizker** die Pilze nur mit einem feuchten Tuch abwischen (beim Waschen verlieren sie das Aroma). Von den Reizkern die Stiele abschneiden und die Kappen im mittelheißen Olivenöl braten. Salzen und etwas Kräuterbutter in das Innere der Kappen geben. Langsam zergehen lassen. Die Rehlaibchen auf etwas Rahmspinat anrichten. Daneben die gebratenen Reizker setzen und mit marinierten Spinatblättern garnieren.

Zutaten:
200 g Rehfleisch (kleiner Teile von der Schulter)
200 g Schweinebauch
50 g Schinken
50 g Bauchspeck
100 g altbackenes Weißbrot
125 ml Milch
100 g fein geschnittene Zwiebeln
2 fein gehackte Knoblauchzehen
1 EL Olivenöl
1 kleiner Bund Petersilie fein gehackt
2 Eier
1 TL scharfer Senf
Salz, Pfeffer, Muskatnuss
frisch gerebelter Majoran
5 Wacholderbeeren, gemahlen
etwas Olivenöl und ein Stück Butter zum Herausbraten

Für den Rahmspinat:
400 g junger, sauber gewaschener Blattspinat
10 g Butter
50 g fein geschnittene Zwiebeln
20 g fein gehackter Knoblauch
100 ml Schlagobers
Salz, Pfeffer
frisch geriebene Muskatnuss
1 EL geschlagenes Obers
marinierte Spinatblätter als Garnitur

Für die Edelreizker:
250 g frische Edelreizker (Lachsreizker, Fichtenreizker oder andere Pilze)
Salz
ca. 50 g Kräuterbutter (‣ Gedämpfte Äsche S. 189)
2 EL Olivenöl zum Braten

Beilagenempfehlung:
Erdäpfelpuffer (‣ S. 133)

Hauptspeisen aus ganz Tirol

Von der Achenseerenke bis zum Paznauner Schafl

Fische

Flusskrebse

mit Spargelspitzen auf Gerstenrisotto

Zutaten:
24 gekochte Flusskrebse
Salz und Pfeffer
1 kleiner Bund Bärlauch
50 g Butter
12 weiße Spargelspitzen
Zucker
Zitronensaft und
ein Schuss Weißwein

Für das Gerstenrisotto:
150 g feine Rollgerste
2 EL Olivenöl
je 50 g Zwiebeln, Karotten,
grüner Sellerie, in kleine
Würfel geschnitten
100 ml Weißwein
Salz und Pfeffer
Gemüsesuppe
zum Aufgießen
30 g geriebener Parmesan
50 g kalte Butter
verschiedene grob
gehackte Kräuter

Zubereitung: Gemüsewürfelchen in Olivenöl kurz anschwitzen. **Gerste** zugeben, mit Weißwein ablöschen, salzen und pfeffern. Etwas Suppe zugießen und die Gerste unter wiederholtem Zugießen von Suppe wie ein Risotto garen. Abschließend die frischen Kräuter (z. B. Petersilie, Kerbel, Schnittlauch, Majoran, Thymian, Rucola) untermengen und mit kalter Butter sowie Parmesan vollenden.

Inzwischen die **Spargelspitzen** in Salzwasser mit einer Prise Zucker, Zitronensaft und einem Schuss Weißwein kochen. Die **Flusskrebse** ausbrechen. Den Bärlauch im Blitzcutter fein schneiden. Butter mit Bärlauch erhitzen und die Krebse darin anschwitzen. Mit Salz und Pfeffer würzen.

Die fertige Gerste auf vorgewärmten Tellern anrichten. Flusskrebse darauflegen und mit den Spargelspitzen garnieren.

Die Renaissance der Flusskrebse

Die Zeiten, in denen die Kinder einfach mit Kübeln bewaffnet hinters Haus gingen und sie mit kleinen, feinen Bachkrebserln gefüllt zurück zum Kochen brachten, die gehören wohl endgültig der Vergangenheit an. Flusskrebse sind im 20. Jahrhundert durch die in Europas Süßgewässern grassierende Krebspest nahezu vollständig ausgestorben. Erst gegen Ende des Jahrhunderts gelangen vor allem in gebirgigen Gegenden, aber auch in so manchem Schotterteich, bemerkenswerte Nachzüchtungen dieser feinen kulinarischen Spezies, die auch in alten Tiroler Kochbüchern reichhaltig in Rezepten vertreten ist.

Speckhecht

mit „dem Besten vom Bier"

Zubereitung: **Hechtfilets** mit Salz, Pfeffer, Zitronensaft, Worcestershiresauce und Majoran würzen. Mit Speck umwickeln und in heißem Butterschmalz bei mittlerer Hitze sorgfältig beidseitig braten. Oder den ganzen Hecht schuppen, gut würzen, im Ganzen mit Speck umwickeln und bei 180 °C im Rohr ca. 40 Minuten garen. (Der Fisch sieht in diesem Fall dann zwar nicht so gefällig aus, schmeckt aber umso saftiger.)

Das vorbereitete Bierkraut in der Tellermitte anrichten, das Hechtfilet einmal schräg halbieren und daraufsetzen. Mit der Biersauce beträufeln und nach Belieben mit jungen Petersilblättern sowie Kapuzinerblüten garnieren.

Für das **Bierkraut** beim Weißkraut die harten Mittelteile entfernen, Kraut in Rauten schneiden und ca. 2 Minuten im Dampfgarer garen (die Kochdauer hängt vom Alter des Weißkrauts ab). Butterschmalz erhitzen und die Zwiebeln mit Knoblauch glasig anschwitzen. Gewürze dazugeben, mit Bier ablöschen und leicht einköcheln lassen. Das gedämpfte Weißkraut unterrühren und nochmals abschmecken.

Für die **Biersauce** die Zwiebeln gemeinsam mit Bier, flüssigem Schlagobers, Salz sowie Cayennepfeffer aufkochen und ca. 10 Minuten leicht köcheln lassen. Die kalten Butterwürfel in ein Mixglas geben, die heiße Flüssigkeit zugießen und ca. 1 Minute gut mixen. Durch ein feines Sieb passieren, die Sauce nochmals erhitzen und mit dem geschlagenen Obers abrunden. Rasch anrichten!

Zutaten:
1 ganzer Hecht (ca. 1,5 kg) oder 700–800 g Hechtfilets (entgrätet und ohne Haut)
200 g durchzogener Bauchspeck (ohne Knorpel und Schwarte), dünn aufgeschnitten
Salz, weißer Pfeffer aus der Mühle
Zitronensaft
Worcestershiresauce
frischer Majoran
Butterschmalz zum Braten
Petersilblätter und Kapuzinerblüten als Garnitur

Für das Bierkraut:
600 g Weißkraut
1 EL Butterschmalz
80 g fein geschnittene Zwiebeln
3 fein gehackte Knoblauchzehen
1 Msp. Kümmel (ganz)
1 EL Zucker
Salz, Pfeffer
125 ml Zillertaler Zwickel (oder anderes Leichtbier)

Für die Biersauce:
150 g Zwiebeln
150 ml Zillertaler Zwickel
Salz, etwas Cayennepfeffer
100 g kalte Butterwürfel
1 EL flüssiges Schlagobers
2 EL geschlagenes Obers

Beilagenempfehlung:
Petersilerdäpfel

Fischgröstl

in der knusprigen Brothaube

Zutaten:
600 g gemischte Fischfilets (Lachs, Zander, Wels etc.)
4 geschälte Tigergarnelen
2 würfelig geschnittene gekochte Erdäpfel
1 Zucchini
6 sonnengetrocknete Tomaten
½ Stange Lauch
125 ml Rindsuppe
125 ml Weißwein
Olivenöl
Limonensaft
Dille, Salz, Pfeffer
Butter zum Montieren

Für die Brothaube:
16 hauchdünne Scheiben Brot
Butter für die Förmchen

Für das Schäumchen:
250 ml Milch
Currypulver
50 ml Weißwein
Salz, Pfeffer und Limonensaft

Zubereitung: Zunächst für die knusprige **Brothaube** die hauchdünn geschnittenen Brotscheiben nach Bedarf zuschneiden und damit jeweils ein befettetes kleines Auflaufförmchen auslegen. Im vorgeheizten Ofen bei 150 °C ca. 10 Minuten backen.

Die sorgfältig entgräteten **Fischfilets** in 2 cm große Würfel schneiden. Etwas Olivenöl erhitzen und die würfelig geschnittenen Erdäpfel goldbraun anrösten. Zucchini sowie Lauch schneiden und mit den getrockneten Tomaten zugeben. Mit Weißwein ablöschen und ein wenig einreduzieren lassen. Dann mit Rindsuppe aufgießen. Den Fisch sowie die Garnelen zugeben und kurz ziehen lassen. Mit Limonensaft sowie Gewürzen abschmecken und mit etwas kalter Butter montieren.

Für das **Schäumchen** alle Zutaten vermischen und erhitzen, aber nicht aufkochen lassen! Kurz aufschäumen. Nun die knusprigen Brothauben aus den Förmchen heben und auf Teller setzen. Das Fischgröstl darin anrichten und mit dem fertigen Schäumchen garnieren.

Der Fischer von Brixlegg

Gerhard Markl aus Brixlegg geht den Dingen schon seit 60 Jahren auf den Grund. Er ist Innfischer und hat viel, darunter auch schon bessere Zeiten für Süßwasserfische, erlebt. Leidvoll musste er zur Kenntnis nehmen, dass die Äschen, gerne auch als „Könige der fließenden Gewässer" bezeichnet, „heute nur noch fünf Prozent des ehemaligen Bestandes ausmachen." Der Grund: Durch Kraftwerksbauten ist der Grundwasserspiegel gesunken, die Fische können im Inn und im Ziller nicht mehr ablaichen, sondern nur noch in der Brandenberger Ache. „Grundsätzlich fehlt es unseren Gewässern an Fischnahrung", weiß Gerhard Markl. Der Grund dafür sind die Kläranlagen. „Dadurch hat das Wasser zwar Trinkwasserqualität, aber der Fisch verhungert darin."

Mittlerweile hat zwar ein langsamer Rückbau in Richtung Natur eingesetzt, „aber es handelt sich erst um Anfänge. Am Berglsteiner See oder am Reintaler See, da findet man neuerdings sogar wieder Krebserl."

Was Markl außerdem findet, sind jede Menge Pilze, und er hat auch eine Erklärung dafür, warum das so ist: Die meisten seiner Freunde sind Jäger, und die finden nie einen Pilz. „Der Jaga schaut nie auf'n Boden. Der Fischer schaut auf'n Boden, und drum find't er immer was."

Stockfischgröstl
mit Sauerkraut

Zutaten für 6 Portionen:
ca. 800 g gewässerter Stockfisch
1,5 kg in der Schale gekochte Erdäpfel
300 g fein geschnittene Zwiebeln
50 g gehackter Knoblauch
Salz, weißer Pfeffer aus der Mühle
2 EL Fischfond
150 g Sauerrahm
2 EL fein gehackte Petersilie
Olivenöl zum Braten
junge frische Lorbeerblätter, Dillzweige oder Koriander zum Garnieren

Für das Sauerkraut:
800 g mildes Sauerkraut (gute Qualität)
150 g fein geschnittene Zwiebeln
50 g fein gehackter Knoblauch
1 EL Zucker
2 Lorbeerblätter
5 Wacholderbeeren
Salz, 5 schwarze Pfefferkörner
250 ml Gemüsefond
150 g hell(!)braune Butter zum Verfeinern
Butter zum Anschwitzen

Zubereitung: Den getrockneten **Stockfisch** in reichlich kochendes Wasser legen und ca. 10 Minuten bei schwacher Hitze ziehen lassen. Abseihen und vorsichtig von den Knorpeln und Gräten befreien. Die gekochten und ausgedämpften Erdäpfel schälen und in gleichmäßige Scheiben schneiden. Erdäpfel bei gleichmäßiger Hitze in etwas Olivenöl goldbraun und knusprig braten. Salzen.

In einer zweiten Pfanne Zwiebeln und Knoblauch in etwas Olivenöl anschwitzen, den Stockfisch zugeben und dann alles in einer Pfanne vermengen. Würzen und mit dem Fischfond aufgießen. Den Sauerrahm zufügen und nochmals abschmecken. Petersilie darüberstreuen. Einen Deckel aufsetzen und 2–3 Minuten durchziehen lassen. Mit dem vorbereiteten Sauerkraut anrichten. Nach Belieben mit Lorbeerblättern, Dillzweigen oder Koriander garnieren.

Für das **Sauerkraut** Zwiebeln, Knoblauch und Zucker in etwas Butter hell anschwitzen. Sauerkraut mit den Gewürzen untermengen, mit Gemüsefond aufgießen und ca. 20 Minuten bei schwacher Hitze durchköcheln lassen. Abschließend die hell(!)braune Butter darübergießen. Einmal umrühren und sofort anrichten.

Stockfischgröstl

auf Maikönigherzen mit Walnussdressing

Zubereitung: Den gut gewässerten **Stockfisch** in Salzwasser kurz aufkochen und wieder abseihen. Gräten und Haut entfernen. In einer Pfanne fein gehackte Zwiebel in Öl anschwitzen, den Stockfisch dazugeben und gut heiß werden lassen. Mit schönen, braun gebratenen Rösterdäpfeln vermengen und mit Salz, Pfeffer, Knoblauch, Zitronenschale und -saft sowie Lorbeerblatt würzen. Mit etwas Schlagobers aufgießen und alles gut durchschwenken. Mit Schnittlauch bestreuen und auf den vorbereiteten Maikönigherzen anrichten.

Für die **Maikönigherzen** zunächst aus den angeführten Zutaten das Walnussdressing herstellen. Salat gut waschen und abtropfen lassen. Mit dem Dressing marinieren.

Zutaten:
1 kg gewässerter Stockfisch
fertig gebratene Rösterdäpfel
nach Belieben Zitronensaft
1 kleine gehackte Zwiebel
Salz, Pfeffer
Lorbeerblatt, Zitronenschale
gehackter Knoblauch
200 ml Schlagobers
1 kleiner Bund Schnittlauch
1 Kopf Maikönigsalat
Öl zum Anbraten

Für das Walnussdressing:
100 ml Walnussöl
1 EL gehackte Walnüsse
2 EL Zitronensaft
Salz und Pfeffer aus der Mühle

Äsche im Speckmantel

Zutaten für 6 Portionen:
2 Äschen
Zitronensaft
4 Zweiglein Thymian
250 g Tiroler Speck, durchzogen
2 EL Butterschmalz
Salz, Pfeffer

Zubereitung: Äschen waschen, säubern, trockentupfen, mit etwas Zitrone beträufeln, leicht salzen und den Bauch mit jeweils zwei Zweiglein Thymian füllen. Die Äschen mit hauchdünn geschnittenem Bauchspeck umwickeln und eventuell mit Zahnstochern oder Bindfaden fixieren. In wenig Butterschmalz zunächst auf hoher, später auf kleiner Hitze braten. Nach der Hälfte der Bratzeit (ca. 15 Minuten) wenden. Speckhülle an der Bauchseite der Äschen aufschneiden und die Fische im „aufgebreiteten" Speckmantel servieren.

Gebackene Äsche

mit Erdäpfelsalat

Zutaten für 6 Portionen:
ca. 900 g filetierte Äsche (im Ganzen ca. 1,8 kg)
Salz, weißer Pfeffer aus der Mühle
etwas Zitronensaft
einige Tropfen Worcestershiresauce
Mehl zum Panieren
3 versprudelte Eier
weiße Brösel zum Panieren
Butterschmalz zum Herausbacken
2 Zitronen, in Spalten geschnitten
marinierter frischer Bachlkress-, Rucola- oder Vogerlsalat
1 rote Zwiebel, in Ringe geschnitten
frischer Schnittlauch

Für den Erdäpfelsalat:
600 g Kipfler (oder andere Salaterdäpfel)
1 kleine Zwiebel
etwas warmer, mit Suppe oder Wasser verdünnter Weißweinessig
ca. 125 ml Pflanzenöl
Salz, weißer Pfeffer
Kümmel

Zubereitung: Zuerst den **Erdäpfelsalat** vorbereiten. Dafür die Erdäpfel waschen. Salzwasser mit etwas Kümmel würzen und die Erdäpfel darin weichkochen. Danach schälen, in gleichmäßige Scheiben schneiden. Erdäpfel salzen, pfeffern und mit fein gehackter Zwiebel vermengen. Den Weißweinessig mit etwas Wasser oder Suppe verdünnen, erwärmen und über die Erdäpfel träufeln. Mit Pflanzenöl beträufeln, vorsichtig vermengen und durchziehen lassen.

Die **Fischfilets** mit Salz, Pfeffer, Worcestershiresauce und Zitronensaft würzen. In Mehl, Eiern sowie Bröseln panieren und langsam auf beiden Seiten in Butterschmalz so herausbacken, dass der Fisch innen immer noch saftig, außen aber schön goldbraun und knusprig ist.

Auf den Tellern jeweils etwas Erdäpfelsalat anrichten, einige rote Zwiebelringe daraufgeben und den frisch geschnittenen Schnittlauch darüberstreuen. Den marinierten Vogerl- oder Rucolasalat daneben gruppieren. Das gebackene Äschenfilet dazulegen und mit Zitronenspalten oder in ein Tüchlein eingewickelten Zitronenhälften servieren.

Gedämpfte Äsche
mit Kräuterbutter

Zubereitung: Für den **Sud** alle Zutaten aufkochen und etwas durchziehen lassen. Ganze **Äsche** zuerst schuppen und zuputzen. Mit Salz, weißem Pfeffer und Zitronensaft würzen, rohe Knoblauchscheiben und Thymianzweige in die Bauchhöhle legen. Etwa 10–15 Minuten bei schwacher Hitze im Pochiersud ziehen lassen. (Filetierte Äschen ebenfalls würzen, aber nur kurze Zeit im Fond ziehen lassen, bis sie auf den Punkt gegart sind.) Auf vorgewärmten Tellern anrichten und mit der heißen Kräuterbutter zur Hälfte begießen.

Für die **Kräuterbutter** die temperierte Butter schaumig schlagen. Gewürze, Kräuter und sämtliche Aromazutaten zugeben, nochmals durchrühren und ganz nach persönlichem Geschmack abschmecken. Die nicht verwendete Butter in Klarsichtfolie zu einer Rolle drehen und am besten einfrieren.

☞ ***Besonders gut munden Äschen auch, wenn man sie vor der Zubereitung ganz kurz anräuchert.***

Zutaten für 6 Portionen:
500 g zugeputzte, geschuppte Äsche (= ca. 1 kg im Ganzen), ersatzweise Bachforelle oder Saibling

Für den Sud:
250 ml trockener Weißwein
250 ml Fischfond
1 Zwiebel, in Ringe geschnitten
1 Karotte, in dünne Scheiben geschnitten
Selleriegrün und Petersilie
1 Zitronenscheibe
2 Lorbeerblätter
10 schwarze Pfefferkörner
Salz, weißer Pfeffer aus der Mühle
Cayennepfeffer
2 Knoblauchzehen und 2 Thymianzweige zum Füllen

Für die Kräuterbutter:
200 g Butter
20 g abgerebelter Thymian
10 g abgerebelter Majoran
10 g geschnittenes Basilikum (längliche Streifen)
20 g geschnittene glatte Petersilie (längliche Streifen)
50 g sehr fein gehackte Essiggurkerl
1 sehr fein gehacktes Sardellenfilet
50 g sehr fein gehackter Knoblauch
50 g sehr fein gehackte Zwiebeln
30 g Worcestershiresauce
etwas Cayennepfeffer

Beilagenempfehlung:
Salzerdäpfel oder frisches, knuspriges Weißbrot

Der Renkenfreund vom Achensee

Vieles hat sich in der Tiroler Bergwelt verändert, seit Kaiser Maximilian I. in seinem berühmten „Fischereibuch" von den Banketten im Fischerhaus am Achensee schwärmte, bei denen man bereits im Jahre 1469 Saiblinge, Äschen und Renken sowie allerlei Wildspezialitäten zu schmausen bekam.

Der Achensee entfaltet seinen smaragdgrünen Zauber wie eh und je zwischen den Hochgebirgsmassiven des Karwendel- und des Rofangebirges. Doch aus dem kaiserlichen Fischerhaus ist seither ein veritables Fürstenhaus mit einer unvergleichlichen Renaissance-Fassade geworden, welche der wildromantischen Uferregion des Achensees einen gediegen-aristokratischen Glanz verleiht, in der sich der Tiroler Erzherzog Ferdinand II. ebenso wohlfühlte wie Jahrhunderte danach der Wiener Seelenforscher Sigmund Freud.

Nun sind die Zeiten, in denen Kaiser Maximilian I. über die Bewohner von Achensee, Plansee und Heiterwanger See als absoluter und durchaus fischhungriger Herrscher befahl, längst vorbei.

Heute gibt es an Tirols Seen nur noch zwei Berufsfischer. Einer „befischt" den Plansee und der andere, dem der Achensee anvertraut wurde, ist Anton Kandler aus Eben bei Maurach. „Früher gab's am Achensee viele Fischer", erinnert er sich, „und jeder von ihnen ist jeden Tag mit zumindest einem schönen Stückl nach Hause gekommen, mitunter sogar mit einer zwölf Kilo schweren Seeforelle, einem 20-jährigen Stör, einem 60-jährigen Aal oder zumindest mit einer schönen Aalrutte."

Heute werden aus dem Achensee fast ausschließlich Renken gezogen. Und es ist auch kein Wunder, wenn der Fischer vom Achensee freimütig bekennt: „Ich fische nicht mehr viel, aber dann vor allem während der Laichzeit. Dann werden die Fische abgestreift, und schon geht's zurück ins Wasser. Meine Hauptaufgabe ist die Beschäftigung mit Setzlingen." Mit den Fischern, so fügt er etwas fatalistisch hinzu, sei das wie mit den Holzknechten: „Es gibt keine Holzknechthütten mehr und auch keine Holzknechte im klassischen Sinn. Aus 140 Holzknechten auf 11.000 Hektar sind mittlerweile sieben geworden. Aber das ist der Lauf der Zeit."

Aber es gibt auch Dinge, auf die sich einer wie Anton Kandler noch freuen kann. Den Renkenkaviar zum Beispiel, den er seinen Fischlein Herbst für Herbst „entlockt", oder die Tatsache, dass es wieder mehr Krebserln gibt, „auch wenn sie den Spitzenköchen immer zu klein sind. Die wollen am liebsten Süßwasser-Hummer von uns haben." Und im Lech schwimmen sogar noch die selten gewordenen Neunaugen.

Zu Kandlers Leidwesen stehen sowohl Krebserl als auch Neunaugen unter Komplettschonung. „Damit tut man der Süßwasserfischkultur in Wahrheit nichts Gutes", fügt er nachdenklich hinzu. „Ausgestorben sind die Fische ja nicht wegen der Fischer, sondern aus anderen Gründen, vor allem wegen der chemischen Verschmutzung der Gewässer, die es ja mittlerweile nicht mehr gibt. Darum sollte man die Fische und Krebse, jetzt, wo sie wieder da sind, auch herausholen und vermarkten können."

Achenseerenken

mit Eierschwammerln, Pilzsauce und frischen Spinatnudeln

Zubereitung: Zuerst für die **Spinatnudeln** alle angeführten Zutaten zu einem festen, geschmeidigen Teig verkneten. Am besten mit einer Nudelmaschine zu Bahnen ausrollen und diese in feine Streifen schneiden. Kurz in Salzwasser kochen. Herausheben und mit etwas Butter sowie bei Bedarf noch etwas Salz verfeinern.

Die **Renken** filetieren, entgräten und am Schwanzende die Haut etwas lösen. Mit Salz, Pfeffer und Zitronensaft würzen. Den Lauch in Olivenöl hell anschwitzen, mit etwas Weißwein löschen und mit Fischfond aufgießen. Mit Salz, Pfeffer sowie Cayennepfeffer würzen und Butter einrühren. Den Sud kurz durchziehen lassen. Nun die Renken mit der Hautseite nach unten einlegen, nach 1 Minute umdrehen und nach 1 weiteren Minute herausnehmen. Die Haut abziehen und sofort mit den vorbereiteten Beilagen anrichten.

Die geputzten und gewaschenen **Eierschwammerl** in Olivenöl anbraten. Zwiebeln zugeben, mit Salz, Pfeffer, Pilzmehl und Petersilie würzen. Mit einem kleinen Butterstück geschmacklich abrunden. Kurz durchziehen lassen und über die Renken geben.

Für die **Pilzsauce** die Pilze mit den Zwiebeln in Olivenöl und etwas Butter anbraten. Mit Madeira löschen, mit Fischfond und Schlagobers aufgießen. Mit Salz, Pfeffer, Pilzmehl und Petersilie würzen. Nun etwa 10 Minuten köcheln lassen. Die Sauce aufmixen und passieren. Nochmals erwärmen und mit geschlagenem Obers verfeinern. Die Fischstücke zum Teil mit der fertigen Sauce nappieren.

Zutaten:
- 1 kg frische Renken im Ganzen (ca. 750 g entgrätete Filets mit Haut)
- Salz, Pfeffer
- Zitronensaft
- ca. 100 g Lauch, in feine Streifen geschnitten
- etwas Weißwein
- ca. 2 EL Fischfond
- 1 EL Butter
- etwas Cayennepfeffer
- 1 EL Olivenöl

Für die Eierschwammerl:
- 300 g kleine Eierschwammerl
- 50 g fein geschnittene Zwiebeln
- Salz, Pfeffer
- Pilzmehl (getrocknete, gemahlene Steinpilze)
- etwas gehackte Petersilie
- Butter und Olivenöl

Für die Pilzsauce:
- 80 g fein geschnittene Zwiebeln
- 80 g klein geschnittene Pilze (Steinpilze, Eierschwammerl, Champignons, Reizker usw.)
- 60–70 ml Madeira
- 60–70 ml Fischfond
- 250 ml Schlagobers
- Salz, Pfeffer
- Pilzmehl
- 1 EL gehackte Petersilie
- 2 EL geschlagenes Obers
- 1 EL Olivenöl mit einem kleinen Stück Butter

Für die Spinatnudeln:
- 300 g griffiges Mehl
- 2 Eier
- Salz
- 100 g gut ausgedrückter Cremespinat
- Butter zum Abrunden

Mit Rotaugen gefüllte Tomaten
auf Rahmspinat

Zutaten für 6 Portionen:
500 g filetierte, enthäutete Rotaugen bzw. Plötze (oder andere Weißfische; das Rezept funktioniert auch mit frischen Sardinen)
500 ml flüssiges Schlagobers
Salz, weißer Pfeffer aus der Mühle
Cayennepfeffer
2 cl trockener Vermouth (Noilly Prat)
etwas Worcestershiresauce
ein Spritzer Zitronensaft
1 flüssiges Eiklar

Für die Fertigstellung:
6 schöne, große, vollreife Fleischtomaten mit Stielansatz
Salz, Pfeffer
etwas frischer Rosmarin, fein gehackt
2 EL Olivenöl
etwas Butter
frische Basilikumblätter und/oder Kräuter zum Garnieren
Rahmspinat
(‣ Rehlaibchen S. 179)

Für die Rieslingsauce:
100 ml Riesling (oder anderer Weißwein)
100 g feinwürfelig geschnittene Zwiebeln
60–70 ml flüssiges Schlagobers
etwas Salz und Cayennepfeffer
80 g Butter
20 g frisch gehacktes Basilikum
2 EL geschlagenes Obers

Zubereitung: Für die **Fülle** zunächst die Fischfilets in Würfel schneiden. Mit allen Zutaten vermengen und die Masse für 1 Stunde sehr kalt stellen. Dann die Masse in der Küchenmaschine zu einer feinen Farce cuttern und durch ein Haarsieb streichen. Gut verrühren und nochmals abschmecken.

Die **Tomaten** unten einritzen und für ca. 7–10 Sekunden in kochendes Wasser legen. In Eiswasser abschrecken. Die Kappe mit dem Stielansatz abtrennen und das Innere der Tomate vorsichtig aushöhlen. Ausgehöhltes Fruchtfleisch mit Salz, Pfeffer und Rosmarin würzen. Nun die Fischfarce mit Hilfe eines Spritzsacks in die Tomaten einfüllen.

Olivenöl mit Butter erwärmen, die Tomaten hineinsetzen und im heißen Rohr ca. 15 Minuten bei ca. 180 °C backen. Die Tomatendeckel in den letzten 5 Minuten in die Pfanne dazulegen. Die gefüllten Tomaten auf dem mittlerweile vorbereiteten Rahmspinat anrichten und den Deckel jeweils daraufsetzen. Mit frischen Gartenkräutern oder Basilikumblättern garnieren und mit der fertigen Rieslingsauce umgießen.

Für die **Rieslingsauce** Weißwein, Zwiebeln und Schlagobers aufkochen. Gewürze zugeben und ca. 10 Minuten köcheln lassen. Mit der Butter aufmixen und passieren. Nochmals erhitzen und mit Basilikum sowie dem geschlagenen Obers verfeinern.

„Zur Notdurft von Dero Kuchel“

Von Maximilian I., dem kaiserlichen Tiroler Landesherrn und „letzten Ritter“, ist vor allem seine Jagdleidenschaft überliefert. Weniger bekannt ist hingegen, dass er auch der Erfinder eines speziellen Fischbehälters zum Transport lebender Süßwasserfische war und als Herausgeber eines „Fischereibuches von Tirol und Görz“ (1504) firmierte, in dem der Kaiser penibel aufzeichnen ließ, was er „zur Notdurft“ seiner Küche so alles aus Achensee, Plansee und Heiterwanger See zog, nämlich unter anderem Nerflinge, Aiteln, Äschen, Saiblinge, See- und Bachforellen, Grundeln, Hechte, Karpfen, Neunaugen, Brachsen, Felchen, Renken, Huchen, Rutten und Schleien.

Bachsaibling

aus dem Wurzelsud mit Apfelkren und Rucola-Erdäpfelnockerln

Zubereitung: Zuerst für den **Wurzelsud** alle Zutaten außer dem Essig 10 Minuten in einem passenden Kochtopf leicht sieden lassen. Die **Saiblingsfilets** sorgfältig entgräten und zuputzen, mit der Hautseite nach unten kurz in Essig marinieren. Dann in den Fischsud einlegen und nur 5 Minuten ziehen lassen.

Währenddessen für die **Erdäpfelnockerl** Butter und Eidotter verrühren. Unter die passierten Erdäpfel mischen und mit Mehl, Salz, Muskatnuss und fein gehacktem Rucola zu einem Teig verarbeiten. Zu Nockerln formen und in Salzwasser kurz kochen. Mit einem Schaumlöffel herausheben und in heißer Butter schwenken.

Für den **Apfelkren** den geschälten Apfel in kleine Würfel schneiden. Mit Schlagobers und Kren auf die Hälfte einkochen. Mit Salz abschmecken und mit Buttermilch aufschäumen.

Die fertig gegarten Saiblingsfilets mit dem Wurzelgemüse auf vorgewärmten Tellern anrichten. Die Nockerl rundum verteilen und mit Apfelkren garnieren.

Zutaten:
4 Bachsaiblingsfilets zu je ca. 140 g, geputzt und ohne Gräten
50 ml Essig (hell)

Für den Wurzelsud:
200 g Wurzelgemüse, in Stäbchen geschnitten
100 ml Weißwein
1 Lorbeerblatt
Saft von ½ Zitrone
Salz und zerdrückte Pfefferkörner
1,5 l Wasser

Für die Rucola-Erdäpfelnockerl:
300 g mehlige Erdäpfel, gekocht und passiert
2 Eidotter
1 EL zerlassene Butter
100 g Mehl
Salz, Muskatnuss
1 kleiner Bund Rucola, sehr fein gehackt
50 g Butter zum Schwenken

Für den Apfelkren:
1 kleiner Apfel
frisch geriebener Kren nach Belieben
100 ml Schlagobers
Salz
100 ml Buttermilch

Bachsaibling „à la tyrolienne“

Zutaten:
4 küchenfertige Bachsaiblinge
Milch, Mehl
Salz
Pflanzenöl zum Ausbacken
Zitronenscheiben zum Garnieren

Für die Sauce:
2 Eidotter
ca. 250 ml Öl
Senf, Zitronensaft
Salz, Pfeffer, Zucker
1 Msp. Sardellenpaste
1 TL Tomatenmark
geriebener Kren

Beilagenempfehlung:
Blattsalat mit Speckkrusteln

Zubereitung: Die ausgenommenen und von den Flossen befreiten **Saiblinge** außen und innen gut salzen, zuerst durch die Milch ziehen und danach in Mehl wenden. Genügend Fett in einer passenden Pfanne erhitzen und die Saiblinge darin schwimmend auf beiden Seiten goldgelb backen.

Inzwischen die **Mayonnaisesauce** zubereiten. Dafür die Eidotter mit etwas Senf, einem Schuss Zitronensaft, Salz und Pfeffer glatt rühren. Öl langsam und unter ständigem Rühren tropfenweise einfließen lassen, bis die Mayonnaise schön gebunden ist. Die fertige Sauce mit einer Prise Zucker, Sardellenpaste, Tomatenmark und geriebenem Kren geschmacklich abrunden.

Die Saiblinge aus dem Fett heben, mit Küchenkrepp gut abtupfen oder Fett abtropfen lassen. Mit Zitronenscheiben anrichten und mit der vorbereiteten Sauce servieren.

A la tyrolienne

Dass die berühmte Philippine Welser aus ihrem Herzen keine Mördergrube machte, wenn es darum ging, gute Rezepte an Freundinnen zu verraten, ist einer der Hauptgründe für den exzellenten Ruf, den die Tiroler Küche an allen Fürstenhöfen Europas genoss. Die berühmte Tiroler Leber ist daher nicht nur als klassisches Rezept der Hausmannskost bekannt, sondern auch als „Foie à la tyrolienne“ auf vielen europäischen Fürstenhöfen kopiert worden, bevor sie schließlich sogar Einzug in den klassischen Kanon der internationalen Küche hielt und ein Gericht von Weltgeltung wurde. Ähnlich erging es den „Rognons à la tyrolienne“ (Kalbsnieren) oder der Sauce tyrolienne, eine klassische Mayonnaiseableitung mit Tomatenmark, Sardellenpaste, und Estragon. Man mag einwenden, dass die Sauce tyrolienne mit echter, unverfälschter „Tiroler Koscht“ rein gar nichts zu tun habe. Doch diente sie zweifellos durch ihre pikante Molligkeit dazu, so manches Gebirgsgericht „runder am Gaumen“ zu machen. Was allerdings auch für den süßen „Kiblrahm“ aus dem Butterfass gilt, in dem Kenner die köstlichen Tiroler Schliachtarnudeln kochen.

Bachsaibling

mit Edelreizkern gebraten und Rieslingsauce

Zubereitung: Die **Fischfilets** entgräten, würzen und auf der Hautseite in Mehl wenden. Ebenfalls auf der Hautseite in etwas Olivenöl braten. Die Fleischseite mit frisch gehacktem Rosmarin bestreuen, einige Butterflocken darauflegen und nur die letzte Minute der Garzeit umdrehen.

Parallel dazu die gut geputzten **Reizker** salzen, pfeffern und in Olivenöl bei mittlerer Hitze braten. Dabei die Pilze so in die Pfanne setzen, dass die Kappenunterseite nach oben zeigt. Die Kräuterbutter auf den Kappen verteilen und zergehen lassen. Pilze vorsichtig aus der Pfanne heben, damit das Kräuter-Safterl nicht aus den Kappen rinnt. Pilze gemeinsam mit den Fischfilets anrichten und mit der vorbereiteten Rieslingsauce umgießen. Nach Belieben mit etwas frisch gemahlenem Pilzmehl garnieren.

Für die **Rieslingsauce** Weißwein, Zwiebeln, Obers, Salz und Cayennepfeffer aufkochen und dann ca. 10 Minuten leicht köcheln lassen. Mit den kalten Butterwürfeln gut aufmixen und durch ein feines Sieb passieren. Die passierte Sauce mit Kräutern nach Geschmack aromatisieren, nochmals erhitzen und das geschlagene Obers unterheben.

Zutaten für 4–6 Portionen:
ca. 800 g filetierte Saiblinge (von den „Tiroler Gewässern")
Salz, Pfeffer aus der Mühle
Zitronensaft
etwas Mehl zum Wenden
frisch gehackter Rosmarin
Olivenöl und Butter zum Braten

Für die Edelreizker:
250 g Edelreizker oder Lachsreizker (ersatzweise andere Pilze mit möglichst großen Kappen)
Salz, weißer Pfeffer aus der Mühle
Olivenöl zum Braten
ca. 60 g Kräuterbutter (▸ Gedämpfte Äsche S. 189)
Pilzmehl (fein gemahlene getrocknete Pilze)

Für die Rieslingsauce:
ca. 100 ml Riesling (oder anderer trockener Weißwein)
100 g feinwürfelig geschnittene Zwiebeln
60–70 ml flüssiges Schlagobers
Salz, Cayennepfeffer
80 g kalte Butterwürfel
2 EL geschlagenes Obers
frisch gerebelter Zitronenthymian oder länglich geschnittene Basilikumblätter

Saibling

mit Erdäpfellasagne und Dille-Senf-Sauce

vom Parkhotel Tristachersee

Zutaten pro Person:
1 Filet vom Bachsaibling
½ Zwiebel
1 Erdapfel
2 EL Erdäpfelpüree
5 EL Olivenöl
1 Tomate

Für die Sauce:
gehackte Dille
1 EL Estragonsenf
1 EL Dijonsenf
1 TL Zucker
1 EL Essig
1 EL Öl

Zubereitung: Die Zwiebel in Scheiben schneiden und im Olivenöl dünsten, bis sie weich sind, mit Salz und Pfeffer würzen.

Das **Filet** halbieren und in Butterschmalz anbraten.

Für die **Sauce** alle Zutaten gut verrühren.

Für die **Lasagne** die Tomate blanchieren, schälen und die Schale frittieren. Den Erdapfel in dünne Scheiben schneiden und ebenfalls frittieren. Dann jeweils Püree, Erdäpfelchips und frittierte Tomatenschale abwechselnd übereinander schlichten.

Seesaibling

auf Trüffel-Lauch-Erdäpfeln

Zutaten für 6 Portionen:
ca. 900 g Seesaibling, filetiert und entgrätet
Salz, weißer Pfeffer aus der Mühle
Zitronensaft
Mehl zum Stauben
Olivenöl zum Braten
1 EL Butter zum Verfeinern
Schnittlauch und Kräuter als Garnitur

Für die Trüffel-Lauch-Erdäpfel:
600 g speckige Erdäpfel
300 g Lauch
Salz, weißer Pfeffer aus der Mühle
250 ml flüssiges Schlagobers
100 ml Milch
50 g schwarze Perigord-Trüffeln, in kleine Würfel geschnitten
4 cl Madeira
ca. 10 Kümmelsamen
2 EL geschlagenes Obers
2 cl Trüffelöl

Zubereitung: Zunächst für die **Trüffel-Lauch-Erdäpfel** die Erdäpfel in 1,5 cm große Würferl schneiden und im Dampfgarer fast, aber nicht ganz fertig kochen. Den Lauch in Ringe schneiden und kurz in siedendem Wasser blanchieren, abtropfen lassen. Nun die Erdäpfel mit dem flüssigen Schlagobers und Milch zum Kochen bringen, salzen, pfeffern und nach einigen Minuten den Lauch zugeben. Kümmel sowie Trüffelstücke beigeben und mit Madeira abschmecken. Einkochen lassen und mit Trüffelöl sowie geschlagenem Obers vollenden.

Die **Fischfilets** mit Salz, Pfeffer sowie Zitronensaft würzen, die Hautseite mit Mehl stauben und bei mittlerer Hitze in Olivenöl braten. Auf die Fleischseite etwas Butter geben und zerfließen lassen.

Trüffel-Lauch-Erdäpfel auf vorgewärmten Tellern anrichten und den mittlerweile gebratenen Fisch daraufsetzen. Mit Schnittlauchfäden oder anderen frischen Kräutern servieren.

☞ ***Besonders dekorativ sehen Fischgerichte aus, wenn Sie die Haut vor dem Servieren abziehen, zu einem kleinen Röllchen einrollen und nett neben dem angerichteten Fischfilet platzieren.***

☞ ***Diese Erdäpfelbeilage harmoniert auch mit Kalbfleisch- oder feinen Geflügelgerichten, wie etwa Perlhuhn, bestens.***

Seeforellenstrudel
mit Rieslingsauce

Zutaten:
Rieslingsauce
(▸ Bachsaibling S. 195)
250–300 g Blätterteig
250 g Seeforellenfilet für die Farce
300 g Seeforellenfilet für die Einlage
100 g junge Spinatblätter für die Einlage
250 ml Schlagobers
Salz, Pfeffer
Cayennepfeffer
etwas Zitronensaft
etwas Noilly Prat
1 EL gehackte Dille
1 versprudeltes Ei zum Bestreichen
1 Tomate
Zucker und Olivenöl
Dillzweige oder Kräuter zum Garnieren

Zubereitung: Für die **Farce** Schlagobers mit dem sorgfältig entgräteten, in Stücke geschnittenen Seeforellenfilet vermengen. Mit Salz, Cayennepfeffer, etwas Zitronensaft sowie Noilly Prat würzen und für 1/2 Stunde sehr kalt stellen. Dann in einer Küchenmaschine cuttern, bis eine glatte, homogene Masse entstanden ist. Die Masse durch ein feines Sieb streichen, mit Dille sowie Pfeffer abrunden und gut verrühren.

Die Spinatblätter in kochendes Wasser einlegen und sofort in Eiswasser abschrecken. Auf einem trockenen Tuch glatt auflegen. Die **Fischfilets** für die Einlage schön gleichmäßig zuschneiden, mit Salz, Pfeffer und Zitronensaft gut würzen. (Dabei die dünneren Teile der Fischfilets für die Farce, die gleichmäßig dicken Stücke für die Einlage verwenden.)

Nun den Blätterteig 2 mm dünn zu einem Rechteck ausrollen. Die Hälfte der Fischfarce auf etwa zwei Drittel des Blätterteigs verstreichen. Die gewürzten Fischfilets mit den Spinatblättern sorgfältig umwickeln und in die Mitte des Strudels setzen. Die restliche Fischfarce darauf auftragen. Den Strudel gleichmäßig einrollen, mit dem versprudelten Ei bestreichen und im vorgeheizten Backrohr bei 180 °C ca. 25–35 Minuten backen.

Währenddessen die **Rieslingsauce** zubereiten. Dann die Tomate kurz in siedendes Wasser tauchen, schälen, entkernen und in Würfel schneiden. Tomatenwürfel mit Salz, Zucker und einigen Tropfen Olivenöl würzen und den Tellerrand damit garnieren. Den portionierten Strudel in der Tellermitte anrichten, mit der Rieslingsauce umgießen und mit Dillzweigen oder frischen Kräutern aus dem Garten garnieren.

☞ ***Wenn Sie Gäste erwarten, so können Sie den Strudel ohne weiteres einige Stunden vorher zubereiten und erst bei Gebrauch backen.***

Forellenröllchen

auf Almkäsefonduta mit Speckerdäpfeln und Ronengemüse

Zubereitung: Die **Forellen** mit einem scharfen Messer vom Kopf her bis zum Schwanzende filetieren. Die Filets entgräten und mit Olivenöl, Zitronensaft, den Kräutern, Salz sowie Pfeffer marinieren. Dann mit der Hautseite nach innen vom Schwanzende weg aufrollen und mit einem Holzspießchen fixieren. In einem Topf mit Deckel die Schalotten in Butter andünsten. Mit Weißwein aufgießen, die Röllchen einlegen und bei verschlossenem Deckel bei schwacher Hitze langsam fertig garen.

Für die **Käsefonduta** zunächst Butter und Mehl anschwitzen. Mit Milch, Schlagobers sowie Weißwein aufgießen und unter ständigem Rühren 5 Minuten köcheln. Abschmecken und die Käsewürfel darin sanft zergehen lassen.

Für die **Speckerdäpfel** die gekochten Erdäpfelspalten mit Salz und Pfeffer würzen. Jeweils in Speck einrollen und die Röllchen in heißem Öl fertig braten. Für das **Ronengemüse** die gekochten Roten Rüben würzen und in Butter schwenken.

Die fertig gegarten Forellenröllchen auf warmen Tellern anrichten, mit Fonduta übergießen und rundum das Rübengemüse sowie die Erdäpfelspalten anrichten. Mit frisch geriebenem Kren garnieren.

Zutaten:
2 Regenbogenforellen à ca. 450 g (oder entgrätete Filets mit Haut)
1 EL Zitronensaft
Estragon und Dillspitzen
Salz und weißer Pfeffer aus der Mühle
Olivenöl
50 g Butter
100 g klein geschnittene Schalotten
100 ml Weißwein
frisch geschabter Kren zum Garnieren

Für die Käsefonduta:
80 g Almkäsewürfel
1 TL Butter
1 TL Mehl
100 ml Milch
50 ml Schlagobers
50 ml Weißwein
½ Lorbeerblatt
Salz und Pfeffer

Für die Speckerdäpfel:
200 g Erdäpfel, in Spalten geschnitten und gekocht
dünne Speckscheiben nach Bedarf
Salz und Pfeffer
Öl zum Braten

Für das Ronengemüse:
1 gekochte Rote Rübe, in 1 cm große Würfel geschnitten
50 g Butter
Salz
geriebener Kümmel

Forellenstrudel

auf Sektkraut und Kümmelschaum

Zutaten für 6 Portionen:
2 Forellenfilets, ohne Haut und entgrätet
Ziehteig (▸ S. 383)
1 kleine, geschnittene Zwiebel
200 g in Streifen geschnittener Lauch
50 g Butter
100 ml Schlagobers
Salz und Pfeffer
1 Spritzer Zitronensaft
50 g zerlassene Butter zum Bestreichen
Mehl für die Förmchen
Kümmelschaum (▸ Roggenteigtaschen S. 126)

Für das Sektkraut:
400 g in feine Streifen geschnittenes Weißkraut
50 g Butter
50 g in Streifen geschnittene Zwiebeln
100 ml Sekt
100 ml Suppe
Salz und Pfeffer
Stärke zum Binden nach Bedarf

Zubereitung: Die geschnittene Zwiebel sowie die Lauchstreifen in Butter andünsten. Schlagobers zugießen, mit Salz und Pfeffer würzen. Cremig einkochen und danach leicht abkühlen lassen.

Währenddessen aus dem Ziehteig 4 gleichmäßige Quadrate (20 × 20 cm) schneiden. Etwas Zwiebelgemüse in die Mitte jedes Quadrates auftragen. Die **Forellenfilets** halbieren und jeweils ein Stück darauflegen. Mit Salz, Pfeffer und Zitronensaft würzen und den Rest des Zwiebel-Lauchgemüses darüber verteilen. Den Teig leicht mit flüssiger Butter bestreichen und nach oben hin zu einem Säckchen zusammendrehen. In ein gebuttertes und mit Mehl ausgestreutes Auflauf-Förmchen setzen und bei 180 °C im vorgeheizten Ofen 10 Minuten backen. Dann jeden Strudel herausheben, auf dem vorbereiteten Sektkraut anrichten und mit Kümmelschaum umgießen.

Für das **Sektkraut** Zwiebeln in Butter andünsten. In feine Streifen geschnittenes Weißkraut beimengen. Mit Suppe aufgießen und einkochen lassen. Sekt zugießen, mit Salz sowie Pfeffer würzen. Gerät das Kraut zu flüssig, noch mit etwas Weizenstärke binden.

Die Durnholzer Eheprobe

Tiroler Pfarrhöfe dienten in touristisch noch schlechter erschlossenen Zeiten häufig auch als Wirtshäuser und Beherbergungsbetriebe, die von der Pfarrhaushälterin mitbetreut wurden. Diese hatte dabei freilich so manchmal ihre Probleme. So kehrte im Durnholzer Pfarrwirtshaus einst ein junges Pärchen ein und bestellte zwei Forellen sowie ein Doppelzimmer. Die Pfarrersköchin war sich jedoch nicht sicher, ob die beiden wirklich verheiratet waren, und fragte den Pfarrer um Rat, was sie tun solle. Der dachte nicht lang nach, sondern riet der frommen Frau: „Du brauchst nur schauen, wer sich die größere Forelle genommen hat. War das der Mann, kannst du ihnen ein Zimmer zu zweit geben, war's die Frau, so müssen sie in Einzelzimmern übernachten."

Seeforelle in Kräutersauce

nach einem Originalrezept von Philippine Welser

Zubereitung: Den Wein mit Fischfond oder Gemüse- bzw. Kräutersud aufkochen lassen. Die ausgenommene und gewaschene **Seeforelle** innen und außen mit Zitronensaft beträufeln, in den heißen, leicht gesalzenen Sud geben und 10–12 Minuten ziehen lassen. Die Forelle herausnehmen, mit Alufolie abdecken und warm stellen.

Etwa ein Viertel des Suds passieren, kurz einkochen lassen und eventuell mit etwas Obers oder Crème fraîche binden, Eidotter einrühren, aber nun nicht mehr kochen lassen. Die Forelle in Portionsstücke zerlegen, mit der passierten Sauce übergießen und mit Kräutern bestreut servieren.

Zutaten:
1 große küchenfertige Seeforelle von ca. 1 kg
250 ml trockener Weißwein
750 ml Fischfond oder Gemüse- bzw. Kräutersud
Salz
1 Schuss Zitronensaft
2 Eidotter
Obers oder Crème fraîche nach Belieben
1 EL fein gehackte Kräuter (Petersilie, Estragon, Kerbel oder dgl.)

Gebratenes Zanderfilet

mit Schwarzbrotkruste auf Artischocken-Oliven-Gröstl

Zubereitung: Die gut zugeputzten **Zanderfilets** halbieren und in Olivenöl leicht anbraten. Wieder herausheben, auf ein Gitter (oder Küchenkrepp) setzen und mit Salz sowie Pfeffer würzen.

Für die **Kruste** die Butter schaumig rühren, würzen und Brösel einmengen. Diese Masse auf die Zanderfilets streichen. In eine Form setzen und im vorgeheizten Backrohr bei 180 °C (Oberhitze) überbacken. Die überkrusteten Zanderfilets auf dem vorbereiteten Gröstl anrichten.

Für das **Gröstl** zunächst die gekochten Erdäpfelscheiben in Olivenöl zu knusprigen Rösterdäpfeln braten. Die gehackten Zwiebeln und Knoblauch zugeben. Artischocken vierteln und mit den restlichen Zutaten beimengen. Das Gröstl gut würzen und mit Petersilie bestreuen.

Zutaten:
4 Zanderfilets zu je ca. 150 g
2 EL Olivenöl
Salz und Pfeffer

Für die Kruste:
100 g weiche Butter
80 g Schwarzbrotbrösel
Salz und Pfeffer

Für das Gröstl:
200 g gekochte, geschälte Erdäpfel, in Scheiben geschnitten
50 ml Olivenöl
8 küchenfertige Artischockenherzen
50 g entsteinte Oliven (am besten Taggiasche-Oliven)
50 g getrocknete Tomaten
fein gehackte Zwiebeln und Knoblauch nach Belieben
Salz und Pfeffer
1 EL gehackte Petersilie

Zutaten:
4 Wolfsbarschfilets aus Wildfang zu je 150 g
Salz und Pfeffer
Zitronenthymianzweige
50 ml Olivenöl

Für den Blattspinat:
400 g Blattspinat
Olivenöl
Salz und Pfeffer

Für die pikanten Herzkirschen:
300 g große Kirschen, gewaschen und entsteint
100 g Zucker
100 ml roter Portwein
150 ml dunkler Rotwein
Zimtrinde
Zitronenschale
Vanillestange
wenig Peperoncino

Für die Fenchelgnocchi:
200 g Fenchel, gekocht und püriert
1 Eidotter
30 g Weizenmehl
30 g geriebener Parmesan
80 g Toastbrot, ohne Rinde fein gerieben
50 g Topfen
Salz und Pfeffer

Kross gebratener Wildfang-Wolfsbarsch

auf Blattspinat mit Fenchelgnocchi

Zubereitung: Die **Wolfsbarschfilets** halbieren und mit den Gewürzen kurz marinieren. In heißem Olivenöl kross braten. Warmstellen.

Parallel dazu den **Blattspinat** waschen, ebenfalls in Olivenöl kurz anschwitzen und mit Salz sowie Pfeffer abschmecken.

Für die pikanten **Herzkirschen** alle Zutaten bis auf die Kirschen aufkochen und auf ein Drittel einkochen lassen. Erst dann die Kirschen 2 Minuten mitkochen.

Für die **Fenchelgnocchi** alle Zutaten verkneten und die Masse in einen Spritzsack füllen. Auf eine Arbeitsfläche Stränge aufspritzen und diese in 1 cm dicke Stücke schneiden, zu Nockerln formen und in kochendem Salzwasser einmal aufkochen lassen. Mit einer Schaumkelle vorsichtig herausnehmen.

Nun den Blattspinat und je 2 Filets auf heißen Tellern anrichten. Ringsherum die Kirschen sowie die Gnocchi verteilen und mit der abgeseihten Rotweinreduktion beträufeln.

Sigwarts Maischolle
mit Camembertsauce

Zubereitung: Zunächst für die **Sauce** die Champignons, Zwiebeln und Perlzwiebeln in Olivenöl anschwitzen. Mit Weißwein ablöschen, mit Gemüsefond sowie Schlagobers aufgießen und einige Minuten langsam köcheln lassen. Camembert in Stücke schneiden, in die Sauce geben und Gurkenscheiben ebenfalls einrühren. Nochmals etwas köcheln lassen. Dann das mit sehr wenig Weißwein verrührte Mehl in die Sauce einmengen und aufkochen lassen. Mit Salz und Pfeffer abschmecken. Die Tomatenwürfel sowie die gehackte Petersilie zugeben und mit dem geschlagenen Obers abrunden.

Die **Schollenfilets** mit Salz, Pfeffer und Zitrone würzen. In Mehl wenden und kurz beidseitig in Olivenöl herausbraten. Sofort auf Tellern anrichten und die Sauce zur Hälfte über die gebratenen Schollenfiles ziehen. Mit rosa Pfeffer garnieren.

Zutaten:
ca. 1,4 kg Maischolle im Ganzen (ergibt ca. 740 g Schollenfilets)
Maldonsalz (oder anderes mildes Meersalz), weißer Pfeffer aus der Mühle
Zitronensaft
etwas Mehl zum Wenden
2 EL Olivenöl zum Braten
geschrotete rosa Pfefferkörner als Garnitur

Für die Camembertsauce:
100 g fein geschnittene Zwiebeln
50 g eingelegte Perlzwiebeln
80 g in Scheiben geschnittene Champignons
80 g in Scheiben geschnittene Salatgurken (ca. 2 mm dick)
125 ml trockener Weißwein
125 ml Gemüsefond
1 EL Olivenöl
100 g reifer Camembert (oder Brie)
1 Tomate, enthäutet, entkernt, gewürfelt
250 ml Schlagobers
1 TL Mehl, mit Weißwein verrührt
Salz, Pfeffer
1 EL länglich geschnittene Petersilie
2 EL geschlagenes Obers

Beilagenempfehlung:
Salzerdäpfel

In der Kräuterkruste gebratener Wels

mit Tomaten-Portwein-Sauce und Petersilerdäpfeln

Zutaten für 4–6 Portionen:
800 g Welsfilet ohne Haut
Maldonsalz oder anderes mildes Meersalz
Pfeffer aus der Mühle
Zitronensaft
Mehl zum Wenden
2 versprudelte Eier
300 g Weißbrot ohne Rinde vom Vortag
50 Petersilblätter
30 Basilikumblätter
10 g abgerebelter Majoran
20 g abgezupfte Dille
neutrales Öl zum Backen
etwas Butterschmalz zum Nachbraten

Für die Petersilerdäpfel:
1 kg Thaurer Erdäpfel
50 g länglich geschnittene Petersilie
50 g Butter
Salz

Für die Tomaten-Portwein-Sauce:
80 g fein geschnittene Zwiebeln
1 EL Olivenöl
1 EL Tomatenmark
50 g Zucker
100 ml weißer Portwein
100 ml heller Kalbsfond
200 g vollreife Tomaten
Salz, Pfeffer
ca. 15 Kirschtomaten
Olivenöl
Salz und Zucker zum Schwenken

Zubereitung: Die **Welsfilets** in gleichmäßige Stücke schneiden und diese mit Salz, Pfeffer sowie Zitronensaft würzen. In Mehl und dem versprudelten Ei wenden. Das Weißbrot zu feinen Bröseln aufmixen und mit den gehackten Kräutern vermengen. Nochmals gut mixen. Jetzt die Fischfilets in den Kräuterbröseln wenden. Je nach Dicke der Filets länger oder kürzer bei mittlerer Hitze herausbacken. Vor dem Servieren noch kurz in Butterschmalz wenden.

Für die **Petersilerdäpfel** die geschälten Erdäpfel in Salzwasser weich kochen. Butter schmelzen lassen, Petersilie einrühren und die Erdäpfel darin schwenken.

Für die **Tomaten-Portwein-Sauce** die Zwiebeln in Olivenöl anschwitzen. Tomatenmark und Zucker dazugeben, mit Portwein löschen und den hellen Kalbsfond zugießen. Die Tomaten zerkleinern, mit Salz und Pfeffer untermengen und ca. 10 Minuten durchköcheln lassen. Nun die Tomatensauce aufmixen und durch ein feines Sieb passieren.

Währenddessen die Kirschtomaten unten einritzen und einige Sekunden in kochendes Wasser geben. Danach sofort die Haut über den Strunk hinaufziehen (sieht dekorativ aus). Die Tomaten in Olivenöl mit etwas Salz und Zucker schmoren lassen. Abschmecken und anrichten.

Die fertig gebackenen Fischfilets schräg halbieren und auf vorgewärmten Tellern anrichten. Die Petersilerdäpfel daneben legen und mit der Tomatensauce umkränzen. Mit den Kirschtomaten garnieren.

Roulade vom Wels
mit Gurken-Rahm-Nudeln

Zubereitung: Die **Welsfilets** einschneiden und kurz klopfen. Mit Salz, Pfeffer sowie Limonenöl würzen und die Filets auflegen. Lauch, Karotte und getrocknete Tomaten in Streifen schneiden, darauflegen und wie eine Roulade einrollen. In Klarsichtfolie einwickeln und an den Enden gut verknoten. Wasser aufkochen, gut salzen und die Rouladen ca. 5 Minuten darin ziehen lassen.

Parallel dazu die **Bandnudeln** al dente kochen. Eine Gurke schälen und der Länge nach mit der Wurstmaschine dünn aufschneiden. Die andere Gurke ebenfalls schälen, klein schneiden und aufmixen. Die Masse durch ein feines Sieb passieren, die restlichen Zutaten zugeben und etwas einkochen lassen. Je nach gewünschter Molligkeit mit etwas Maizena eindicken und mit den Bandnudeln mischen. Welsrouladen aus der Folie wickeln, nach Belieben aufschneiden und mit den Gurken-Rahm-Nudeln anrichten.

Zutaten:
4 Welsfilets
1 Karotte
½ Stange Lauch
8 sonnengetrocknete Tomaten
Salz, Pfeffer, Limonenöl

Für die Gurken-Rahm-Nudeln:
Bandnudeln nach Belieben
2 Gurken
½ Knoblauchzehe
250 ml Schlagobers
2 EL Sauerrahm
Dille, Salz, Pfeffer, Zitronensaft
Maizena nach Bedarf

Karpfengulasch
im Paprika serviert

Zutaten für 4–6 Portionen:
700 g entgrätetes und enthäutetes Karpfenfilet
1 kleine fein geschnittene Schalotte
1 fein gehackte Knoblauchzehe
je ½ rote, gelbe und grüne Paprikaschote, jeweils enthäutet und in 1 cm große Rauten geschnitten
4–6 mittelgroße Paprikaschoten zum Füllen
50 g Schinken, in Streifen geschnitten
4 cl trockener Vermouth (Noilly Prat)
250 ml Fischfond
125 ml flüssiges Schlagobers
Salz, Pfeffer aus der Mühle
Zitronensaft
1 TL edelsüßes Paprikapulver
1 EL gehackte Dille
feine Dillzweige als Garnitur
1 EL Sauerrahm
1 EL geschlagenes Obers
Olivenöl zum Braten
etwas frischer Majoran und gehackter Knoblauch für die Schoten

Beilagenempfehlung:
Spätzle
(▸ Kalbsrahmgulasch S. 223)

Zubereitung: Die **Paprikaschoten** waschen, den Deckel abschneiden und das Innere entfernen. Mit Salz, Pfeffer sowie etwas Knoblauch würzen. Den frischen Majoran zugeben und in etwas Olivenöl anbraten. Im vorgeheizten Rohr bei ca. 170 °C al dente schmoren.

Die **Karpfenfilets** sorgfältig entgräten und in 2 cm breite Streifen schneiden. Mit Salz, Pfeffer und Zitronensaft würzen. In Olivenöl nur kurz anbraten und die noch glasigen Fischstücke wieder herausnehmen.

In der gleichen Pfanne nun Schinken, Schalotten, Paprikastückchen und Knoblauch anschwitzen. Mit Noilly Prat löschen und mit Fischfond aufgießen. Mit Salz und Pfeffer würzen, Paprikapulver zugeben und etwas einreduzieren lassen. Mit flüssigem Obers aufgießen und nochmals einkochen lassen. Abschmecken und bei Bedarf noch etwas Paprikapulver oder Vermouth einrühren.

Den Karpfen wieder in die Sauce geben. Die gehackte Dille sowie den Sauerrahm einrühren und etwas geschlagenes Obers zugeben. Kurz durchziehen lassen und jeweils in die heißen geschmorten Paprikaschoten füllen. Den Deckel halb daraufsetzen und anrichten. Mit Dillzweigen garnieren.

Der Innsbrucker Karpfen

Aus den Annalen der Innmetropole wird eine Begebenheit vermeldet, die von einem Innsbrucker Bürger handelt, der aus dem Inn einen dermaßen farbenprächtigen Karpfen zog, dass er nicht wagte ihn aufzuessen und ihn stattdessen zur Begutachtung vor den Stadtrat brachte. Die Stadträte musterten den in tausenden Facetten funkelnden Karpfen und kamen zu dem Schluss, dass es sich bei einem solchen Karpfen unmöglich um einen Fisch handeln könne, sondern um einen Vogel. Per Stadtratsbeschluss wurde der Vogel daher sofort zu Gesangsstunden verdonnert, denn die Innsbrucker Stadtväter meinten, wenn ein dermaßen schöner Vogel auch noch singen könne, würde er der Stadt noch weit mehr zur Ehre gereichen. Allein: der Karpfen wollte nicht. Alle Mühen, ihm das Singen beizubringen, scheiterten so kläglich, dass die erzürnten Stadtväter den Karpfen ob seiner Widerborstigkeit zur öffentlichen Exekution durch Ertrinken verurteilten. Also wurde der bunte Fisch wieder zurück in den Inn geworfen. Vielleicht begann er dort ja dann auch tatsächlich vor Freude zu singen.

Seeteufel-Ossobuco „Elephant“

auf Gemüsespaghetti

Zubereitung: Die **Seeteufelfilets** in Olivenöl kurz Farbe nehmen lassen. Herausheben, mit Salz und Pfeffer würzen. Spaghetti in kochendem Salzwasser al dente kochen. Abseihen.

Das geschnittene Gemüse in heißem Olivenöl durchschwenken. Die restlichen Zutaten zugeben und gut durchschwenken. Alles mit den gegarten Spaghetti vermischen und abschmecken. Eine Alufolie auflegen und die **Gemüsespaghetti** darauf verteilen. Seeteufelfilets darauf platzieren und noch mit Olivenöl beträufeln. Die Folie gut verschließen und für 10 Minuten in den 180 °C heißen Ofen schieben.

Herausnehmen und je nach Vorliebe anrichten oder die Folie erst bei Tisch öffnen. Mit Zitronenspalten garnieren.

Zutaten:
4 Scheiben Seeteufel je 5 cm dick geschnitten (mit Knochen)
50 ml Olivenöl
Salz und Pfeffer
Zitronenspalten zum Garnieren

Für die Gemüsespaghetti:
120 g Spaghetti
50 ml Olivenöl
je 50 g gelbe Paprikaschote, Zucchini und Melanzani, alles in dünne Streifen geschnitten
50 g geviertelte Artischocken
50 g Oliven
1 gehackte Knoblauchzehe
1 Lorbeerblatt
1 TL Kapern
1 TL gehackte Petersilie
Salz und Pfeffer
50 ml Olivenöl zum Beträufeln

Steinbutt-Gänseleber-Roulade

auf Weißkrautrisotto

Zubereitung: Zunächst die Wirsingblätter in Salzwasser einmal aufkochen, in Eiswasser abschrecken und trockentupfen. Die **Gänseleber** mit Salz, Pfeffer, Cognac sowie Thymian marinieren und abgedeckt kühl stellen.

Dann die Spinatblätter blanchieren, ebenfalls in Eiswasser abschrecken, gut ausdrücken und die Gänseleber jeweils damit umwickeln.

Je eine Rohschinkenscheibe auf eine Klarsichtfolie auflegen. Ein Wirsingblatt daraufgeben und mit dem gewürzten **Steinbutt** belegen. Die Gänseleber im Spinatmantel auf den Steinbutt legen und alles straff einrollen. Im Ofen bei 70°C 20–25 Minuten garen. Die fertig gegarten Rouladen aus der Folie nehmen, schräg durchschneiden und auf dem Risotto anrichten.

Für das **Weißkrautrisotto** die gehackten Zwiebeln in etwas Öl hell anschwitzen. Reis zugeben, kurz anrösten und mit Weißwein ablöschen. Wenig Suppe zugießen und unter wiederholtem Rühren und Zugießen von frischer Suppe ca. 18 Minuten garen. Nach der Hälfte der Garzeit Weißkraut dazugeben. Abschließend mit Parmesan sowie Schlagobers verfeinern und abschmecken.

Zutaten:
- 4 Steinbuttfilets zu je 100 g
- 4 Blätter Wirsing
- 4 Scheiben Rohschinken
- 4 Scheiben Gänseleber zu je 70 g
- Salz und Pfeffer aus der Mühle
- 1 EL Cognac
- 1 Thymianzweig
- einige Spinatblätter

Für das Weißkrautrisotto:
- 50 g gehackte Zwiebeln
- 150 g Rundkornreis
- 50 ml Weißwein
- 100 g Weißkraut, in Streifen geschnitten
- Gemüsesuppe zum Aufgießen
- Salz und Pfeffer
- etwas geriebener Parmesan
- 2 EL Schlagobers
- Öl zum Anbraten

Fleisch

Schweinsstelze
mit Erdäpfeln, Grammeln, Kloatzen und Kümmel

Zutaten:
1 hintere Schweinsstelze
1 kg Erdäpfel
Knoblauch
Kümmel (ganz und gemahlen)
Salz, Pfeffer
ca. 2 EL Butter
4 EL Grammeln
gehackte Petersilie
4 EL Dörrzwetschken
Orangensaft

Zubereitung: Die **Schweinsstelze** schröpfen, das heißt die Schwarte mit einem scharfen Messer regelmäßig einschneiden. Mit Knoblauch, Salz, Pfeffer und ganzem Kümmel würzen.
Im vorgeheizten Backrohr bei 130 °C Heißluft etwa 3 Stunden braten.

Währenddessen die **Erdäpfel** bissfest kochen und in mundgerechte Stücke schneiden. Die **Grammeln** in einer Pfanne rösten, Erdäpfel zugeben und abschmecken. Kurz vor dem Anrichten ein kleines Stück Butter und etwas gehackte Petersilie unterrühren. Die Dörrzwetschken in etwas Orangensaft erhitzen.

Die fertige Stelze herausheben und warm stellen. Den Saft abseihen und mit etwas Butter, Salz, Pfeffer und gemahlenem Kümmel abschmecken. Das Fleisch vom Knochen lösen und mit den vorbereiteten Beilagen servieren.

Spanferkel
im Ganzen gebraten

Zubereitung: Beim **Ferkel** die Nieren herausschneiden, die Ohren und das Ringelschwanzerl mit Alufolie einwickeln, damit sie nicht verbrennen. Das Maul aufspreizen und auch mit etwas Alufolie ausstopfen. Das Ferkel innen gut salzen, mit gehacktem Knoblauch, Kümmel und Paprikapulver fest einreiben. Außen mit neutralem Öl einstreichen und danach salzen. In ein tiefes Blech setzen und über Nacht kühl stellen.

Am nächsten Tag vor dem Braten mit dunklem Bier und Honig einstreichen. Beides dafür vorher in einer Schüssel vermengen und durchrühren. Das Ferkel zunächst 1 Stunde bei 200°C braten, die zweite Stunde bei 180°C, die dritte Stunde bei 120°C und die vierte Stunde schließlich nur mehr bei 100°C braten. Dabei immer wieder mit Bier und Honig einstreichen.

Für die **Sauce** die Schweinsknochen extra in einer Kasserolle anbraten. Salzen, Wurzelwerk dazugeben und mit gehacktem Knoblauch, Kümmel, Salz, Pfeffer und etwas Paprikapulver würzen. Mit etwas Gemüsefond oder Suppe aufgießen und im Rohr bei 180°C ca. 2 Stunde leicht schmoren lassen. Mit sehr wenig Mehl binden, abseihen und einige Knoblauchscheiben, Kümmel und etwas vom Bratensaftl dazugeben. (Nicht zu viel Bratensaft zugeben, da dieser ziemlich dunkel und bitter ist.)

Das Ferkel nach Lust und Laune etwa mit einem roten Mascherl um den Hals und einem Apfel im Maul präsentieren. Beim Tranchieren zuerst in die Hauptteile wie Schlegel, Schulter und Rücken, Hals und Kopf zerteilen, dann in kleinere Stücke schneiden. Dann die Stücke auf ein Backblech legen und für kurze Zeit bei starker Oberhitze nochmals im Ofen knusprig und heiß braten.

Zutaten für ca. 15 Portionen:
1 frisches, kleines Spanferkel mit max. 8 kg (unbedingt vorbestellen!)
Salz, Pfeffer
etwas Paprikapulver
2 Knollen Knoblauch, ⅔ gehackt, der Rest in Scheiben geschnitten für die Sauce
1 EL Kümmel
1 Flasche dunkles Bier
ca. 100 g Honig
neutrales Öl

Für die Sauce:
1 kg Schweinsknochen
500 g Wurzelwerk (Zwiebeln, Lauch, Sellerie, wenig Karotten)
Salz, Pfeffer
Kümmel,
etwas Paprikapulver
1 Knolle Knoblauch, gehackt
etwas Mehl, mit Wasser verrührt
ca. 1,5 l Gemüsefond oder Suppe

Beilagenempfehlung:
je nach Anlass und Gelegenheit Krautsalat und frisches Weißbrot, aber auch Erdäpfel, Knödel und Weinkraut

Glasierte Spanferkelstelze
auf Tomatenpolenta mit Ofenschalotten

Zutaten:
4 kleine hintere Stelzen vom Spanferkel
Salz
300 g würfelig geschnittenes Wurzelgemüse
1 Knoblauchzehe
1 Lorbeerblatt
3 zerdrückte Pfefferkörner
je 1 Zweig Thymian, Rosmarin und Salbei
50 ml Samenöl (Traubenkern-, Sonnenblumenkernöl oder anderes neutrales Pflanzenöl)
1 EL Tomatenmark
250 ml dunkles Bier
500 ml braune Kalbssuppe

Für die Tomatenpolenta:
250 ml Milch
250 ml Wasser
1 TL Butter
100 g weißes mittelfeines Polentamehl
Salz
200 g getrocknete Tomaten
gehackte Petersilie

Für die Ofenschalotten:
20 Schalotten
3 EL Olivenöl
Salz und Pfeffer
Knoblauch, Rosmarin, Thymian und Lorbeer

Zubereitung: Die Haut der **Stelzen** gut einritzen und mit Salz sowie Öl einreiben. Eine passende Form oder Pfanne mit Öl ausstreichen und in den vorgewärmten Ofen geben. Sobald das Öl heiß ist, die Stelze samt Wurzelgemüse, Gewürzen sowie Kräutern hineingeben und bei 180 °C schön knusprig braun braten. Tomatenmark beigeben und gut mitrösten.
Mit Bier löschen und mit heißer Kalbssuppe fleißig übergießen. Sobald die Stelze butterweich gegart ist (nach ungefähr 1 Stunde), herausnehmen und in Alufolie eingeschlagen warmstellen. Die Sauce abschmecken, fein passieren und auf die gewünschte Konsistenz einköcheln lassen.

Unterdessen für die **Tomatenpolenta** Wasser mit Milch, Salz und Butter zum Kochen bringen. Das Polentamehl einrühren und 20 Minuten zugedeckt langsam fertig kochen. Abschließend die gehackten getrockneten Tomaten sowie die Petersilie einrühren.

Schalotten von den lockeren Blättern trennen, Wurzelansatz wegschneiden. In einer Schüssel mit Gewürzen und Öl gut vermengen und in eine Stielpfanne geben. In den Ofen schieben und bei mittlerer Hitze ca. 20 Minuten garen.

Die Stelzen aus der Folie wickeln und mit der Polenta sowie den Ofenschalotten anrichten.

Piccata vom Jungschwein
mit Zwiebelconfit gefüllt

Zutaten für 6 Portionen:
800 g ausgelöste, zugeputzte Schlögelteile vom Jungschwein
Salz, Pfeffer
Mehl, 3 verquirlte Eier und Brösel zum Panieren
5 EL Butterschmalz zum Herausbacken

Für das Confit:
300 g geschnittene rote Zwiebeln
1 TL Butterschmalz
1 EL Honig
Salz, Pfeffer
Cayennepfeffer
1 Msp. Kümmel
1 Spritzer Zitronensaft
60–70 ml Rotwein
½ TL fein geschnittener Ingwer
½ TL Ronenpüree oder -saft (Rote-Rüben-Mark)

Beilagenempfehlung:
Erdäpfel

Zubereitung: Zunächst für das **Zwiebelconfit** die Zwiebeln in Butterschmalz hell anschwitzen (ohne Farbe nehmen zu lassen). Mit Rotwein aufgießen, Honig, Ingwer, Salz, Pfeffer, Cayennepfeffer, Kümmel und einen Spritzer Zitronensaft dazugeben. Das Confit einige Minuten einköcheln lassen und mit etwas Ronenpüree oder -saft die Farbe auffrischen.

Dann die ausgelösten **Schlögelteile** in kleinere Schnitzel schneiden. Klopfen, mit Salz sowie Pfeffer würzen und jeweils mit einem Löffel Confit füllen. Zusammenklappen, gut festklopfen und in Mehl, verquirlten Eiern und Bröseln panieren. In Butterschmalz langsam goldbraun und knusprig herausbacken. Herausheben und abtropfen lassen. Je ein Stück Piccata schräg halbieren, auf Tellern anrichten und mit Confit garnieren.

☞ ***Wenn Sie die Piccata nicht als Hauptspeise, sondern als knuspriges Partyhäppchen servieren wollen, so reichen Sie dazu etwas frischen Salat.***

Iseltaler Bratelmues

Zutaten:
500 g mageres, gesurtes Schweinefleisch
5 EL Weizenbrotmehl
40 g Fett
1 l Wasser
ca. 300 g Roggenmehl
100 g Butter
Salz

Zubereitung: Das Fleisch würfelig schneiden, in Fett anbraten, mit Weizenbrotmehl stauben (dunkle Einmach) und mit kaltem Wasser aufgießen.

Das Fleisch dünsten lassen, bis es gar ist, dann das Roggenmehl vorsichtig einsieben und dabei ständig rühren, damit keine Knollen entstehen, salzen, nach Belieben verkochen lassen.

Zuletzt mit brauner Butter übergießen.

☞ ***Die Knollenbildung wird verhindert, wenn man das Mehl mit kaltem Wasser verrührt und dann langsam dazugibt.***

Kalbskotelett in Kräuterbröseln

auf Eierschwammerlfleckerln

Zutaten:
4 Kalbskoteletts, gut zugeputzt
Salz und weißer Pfeffer
Mehl zum Wenden
Öl zum Anbraten
50 g Butter
1 fein geschnittene Schalotte
250 g frische Eierschwammerl
1 EL gehackte Petersilie
100 ml Kalbsjus

Für die Kräuterbrösel:
150 g Weißbrot, entrindet und gerieben
Petersilie, Kerbel, Majoran, Estragon, Thymian nach Belieben
Salz

Für den Nudelteig:
100 g Weizenmehl
100 g Hartweizenmehl
2 Eier
1 TL Olivenöl
Salz

Zubereitung: Zuerst für die **Fleckerl** aus den angegebenen Zutaten einen Teig herstellen und in Klarsichtfolie 20 Minuten rasten lassen. Den Teig dünn ausrollen und in Rauten (verschobene Vierecke) schneiden.

Die **Kalbskoteletts** würzen, in Mehl wenden, gut abklopfen und in Öl auf beiden Seiten braun anbraten. Auf ein Gitter legen und bei 160 °C 4–5 Minuten im Ofen fertig braten. Aus der Pfanne das restliche Öl abschütten, frische Butter erhitzen und die Schalotten andünsten. Eierschwammerl zugeben und mit Kalbsjus cremig einkochen. Mit Salz und Petersilie abschmecken. Die vorbereiteten Fleckerl in Salzwasser kochen und mit den Eierschwammerln durchschwenken.

Für die **Kräuterbrösel** das Weißbrot mit den Kräutern und Salz in der Küchenmaschine fein hacken. Das gebratene Kalbskotelett in den Kräuterbröseln wenden. Einmal durchschneiden und auf den Eierschwammerl-Nudelfleckerln anrichten.

Gefülltes Kalbssteak
mit gedünstetem Reis und Sauce tyrolienne

Zubereitung: Das **Fleisch** in sechs gleichmäßig dicke Schnitzel schneiden, dünn klopfen und mit Salz sowie Pfeffer würzen. Mit je einer Scheibe Beinschinken belegen. Die Zwiebelringe mit den geschnittenen Champignons in Butterschmalz hellbraun anbraten. Mit Salz und Pfeffer würzen. Nun die Tomatenwürfel einmengen, kurz durchschwenken und mit Petersilie abschmecken. Die Schnitzel auflegen, mit der Füllmasse bestreichen, zusammenklappen und auf beiden Seiten kurz und heiß braten. Auf vorgewärmte Teller platzieren und mit je einem Löffel Sauce tyrolienne überziehen. Daneben einen Gupf Reis anrichten. Mit geschälten Cocktailtomaten und getrockneten Tomatenflocken garnieren.

Für den gedünsteten **Reis** das Öl erhitzen und die gespickten Zwiebelhälften darin anschwitzen. Den Reis dazugeben und mit Wasser aufgießen. Nun salzen, einen Deckel daraufgeben und für 20 Minuten in das vorgeheizte Rohr stellen.

Für die **Sauce tyrolienne** alle Zutaten bis auf das Schlagobers miteinander vermengen. Abschmecken und das geschlagene Obers unterheben.

Zutaten für 6 Portionen:
800 g zugeputzter Kalbsschlögelteil
Salz, Pfeffer
6 große, dünne Scheiben Beinschinken
300 g Zwiebeln, in dünne Ringe geschnitten
200 g Champignons, in Scheiben geschnitten
2 EL gehackte Petersilie
200 g Tomatenwürferl, ohne Haut und entkernt
2 EL Butterschmalz
Cocktailtomaten und getrocknete Tomatenflocken zum Garnieren

Für den Reis:
2 Tassen (= ca. 250 g) Basmatireis
3 Tassen Wasser
1 TL Salz
1 EL neutrales Öl
1 kleine Zwiebel, halbiert und mit je 5 Nelken und 1 Lorbeerblatt gespickt

Für die Sauce tyrolienne:
250 g Mayonnaise
2 EL Ketschup
1 EL frisch gepresster Orangensaft
1 Msp. Cayennepfeffer
½ EL frisch geriebener Kren
1 EL Grand Marnier
Salz
2 EL geschlagenes Obers

Gratinierte Kalbsrückenmedaillons

mit Weißweinrisotto und Rotweinsauce

Zubereitung: Für das **Weißweinrisotto** Schalotten und Knoblauch fein hacken und in Olivenöl hell anschwitzen. Reis zugeben, salzen und mit etwas Weißwein aufgießen. Lorbeerblatt und Thymianzweig dazugeben und unter wiederholtem Umrühren und Zugießen von etwas Weißwein und Hühnerfond langsam etwa 18 Minuten al dente garen. Zum Schluss Mascarpone und Parmesan einrühren.

Währenddessen für die **Kruste** die Brotwürfel in Butter langsam knusprig rösten. Die Eierschwammerl klein schneiden, in Olivenöl anbraten und überkühlen lassen. Butter schaumig rühren, würzen, Dotter zugeben und nochmals kurz aufschlagen. Die erkalteten Eierschwammerl und Brotwürfel unterheben, die Weißbrotbrösel sowie die Petersilie einrühren. Mit Pfeffer, Salz, Pilzmehl, Senf und Madeira abschmecken.

Den **Kalbsrücken** in gleichmäßige Stücke schneiden, eventuell leicht klopfen und mit Salz, Pfeffer, etwas Pilzmehl und frisch gehacktem Rosmarin würzen. In Butterschmalz anbraten, umdrehen und nochmals braten lassen. Etwas Kruste auf die Medaillons auftragen und im vorgeheizten Backrohr bei starker Oberhitze goldbraun gratinieren.

Für die **Rotweinsauce** Butter mit Staubzucker und gehacktem Ingwer schmelzen lassen. Mit Rot- und Portwein aufgießen, etwas einreduzieren lassen. Kalbsjus zugießen und mit Stärke etwas binden. Anschließend durch ein feines Sieb passieren.

Das Risotto in der Mitte des Tellers anrichten, darauf das überbackene Kalbssteak setzen und rundherum etwas Rotweinsauce angießen. Mit Parmesanspänen und frischen Kräutern garnieren. Eventuell noch mit gebratenen Eierschwammerln dekorieren.

Zutaten für 6 Portionen

1 kg zugeputzter Kalbsrücken
Salz, Pfeffer
etwas Pilzmehl
frisch gehackter Rosmarin
1 EL Butterschmalz
Parmesanspäne und frische Kräuter zum Garnieren
ev. gebratene Eierschwammerl als Garnitur

Für die Pilzkruste:

100 g Eierschwammerl
1 EL Olivenöl
20 g Weißbrot, in kleine Würfel geschnitten
20 g Butter zum Rösten
100 g Butter
1 Eidotter
50 g Weißbrotbrösel (ohne Rinde)
2 EL gehackte Petersilie
1 TL Pilzmehl
Salz, Pfeffer
1 cl Madeira
1 TL Dijonsenf

Für die Rotweinsauce:

50 g Staubzucker
20 g Butter
10 g gehackter Ingwer
300 ml kräftiger Rotwein
50 ml roter Portwein
100 ml stark konzentrierter Kalbsjus
etwas Maizena zum Binden

Für das Weißweinrisotto:

2 EL Olivenöl
2 Schalotten
1 Knoblauchzehe
300 g Risottoreis
Salz
300 ml trockener Weißwein
500 ml Hühnerfond
1 Thymianzweig
1 Lorbeerblatt
2 EL Mascarpone
2 EL frisch geriebener Parmesan

Gebackenes Kalbsschnitzel

mit kaltgerührter Preiselbeermarmelade

Zutaten für 6 Portionen:
800–900 g Kaiserteil vom Kalbsschlögel (am besten von einem Milchkalb), gut zugeputzt
Salz, Pfeffer
Mehl zum Panieren
3 Eier, versprudelt mit einem Hauch von sehr fein gehacktem Knoblauch und 1 EL Schlagobers
weiße, feine Semmelbrösel
neutrales Öl zum Herausbacken
2 EL Butterschmalz
6 Petersilstiele mit Blättern
etwas flüssiges Eiklar
3 Zitronen

Für die kaltgerührte Preiselbeermarmelade:
500 g frische, feste Preiselbeeren
300 g Gelierzucker 2:1
100 g Kristallzucker
10 Tropfen Zitronensaft

Beilagenempfehlung:
Petersilerdäpfel von Thaurer Erdäpfeln

Zubereitung: Aus dem **Kaiserteil** schöne Schnitzel schneiden, gleichmäßig dünn klopfen und mit Salz sowie Pfeffer würzen. In Mehl, mit Knoblauch und Obers versprudeltem Ei sowie Semmelbröseln panieren. Die Brösel dabei nicht zu fest andrücken, damit die Panier schön soufflieren kann. In einer großen Pfanne Öl (ca. 1 cm hoch) erhitzen und die Schnitzel bei mittlerer Hitze kurz auf beiden Seiten herausbacken. Herausheben und sofort in eine andere Pfanne mit heißem Butterschmalz geben, umdrehen und rasch auf warmen Tellern anrichten.

Die Petersilstiele durch das flüssige Eiklar ziehen und kurz im heißen Fett frittieren. Zitronen halbieren und in ein Leinentüchlein wickeln. Mit einem netten Banderl zubinden und gemeinsam mit der Preiselbeermarmelade zu den Schnitzeln servieren. Mit der frittierten Petersilie garnieren.

Für die **Preiselbeermarmelade** die Preiselbeeren mit dem Gelierzucker erhitzen. Sobald sie zu kochen beginnen, sofort vom Feuer nehmen. Den Kristallzucker sowie den Zitronensaft zugeben und so lange langsam mit dem Schneebesen rühren, bis die Marmelade kalt ist. Die Masse dabei am besten auf eine Schüssel mit Eiswürfeln stellen. Nach dem Abfüllen im Kühlschrank aufbewahren, da die Marmelade nur ca. 2 Monate haltbar ist.

☞ ***Diese Zubereitungsmethode lässt die Preiselbeermarmelade viel fruchtiger schmecken.***

Kalbstafelspitz
mit Ingwergemüse

Der Kalbstafelspitz gilt unter Kennern als dem Rindstafelspitz geschmacklich und an Zartheit überlegen. Das ist vor allem dann der Fall, wenn man dafür, wie Josef Mühlmann, auf Milchkälber zurückgreifen kann, wie sie Ludwig Schett am Innervillgratener Ahornberg in 1450 m Höhe züchtet. Schetts „Geheimnis" neben der „guiten Luft" ist das Futter: „Das Kalb darf nur Muttermilch und Stroh annehmen."

Zutaten:
1 Weißes Scherzl vom Milchkalb (ca. 600 g)
2 l Rindsuppe
1 Karotte
½ Sellerie
Erdäpfel nach Belieben
Liebstöckel, Petersilie, Zitronenthymian
Saft von 2 Limonen
Ingwer und Petersilie zum Bestreuen

Zubereitung: Den Saft der Limonen gemeinsam mit den Kräutern in die Suppe geben und auf ca. 80 °C erhitzen. Das **Fleisch** einlegen und darin so lange ziehen lassen, dass es noch leicht rosa ist. (Je nach Qualität des Fleisches ca. 25–30 Minuten. Eventuell die Druckprobe machen. Dafür den linken Daumen locker an den Zeigefinger legen und mit der rechten Hand auf den Daumenballen drücken. Dieser fühlt sich genau so an, wie das rosa gegarte Fleisch.)

Nun das **Gemüse** schälen und in mundgerechte Stücke schneiden. In Salzwasser bissfest blanchieren. Das Fleisch tranchieren und mit dem Gemüse sowie der Limonensuppe auf vorgewärmten Tellern anrichten. Geriebenen Ingwer und gehackte Petersilie darüberstreuen.

Kalbsschlegel
auf Alt-Tiroler Art

Zutaten:
1 ganzer Kalbsschlegel von ca. 2 kg
2 Sardellen
2 EL Rindsknochenmark, gekocht und ausgelöst
2 EL Petersilie, fein geschnitten
1 Zwiebel, klein und fein geschnitten
Salz, Pfeffer
2 EL Pflanzenöl
300 ml Kalbsknochensuppe
125 ml Sauerrahm

Zubereitung: Sardellen und Knochenmark zerdrücken und mit Zwiebeln sowie Petersilie zu einer kompakten Paste verrühren. Mit einem spitzen Messer in den Kalbsschlegel in regelmäßigen Abständen kleine Schlitze schneiden und diese mit der Paste messerspitzenweise füllen. Schlegel salzen, pfeffern und bei 180 °C 20 Minuten lang rundum braun braten. Hitze auf 160 °C reduzieren und unter beständigem Aufgießen mit Kalbsknochensuppe ca. 2 Stunden lang weiterbraten. Am Schluss Bratrückstände loskratzen, Sauerrahm unter die Sauce rühren und den tranchierten Schlegel damit umgießen.

Dazu passen Risipisi, Bandnudeln oder mitgebratene Erdäpfel.

Gefüllte Kalbsbrust

Zutaten für 6 Portionen:
ca. 1,2 kg Kalbsbrust (vom Metzger untergreifen lassen)
500 g Kalbsknochen
500 g Wurzelwerk (Karotten, Zwiebeln, Sellerie, Lauch)
Salz, Pfeffer
etwas gehackter Knoblauch
2 Petersilstiele
Rosmarin
½ TL Paprikapulver
1 EL Olivenöl
500 ml Rindsuppe
300 ml Kalbsjus
1 TL Maizena
50 g Butter zum Montieren

Für die Fülle:
300 g Weißbrot vom Vortag, ohne Rinde
Salz, Pfeffer
150 g fein geschnittene Zwiebeln
150 g Butter
5 Eier
100 g gekochte Karottenwürfel
2 EL länglich geschnittene Petersilblätter

Für das Gemüse:
verschiedenes Gemüse nach Wahl (Kohlrabi, junge Karotten, Erbsenschoten, Erbsen, Zucchini, Bohnen, Brokkoli usw.)
Butter und ca. 4 EL Gemüsefond
Salz, Pfeffer
geriebene Muskatnuss

Zubereitung: Für die **Fülle** zunächst das Weißbrot in 1 cm große Würfel schneiden. Die Zwiebelwürfel mit der Butter ca. 5 Minuten hell, ohne Farbe nehmen zu lassen anschwitzen. Dann in ein Mixglas geben, die Eier hinzufügen und gut durchmixen. Die Eiermasse über das Weißbrot gießen und ca. 1 Stunde durchziehen lassen. Die gekochten Karottenwürfel sowie die Petersilie untermengen, würzen und in gleichmäßiger Stärke in die untergriffene Kalbsbrust einfüllen. Die Öffnung mit einem Spieß gut verschließen oder mit Nadel und Faden zunähen.

Nun die **Kalbsbrust** außen mit Salz, Pfeffer, etwas Rosmarin und Paprikapulver würzen. Eine Bratenpfanne mit etwas Olivenöl erhitzen, das Fleisch und die Knochen darin anbraten und das Wurzelwerk zugeben. Bei 180 °C Unter- und Oberhitze ins heiße Backrohr schieben. Sobald das Fleisch schön angeraten ist, mit etwas Rindsuppe und Kalbsjus aufgießen und Petersilstiele, Rosmarinzweig, etwas gehackten Knoblauch und Paprikapulver dazugeben. Die Kalbsbrust etwa 2 Stunden langsam weich braten. Währenddessen immer wieder ein wenig begießen und die Hitze auf 160 °C reduzieren. Das Fleisch herausnehmen und die Sauce mit Maizena leicht binden. Durch ein feines Sieb passieren und mit den Butterwürfeln montieren.

Inzwischen das **Gemüse** jeweils auf den Punkt kochen. In einer Pfanne mit Butter und Gemüsefond durchschwenken. Mit Salz, Pfeffer sowie geriebener Muskatnuss würzen. Die Kalbsbrust in ca. 1 cm breite Scheiben schneiden, anrichten und mit Sauce umgießen.

☞ ***Wenn Sie das Gemüse besonders dekorativ anrichten wollen, so höhlen Sie jeweils einen Kohlrabi aus und füllen das abgeschmeckte, fertige Gemüse darin ein.***

Kalbshaxenscheiben

auf mediterrane Art

Zubereitung: Die **Kalbshaxenscheiben** mit Salz und Pfeffer würzen. Die Tomaten kurz in siedendes Wasser tauchen, schälen, entkernen und in Spalten schneiden. Sellerie schälen und in 2 cm lange Stücke schneiden. Fleisch in Olivenöl auf beiden Seiten anbraten. In eine Kasserolle (nach Möglichkeit nebeneinander) einlegen, mit Weißwein ablöschen und das Tomatenmark dazugeben. Nun Karotten, Knoblauch, Perlzwiebeln, Sellerie und Sardellen einmengen. Mit etwas Kalbsjus aufgießen und bei 180 °C Unter- und Oberhitze braten lassen.

Nach 1 Stunde die Hitze auf 160 °C reduzieren. Tomatenspalten, Frühlingszwiebeln, Oliven, Rosmarin- und Thymianzweige zugeben und nochmals ca. 1 Stunde braten lassen. Abschließend mit dem angerührten Maizena nur so viel binden, dass die Sauce nicht zu suppig gerät. Zuletzt noch die in Streifen geschnittene Petersilie darüberstreuen, den mitgebratenen Rosmarin und Thymian entfernen und durch einige frische Nadeln ersetzen.

Zutaten für 6 Portionen:
1,5 kg Kalbsstelze, vom Metzger in Scheiben geschnitten
Salz, Pfeffer
2 EL Olivenöl
8 Tomaten
20 Perlzwiebeln
5 junge Karotten
12 ganze Knoblauchzehen
18 schwarze, kleine Oliven mit Kern
12 Frühlingszwiebeln
3 Stangen Sellerie
2 gehackte Sardellenfilets
2 Rosmarinzweige
5 Thymianzweige
125 ml Weißwein
1 TL Tomatenmark
500 ml Kalbsjus
½ TL Maizena, mit Weißwein verrührt
einige Blätter Petersilie

Beilagenempfehlung:
knuspriges Stangenweißbrot oder mitgebratene Erdäpfel

Der Metzger vom Zillertal

„Die Sigwarts haben uns schon in den 50er Jahren die ersten Fackln und ganze Kälber abgekauft", erinnert sich Johann Wegscheider, der Meistermetzger aus Kaltenbach im Zillertal, an die langjährige gute Zusammenarbeit mit „Sigwarts Tiroler Weinstuben."

Die Zeiten, in denen der Metzger ganze Tiere an die Gastronomie verkaufte, neigen sich jedoch allmählich dem Ende zu. Mittlerweile ist der Metzger längst nicht mehr nur als Schlachter, sondern vor allem als Be- und Verarbeiter von Fleisch gefragt. Denn die Köche sind es gewohnt, die Stücke wohlzugerichtet und fein säuberlich portionsweise vakuumiert zu beziehen. Diesbezüglich lässt der „Wegscheider-Hansl", wie ihn die Sigwart-Damen liebevoll nennen, auch keinen Wunsch offen: Ob Kalbsschlögel, Rinderrücken, Schweinsbraten fürs Sonntagmittagsgeschäft, Markknochen, Kalbs- und Rindszungen, Gustostückerl wie Kalbsbries und -leber, aber auch Kitz liefert Herr Wegscheider auf Bestellung. Natürlich auch das gute Tauernlamm, das allerdings „ein Minderheitenprogramm" ist.

Vielfach gefragt sind auch die hausgemachten Wurstsorten, vor allem die berühmte Cervelatwurst des Hauses.

Glasierte Kalbsstelze

mit Urgemüse aus dem Ofen

Zutaten für 6 Portionen:
1 hintere Kalbsstelze mit ca. 2 kg
100 ml Öl
Salz und Pfeffer aus der Mühle
2 Rosmarinzweige
300 g Wurzelgemüse
250 ml Weißwein
800 ml Fleischsuppe
50 g kalte Butter

Für das Urgemüse:
nach Belieben blaue und gelbe Karotten, Petersilwurzel, Pastinaken, Schwarzwurzeln, Gelbe Bete und blaue Zwiebeln
Knoblauch
Olivenöl
Salz
Rosmarin, Salbei und Lorbeer
Fleischsuppe

Beilagenempfehlung:
Erdäpfelschmarren
(▸ S. 133)

Das Wörtchen „Urgemüse" bedeutet, dass sich dieses Rezept für die Zubereitung mit nahezu allen alten, oft längst vergessenen Gemüsesorten eignet. Wurzelgemüse sollte jedoch auf alle Fälle dabei sein.

Zubereitung: Zunächst die **Kalbsstelze** mit Öl einreiben und gut würzen. Eine passende Bratform im 180 °C heißen Ofen erhitzen, die Stelze einlegen und ungefähr 30 Minuten schön braun braten. Wurzelgemüse in groben Würfeln dazugeben und ebenfalls braun braten. Mit Weißwein und Fleischsuppe löschen und die Stelze so lange braten, bis das Fleisch weich ist und sich vom Knochen löst (ca. 2 Stunden, je nach Qualität der Stelze). Währenddessen die Stelze wiederholt begießen. Sobald das Fleisch gar ist, die Stelze herausnehmen und zugedeckt warm stellen. Die Sauce abseihen und mit kalter Butter aufmontieren.

Für das **Urgemüse** das Gemüse zuputzen, gleichmäßig schneiden, in Öl anbraten und würzen. Kräuter einmengen und mit Suppe aufgießen. Mit Alufolie abdecken und etwa eine Viertelstunde vor Garungsende der Stelze ebenfalls ins Rohr stellen und fertig schmoren.

Kalbsrahmgulasch

mit Eierspätzle

Zutaten für 4–6 Portionen:
1,2 kg ausgelöste Kalbsschulter
Salz, Pfeffer
1 Msp. fein gehackte Zitronenzesten
35 g edelsüßes Paprikapulver
100 g Butterschmalz
500 g fein geschnittene Zwiebeln
30 g fein gehackter Knoblauch
1 l Rindsuppe
2 Lorbeerblätter
10 g gehackte Kapern
2 EL Mehl, mit Weißwein verrührt („Teigl")
300 ml flüssiges Schlagobers
4 EL geschlagenes Obers
langstielige Kapern oder Lorbeerblätter zum Garnieren

Für die Spätzle:
500 g griffiges Mehl
10 Eier
2 gestrichene TL Salz

Zubereitung: Das **Kalbfleisch** in gleichmäßige Würfel schneiden. Salzen, pfeffern und mit den Zitronenzesten sowie Lorbeerblättern vermengen. Zwiebeln mit Knoblauch in Butterschmalz anschwitzen, Fleisch sowie die gehackten Kapern zugeben und hell anbraten. Paprikapulver einrühren und mit der Rindsuppe aufgießen. Auf kleiner Flamme leicht köcheln lassen. Nach ca. 1 Stunde das „Teigl" einrühren und noch kurz köcheln lassen.

Sobald das Fleisch weich ist, das flüssige Obers einrühren. Nochmals abschmecken und vor dem Anrichten mit geschlagenem Obers verfeinern. Mit den fertigen Eierspätzle anrichten und langstieligen Kapern oder Lorbeerblättern garnieren.

Für die **Spätzle** alle Zutaten zu einem halbfesten Teig schlagen (der Teig soll beim Schlagen Blasen werfen). Mit Hilfe einer Schwäbischen Spätzlepresse langsam in das kochende Wasser pressen. Kurz aufkochen lassen und sofort in kaltem Wasser abschrecken.

Kalbsschnitzerl „Schloss Ambras"

Zutaten:
8 Schnitzerl à 100 g, aus der Kalbskeule geschnitten
100 g Tiroler Speck, durchzogen, stiftelig geschnitten
100 g Kalbszunge, geräuchert, stiftelig geschnitten
100 g Essiggurken, stiftelig geschnitten
2 Zwiebeln, in Ringe geschnitten
2–3 EL Schweineschmalz
200 ml Kalbsjus oder Kalbsknochensuppe

Zubereitung: **Schnitzerl** abwechselnd mit Speck-, Gurken- und Zungenstifterln spicken. Eine Kasserolle mit heißem Schweineschmalz ausgießen. Zwiebelringe darauflegen. Gespickte Schnitzerl auf die Zwiebelringe legen und zugedeckt im auf 160 °C vorgeheizten Backrohr ca. 45–60 Minuten weich dünsten. Dabei regelmäßig Jus oder Suppe nachgießen. Fünf Minuten vor Garschluss Deckel abheben und Schnitzerl bei stärkerer Oberhitze gut bräunen.

Schnitzerl mit Zwiebeln belegen, mit Saft umgießen sowie mit Reis oder Makkaroni und gedünstetem Gemüse servieren.

Kalbsleber-Apfel-Türmchen

mit Erdäpfelpüree

Zutaten:
12 Scheiben Kalbsleber (gleich groß wie die Apfelscheiben)
8 geschälte und ausgestochene Apfelscheiben (½ cm dick geschnitten)
100 g geklärte Butter
Mehl
Salz, Pfeffer
4 Blätter frischer Salbei, in Streifen geschnitten
100 ml Calvados
100 ml Kalbsjus

Für das Erdäpfelpüree:
300 g mehlige Erdäpfel
1 EL Butter
100 ml heiße Milch
Salz, weißer Pfeffer und Muskatnuss

Zubereitung: Die **Kalbsleberscheiben** mit frischem Salbei belegen, gut andrücken. Leber und Apfelscheiben in Mehl wenden. Gut abklopfen und auf beiden Seiten in geklärter Butter braun braten. Erst dann mit Salz und Pfeffer würzen. Auf vorgewärmten Tellern abwechselnd türmchenartig übereinander anrichten. Den Bratensatz in der Pfanne mit Calvados löschen, einreduzieren und Kalbsjus zugießen. Abschmecken und fein passieren. Die Leber damit beträufeln und mit dem vorbereiteten Erdäpfelpüree servieren.

Für das **Erdäpfelpüree** die geschälten Erdäpfel in mittlere Würfel schneiden und zugedeckt in wenig Salzwasser weichkochen. Abseihen und sofort durch die Erdäpfelpresse drücken. Butter einrühren, mit Salz, Pfeffer sowie Muskatnuss abschmecken. Mit heißer Milch schaumig aufschlagen.

Tiroler Leber

Zubereitung: Die **Kalbsleber** gut enthäuten, allfällige Stränge entfernen und in Streifen schneiden. Die Leberstreifen beidseitig mit Salz sowie Pfeffer würzen und auf einer Seite mit Mehl bestauben. In einer Pfanne das Schmalz erhitzen, die Leber bei großer Hitze rundum rasch anbraten, aus der Pfanne heben und warm stellen.

Das überschüssige Fett nun aus der Pfanne gießen und frische Butter kurz aufschäumen lassen. Die fein gehackten Zwiebeln darin hell anschwitzen, mit etwa 1 Esslöffel Mehl stauben und mit Rindsuppe ablöschen. Inzwischen die Kapern fein hacken und gemeinsam mit der geriebenen Zitronenschale in die Sauce einrühren. Kurz durchrühren und anschließend den versprudelten Rahm zugeben. Einige Minuten kräftig durchkochen lassen und mit Zitronensaft abschmecken. Die Leberstreifen wieder einlegen und die Hitze reduzieren. (Die Leber soll nur mehr kurz in der Sauce ziehen.) Je nach Wunsch können die Leberfilets abschließend noch mit gebratenen Speckstreifen garniert werden.

Zutaten:
600–700 g Kalbsleber
Salz, Pfeffer
Mehl zum Wenden und Stauben
2–3 EL Butterschmalz oder Öl
3 EL Butter
1–2 EL gehackte Zwiebeln
ca. 150 ml Rindsuppe oder Wasser zum Aufgießen
1–2 TL Kapern
etwas Zitronensaft und -schale
3–4 EL Sauerrahm
eventuell gebratene Speckstreifen zum Garnieren

Beilagenempfehlung:
Fisolen, übergrillte Tomaten und Erdäpfelrösti

Oberinntaler Ofenleber

Zubereitung: Leber, Schulter, Herz, Zwiebel und in Milch geweichte, gut ausgedrückte Semmeln durch den Fleischwolf drehen oder cuttern. Rohe, geschälte Erdäpfel reiben und mit Mehl, Eiern, Salz, Pfeffer, Majoran und Petersilie unter den Fleischteig mischen. Eine Auflaufform mit dem Schweinsnetz auslegen, die Lebermasse einfüllen, mit Speckscheiben abschließen und das Netz übereinanderschlagen. Im auf 180 °C vorgeheizten Backrohr 1 Stunde lang backen.

☞ ***In vielen Gegenden Tirols ist es üblich, die aufgeschnittene Ofenleber in heißer Nudelsuppe zu servieren.***

Zutaten:
550 g Kalbs- oder Schweinsleber
150 g Schweins- oder Kalbsschulter
150 g Kalbs- oder Schweinsherz
1 mittlere Zwiebel
4 altbackene Schneidsemmeln
125 ml Milch
3 kleine Erdäpfel
3 EL Weizenmehl
2 Eier
Salz, Pfeffer
1 Prise Majoran
1 EL fein gehackte Petersilie
1 Schweinsnetz
6 Scheiben Frühstücksspeck

Kalbsleber

mit Flockenstieligem Hexenröhrling und Eierspätzle

Zutaten für 4–6 Portionen:
800 g geputzte frische Kalbsleber
400 g Hexenröhrlinge (oder Steinpilze)
Olivenöl und etwas Butter zum Braten
200 ml Kalbsfond
60–70 ml kräftiger Rotwein (Gattinara oder Nebbiolo, ersatzweise Madeira)
1 Rosmarinzweig
etwas frischer Majoran
1 Msp. Paprikapulver
1/4 TL Maizena, mit Wein oder Madeira verrührt
etwas Pilzmehl (geriebene getrocknete Steinpilze)
Petersilie, in längliche, feine Streifen geschnitten
1 EL Butter
Salz, Pfeffer
frische Kräuter nach Belieben

Für die Spätzle:
500 g griffiges Mehl
10 Eier
2 gestrichene TL Salz

Garniturempfehlung:
frische Preiselbeeren oder gekochte Vogelbeeren, Kräuter wie Rosmarin, Salbei, Ysop oder Majoran

Zubereitung: Die **Kalbsleber** von Häutchen sowie Sehnen befreien und in gleichmäßig dicke Scheiben schneiden.
Die Leberscheiben in etwas Olivenöl mit Butter bei mittlerer Hitze beidseitig anbraten und wieder herausnehmen. Erst jetzt salzen (die Leber wird sonst zäh) und mit frischen Kräutern bestreuen.

Den Bratensatz mit Wein löschen. Mit Kalbsfond aufgießen, Paprikapulver, Pilzmehl, Majoran, Rosmarin zugeben und alles einige Minuten leicht durchköcheln lassen. Mit einer Messerspitze Maizena binden und nochmals etwas Butter zugeben. Die Leber ins vorgeheizte Rohr geben und bei 200 °C ca. 5 Minuten fertig garen.

Inzwischen die **Hexenröhrlinge** in ca. 1/2 cm dicke Scheiben schneiden. (Dabei nicht erschrecken: Die Pilze verfärben sich nach dem Schneiden blau, werden beim Braten aber wieder schön gelb.) Pilze in Olivenöl anbraten, mit Salz, Pfeffer, etwas Pilzmehl und Petersilie würzen.

Nun die Leber auf temperierten Tellern anrichten, die Pilze darauf verteilen und die Sauce durch ein feines Sieb darübergießen. Die mittlerweile vorbereiteten Spätzle in Butter schwenken, leicht salzen und als Beilage dazu servieren. Nach Belieben mit frischen Kräutern garnieren.

Für die **Spätzle** alle Zutaten zu einem halbfesten Teig schlagen (der Teig soll beim Schlagen Blasen werfen). Mit Hilfe einer Schwäbischen Spätzlepresse langsam in das kochende Wasser pressen. Kurz aufkochen lassen und sofort in kaltem Wasser abschrecken.

Gebackenes Kalbshirn

mit Blattspinat und Thaurer Erdäpfeln

Zutaten für 6 Portionen:
700 g frisches Kalbshirn
Salz, weißer Pfeffer aus der Mühle
Mehl zum Wenden
2 Eier, mit wenig Knoblauch und etwas Schlagobers aufgeschlagen
weiße Brösel zum Wenden
neutrales Öl zum Backen
1 EL Butterschmalz
800 g junge frische Thaurer Erdäpfel
1 EL Butter
1 EL gehackte Petersilie

Für den Blattspinat:
400 g junger, sauber gewaschener Blattspinat
10 g Butter
50 g fein geschnittene Zwiebeln
20 g fein gehackter Knoblauch
100 ml Schlagobers
Salz, Pfeffer
frisch geriebene Muskatnuss
1 EL geschlagenes Obers

Zubereitung: Das frische **Kalbshirn** sorgfältig von Häutchen und Blutgerinnseln befreien, mit kaltem Wasser kurz durchwaschen und abtrocknen. Mit Salz und Pfeffer würzen. In Mehl wenden, durch die mit wenig Knoblauch und etwas Schlagobers aufgeschlagenen Eier ziehen und in den Bröseln wälzen. In nicht zu heißem Fett bei schwacher bis mittlerer Hitze ca. 7–8 Minuten herausbacken. Hirn herausheben, das Fett abgießen und Butterschmalz schmelzen lassen. Hirn wieder zugeben und bei 200 °C im Rohr nochmals ca. 10 Minuten nachziehen lassen, damit es auch innen nicht zu roh ist. Mit den Erdäpfeln und dem vorbereiteten Blattspinat anrichten.

Die **Erdäpfel** waschen, schälen und weich kochen. In Butter mit etwas Salz knusprig anbraten. Abschließend die gehackte Petersilie einrühren. (Oder die Erdäpfel kurz vor dem Servieren in der Pfanne, in der das Hirn im Rohr nachgegart wurde, im verbliebenen Schmalz wenden.)

Für den **Blattspinat** den Spinat kurz in Salzwasser blanchieren und in Eiswasser schnell abschrecken. Abtropfen lassen. Zwiebeln und Knoblauch in Butter hell anschwitzen, mit Schlagobers aufgießen und abschmecken. Spinat ebenfalls würzen, zugeben und durchschwenken. Nochmals abschmecken und mit dem geschlagenen Schlagobers verfeinern.

Kalbsbriesröschen

am Rosmarinspieß mit Kipflern und Senfschaum

Zubereitung: Zuerst für den **Erdäpfelsalat** die gekochten Kipfler in 1/2 cm dicke Scheibchen schneiden. Die Aromazutaten miteinander aufkochen und noch heiß über die Erdäpfel gießen. Kurz umrühren und ziehen lassen. Nach Belieben in einem Glas oder auf einem Teller anrichten. Mit Schnittlauch bestreuen und mit dem vorbereiteten Senfschaum beträufeln.

Das gut gewässerte **Kalbsbries** in mit Zitronensaft versetztem Salzwasser pochieren, abkühlen lassen und in kleine Stücke teilen. Die Röschen in Mehl, verquirltem Ei und Bröseln panieren und danach auf die Rosmarinzweige stecken. In heißem Fett schwimmend backen. Die gebackenen Briesröschen auf dem Salat anrichten. Mit Zitrone servieren.

Für den **Senfschaum** Schlagobers auf die Hälfte einkochen. Buttermilch sowie Mineralwasser zugießen, würzen und aufschäumen.

Zutaten:
400–600 g gewässertes Kalbsbries
1 EL Zitronensaft
Salz und Pfeffer
4 Zweige Rosmarin
Mehl, Ei und Brösel zum Panieren
Öl zum Herausbacken
Zitronenspalten zum Garnieren

Für den Erdäpfelsalat:
ca. 400 g Kipfler (oder andere Salaterdäpfel), gekocht und geschält
1 EL blaue Zwiebelwürfel
1 TL Senf
1 EL Essig (hell)
2 EL Öl
Fleischsuppe
Salz und Pfeffer
Schnittlauch zum Garnieren

Für den Senfschaum:
100 ml Schlagobers
Salz und Pfeffer
1 TL Senf
50 ml Buttermilch
1 Schuss Mineralwasser

Kalbsbries

mit Eierschwammerln und Cognac-Rahmsauce

Zutaten für 6 Portionen:
800 g frisches Kalbsbries
Olivenöl und Butter
Salz, Pfeffer
ca. 4 cl Cognac
300 g kleine Eierschwammerl
½ TL Pilzmehl (getrocknete, gemahlene Steinpilze)
200 ml Kalbsjus
200 ml Schlagobers
etwas frischer Majoran
½ TL gehackte Kapern
einige Tropfen Zitronensaft
etwas frisch gehackte Petersilie
Rosmarin, frisch gehackt
2 EL geschlagenes Obers

Für den Sud:
1 l Wasser
200 g Wurzelwerk (Karotten, Zwiebel, Lauch, Sellerie)
3 Lorbeerblätter
5 schwarze Pfefferkörner
30 g Salz
100 ml Milch
2 Knoblauchzehen, mit der Schale zerdrückt

Beilagenempfehlung:
Erdäpfelpuffer (‣ S. 133)

Zubereitung: Für den Kochsud das Wasser mit sämtlichen Zutaten aufkochen und 10 Minuten ziehen lassen. Das **Bries** dazugeben und bei schwacher Hitze ca. 20 Minuten ziehen lassen. Bries herausnehmen, von den Häutchen befreien und in kleinere Röschen teilen.

Nun das Bries salzen und pfeffern. In Olivenöl und Butter anbraten, die **Eierschwammerl** einmengen, nochmals etwas salzen und mit Cognac ablöschen. (Je hochwertiger der Cognac, desto besser das Aroma!) Mit Kalbsjus und Schlagobers aufgießen und ca. 10 Minuten leicht durchziehen lassen.

Kapern, Pilzmehl, einige Tropfen Zitronensaft sowie die Kräuter einrühren und die **Sauce** noch leicht einreduzieren lassen. Abschließend mit geschlagenem Obers sowie einem Spritzer Cognac verfeinern.

Geschnetzelte Kalbsniere
mit Erdäpfel-Birnen-Gratin und Kohlgemüse

Zubereitung: Die **Kalbsnieren** der Länge nach halbieren, von Adern sowie Fett befreien und in dünne Scheibchen schnetzeln. Im Samenöl scharf anbraten, aus der Pfanne herausnehmen, würzen und warmstellen. Den Bratensatz in der Pfanne mit Weißwein löschen und vollkommen einkochen lassen. Kalbsjus eingießen, abschmecken, fein passieren und den Sauerrahm einrühren. Über die Nieren schöpfen, aber nicht mehr kochen lassen. Parallel dazu den Balsamicoessig stark einkochen lassen und ebenfalls darüber träufeln.

Für das **Gratin** die rohen Erdäpfel in ganz dünne Scheiben schneiden. Birne schälen, entkernen und ebenfalls dünn schneiden. Die Schalotte feinwürfelig schneiden und in Butter andünsten. Milch sowie Schlagobers zugießen und aufkochen lassen. Erdäpfel einmengen und einige Minuten kochen. Würzen und die Birnen beimengen. Kleine hitzebeständige Förmchen ausbuttern und die Masse nicht ganz voll einfüllen. Mit Parmesan bestreuen, mit Butter beträufeln und im Ofen bei 180 °C ungefähr 15 Minuten backen.

Für das **Kohlgemüse** das Gemüse in Röschen portionieren. In Salzwasser bissfest weich kochen und in Butter schwenken. Mit Salz abschmecken.

Zutaten:
2 mittlere Kalbsnieren
Salz und Pfeffer
aus der Mühle
Samenöl (Traubenkern-, Sonnenblumenkernöl oder anderes neutrales Pflanzenöl) zum Anbraten
2 EL Weißwein
100 ml Kalbsjus
1 EL Sauerrahm
100 ml Balsamicoessig

Für das Gratin:
300 g Erdäpfel
150 g Birnen
1 Schalotte
50 g Butter
100 ml Milch
100 ml Schlagobers
Salz, Pfeffer und
Muskatnuss
50 g zerlassene Butter
für die Förmchen
geriebener Parmesan

Für das Kohlgemüse:
100 g Sprossenkohl
100 g Broccoli
100 g Karfiol
Butter
Salz

Gratinierte Kutteln
vom Zillertaler Kalb mit Apfelschnaps und Obers

Zutaten für 6 Portionen:
1 kg frische, geputzte, gewässerte und blanchierte Kalbskutteln
120 g feinwürfelig geschnittener Bauchspeck
160 g fein geschnittene Zwiebeln
30 g fein gehackter Knoblauch
200 g feine Karottenstreifen
20 g gehackte Petersilie
200 ml Weißwein
1,5 l heller Kalbsfond
feine Zesten von ½ Zitrone (nur das Weiße)
30 g Tomatenmark
1 EL Suppenpulver nach Belieben
1 TL Paprikapulver
3 Lorbeerblätter
1 TL Worcestershiresauce
Salz und weißer Pfeffer aus der Mühle
etwas Weinessig
1 EL frisch gehackter Majoran
1 EL frisch gehackter Thymian
1 EL frisch gehackter Rosmarin
100 g Mehl, mit Wasser verrührt zum Eindicken
Kirschtomaten, Rosmarin, Basilikum zum Garnieren

Zum Fertigstellen:
3 frische Tomaten, aufgemixt und passiert
3 frische Tomaten, enthäutet, entkernt und in Würfel geschnitten
1 EL frisch gehackte Petersilie
4 EL geschlagenes Obers
1 Eidotter
2 cl guter Tiroler Apfelschnaps
Zucker nach Bedarf

Zubereitung: Wenn Sie die Gelegenheit haben, Fleisch aus Hausschlachtung zu erhalten, müssen Sie die Kutteln wie folgt vorbereiten: Frische ungewässerte **Kutteln** zuerst über Nacht (am besten unter langsam laufendem Wasser) wässern. Dann einen Topf mit reichlich Wasser auf 80 °C erhitzen, die Kutteln kurz eintauchen und gut abschaben (Metzger verwenden dafür eine „Glocke"). Diesen Arbeitsvorhang immer wieder wiederholen, bis die Kutteln sauber sind. Danach nochmals einige Stunden in kaltem Wasser wässern.

Nun den Kochsud mit allen Zutaten aufkochen und die Kutteln darin ca. 1–2 Stunden (hängt vom Alter des Kalbes ab) weichkochen. Herausnehmen, auf einem Sieb abtropfen lassen und die Kutteln in feine längliche Streifen schneiden.

Den Speck ohne Farbe nehmen zu lassen in einem Topf auslassen. Zwiebeln, Knoblauch, Karottenstreifen und Tomatenmark zugeben. Mit Weißwein ablöschen und mit Kalbsfond aufgießen. Die geschnittenen Kutteln einrühren, die restlichen Gewürze und Aromaten untermengen und etwa15 Minuten köcheln lassen. Abschmecken und mit Mehl etwas eindicken.

Dann die aufgemixten Tomaten sowie Tomatenwürfel zugeben und mit gehackter Petersilie verfeinern. Bei Bedarf mit einer Prise Zucker abrunden. Schlagobers mit Dotter und Apfelschnaps vermengen. Die Kutteln auf feuerfeste tiefe Teller oder kleine Schüsseln verteilen, Schlagobers auftragen und bei sehr starker Oberhitze unter dem Salamander oder im Backofen gratinieren. Nach Belieben mit Kirschtomaten, Rosmarin und/oder Basilikum garnieren.

☞ ***Wenn Sie die gratinierten Kutteln nur als kleines Zwischengericht reichen möchten, so können Sie einen Teil der mit Gemüse vermengten Kutteln einfrieren, ehe Sie diese gratinieren.***

♦ **Für den Kochsud:**
2 l Wasser
500 g Wurzelwerk
100 g Salz
5 Lorbeerblätter
2 Knoblauchzehen
10 schwarze Pfefferkörner
500 ml trockener Weißwein
2 cl Weißweinessig

♦ **Beilagenempfehlung:**
frisch gebackenes knuspriges Stangenbrot

Von Weinphilosophen und Slowfood-Genießern

Wenn eine Lienzerin drei Jahre in Italien lebt und dann mit einem Kalabrier nach Osttirol zurückkehrt, um hier Delikatessen zu verkaufen, dann wird es kulinarisch interessant. Der „Weinphilo"-Laden von Alexandra und Mario Urso im Zentrum von Lienz ist eine der wichtigsten Antworten, die Josef Mühlmann auf die häufig gestellte Frage parat hat, warum seine Küche hier oben in der kargen Bergwelt mit so vielen mediterranen Aromen aufzuwarten weiß.

Alexandra Urso ist auch als Chefin der erst seit drei Jahren bestehenden Osttiroler Slow-Food-Bewegung aktiv und hat ihr gemütliches kleines Lokal zu einem Treffpunkt für Gastrosophen und Genießer ausgebaut, die bei einem Gläschen edlem Wein und nicht minder hochwertigen Osttiroler und italienischen Käse-, Fleisch- und Wursprodukten gerne fachsimpeln und „weinphilo"-sophieren. Einmal im Jahr organisiert Alexandra auch ein „Lienzer Genussfestival". Natürlich mit Gannerhof-Küchenchef Josef Mühlmann, der übrigens auch Alexandras Lieblingsspeisen für sie „am besten auf der Welt" zubereitet. Was das ist? – Schottsuppe, Rübenkraut und Schlipfkrapfen mit viel brauner Butter.

Rinderfilet

unter der Schneepilzkruste mit Pappardelle und Pilzsauce

Zutaten für 6 Portionen:
6 Steaks vom Rinderfilet à 180 g
Salz, Pfeffer
etwas Pilzmehl (getrocknete, gemahlene Steinpilze)
neutrales Öl zum Anbraten
Pappardelle (breite Bandnudeln) nach Belieben
Butter zum Schwenken
Einige in Butter gebratene Pilze und gehackte Petersilie als Garnitur

Für die Pilzkruste:
200 g Schneepilze (s. Tipp, ersatzweise Steinpilze)
40 g Weißbrotwürfel ohne Rinde
2 EL Butter zum Anrösten
200 g Butter
2 Eidotter
100 g Weißbrotbrösel
3 EL länglich geschnittene Petersilie
Salz, Pfeffer aus der Mühle
4 cl Madeira
1 TL Pilzmehl (getrocknete gemahlene Steinpilze)

Für die Pilzsauce:
100 g fein gehackte Schneepilze (oder Steinpilze)
1 EL Butter
50 g fein gehackte Zwiebeln
20 g fein gehackter Knoblauch
1 TL Pilzmehl
Salz, Pfeffer
4 cl Madeira
etwas gehackte Petersilie
250 ml Kalbsjus
250 ml flüssiges Schlagobers
2 EL geschlagenes Obers

Zubereitung: Zuerst für die **Pilzkruste** die Schneepilze in 4 mm große Würferl schneiden, in einem Esslöffel Butter hell rösten, salzen, pfeffern und auskühlen lassen. Die Brotwürferl in einem Esslöffel Butter langsam hell und knusprig braten, ebenfalls auskühlen lassen. Die Butter schaumig schlagen, Dotter einrühren und die ausgekühlten Pilze sowie die gerösteten Brotwürfel unterheben. Mit Salz, Pfeffer, Pilzmehl sowie Madeira aromatisieren und die hellen Weißbrotbrösel sowie die Petersilie vorsichtig einrühren. Die Masse zu je ca. 40 g schweren Laibchen formen.

Die **Steaks** mit Salz, Pfeffer und etwas Pilzmehl würzen. In heißem Öl anbraten, umdrehen und 4–5 Minuten weiterbraten. Dann auf jedes Steak ein Pilzlaibchen legen und bei starker Oberhitze goldbraun überbacken. Anschließend im Rohr bei 150 °C noch ca. 5 Minuten nachziehen lassen.

Inzwischen die **Pappardelle** bissfest kochen. Abseihen, in Butter und Salz durchschwenken und in der Mitte der Teller anrichten. Das überbackene Steak direkt daraufsetzen und mit der Pilzsauce umgießen. Mit in etwas Butter angebratenen Pilzen sowie Petersilie garnieren.

Für die **Pilzsauce** die Pilze in Butter heiß anbraten. Zwiebeln und Knoblauch zugeben und noch kurz anschwitzen lassen. Mit Madeira löschen, Kalbsjus und Schlagobers zugießen und auf ein Drittel einreduzieren lassen. Mit Salz und Pfeffer würzen, mit Pilzmehl und Petersilie abschmecken. Nun die Sauce entweder nur mit dem geschlagenen Obers vermengen, oder aber aufmixen, durchpassieren und dann mit Obers abrunden.

☞ ***Der Schneepilz ist eine Pilzrarität, die im Frühjahr in gewissen hochgelegenen Gebieten in Tirol noch vor der endgültigen Schneeschmelze unter dem Schnee wächst. Allerdings bleiben diese Pilze Spezialisten oder sehr pilzkundigen Leuten vorbehalten. Sollten Sie nicht dazu zählen, bereiten Sie diese Kruste einfach mit Steinpilzen zu.***

Tagliata vom Jungrind
mit Erdäpfel-Gemüse-Rösti und Rucolasalat

Zubereitung: Die **Steaks** mit Gewürzen, Kräutern und Öl marinieren. In einer heißen Grillpfanne auf beiden Seiten 2-3 Minuten grillen, herausheben und auf einem Gitter im warmen Ofen bis zu 5 Minuten nachziehen lassen. Dann den Senf mit der Rotweinreduktion verrühren und auf die Steaks streichen. Die Kirschtomaten waschen, einritzen und mit Salz sowie ein wenig Olivenöl 5 Minuten im vorgeheizten Ofen garen.

Für den **Rucolasalat** alle Zutaten für die Marinade miteinander vermengen und den Rucola damit marinieren. Mit Parmesanspänen bestreuen.

Für das **Rösti** die Erdäpfel gemeinsam mit dem Gemüse, Öl und Salz gut vermengen. Eine beschichtete Stielpfanne erhitzen und damit auslegen. Auf beiden Seiten braun fertig braten. In Rechtecke schneiden und auf vorgewärmten Tellern anrichten. Mit etwas Rucolasalat belegen. Die Steaks viermal quer in schräge Scheiben schneiden und mit den Kirschtomaten auf dem Rucolasalat anrichten. Abschließend alles noch einmal mit gutem Olivenöl beträufeln.

Zutaten:
4 Steaks vom hinteren Teil des Roastbeefs (zu je 180 g)
4 EL Olivenöl
Salz und Pfeffer aus der Mühle
gezupfte Rosmarinzweige und Thymian
100 g Senf
50 ml stark einreduzierter Rotwein
4 kleine Rispen Kirschtomaten
Olivenöl zum Beträufeln

Für den Rucolasalat:
1 Bund Rucola
Salz und Pfeffer
1 TL Zitronensaft
1 EL Olivenöl
Parmesanspäne zum Bestreuen

Für das Rösti:
1 mittlerer Erdapfel, stiftelig geschnitten
1 stiftelig geschnittene Zucchini
1 Stück stiftelig geschnittener Lauch
1 stiftelig geschnittene Karotte
3 EL Olivenöl
Salz

Türmchen vom Zillertaler Jungstierrücken

mit Gemüse und „Ralf-Erdäpfeln"

Dieses schmackhafte Erdäpfelgericht verdankt seinen Namen dem langjährigen Stammgast Ralf, der sich einen Besuch von „Sigwarts Tiroler Weinstuben" ohne den Genuss dieser Puffer nicht vorstellen kann.

Zutaten für 6 Portionen:
800 g junger zugeputzter Rinderrücken (Beiried)
Salz, Pfeffer aus der Mühle
Curry- und Paprikapulver
1 EL milder Senf
1 EL Olivenöl
ca. 150 g Wurzelwerk (Karotten, Sellerie, Lauch)
1 TL Worcestershiresauce
100 ml Kalbsjus
100 ml Rindsuppe oder Geflügelsuppe
50 g kalte Butterwürferl
frische Kräuter sowie Kapuzinerblüten nach Belieben zum Garnieren

Für das Gemüse:
600 g gemischtes Gemüse (Erbsenschoten, gelbe und orange Karotten, Spargel oder Schwarzwurzeln, Frühlingszwiebeln, Broccoliröschen)
Salz, Pfeffer, Muskatnuss
ca. 50 g Butter
60–70 ml Gemüsefond

Für die Ralf-Erdäpfel:
600 g mehlige Erdäpfel
Salz, Pfeffer und frisch geriebene Muskatnuss
ca. 50 g Mehl
Pflanzenöl zum Herausbraten

Für den Kräuterschaum:
2 Eidotter
3 EL trockener Weißwein
1 EL Weißweinessig
Salz, weißer Pfeffer aus der Mühle
½ TL Worcestershiresauce
1 Msp. Cayennepfeffer
3 Tropfen Zitronensaft
200 g kalte Butterwürfel
gemischte gehackte Kräuter

Zubereitung: Das **Fleisch** mit Salz, Pfeffer sowie wenig Currypulver würzen und mit Senf bestreichen. In Öl beidseitig gut anbraten. Wurzelwerk dazugeben, mit Jus und Suppe aufgießen und im vorgeheizten Rohr bei 220 °C ca. 15–20 Minuten braten. Danach das Fleisch herausnehmen und warm stellen. Die Sauce mit Worcestershiresauce sowie etwas Paprikapulver abschmecken und mit kalter Butter montieren. Abseihen.

Das Fleisch (wie Roastbeef) in dünne Scheiben schneiden und das Türmchen abwechselnd aus den vorbereiteten Erdäpfelpuffern, Gemüse, Fleisch und Kräuterschaum „aufbauen". Dabei das Fleisch jeweils mit wenig Fleischsaftl beträufeln und mit einem schönen Puffer abschließen. Nach Belieben mit Kerbel, Basilikum, Schnittlauchfäden und/oder einer Kapuzinerblüte garnieren.

Für die **Ralf-Erdäpfel** die Erdäpfel schälen und in feine längliche Streifen schneiden. Kurz in lauwarmes Wasser legen, damit die Stärke austreten kann. Gut ausdrücken und mit Salz, Pfeffer sowie Muskatnuss würzen. Mit wenig Mehl stauben. Zu kleinen, dünnen Laibchen von etwa 8 cm Durchmesser formen und in heißem Öl auf beiden Seiten knusprig braten. Dabei immer nur so viele Erdäpfel ausdrücken, würzen und formen, wie in der Pfanne Platz haben. (Andernfalls ziehen sie Wasser an und werden nicht mehr knusprig.) Knusprig gebratene Puffer herausheben und auf Küchenpapier abtropfen lassen.

Das **Gemüse** jeweils bissfest kochen. Mit Salz, Pfeffer sowie Muskatnuss würzen und in Butter und Gemüsefond schwenken.

Für den **Kräuterschaum** die Dotter mit sämtlichen Zutaten außer der Butter über Dampf schaumig schlagen. Dann langsam die kalten Butterwürferl einschlagen. Sollte die Sauce zu dick werden, einige Esslöffel heiße Suppe dazugeben. Abschließend die gehackten Kräuter einrühren.

Rinderrücken

mit Bärlauch überbacken, Selleriepüree und Rotweinsauce

Zutaten für 6 Portionen:
1 kg zugeputzter, ausgelöster junger Rinderrücken
Salz, weißer Pfeffer aus der Mühle
6 EL Bärlauchpesto (s.u.)
6 Stück Gratiniermasse (s.u.)
etwas neutrales Öl zum Braten
Bärlauchblätter und -blüten zum Garnieren

Für das Bärlauchpesto:
100 g Basilikumblätter
100 g Bärlauchblätter
100 g Petersilblätter
2 EL geriebener Parmesan
1 EL gehobelte Mandeln
1 gehackte Knoblauchzehe
120 ml Olivenöl
einige Tropfen Zitronensaft
Salz, Pfeffer

Für die Gratiniermasse:
125 g Butter (temperiert)
40 g weiße Semmelbrösel
1 TL Dijonsenf
1 Msp. Currypulver
Salz, Pfeffer

Für das Selleriepüree:
600 g Knollensellerie
100 ml Schlagobers
150 ml Geflügelsuppe (oder Gemüsefond)
Salz, Pfeffer
etwas Muskatnuss
1 EL geschlagenes Obers
1 nussgroßes Stück Butter

Für die Rotweinsauce:
1 TL Staubzucker
200 ml Amarone oder anderer kräftiger Rotwein
50 ml Hollersaft
2 Scheiben frischer Ingwer
Salz, etwas Cayennepfeffer
1 Msp. Maizena, mit Wasser verrührt
60 ml Cassis

Zubereitung: Zuerst für die **Gratiniermasse** die Butter schaumig schlagen. Würzen, die Brösel unterheben und die Masse ca. 2 mm dick auf ein Backpapier gleichmäßig aufstreichen. Im Tiefkühlfach gefrieren lassen. Dann in der Größe der Steaks in rechteckige Stücke schneiden und vom Papier ziehen.

Für das **Bärlauchpesto** alle Zutaten in einen Mörser geben und so lange zerstoßen, bis das Pesto eine gute Konsistenz erreicht hat. (Wenn Sie keinen Mörser zur Verfügung haben, in einem Mixglas nicht zu lange mixen!)

Den zugeputzten **Rinderrücken** in gleichmäßige Stücke schneiden und diese mit Salz sowie Pfeffer würzen. In heißem Öl englisch braten (also keinesfalls ganz durch) und noch kurz ziehen lassen. Auf jedem Steak etwa einen Esslöffel Bärlauchpesto verteilen und die Gratiniermasse darauflegen. Bei starker Oberhitze knusprig überbacken. Dann die Steaks zweimal durchschneiden und neben dem vorbereiteten Selleriepüree mit der Rotweinsauce anrichten. Mit jungen Bäurlauchblättern und einer Bärlauchblüte dekorieren.

Für das **Selleriepüree** Sellerie in 1 cm große Würfel schneiden. Obers und Fond erhitzen, Selleriewürferl zugeben, etwas salzen und weich kochen. Sobald die Selleriewürfel weich sind, in einem Mixglas aufmixen und nochmals abschmecken. Mit einem Stück Butter und etwas geschlagenem Obers verfeinern.

Für die **Rotweinsauce** den Staubzucker schmelzen lassen. Mit kräftigem Rotwein und Hollersaft aufgießen. Ingwer sowie Gewürze einrühren, mit Maizena binden und ca. 10 Minuten ziehen lassen. Abseihen und mit etwas Cassis abschmecken.

Alttiroler Luxus

Und 1875 schrieb der bayerische Wanderer Ludwig Steub: „Gute Menschen lieben gute Wirtshäuser ... Die alten, großen, drei- bis vierhundertjährigen Gasthäuser in Tirol verblüffen zwar oft durch eine naive Ungeschicklichkeit in der Bauanlage, aber eine historische Seele findet auch in diesen oft so interessanten Verirrungen des menschlichen Geistes einen gewissen Reiz und gewöhnt sich leicht an die Unbequemlichkeiten, die daraus entspringen. Die Gemächer sind überall mit guten Betten, oft sogar mit Luxus ausgestattet. In der ganzen Wirtschaft lebt der alte, treue Tiroler Sinn, den Gott noch lange erhalten möge.“

Gekochtes Beinfleisch

mit grüner Kräutersauce

Zubereitung: In einem Topf reichlich Wasser zum Kochen bringen, dann das **Fleisch** dazugeben. Die Zwiebel mit der Schale quer halbieren und in einer Stielpfanne mit der Schnittfläche nach unten ohne Fett leicht anbräunen. Mit dem zugeputzten Wurzelgemüse und den Gewürzen zugeben und ca. 2 ½ Stunden leicht köchelnd sieden.

Währenddessen für die **Kräutersauce** alle Zutaten fein hacken und mit Essig, Öl und den Gewürzen verrühren. Das fertig gekochte Fleisch tranchieren und mit der grünen Kräutersauce servieren.

Zutaten:
2,5 kg Beinfleisch, vom Metzger zugeschnitten und zupariert
1 kleine Zwiebel
1 Karotte
1 Selleriestange
1 Stück Lauch
Petersilstängel, Liebstöckel
1 Lorbeerblatt
wenig zerdrückte Pfefferkörner
Salz

Für die Kräutersauce:
50 g gezupfte gewaschene Petersilblätter
100 g Essiggurken
15 g Kapern
3 Sardellenfilets
15 g Zwiebeln
30 g Perlzwiebelchen in Essig
1 kleine Knoblauchzehe
150 ml Olivenöl
50 ml Weißwein
1 EL Essig
1 TL Senf
Salz und Pfeffer

Beilagenempfehlung:
Rösterdäpfel mit Schnittlauch

Geschmorte Rindswange
in Lagrein Dunkel mit Wirsingfleckerln und Eierschwammerltortelloni

Zutaten:
4 Rindswangen (küchenfertig)
100 ml Samenöl (Traubenkern-, Sonnenblumenkernöl oder anderes neutrales Pflanzenöl)
1 EL Mehl
Salz und Pfeffer
300 g würfelig geschnittenes Wurzelgemüse
50 g Tomatenmark
1 Flasche Lagrein Dunkel (oder anderer Südtiroler Rotwein)
500 ml brauner Kalbsfond
1 Knoblauchzehe
Lorbeer, Rosmarin und Salbei

Für die Wirsingfleckerl:
200 g Wirsing, in Fleckerl geschnitten
Salz und Pfeffer
50 g Butter

Für die Tortelloni:
200 g Nudelteig (▸ Alpkäsetortelloni S. 156)
300 g frische Eierschwammerl
1 Schalotte, in Streifen geschnitten
100 g Lauch, in Streifen geschnitten
50 g Butter
100 ml Schlagobers
Salz und Pfeffer

Zubereitung: Die **Rindswangen** würzen und mit Mehl leicht stauben. In einer Pfanne auf allen Seiten leicht anbraten. Das Wurzelgemüse in einem Kochtopf braun anrösten, Tomatenmark dazugeben, mit einem Schuss Rotwein löschen und einkochen lassen. Diesen Vorgang noch ein- bis zweimal wiederholen. Mit restlichem Rotwein und Kalbsfond aufgießen, zum Kochen bringen, Wangen, Knoblauch und Kräuter hineingeben und zugedeckt im Ofen bei 180 °C ca. 2 ½ Stunden schmoren. Die weich gegarten Wangen herausnehmen und warmstellen. Die Sauce abschmecken, fein passieren und auf die gewünschte Konsistenz einkochen.

Inzwischen für die **Wirsingfleckerl** den Wirsing in Salzwasser blanchieren. In einer Pfanne die Butter schmelzen und die Wirsingfleckerl darin schwenken. Mit Salz und Pfeffer abschmecken.

Für die **Eierschwammerltortelloni** den vorbereiteten Nudelteig dünn ausrollen. Acht runde Scheiben mit ca. 10 cm Durchmesser ausstechen. Die Schalottenstreifen in Butter anrösten, Lauch zugeben. Eierschwammerl schneiden und ebenfalls mitrösten. Schlagobers zugießen und cremig einkochen. Abschmecken und etwas auskühlen lassen. Auf jedes Teigblatt etwas Fülle auftragen, die Teigränder befeuchten und zu Taschen zusammenklappen. Über dem Daumen zu Tortelloni zusammendrehen. Ins kochende Salzwasser geben und 2–3 Minuten kochen lassen. Tortelloni herausheben und gemeinsam mit den Wirsingfleckerln und dem geschmorten Wangerl anrichten. Die Wangen mit der Sauce überziehen.

Südtiroler Kellermagie

Der Lagrein gilt in Südtirol nicht zu Unrecht als eine Art Magier im Keller, weil er selbst aus einem recht ausdruckslosen, dünnen Weinchen noch immer einen Wein von Statur machen kann. Es wäre dennoch ein großer Fehler, die Lagreinrebe nur in die önologische Trickkiste zu verbannen, da sich gezeigt hat, dass der mitsamt der Schale vergorene und daher sehr gerbstoffreiche und ausdrucksstarke „Lagrein Dunkel" – umsichtige Weingartenarbeit, radikalen Rebschnitt und perfekte Vinifikation vorausgesetzt – in der Lage ist, mit den größten Rotweinen Italiens von Barolo bis zu Brunello zu konkurrieren. Der Lagrein Dunkel ist nämlich ein tiefdunkler, granatroter Wein mit schillernden violetten Reflexen und einem überwältigenden Duft, der irgendwo zwischen Veilchen und Bitterschokolade angesiedelt ist, während sein Geschmack von unverkennbaren Schwarzkirsch-, Brombeer- und Weichselaromen geprägt ist.

Die Lagreinrebe ist eine der ältesten Südtiroler Rebsorten und wurde im Bozner Becken möglicherweise schon zur Römerzeit angebaut. Ihr angestammtes Anbaugebiet ist bis heute jenes um die Abtei Muri-Gries, wo traditionell auch die besten Lagreinweine herkommen. Die typische Südtiroler Rebe, die vermutlich aus dem trentinischen Lagarinatal stammt, hat allerdings viele Gesichter. Wenn die Lagreintrauben beispielsweise über ein „Kretze" genanntes Sieb gezogen und ohne die gerbstoffreichen Schalen vergoren werden, so wird daraus der „Lagrein Kretzer", ein meist eher bedeutungsloser, in seinen besten Qualitäten jedoch sogar mit guten Provenceweinen vergleichbarer Rosé. Außerdem hat sich der Lagrein, wie sich so mancher alte Winzer heute noch lächelnd erinnert, vor allem in früheren Zeiten den Ruf eines „Doktors im Keller" eingehandelt. Wenn Jahrgänge schwach und – was in Südtirol leider häufig vorkommt – Weine dünn sind, wird auch heute noch zuweilen mit ein paar Tröpfchen aus dem „Doktorfass" nachgeholfen, und so mancher bleichgesichtige Vernatsch bekommt plötzlich eine „gesunde" Farbe.

Rindsgulasch

mit Ronenknödeln und gebratenen Steinpilzen

Das beste Osttiroler Rindfleisch, so ist Josef Mühlmann überzeugt, stammt aus Kalkstein, wo Franz Walder den Ruf eines Salami- und Rindfleischkönigs genießt. Salami wird – zu zwei Drittel aus Rind- und einem Drittel aus Schweinefleisch – nur einmal im Jahr zu Weihnachten hergestellt. Rindfleisch gibt es das ganze Jahr über nach dem Motto des leidenschaftlichen Fleischtigers Walder: „La Erpfl isch nicht. I vorkaaf a liaba Fleisch as wie Boandor." Frei übersetzt: Erdäpfel allein schmecken nicht. Ich verkaufe auch lieber Fleisch als Knochen.

Zutaten:
600 g Gulaschfleisch vom Rind (Schulter)
3 große Zwiebeln
2 l brauner Jus
edelsüßes Paprikapulver
1 EL Tomatenmark
300 g Butter
1 EL Gulaschbasis
1 TL Piment (Neugwürz)
1 TL Zucker
Salz, Pfeffer
1 EL schwarzer Balsamicoessig
250 ml bester Rotwein
Öl oder Schmalz zum Anbraten

Für die Ronenknödel:
150 g Knödelbrot
2 gekochte Ronen (Rote Rüben)
2 Schalotten
3 Eier
125 ml warme Milch
5 EL Mehl
Salz, Pfeffer
Kümmelpulver, Petersilie
Ronensaft zum Kochen

Für die Garnitur:
kleine Steinpilze nach Belieben
Salz, Pfeffer
Butter oder Öl zum Braten

Zubereitung: Zunächst die Zwiebeln schneiden und separat in etwas Öl oder Schmalz braun rösten. Das Fleisch in mundgerechte Stücke schneiden und ebenfalls stark anrösten. Mit Rotwein und Jus ablöschen, die restlichen Zutaten inklusive Zwiebeln beimengen und das Fleisch weich dünsten. (Sobald sich die Flüssigkeit schön reduziert hat, sollte das Fleisch mürbe und fertig sein.) Bei Bedarf nochmals abschmecken.

Währenddessen für die **Ronenknödel** die warme Milch über das Knödelbrot gießen. Die Schalotten fein hacken und beimengen. Die gekochten und geschälten Ronen ebenfalls kleinwürfelig schneiden und alles miteinander vermengen. Knödelmasse abschmecken. Zu kleinen Knödeln formen und in Ronensaft ca. 10 Minuten leicht köcheln.

Parallel dazu für die Garnitur die **Steinpilze** putzen und halbieren. Scharf in heißem Fett anbraten, würzen und das Gulasch damit garnieren.

Gefüllter Ochsenschwanz

auf jungem Gemüse

Zutaten für ca. 10 Portionen:
ca. 2 kg Ochsenschwanzstücke (hintere, dickere Teile, beim Knorpel durchschneiden lassen)
2 Schweinsnetze
Salz, Pfeffer
einige Speckschwarteln
ca. 80 g Tomatenmark
1,5 l Kalbsjus
5 Pimentkörner
etwas Mehl, mit Wasser verrührt, zum Eindicken
Rotwein zum Abrunden
Kräuter zum Garnieren
junges Gemüse nach persönlicher Vorliebe (Kohlrabi, junge Karotten, Erbsenschoten, Erbsen Zucchini, Bohnen Brokkoli usw.)

Für die Marinade:
400 g rote Zwiebeln
300 g Knollensellerie
300 g Karotten
8 Lorbeerblätter
10 schwarze Pfefferkörner
1 Rosmarinzweig
5 Thymianzweige
5 Gewürznelken
10 Petersilstiele mit Blättern
5 grob geschnittene Knoblauchzehen
ca. 50–70 ml neutrales Olivenöl
1 Flasche kräftiger Rotwein

Für die Fülle:
300 g Weißbrot (2 Tage alt), entrindet und in 2 cm große Würfel geschnitten
150 g fein geschnittene Zwiebeln
150 g Butter
5 Eier
2 EL frisch gehackte Kräuter (Petersilie, Basilikum, Rosmarin, Schnittlauch, Thymian)
Salz, Pfeffer

Zubereitung: Für die **Marinade** das Gemüse in 1 cm große Würfel schneiden und mit den restlichen Zutaten vermengen. Über die **Ochsenschwanzstücke** geben und über Nacht durchziehen lassen. Am nächsten Tag die Ochsenschwänze mit einem Tuch trockentupfen und mit Salz sowie Pfeffer aus der Mühle würzen.

Ochsenschwanz mit einigen Speckschwarteln (sie haben genug Fett für die Pfanne) rundum gut anbraten. In eine Bratenwanne flach einschlichten. Nun das Tomatenmark sowie die Pimentkörner dazugeben, etwa die Hälfte des Kalbsjus darübergießen und die Marinade darüber verteilen. Im vorgeheizten Backrohr bei 180 °C weich garen. Währenddessen die Ochsenschwanzstücke wiederholt wenden und bei Bedarf mit etwas Jus aufgießen. Nach ca. 3 Stunden müsste der Ochsenschwanz weich sein und sich leicht vom Knochen lösen lassen. (Sollte das Fleisch vorher zu dunkel werden, mit Alufolie abdecken.)

Nun die Ochsenschwänze herausnehmen, auslösen, also vom Knochen lösen, aber nicht durchschneiden. Die Fett- und Knorpelteile herunterschneiden. Schweinsnetz in Wasser tauchen, die dickeren Stellen großzügig entfernen und die Netze auf die passende Größe zuschneiden. Pro Person nun etwa 140 g ausgelöstes Fleisch rund um etwa 80 g vorbereitete Kräuter-Semmel-Fülle fest andrücken und mit Schweinsnetz umwickeln. Gefüllten Ochsenschwanz rundum anbraten, mit etwas Rotwein begießen und ca. 20 Minuten im Rohr fertig braten.

Inzwischen den zurückgebliebenen Bratensatz aufkochen, mit etwas angerührtem Mehl eindicken und durch ein feines Sieb passieren. Nach Belieben abschmecken und eventuell noch etwas kräftigen Rotwein zugießen. Das junge Gemüse auf den jeweiligen Punkt bissfest kochen. Die geschmorten Ochsenschwänze auf dem jungen Gemüse anrichten und mit der Sauce übergießen. Mit Rosmarin oder anderen Kräutern garnieren.

Für die **Fülle** die Zwiebeln in Butter ca. 10 Minuten durchköcheln lassen, ohne dabei Farbe nehmen zu lassen. In ein Mixglas geben, die Eier dazugeben und gut aufmixen. Diese Masse über das geschnittene Weißbrot gießen, salzen, pfeffern und kurz ziehen lassen. Die gehackten Kräuter einmengen und abschmecken.

Fohlensteaks
auf Apfel-Sellerie-Minze-Gemüse

Zutaten:
4 Fohlensteaks à ca. 250 g
Salz, Pfeffer
Fond und Butter
für die Sauce
Öl zum Braten

Für das Apfel-Sellerie-Minze-Gemüse:
1 gekochter und würfelig geschnittener Erdapfel
½ Knolle Sellerie
1 Apfel
etwas frische Minze
1 EL Butter
50 ml Weißwein
50 ml Rindsuppe
Saft von 1 Zitrone
Olivenöl zum Braten

Zubereitung: **Steaks** mit Salz sowie Pfeffer würzen. In einer Pfanne in etwas heißem Fett beidseitig scharf anbraten. Im vorgeheizten Backrohr bei 150 °C ca. 7–8 Minuten rosa garen und dann etwa 20 Minuten rasten lassen. Währenddessen Bratrückstand mit Fond ablöschen und auf ein Fünftel einreduzieren lassen, bis die Sauce eine cremige Konsistenz aufweist. Mit etwas Butter montieren.

Für das **Gemüse** Sellerie in Würferl schneiden und blanchieren. Gemeinsam mit den Erdäpfelwürfeln in Olivenöl goldbraun anrösten, mit Weißwein sowie Rindsuppe ablöschen und etwas einreduzieren lassen. Mit der Butter montieren und abschmecken. Den Apfel schälen, würfelig schneiden und untermengen, mit etwas frischer Minze verfeinern.

Fertiges Gemüse anrichten, das Steak tranchieren und darauf platzieren. Mit etwas Sauce garnieren.

Lammkeule
mit Tomaten-Zucchini-Strudel

Zubereitung: Bei den **Lammkeulen** das obere Ende entfernen und den Knochen sauber zuputzen.

Mit Knoblauch, Salz, Pfeffer, Rosmarin und Butter kräftig marinieren und in etwas Öl bei 150 °C ca. 45 Minuten bei Heißluft garen. Währenddessen wiederholt begießen bzw. mit Bratensatz bestreichen.

Die fertig gebratenen Lammkeulen herausheben und in Alufolie gut eingehüllt warm stellen. Nun den vorbereiteten Strudel mit Ei bestreichen und bei 200 °C Heißluft ca. 15 Minuten backen. Parallel dazu die Bratrückstände mit Fond oder Wasser lösen und zu einer Sauce der gewünschten Konsistenz einkochen. Dann die Keulen mit dem portionierten Strudel anrichten, mit Sauce beträufeln und nach Belieben garnieren.

Für den **Gemüsestrudel** die Zucchini waschen, der Länge nach vierteln und in 4 Millimeter dicke Stücke schneiden. Erdäpfel sowie Tomaten ebenfalls schneiden, Knoblauch fein hacken. Das Öl erhitzen und die Schalotten mit Knoblauch anschwitzen. Die restlichen Zutaten einmengen. Würzig abschmecken. Den Strudelteig aufbreiten und die Fülle etwa 6 cm hoch auftragen. Zu einem Strudel einrollen und die obere Seite alle 3 cm etwas einschneiden.

☞ ***Der Strudel kann auch im Voraus gebacken werden. In diesem Fall den fertig gebackenen Strudel in Portionsstücke schneiden und erst kurz vor dem Servieren in Butter auf beiden Seiten anbraten. Die Sauce könnte übrigens auch noch mit Rollgerste verfeinert werden.***

Zutaten:
4 Lammkeulen
4 Knoblauchzehen
1 EL Butter
Salz, Pfeffer, Rosmarin
Öl
Fond oder Wasser zum Aufgießen

Für den Tomaten-Zucchini-Strudel:
2 Zucchini
3 EL (sonnen-) getrocknete Tomaten
2 gekochte Erdäpfel
2 gehackte Schalotten
1 Knoblauchzehe
20 g Parmesan
Salz, Pfeffer, Basilikum
Olivenöl
Strudelteig (▸ S. 383)
Ei zum Bestreichen

Beilagenempfehlung:
gebratene Zwetschken, Polenta, Grießdukaten oder Erdäpfelkrapferl

Surbratl vom Lamm
mit Röstgemüse und Ingwersauce

Zutaten:
1 gesurter Lammschlögel
1 EL flüssige Butter zum Bestreichen
Salz, Pfeffer
frische Kräuter zum Abschmecken
Gemüse nach Saison
Butter oder Öl zum Anrösten

Für die Ingwersauce:
500 g Zwiebeln
180 g Ingwerwurzel
1,5 l Jus
Lorbeerblatt
Wacholderbeeren
200 g kalte Butter
Bratensaft vom Surbraten

Zubereitung: Zuerst den **Lammschlögel** mit Butter bestreichen und im vorgeheizten Backrohr bei 110 °C (Heißluft) etwa 3 Stunden garen. Währenddessen das Fleisch wiederholt bestreichen.

Inzwischen für die **Ingwersauce** die Zwiebeln sowie den Ingwer grobwürfelig schneiden und in wenig Butter scharf anrösten. Mit dem Jus aufgießen, die Gewürze beimengen und die Sauce auf ein Fünftel reduzieren. Abseihen, mit kalter Butter montieren und nach Geschmack noch mit etwas Bratensaft abschmecken.

Das geputzte **Gemüse** in mundgerechte Stücke schneiden und in etwas Fett scharf anrösten. Mit Salz, Pfeffer und vielen frischen Kräutern abschmecken. Nun das Fleisch tranchieren, auf vorgewärmte Teller geben und mit jeweils etwas Gemüse und Ingwersauce anrichten.

Am Knochen gegarte Lammschulter

mit Pilzen und Ingwersauce

Zubereitung: **Lammschulter** mit den Gewürzen und Knoblauch gut einreiben. Auf ein Backblech setzen, die Butter in Stücke teilen und die Schulter damit belegen. Im vorgeheizten Backrohr bei 110 °C ca. 2 Stunden garen lassen.

Währenddessen für die **Ingwersauce** Zwiebeln, Knoblauch und Ingwer in grobe Stücke schneiden. Etwas Olivenöl in einem Topf erhitzen und Zwiebeln, Knoblauch sowie Ingwer scharf anbraten. Thymian zugeben und rasch mit Jus aufgießen. (Kräuter niemals zu lange rösten, da sie sonst bitter werden!) Die Sauce nun gut auf die Hälfte einreduzieren lassen. Dann durch ein Sieb passieren, mit kalter Butter montieren und eventuell noch etwas salzen.

Für die **Schwammerlgarnitur** die Eierschwammerl sowie Steinpilze putzen und in einer sehr heißen Pfanne in Olivenöl scharf anbraten. Mit Petersilie, Salz und Pfeffer würzen.

Fertig gegarte Lammschulter auf eine vorgewärmte Platte legen, mit Ingwersauce umkränzen und mit den gebratenen Schwammerln garnieren.

Zutaten:
1 Lammschulter
5 gehackte Knoblauchzehen
Thymianzweige
150 g Butter
Salz, Pfeffer

Für die Ingwersauce:
3 große Zwiebeln
4 Knoblauchzehen
2 daumengroße Stücke Ingwer
Thymian
2 l Jus (Braune Grundsauce)
100 g Butter
Olivenöl zum Anbraten

Für die Schwammerlgarnitur:
Eierschwammerl und Steinpilze nach Belieben
frisch gehackte Petersilie
Salz, Pfeffer

Beilagenempfehlung:
Erdäpfelbeilagen von Puffer bis Gratin
(‣ S. 133)

Lammkrone

mit Thymiankruste auf Knödel-Steinpilz-Gröstl

Zutaten:
800 g Lammkarree, zupariert
Salz und Pfeffer aus der Mühle
1 EL Olivenöl
500 ml Lammfond

Für die Thymiankruste:
70 g weiche Butter
50 g weiße Brotbrösel
20 g frisch geriebener Parmesan
fein gehackter Thymian
Salz und Pfeffer

Für das Gröstl:
2 gekochte Speckknödel, in Scheiben geschnitten
2 mittlere gekochte Erdäpfel, geschält und in Scheiben geschnitten
300 g Steinpilze
Salz und Pfeffer aus der Mühle
1 fein gehackte Knoblauchzehe
1 fein gehackte Schalotte
Lorbeer, Majoran und Schnittlauch
150 ml geklärte Butter

Zubereitung: Das **Lammkarree** mit Olivenöl bestreichen und mit Salz und Pfeffer würzen. Mit den Knochen nach außen so zu einem Ring formen, dass ein Krone entsteht, und zusammenbinden. Auf ein Gitter legen, Karreeknochen in Alufolie einpacken und im vorgeheizten Ofen bei 200 °C 5 Minuten braten. Das Karree herausnehmen und die Hitze zurückschalten.

Für die **Thymiankruste** alle Zutaten miteinander vermengen und auf dem Karree gleichmäßig verteilen. Etwas andrücken und im Ofen weitere 5 Minuten goldbraun überbacken. Herausnehmen und an einem warmen Ort einige Minuten ruhen lassen. Den Lammfond auf ein Drittel einkochen lassen und abschmecken.

Für das **Gröstl** Knödel, Erdäpfel sowie Steinpilze getrennt in Butter anrösten. Schalotte sowie Knoblauch ebenfalls Farbe nehmen lassen und nun alles miteinander vermengen. Gut durchschwenken und würzen. Lammkrone erst bei Tisch tranchieren und mit dem Gröstl sowie dem Lammsaftl anrichten.

Virgentaler Schöpsernes

Zubereitung: Aus durchgepresstem Knoblauch, gerebelten und fein gehackten Kräutern, Salz, Pfeffer, Kräuteressig und Pflanzenöl eine streichfähige Paste rühren, die Lammkeule damit rundum einreiben und 2 Stunden ziehen lassen. Lammkeule in etwas Öl allseitig anbraten und dann im auf 220 °C vorgeheizten Ofen bei abfallender Hitze ca. 1,5 Stunden lang braten. Die Hitze dabei stufenweise bis 160 °C reduzieren. Etwa 45 Minuten vor Bratende das würfelig geschnittene Wurzelwerk beigeben und die Keule häufig mit Lammfond oder Rindsuppe begießen. Keule weiter garen, bei Bedarf Wasser zugeben. Die Keule nach der Bratzeit im ausgeschalteten Ofen noch 15 Minuten rasten lassen.

Inzwischen Zwiebelringe und Speck in einer eigenen Pfanne in etwas Fett anrösten, mit Mehl stauben, mit 200 ml Rindsuppe aufgießen, Rahm darunterrühren und köcheln lassen, bis eine sämige Sauce entsteht, die man in den Bratenfond der Lammkeule einrührt und mit diesem gemeinsam verkocht. Die Lammkeule inzwischen tranchieren und die Fleischscheiben mit der passierten Sauce überziehen. Zwiebel, Speck und Wurzelwerk extra servieren.

Als weitere Beilagen empfehlen sich gebratene Tomaten und Rösterdäpfel.

Zutaten für 6 Personen:
1 Lamm- oder Hammelkeule von ca. 1800 g
2 Knoblauchzehen
50 g gemischte Kräuter (Zitronenmelisse, Majoran, Rosmarin etc.)
Salz, Pfeffer
1 Schuss Kräuteressig
2 EL Pflanzenöl
200 g würfelig geschnittenes Wurzelwerk
300 ml Lammfond oder Rindsuppe
100 g streifenförmig geschnittener Tiroler Räucherspeck
1 fein gehackte Zwiebel
125 ml Sauerrahm

Das personifizierte Lamm

Dass der Gannerhof nicht nur köstliches Lammfleisch allererster Qualität, sondern auch Spezialitäten wie Lammbries anbieten kann, verdankt er dem früheren Villgratener Bürgermeister und Schafzüchter Josef Schett, der sich mit dem ihm eigenen Humor gerne „das personifizierte Schaf" nennt. In seiner seit 700 Jahren in Familienbesitz befindlichen Landwirtschaft beschäftigt sich Schett bereits seit 1986 mit der „Vollverwertung" des Villgratener Lamms (www.villgraternatur.at). Mit zehn Mitarbeitern macht Schett aus 200 Schafen „alles, was man aus dem Schaf machen kann, vom Bratl über die Wolle bis hin zu sämtlichen Textilien für den Wohnbereich." Selbst seine fünf Töchter, versichert Schett glaubwürdig, „wurden alle auf Schafwollmatratzen gemacht". Kein Wunder, dass auch in der Küche der Schetts das Lamm omnipräsent ist, vor allem auch in Form von Schafkäse mit Balsamico, hausgemachtem Brot und einem Glas Wein. „Oder aber", schränkt Josef Schett ein, „wir gehen gleich zu Josef Mühlmann in den Gannerhof. Denn was der aus unseren Lämmern zubereitet, ist wahrlich ein Meisterwerk."

Zutaten:
1 Kaiserteil vom Lammschlögel (ca. 1,5 kg)
½ Zucchini
4 Kirschtomaten
1 gekochten Erdapfel
4 blanchierte Knoblauchzehen
Oliven, getrocknete Tomaten
gemischte Kräuter nach Belieben
500 ml brauner Lammjus
1 EL Butter
Salz, Pfeffer, Zucker
Mehl zum Binden
Öl zum Braten

Für die Nockerl:
250 g griffiges Mehl
5 Eier
125 ml Milch
Salz, Pfeffer
250 g Sauerrahm
125 ml Schlagobers
125 ml Rindsuppe
Limonensaft
Mehl nach Bedarf

Lammragout
mit Limonennockerln

Zubereitung: Das **Fleisch** gut zuputzen und in mundgerechte Stücke schneiden. Salzen, pfeffern und in einer heißen Pfanne in etwas Öl scharf anbraten. Aus der Pfanne geben und rasten lassen. Das gewaschene und nach Bedarf kleiner geschnittene Gemüse zugeben, darin rösten und ebenfalls wieder aus der Pfanne nehmen. Mit Jus aufgießen und auf ein Fünftel reduzieren. Den Saft mit Butter montieren und würzig abschmecken. Wenn nötig, noch mit Mehl binden. Gemüse und Fleisch nochmals zugeben und zart rosa fertig garen. Mit den inzwischen vorbereiten Nockerln servieren.

Für die **Nockerl** Mehl, Eier, Milch, Salz und Pfeffer zu einem glatten Teig verarbeiten. In einem Topf Wasser aufkochen und die Nockerlmasse durch ein Sieb hineinpressen. Aufkochen lassen und abseihen. In einem Topf mit den restlichen Zutaten vermengen, so dass die Nockerl schön sämig sind. Abschmecken und bei Bedarf mit etwas Mehl binden.

Lammkoteletts
mit Pignoli-Thymian-Kruste

Zubereitung: Zuerst für die **Brotkruste** das fein geriebene Weißbrot mit Senf, gehacktem Thymian, Pignolikernen, Parmesan, Knoblauch und der kalten Butter zu einer Masse verkneten. Mit Salz und Pfeffer abschmecken, zu einer Rolle formen und kalt stellen.

Das **Karree** von Sehnen befreien (zuputzen) und die Knochen freilegen. Das Karree salzen, pfeffern und mit dem Rosmarinzweig in Öl scharf anbraten. Im vorgeheizten Backrohr bei 150 °C 4–5 Minuten nachziehen lassen (warm stellen). Inzwischen den Bratrückstand mit Portwein aufgießen, Knoblauch zugeben und stark einkochen lassen. Abschmecken.

Nun die Krustenmasse in Scheiben schneiden und jeweils auf die vorgebratenen Fleischstücke legen. Bei großer Oberhitze oder unter dem Salamander goldbraun überbacken. Mit dem abgeschmeckten Lammjus anrichten.

Zutaten:
4 Stück Lammkarree
(mit je 3 Rippenknochen)
Salz, Pfeffer
Öl zum Anbraten
Rosmarinzweig
250 ml Portwein
1 Knoblauchzehe

Für die Kruste:
50 g Weißbrot, entrindet und fein gerieben
1 EL Senf
20 g Thymian
10 g Pignolikerne (Pinienkerne)
30 g geriebener Parmesan
1 fein gehackte Knoblauchzehe
50 g Butter
Pfeffer, Salz

Beilagenempfehlung:
Tomaten-Chili-Nudeln
(‣ Lammpiccata S. 252)

Kotzebues Tiroler Schlaraffenland

Berühmte Reisende, die sich der Schönheit Tirols und seiner Gastronomie nicht entziehen konnten, haben ihre Eindrücke literarisch festgehalten. August von Kotzebue schrieb 1805 in seinem Buch „Bemerkungen auf einer Reise von Lifland nach Rom und Neapel": „Für Leute, die sich's gern bequem machen, gern gut essen und trinken, gewinnt die Reise durch Tyrol neue Reize: denn ich wüsste kein Land, wo ich, auch in dieser Hinsicht, lieber reisen möchte. In jedem Dorf findest du mehrere gute, oft elegante, immer sehr reinliche Zimmer, mit weißen, bequemen Betten versehen. Eine Stunde, oft auch nur eine halbe nach deiner Ankunft, wird dir ein Mahl aufgetischt, bestehend aus Fleischsuppe, Fisch, Wildbraten, delicater Mehlspeise, zum Dessert Confect und Früchte. Alles ist trefflich zubereitet. Dann trinkst du einen recht angenehmen Landwein, der deinen Gaumen befriedigen wird ... Schnelle und freundliche Bedienung würzt das Mahl, und am Ende ist die Zeche so mäßig, dass auch der Beutel weit länger gefüllt bleibt als in der Schweiz ... Ein herrliches Land, zauberische Ansichten, wohl unterhaltene Chausseen, gute Pferde, willige Posthalter, höfliche Postillons, bequemes Nachtlager, leckere Speisen, guter Wein, freundliche Bedienung, wohlfeile Zeche. Ohne Bedenken darf ich selbst schwächlichen Damen den Rath geben, sich im nächsten Sommer Gesundheit und Heiterkeit in den Tyroler Gebirgen zu holen."

Lammpiccata
mit Tomaten-Chili-Nudeln

Zutaten:
1 Kaiserteil vom Lamm (ca. 600 g)
Salz, Pfeffer, Rosmarin
Parmesan und Basilikum zum Bestreuen

Für den Käseteig:
2 Eier
1 Handvoll geriebener Parmesan
Mehl
Sonnenblumenöl zum Backen

Für die Tomaten-Chili-Nudeln:
200 g Bandnudeln
6 reife Tomaten
1 Schalotte
1 Knoblauchzehe
Oregano, Majoran, Basilikum, Chili
1 EL Butter
300 g geschälte Tomatenwürferl
1 EL Tomatenmark
Salz, Pfeffer, Zucker
1 EL schwarzer Balsamicoessig

Zubereitung: Das **Fleisch** zuputzen und in Schnitzel schneiden. Die Schnitzel klopfen, salzen und pfeffern, mit Rosmarin bestreuen. Für den Käseteig Eier und Parmesan gut verrühren.

Dann die Schnitzel in Mehl wälzen, durch den Käseteig ziehen und in heißem Fett langsam herausbacken. Herausheben, abtropfen lassen und noch ca. 5 Minuten rasten lassen.

Für die **Tomatensauce** zunächst den Strunk bei den Tomaten entfernen und die Tomaten in Stücke schneiden. Die Schalotte mit Knoblauch und den Tomaten anschwitzen. Die restlichen Zutaten dazugeben und alles etwas einreduzieren lassen.
Die Sauce pürieren und durchpassieren. Ist die Sauce zu dünn, noch mit etwas Mehl binden.

Nun die Nudeln al dente kochen. Abseihen und mit der Tomatensauce vermengen. Die Nudeln auf vorgewärmten Tellern anrichten und mit Parmesan sowie frischem Basilikum bestreuen. Die Lammschnitzel daneben platzieren.

Gebackener Lammrücken

Zutaten:
1 ganzer Lammrückenstrang
Salz, Pfeffer
500 g Butterschmalz
Mehl zum Wälzen

Für den Backteig:
1 Kaffeetasse griffiges Mehl
125 ml Milch
1 EL geriebener Parmesan
2 Eier
Salz, Pfeffer, Thymian

Beilagenempfehlung:
Thymianerdäpfel (‣ Kitzschlögel S. 261)
Vanillekarotten (‣ Lammrückensteak S. 255)

Zubereitung: Den **Lammrücken** in 4 Steaks schneiden. Salzen, pfeffern und scharf anbraten. Im vorgeheizten Backrohr bei 150 °C Heißluft ca. 3 Minuten garen.

Währenddessen für den **Backteig** die Eier trennen. Eiklar zu Schnee schlagen. Das Mehl mit Parmesan, Milch sowie Dottern verrühren und den Schnee unterheben. Würzen.
Den Lammrücken in Mehl wälzen, durch den Backteig ziehen und rasch bei hoher Hitze herausbacken. Herausheben und vor dem Anrichten mindestens 7–10 Minuten rasten lassen.

Lammfiletspieß

mit Serviettenknödeln und Eierschwammerln

Zubereitung: Die **Lammfilets** würzen und mit dem Knoblauch in etwas Öl auf beiden Seiten scharf anbraten. Mit der Butter im vorgeheizten Ofen bei 150 °C Heißluft ca. 5 Minuten rosa garen. Dann weitere 15 Minuten rasten lassen.

Währenddessen das **Gemüse** in mundgerechte Stücke schneiden, in heißem Öl anbraten und würzen. Die Lammfilets tranchieren und abwechselnd mit dem Gemüse auf kleine Spießchen stecken.

Die gut geputzten **Eierschwammerl** scharf anbraten. Mit Salz sowie Pfeffer würzen und gemeinsam mit den Spießchen und dem vorbereiteten Serviettenknödel anrichten.

Für den **Serviettenknödel** die warme Milch mit Salz und Pfeffer über das Knödelbrot gießen. Die gehackte Zwiebel in etwas Olivenöl anschwitzen und mit sämtlichen Zutaten vermengen. Abschmecken. Dann die Knödelmasse in ein feuchtes Tuch einrollen und in siedendem Wasser ca. 30 Minuten kochen lassen. Herausheben und überkühlen lassen. Den ausgekühlten Knödel in 2 cm starke Scheiben schneiden und in heißer Butter beidseitig goldbraun anbraten.

Zutaten:
- 4 Lammfilets
- 1 gekochte Rone (Rote Rübe)
- 1 Zucchini
- 1 Paprikaschote
- 1 Knoblauchzehe
- 1 EL Butter
- Salz, Pfeffer
- Öl zum Anbraten
- Eierschwammerl nach Belieben

Für die Serviettenknödel:
- 200 g Knödelbrot
- 1 große gehackte Zwiebel
- 125 ml lauwarme Milch
- 3 Eier
- 2 Eidotter
- Olivenöl
- Salz, Pfeffer
- Schnittlauch, Petersilie und Liebstöckel (Maggikraut)
- Butter zum Anbraten

Lammrückensteak
mit Speckpolenta und Vanillekarotten

Zubereitung: Das **Steak** salzen, pfeffern und mit Thymian würzen. In einer heißen Pfanne gemeinsam mit der Knoblauchzehe in heißer Butter beidseitig scharf anbraten. Bei 150 °C am besten bei kombinierter Heißluft ca. 6 Minuten rosa garen (oder eine Tasse Wasser in das Backrohr stellen). Aus dem Ofen nehmen und in Alufolie gehüllt 10 Minuten rasten lassen.

Für die **Sauce** einen Topf mit etwas Olivenöl erhitzen und darin Thymian, grob geschnittenen Ingwer, halbierte Schalotten sowie Rosmarin anschwitzen. Mit Lammjus aufgießen und die Sauce auf die Hälfte einkochen lassen. Dann abseihen und die Sauce wieder in einem sauberen Topf aufstellen. Mit Limonensaft, Salz, Pfeffer sowie Zucker abschmecken und auf die gewünschte Konsistenz einkochen.

Für die **Speckpolenta** Milch aufkochen und die Polenta einrühren. Salz, Pfeffer sowie Muskatnuss zugeben und unter ständigem Rühren ca. 6 Minuten kochen lassen. In einem anderen Topf Butter zerlassen und die Polenta gemeinsam mit den geschnittenen gekochten Erdäpfeln und dem gehackten Speck erhitzen. Abschmecken.

Für die **Vanillekarotten** die Karotten schälen, der Länge nach halbieren und in 4 mm dünne Stücke schneiden. In einer heißen Kasserolle den Zucker karamellisieren und dann Butter einrühren. Die Karotten und die restlichen Zutaten zugeben. Die Karotten bissfest garen und nochmals abschmecken. Alles gemeinsam anrichten.

Zutaten:
4 Steaks vom Lammrücken à 180–200 g
1 Knoblauchzehe
1 EL Butter
Thymian
Salz, Pfeffer

Für die Sauce:
1 l Lammjus
1 EL getrockneter Thymian
1 TL getrockneter Rosmarin
130 g Ingwer
Salz, Pfeffer
5 Schalotten
Zucker nach Geschmack
Limonensaft
Olivenöl

Für die Speckpolenta:
500 ml Milch
150 g Polenta (Maisgrieß)
Salz, Pfeffer, Muskatnuss
1 EL Butter
2 gekochte Erdäpfel
5 Scheiben Bauchspeck

Für die Vanillekarotten:
2 Karotten
1 Vanilleschote
2 EL Zucker
1 EL Butter
Salz, Pfeffer
Zitronensaft von 1 Zitrone
125 ml Rindsuppe

Der Virgener Widder

Beim wohl letzten der heute noch im Alpenraum dargebrachten Tieropfer fließt – Tierschützer können da ganz beruhigt sein – schon längst kein Blut mehr. Alljährlich am Weißen Sonntag (es ist der erste Sonntag nach Ostern) wird das für diesen Zweck wohlgemästete und bunt geschmückte Opfertier in einer feierlichen Prozession zur Osttiroler Wallfahrtskirche Obermauern bei Virgen geführt und dort – nein, keineswegs geschlachtet, sondern zugunsten der Pfarrkasse an den jeweils Meistbietenden versteigert.

Paznauner Schafl

mit Paprikapüree

von Martin Sieberer

Zutaten:

800 g Lammrücken (mit Rippenknochen, damit das Fleisch saftiger bleibt)
4 cl Olivenöl
Knoblauch, Meersalz, Pfeffer
Thymian, Rosmarin
1 EL Krensenf
2 EL Senfkeimlinge
3 EL Kräuterbrösel (Weißbrotbrösel mit Thymian, Rosmarin, Basilikum, Petersilie, Parmesan)
20 g Kräuterbutter

Für das Paprikapüree:

20 g Butter
1 Schalotte
½ Knoblauchzehe
2 vollreife rote Paprika
6 cl Paradeisersaft
Pfeffer, Zucker

Zubereitung: Für das **Schafl** den Lammrücken von Fett und Sehnen befreien und mit Olivenöl und Knoblauch sowie den Kräutern, Salz und Pfeffer einmarinieren – wenn möglich sollten die Aromen 1–2 Tage auf das Fleisch einwirken.

Das Fleisch in der Pfanne mit etwas Olivenöl kurz anbraten und bei kleiner Hitze rosa braten (ca. 5 Minuten). An einem warmen Ort (ca. 50 °C) rasten lassen und dann mit Senf bestreichen, die Keimlinge darauf verteilen und mit den Kräuterbröseln bestreuen. Die Kräuterbutter daraufgeben und im Backrohr bei starker Oberhitze kurz überbacken.

Für das **Paprikapüree** die Butter aufschäumen lassen und die Schalotten darin goldgelb bräunen, mit etwas Zucker karamellisieren und die kleingeschnittenen Paprikawürfel sowie Knoblauch dazugeben, mit Paradeisersaft aufgießen. ½ Stunde lang leicht köcheln lassen, bis der Paprika butterweich ist, dann mit einem Stabmixer pürieren und durch ein feines Sieb passieren, mit Pfeffer abschmecken.

☞ ***Das süßliche Aroma des Paprikas harmoniert optimal mit dem Paznauner Schafl.***

Lammzunge
in Ingwersauce mit gebackenen Erdäpfellaibchen

Zubereitung: Die **Lammzungen** etwa 1 Stunde weichkochen. Dann von der Haut befreien und in Würfel schneiden. Die Zwiebeln gemeinsam mit Ingwer in etwas Öl anrösten und mit dem Jus aufgießen. Auf ein Fünftel reduzieren lassen. Die **Sauce** abseihen, wieder aufstellen und mit Butter montieren. Wenn nötig mit Mehl binden. Zungenwürfel zugeben und abschließend bei Bedarf noch mit Salz und Zucker abschmecken. Anrichten und mit den gebackenen Erdäpfellaibchen servieren.

Für die **Erdäpfellaibchen** Schalotten mit Knoblauch in etwas Öl anschwitzen und mit den restlichen Zutaten vermischen. Abschmecken und aus der Masse kleine Laibchen formen. Die Laibchen in Mehl, verschlagenem Ei sowie Bröseln panieren. In heißem Öl bei 150 °C goldbraun backen. Herausheben und abtropfen lassen.

☞ ***Übrig gebliebene Sauce können Sie, freilich ohne Einlage, auch in Eiswürfelformen oder Rexgläser abfüllen und tiefgekühlt bzw. gekühlt lagern. So haben Sie stets eine kräftig-aromatische Sauce zum Verfeinern zur Hand.***

Zutaten:
4 Lammzungen
2 gehackte Zwiebeln
200 g gehackter Ingwer
1,5 l brauner Lammjus
1 EL Zucker
200 g Butter
Mehl zum Binden
Salz
Öl zum Anrösten

Für die Erdäpfellaibchen:
3 gekochte, geriebene Erdäpfel
2 gehackte Schalotten
1 gehackte Knoblauchzehe
1 Ei
Muskatnuss, Salz, Pfeffer
Petersilie
50 g geriebener Parmesan
Mehl, Ei, Brösel zum Panieren
Öl zum Backen

Garniturvorschlag:
gekochter Spargel und Kirschtomaten

Geröstete Lammleber
mit Eierschwammerlravioli und glacierten Äpfeln

Zutaten:
1–1,5 kg Lammleber (nicht zugeputzt gewogen)
Butter oder Öl zum Anrösten
Lammjus
Zucker, Schwarzbeermarmelade, Balsamicoessig
Butter
Salz, Pfeffer, Zimt- und Nelkenpulver

Für die Eierschwammerlravioli:

Für den Teig:
500 g glattes Mehl
8 Eidotter
3 EL Öl
Salz, lauwarmes Wasser

Für die Fülle:
300 g Eierschwammerl
2 geriebene gekochte Erdäpfel
3 gehackte Schalotten
2 fein geschnittene Knoblauchzehen
50 g geriebener Parmesan
1 Ei
Salz, Pfeffer
gehackte Kräuter (Basilikum, Petersilie)

Für die glacierten Äpfel:
1 Apfel
3 EL Zucker
1 EL Butter
Zitronensaft

Zubereitung: Zuerst für die **Eierschwammerlravioli** alle Teigzutaten zu einem glatten Teig verarbeiten und diesen 30 Minuten rasten lassen. Die Eierschwammerl bei Bedarf kleiner schneiden und mit Schalotten sowie Knoblauch scharf anbraten. Die restlichen Zutaten dazugeben und die Fülle pikant abschmecken. Die Masse auskühlen lassen. Dann den Teig dünn ausrollen, Scheiben ausstechen und jeweils mit etwas Fülle belegen. Ravioli zusammenklappen, die Ränder gut festdrücken und erst kurz vor dem Anrichten in siedendem Salzwasser 3 Minuten kochen.

Inzwischen die **Lammleber** sauber zuputzen und in mundgerechte Stücke schneiden. In einer sehr heißen Pfanne in etwas Fett scharf anrösten. Wieder herausheben und auf einem Teller warm rasten lassen. Die Bratrückstände mit Lammjus ablöschen, mit Zucker, Schwarzbeermarmelade und Balsamicoessig abschmecken und etwas Butter einrühren. Abschließend noch mit Salz, Pfeffer, Zimt- und Nelkenpulver zu einer süßlichen Sauce abrunden. Die Leber kurz vor dem Anrichten in der Sauce fertig ziehen lassen.

Für die **glacierten Äpfel** den Apfel in Spalten schneiden und diese mit Zucker, Butter und etwas Zitronensaft in der Pfanne glacieren.

Lammbeuscherl
mit Parmesanknödeln

Zubereitung: Die **Lungen** sauber zuputzen und von der Luftröhre befreien. Lungen und Herzen mit Lorbeer, Wacholder, Pfefferkörnern und einem guten Schuss Essig etwa 40 Minuten zugedeckt kochen lassen. Auskühlen lassen und alles so fein wie möglich in dünne Streifen schneiden.

Die Butter mit Mehl erhitzen. Milch zugießen und zu einer Einbrenn verarbeiten. Das Beuscherl mit den restlichen Zutaten einmengen und bei Bedarf noch mit etwas Rindsuppe aufgießen. Pikant abschmecken. Auf vorgewärmten Tellern anrichten und mit den Parmesanknödeln servieren.

Für die **Parmesanknödel** das Wasser mit Butter, Salz, Zucker und dem Pfeffer aufkochen, bis die Butter geschmolzen ist. Das Mehl gemeinsam mit dem Parmesan beifügen und mit der Flüssigkeit verrühren, bis sich der Teig zu einem Kloß zusammenballt und am Boden eine weiße Schicht entsteht. Den Topf vom Herd nehmen. Anschließend die Eier einzeln unter den Teig rühren. Den Teig abkühlen lassen. Einen Topf mit reichlich, leicht gesalzenem Wasser aufkochen. Aus dem Teig Knödel formen und im siedenden Wasser bei schwacher Hitze 15 Minuten garziehen lassen.

Zutaten:
2 Lammlungen mit Herz
ca. 250 ml Rindsuppe
250 ml Schlagobers
250 ml Milch
Salz, Pfeffer, Zucker
Gehackter Estragon, Schnittlauch
300 g Butter
150 g Mehl
Kräuteressig
1 EL Wacholderbeeren
2 Blatt Lorbeer
1 EL Pfefferkörner

Für die Parmesanknödel:
250 ml Wasser
125 g Butter
Salz, Zucker
Pfeffer aus der Mühle
125 g Mehl
4 Eier
100 g frisch geriebener Parmesan

Die erste Tiroler Wirtsordnung

Wirtshäuser standen – nicht nur in Tirol – schon immer im Ruf, Horte des Lasters, der Anarchie und des Widerstands gegen die Obrigkeit zu sein. Andererseits standen nicht wenige Wirte auch im Ruf, es mit ihren gastronomischen Verpflichtungen nicht immer genau zu nehmen. Aus diesem Grund wurden schon in der Renaissancezeit spezielle „Wirtsordnungen" erlassen, die zumindest einen Hauch von Ordnung ins gastronomische Chaos brachten. 1533 war es auch im Land im Gebirg soweit, dass die erste „Tiroler Wirtsordnung" erlassen werden konnte: Im Gegensatz zu der in Italien bis heute noch üblichen Sitte, dass die Kellner die Speisen ansagen, ohne Preise zu nennen, wurde damals die Erstellung einer Speisekarte verlangt, die an gut sichtbarer Stelle mitsamt allen Speise- und Getränketarifen ausgehängt werden musste. Die Strafe für jene Wirte, die sich dieser Wirtsordnung widersetzten, war in gewisser Hinsicht nur logisch: Sie mussten die Zeche ihrer Gäste selbst bezahlen.

Gebackenes Kitz

Zutaten für 4–6 Portionen:
1,5 kg Kitzfleisch (Schulter und Schlögelteile mit Knochen)
Salz
Mehl, versprudelte Eier und Brösel zum Panieren
neutrales Pflanzenöl zum Backen
Preiselbeermarmelade und einige frische Preiselbeeren
Petersilienstiele zum Frittieren
1 EL Butterschmalz
Bachkresse und Zitronenspalten zum Garnieren

Beilagenempfehlung:
Erdäpfelsalat

Das Kitz sollte nur weiblich sein und nicht unter 8 und nicht über 11,5 kg im geschlachteten Zustand wiegen, damit es nicht „bockelet“ und eine weiche, saftige Speise abgibt. Die Bachlkress dazu ist im unteren Inntal ein Muss.

Zubereitung: Schulter- und Schlögelteile mit Knochen in Stücke schneiden. Die groben Knochen bzw. die dicken Stellen etwas ausschneiden. Fleischstücke salzen und in Mehl, versprudelten Eiern sowie Bröseln panieren. In einer geeigneten großen Pfanne in heißem Öl bei mittlerer Hitze je nach Größe der Stücke zwischen 5 und 13 Minuten goldgelb herausbacken. Herausheben und noch kurz in Butterschmalz braten (ergibt einen wunderbar nussigen Geschmack). Die Petersilienstiele in heißem Öl ebenfalls knusprig frittieren. Herausheben und abtropfen lassen.

Gebackene Kitzstücke anrichten und mit Zitronenspalten, Bachkresse, Preiselbeermarmelade und -beeren sowie frittierter Petersilie garnieren.

☞ ***Sie können die Knochen selbstverständlich auch vor dem Panieren auslösen, allerdings schmeckt das Fleisch um vieles saftiger, wenn es mit Knochen gebacken wird.***

Kitzschlögel im Ganzen
rosa gebraten mit Thymianerdäpfeln

Zubereitung: Den **Kitzschlögel** mit dünnen Knoblauchstücken spicken, salzen, pfeffern und mit wenig Kräutern einreiben. In einer Kasserolle Olivenöl erhitzen und den Schlögel darin gemeinsam mit den Knochen anbraten. Wurzelwerk zugeben und im vorgeheizten Rohr bei 220 °C Unter- und Oberhitze noch ca. 10 Minuten braten lassen. Nun mit etwas Gemüsefond oder Suppe aufgießen. Kräuter, gehackten Knoblauch, etwas Paprikapulver und Kümmel zugeben. Nach 20–25 Minuten den Schlögel herausnehmen und an einem warmen Ort rasten lassen.

Währenddessen die **Sauce** abseihen und am Herd bei schwacher Hitze durchköcheln lassen. Mit sehr wenig Mehl – mit Wasser verrührt – binden, aber nur so wenig, dass die Sauce gerade keine Suppe ist. Abschmecken, abseihen und mit etwas Butter und frischen Kräutern verfeinern. Die blanchierten Knoblauchzehen in etwas heißer Butter schwenken.

Den Schlögel auslösen, zuputzen und sehr kurz in heißem Butterschmalz anbraten. Nun in schräge Scheiben schneiden und auf heißen Tellern anrichten. Die Sauce und den glacierten Knoblauch daneben anrichten und mit dem jungen Gemüse sowie den Thymianerdäpfeln servieren.

Für das junge **Gemüse** das sorgfältig geputzte Gemüse bissfest kochen, abseihen und mit den Gewürzen in Butter durchschwenken.

Für die **Thymianerdäpfel** die Erdäpfelwürfel bei mittlerer Hitze in einer Pfanne in heißem Butterschmalz knusprig braten. Dabei wiederholt umrühren. In einem Sieb abtropfen lassen, mit Salz, Pfeffer, Muskatnuss und Thymian abschmecken.

☞ ***Statt des Kitzschlögels können Sie auch eine Lammschulter nach diesem Rezept zubereiten. Für eine Schulter von ca. 1 kg beträgt die Bratdauer ca. 25 Minuten.***

Zutaten:
- ca. 1,5 kg Kitzschlögel im Ganzen, sauber zugeputzt (s. Tipp)
- ca. 300 g klein gehackte Kitzknochen
- Salz, Pfeffer
- frischer Rosmarin und Thymian
- ca. 3 Knoblauchzehen zum Spicken
- ca. 2 fein gehackte Knoblauchzehen zum Braten
- ca. 15 blanchierte Knoblauchzehen zum Glacieren
- 1 TL Kümmel
- etwas Paprikapulver
- 750 ml Gemüsefond oder Rindsuppe
- ca. 300 g Wurzelwerk (Knoblauch, Zwiebeln, Karotten, Lauch)
- 3 EL Olivenöl zum Anbraten
- 1 EL Butter zum Verfeinern
- 1 TL Mehl zum Binden
- 1 EL Butterschmalz
- Butter zum Glacieren

Für das Gemüse:
- 600 g gemischtes junges Gemüse (junge Karotten, Kohlrabi, Erbsenschoten, Frühlingszwieberl, junge Fisolen)
- 2 EL Butter
- Salz, etwas Muskatnuss

Für die Thymianerdäpfel:
- ca. 1 kg geschälte, in 1 cm große Würfel geschnittene Erdäpfel
- 3 EL Butterschmalz
- Salz, Muskatnuss, etwas Pfeffer
- 1 EL frisch abgerebelter Thymian

Kitzbauernbratl

mit gebratenen Erdäpfeln und Krautsalat

Zutaten:
1,5 kg Kitz-Bruststücke (mit Bein), Halsteile etc., alles sauber zugeputzt
1 kg speckige Erdäpfel
250 g fein geschnittene Zwiebeln
50 g fein gehackter Knoblauch
1 TL Kümmel
Salz, Pfeffer
frischer Majoran und Thymian
1 TL gehackter Rosmarin
½ TL edelsüßes Paprikapulver
1 gestrichener TL Mehl zum Binden
gehackte Petersilie
ca. 750 ml Gemüsefond oder helle Fleischsuppe zum Aufgießen
6 Frühlingszwiebeln
ca. 15 Knoblauchzehen
Butterschmalz
6 milde Pfefferoni

Für den Krautsalat:
1 kg geschnittenes Kraut (netto gewogen), am besten Früh- oder Spitzkraut
Salz, Pfeffer
1 TL Kümmel
1 Msp. fein gehackter Knoblauch
60–70 ml Weißweinessig, etwas verdünnt mit Wasser
ca. 125 ml neutrales Öl
gebratene Speckwürferl nach Belieben

Zubereitung: Die **Fleischteile** auf beiden Seiten mit Salz, Pfeffer sowie Kümmel würzen und beidseitig in Butterschmalz anbraten. In eine größere Kasserolle legen. Die geschälten, geschnittenen Erdäpfel etwas salzen und zugeben. Den Bratensatz mit etwas Gemüsefond oder Suppe lösen und über das Fleisch gießen.

Zwiebeln und Knoblauch ebenfalls hell in Butterschmalz anschwitzen und zum Bratl geben. Mit Kräutern sowie Paprikapulver aromatisieren und etwas Suppe oder Gemüsefond angießen. Im vorgeheizten Rohr bei 180 °C ca. 1½ Stunden braten lassen. Währenddessen wiederholt mit Suppe oder Fond aufgießen. Zum Schluss mit sehr wenig Mehl binden. Farbe und Geschmack der Sauce überprüfen und nochmals etwas frischen Rosmarin und Petersilie darüberstreuen.

Frühlingszwiebeln, Pfefferoni und die Knoblauchzehen blanchieren und in Butterschmalz kurz durchschwenken. Mit Salz würzen. Das Bratl am besten in einem dekorativen Kupfer- oder Eisenpfandl servieren und zuvor mit frischen Kräutern garnieren. Den vorbereiteten Krautsalat dazu servieren.

Für den **Krautsalat** den Strunk vom Krautkopf entfernen und das Kraut in feine Streifen schneiden. Salzen und kurze Zeit durchkneten. Mit den restlichen Zutaten vermengen und abschmecken. Je nach Geschmack gebratene Speckwürferl darüberstreuen.

☞ ***Nach demselben Rezept können Sie auch ein feines Bratl aus Lamm- oder Schweinefleisch zubereiten.***

Kitzniernndln

mit Röstzwiebeln und Nelkenreis

Zutaten für 6 Portionen:
800 g zugeputzte Kitznieren
1 kleine, fein geschnittene Zwiebel
300 ml Kalbsjus
3 cl guter, alter Balsamicoessig
Salz, Pfeffer aus der Mühle
1 Msp. Paprikapulver
30 g Butter
1 Msp. Maizena, mit Wasser verrührt
1 frischer Rosmarinzweig (einige Nadeln davon fein gehackt)
Nierenfett (ersatzweise Olivenöl und Butter) zum Anbraten

Für den Nelkenreis:
2 Tassen Basmatireis
1 Zwiebel, halbiert und mit jeweils 5 Nelken gespickt
1 EL neutrales Pflanzenöl
1 TL Salz
3 ½ Tassen Wasser

Für die Röstzwiebeln:
2 Zwiebeln, in dünne Ringe geschnitten
1 TL Mehl
ca. 500 ml neutrales Pflanzenöl zum Herausbacken

Beilagenempfehlung:
Rahmspinat
(‣ Rehlaibchen S. 179)

Zubereitung: Die zugeputzten **Nieren** der Länge nach zweimal durchschneiden und in etwas ausgelassenem Nierenfett (oder Butter und Olivenöl) beidseitig kurz anbraten.
Die Nieren herausnehmen und nun die Zwiebeln in der Pfanne hell anschwitzen. Mit Balsamicoessig und Kalbsjus aufgießen. Mit Salz und Pfeffer würzen, etwas Paprikapulver (für die Farbe) einrühren. Einreduzieren lassen und mit Maizena leicht sämig eindicken (sehr wenig). Rosmarin dazugeben und mit der Butter montieren. Abschmecken und passieren. Die Nieren nochmals kurz in eine heiße Pfanne geben, auf Tellern anrichten und die passierte Nierensauce darübergießen. Mit den fertigen Röstzwiebeln garnieren und mit dem gegarten Nelkenreis anrichten.

Für den **Reis** die mit Nelken gespickten Zwiebelhälften in Öl anschwitzen. Den Reis dazugeben, salzen und mit Wasser aufgießen. Einmal aufkochen lassen, eventuell nachsalzen und den Reis im Backrohr bei 200 °C Unter- und Oberhitze 20 Minuten zugedeckt garen. Zwiebeln danach entfernen, einmal vorsichtig umrühren und dekorativ anrichten.

Für die **Röstzwiebeln** das Fett in einer weiten Pfanne erhitzen. Die Zwiebelringe bemehlen und im heißen Fett schwimmend herausbacken. Dabei immer wieder mit der Fleischgabel umrühren. Sobald die Röstzwiebeln mittel- bis goldgelb sind, rasch herausheben, da die Farbe noch nachzieht und die Zwiebeln sonst bitter werden könnten.

Kitzbeuscherl

Zubereitung: Kochwasser mit dem Wurzelwerk und allen anderen Zutaten zum Kochen bringen. Lunge sowie Herz einlegen und 1–1,5 Stunden köcheln lassen. Herausnehmen, erkalten lassen und mit der Aufschnittmaschine in dünne Scheiben schneiden. Dabei die Röhren sorgfältig entfernen. Dann das **Beuschel** feinnudelig schneiden.

Nun Zwiebeln, Knoblauch und die geschnittenen Karotten in Butterschmalz anschwitzen, mit Rotwein ablöschen und mit Beuschelsud aufgießen. Das geschnittene Beuschel und alle Gewürze sowie Aromastoffe zugeben und ca. 20 Minuten durchziehen lassen. Mit Mehl etwas eindicken. Flüssiges Schlagobers zugießen und mit Petersilie und Majoran verfeinern. Abschließend etwas geschlagenes Obers einrühren. Mehr oder weniger pikant abschmecken. In Suppentellern anrichten. Mit frischem Majoran garnieren.

☞ ***Statt Kitzfleisch kann für dieses Rezept auch Kalbslunge verwendet werden.***

Zutaten für 4–6 Portionen:
ca. 1,3 kg Kitzlungen und -herzen, sauber zugeputzt und in kaltem Wasser gereinigt

Für das Kochwasser:
2 l Wasser
500 g Wurzelwerk
10 schwarze Pfefferkörner
5 Lorbeerblätter
30 g Salz
ein Spritzer Essig
250 ml Weißwein
1 Rosmarinzweig
½ Knoblauchknolle, ungeschält zerdrückt

Für die Fertigstellung:
200 g fein geschnittene Zwiebeln
200 g feine Karottenstreifen
40 g Butterschmalz
80 g fein gehackter Knoblauch
250 ml trockener Rotwein
1 l abgeseihter Beuschelsud
50 g Salz
3 Lorbeerblätter
50 g gemixte oder feinst gehackte Kapern
40 g fein gewürfelte Essiggurken
1 Bund fein gehackter Thymian (1 EL)
¼ TL fein gehackte Zitronenzesten
30 g milder Senf
20 g Worcestershiresauce
50 g Mehl, mit etwas Rotwein verrührt
20 g Paprikapulver
1 kleiner Schuss Weinessig
ca. 250 ml flüssiges Schlagobers
3 EL geschlagenes Obers
etwas frischer Majoran und Petersilie

Beilagenempfehlung:
Serviettenknödel
(▸ Lammfiletspieß S. 253)

Wild

Rehrücken im Ziehteig
auf Quitten und Kastanien-Schupfnudeln

Zutaten:
600 g Rehrücken (zupariert)
Ziehteig (▸ S. 383) zum Einhüllen
Salz und Pfeffer
weiße Brotbrösel, mit etwas Curry vermengt
50 g zerlassene Butter
150 ml Wildjus
5 zerdrückte Wacholderbeeren
400 g eingeweckte Quitten (▸ S. 375) als Garnitur

Kastanien-Schupfnudeln:
200 g Kastanien, gekocht und geschält
100 g Erdäpfel, gekocht und passiert
2 Eidotter
100 g Mehl
Salz
50 g braune Butter und 1 EL Brösel zum Schwenken

Zubereitung: Den **Rehrücken** mit Salz und Pfeffer würzen, im Brösel-Curry-Gemisch wälzen und in den dünn ausgezogenen Ziehteig einschlagen. Mit zerlassener Butter bestreichen, in eine Form setzen und im vorgeheizten Ofen bei 180 °C ca. 7 Minuten auf den gewünschten Garungsgrad hin garen. Danach 5 Minuten warm rasten lassen. Den Wildjus mit den zerdrückten Wacholderbeeren einkochen.

Für die **Kastanien-Schupfnudeln** die gekochten Kastanien mit den noch heißen, passierten Erdäpfeln sowie den Eidottern vermischen. Abkühlen lassen. Mehl sowie Salz einkneten und mit der Hand kleine Nudeln aus dem Teig formen. Schupfnudeln in Salzwasser kurz kochen. Herausheben, abtropfen lassen und in brauner Bröselbutter schwenken.

Rehrücken tranchieren, mit den Schupfnudeln anrichten und mit eingeweckten Quitten sowie der Wildreduktion garnieren.

Rehbraten

mit Walderdbeersauce und Bärlauchgnocchi

Zubereitung: Die **Rehschulter** sorgfältig mit dem Bauchspeck spicken. Mit Salz, Pfeffer, Senf, Paprikapulver, Knoblauch, Kapern, etwas Essiggurkerln, Zitronenschale, Wacholder, Majoran und Thymian würzen. Ein Bratreindl mit der Speckschwarte und den Speckresten vom Spicken erhitzen und die Rehschulter darin anbraten. Wurzelwerk, Tomatenmark, die restlichen Essiggurkerl und Piment hinzufügen, mit Rotwein ablöschen und einen Teil des Wildjus eingießen. Im vorgeheizten Rohr bei 180 °C Unter- und Oberhitze 1½–2 Stunden braten. Währenddessen immer wieder wenden und mit etwas Wildjus begießen. Dann Erdbeermarmelade zugeben und bei Bedarf noch mit Senf, Majoran, Salz, Paprikapulver sowie etwas Worcestershiresauce abschmecken.

Das Fleisch herausheben und warm halten. Die **Sauce** mit Mehl etwas eindicken, bis sie schön sämig ist und dann durch ein feines Sieb passieren. Mit flüssigem Schlagobers verfeinern und die Hälfte der Walderdbeeren in die Sauce einrühren. Den Rest der Beeren locker darüberstreuen. Zuletzt noch etwas geschlagenes Obers unterheben. Den Braten in gleichmäßige Scheiben schneiden und mit den mittlerweile vorbereiteten Bärlauchgnocchi sowie der Sauce anrichten. Mit Erdbeerblättern und -blüten garnieren. Nach Belieben den Tellerrand mit gestoßenem Piment bestreuen.

Für die **Bärlauchgnocchi** die gepressten Erdäpfel mit den restlichen Zutaten rasch zu einem Teig kneten. Rollen daraus drehen, 1 cm breit abstechen und mit einem Löffel in Form bringen. In siedendem Wasser kurz köcheln lassen, bis sie aufsteigen. Herausheben und abtropfen lassen. Anrichten und mit gehacktem Bärlauch bestreuen.

Zutaten für 6 Portionen:

- 1,2 kg ausgelöste, zugeputzte Rehschulter
- 200 g in Streifen geschnittener Bauchspeck zum Spicken
- Salz, Pfeffer
- 3 klein geschnittene Essiggurken
- ca. 1 cm Zitronenschale, fein gehackt
- 1 TL gehackte Kapern
- gehackter Thymian und Wacholder
- Majoran
- Paprikapulver, Worcestershiresauce
- 1 EL Senf
- 1 TL gehackter Knoblauch
- 2 EL hausgemachte Erdbeermarmelade
- ½ TL gestoßener Piment
- 1 Stück Speckschwarte
- 250 ml Rotwein
- 1 l Wildjus
- 500 g Wurzelwerk (Karotten, Zwiebeln, Sellerie)
- 1 TL Tomatenmark
- 2 EL Mehl, mit Rotwein verrührt
- 125 ml Schlagobers
- ca. 200 g frische Walderdbeeren
- 2 EL geschlagenes Obers für die Sauce
- frische Erdbeerblätter und -blüten zum Dekorieren

Für die Bärlauchgnocchi:

- 400 g gekochte, mehlige Erdäpfel
- 100 g griffiges Mehl
- 50 g aufgemixter, gut ausgedrückter Bärlauch
- 50 g geriebener Parmesan
- 4 Eidotter
- Salz, Pfeffer
- geriebene Muskatnuss
- 1 EL gehackter Bärlauch zum Bestreuen

Rehrückenmedaillons

mit Walnusspesto und knusprigen Schupfnudeln

Zutaten:
4 Steaks (600 g) vom jungen Rehrücken
Salz, Pfeffer
Rosmarin, Thymian, gehackter Wacholder
Wacholderöl
ca. 200 g grob gehackte Walnüsse

Für den Glasierlack:
100 ml dunkles Bier
2 EL Honig
1 EL Tomatenmark
1 EL Sherryessig
2 EL Marillenmarmelade

Für das Walnusspesto:
40 g Basilikum
4 EL leicht geröstete Walnusskerne
1 Knoblauchzehe
50 ml Walnussöl
50 ml Olivenöl
60 g geriebener Parmesan
Salz, Pfeffer

Für die Wild-Rotweinsauce:
200 g fein geschnittene Schalotten
20 g Butter
30 g Zucker
300 ml Burgunder (oder anderer kräftiger Rotwein)
300 ml Wildjus (‣ Hirschkalbsrückensteak S. 272)
1 TL Majoran
½ TL zerdrückte Wacholderbeeren
1 TL Worcestershiresauce
1 TL Dijonsenf
½ TL Paprikapulver
gehackte Petersilie
Salz, Pfeffer
50 g kalte Butter
10 g gekochte und gemixte Ronen (ersatzweise Rote-Rüben-Saft, passierte Preisel- bzw. Heidelbeeren)
2 cl Weinbrand
2 cl Cassis

Für die Schupfnudeln:
(‣ Wildhasenrücken S. 281)
Sonnenblumenöl

Zubereitung: Zuerst für den **Glasierlack** alle Zutaten sirupartig einkochen lassen und dabei mit dem Schneebesen immer wieder umrühren. Die **Steaks** mit Salz und Pfeffer würzen, in Wacholderöl auf beiden Seiten englisch anbraten. Dann mit dem Glasierlack einstreichen und in den grob gehackten Walnüssen wälzen. Im vorgeheizten Rohr bei 180–200 °C ca. 8 Minuten ziehen lassen. Herausnehmen, schräg durchschneiden, auf vorgewärmten Tellern anrichten und jeweils einen Löffel Walnusspesto dazugeben. Mit der Rotweinsauce umgießen und mit den knusprigen Schupfnudeln servieren.

Für das **Walnusspesto** Basilikum, Knoblauch und Öl aufmixen. Walnüsse sowie Parmesan einmengen und nochmals kurz mixen. Abschließend mit Salz und Pfeffer abschmecken.

Für die **Wild-Rotweinsauce** die Schalotten in Butter und Zucker hell anschwitzen. Mit Rotwein aufgießen und auf die Hälfte einreduzieren lassen. Dann Wildjus, Gewürze und Kräuter zugeben, nochmals einkochen lassen und durch ein feines Sieb passieren. Die kalten Butterstücke einrühren und mit Ronen, Weinbrand sowie Cassis abschmecken.

Für die **knusprigen Schupfnudeln** alle Zutaten schnell zu einem Teig verarbeiten. Mit einem Teelöffel kleine Stücke abstechen und auf einem Brett zu Nudeln wälzen (wie bei Vanillekipferln). In heißem Sonnenblumenöl hell backen. Herausheben und abtropfen lassen.

Rückensteak vom Reh
mit Blaukraut und gebackener Grießroulade

Zutaten:
1 Rehrückenstrang
Salz, Pfeffer, Piment
Öl zum Braten
Fond für die Sauce

Für das Blaukraut:
2 große Köpfe Blaukraut, geschnitten
500 ml Rotwein
250 ml Balsamicoessig
Bouillon nach Bedarf
130 g Butter
Butterschmalz
3 Äpfel
Zitronen und Orangen (Schalen sowie Saft) nach Belieben
Salz, Pfeffer
Suppenwürze aus dem Reformhaus nach Bedarf
Nelkenpulver, Lebkuchenpulver, Zimt, Piment, Rosmarinzweig
Preiselbeersaft oder rote Marmeladen (ca. 500 g)
Maizena oder Mehl zum Binden nach Bedarf

Für die gebackene Grießroulade:
500 ml Milch
5 EL Grieß
2 gekochte Erdäpfel
3 Eidotter
3 EL Mehl
Salz, Pfeffer, Muskatnuss
8 Scheiben Speck
Rucola
Mehl, Eier und Brösel zum Panieren
Fett zum Backen

Zubereitung: Den **Rehrücken** mit Salz, Pfeffer und Piment würzen und in etwas heißem Öl auf beiden Seiten anbraten. Bei 150 °C Heißluft im heißen Backrohr 6–7 Minuten rosa garen. Dann ca. 15 Minuten rasten lassen. Währenddessen die Bratrückstände mit etwas Fond lösen, kräftig aufkochen und zu einer Sauce einkochen lassen.

Für das **Blaukraut** etwas Butterschmalz erhitzen und das Kraut darin scharf anrösten. Mit Rotwein, Balsamicoessig und Bouillon ablöschen. Gewürze sowie Aromaten zugeben und das Kraut dünsten. Mit Butter montieren und bei Bedarf noch mit Maizena binden. Die Äpfel kleinwürfelig schneiden und abschließend untermengen.

Für die **Grießroulade** zunächst die Milch aufkochen, den Grieß einrühren und gut 5 Minuten köcheln lassen. Die Masse auskühlen lassen. Dann die gekochten Erdäpfel fein reiben und mit den Dottern, Mehl, Salz, Pfeffer, Muskatnuss und dem Grieß zu einem Teig verarbeiten. Den Teig in 4 Teile teilen, jedes Stück ausrollen und mit je 2 Scheiben Speck und etwas Rucola belegen. Einrollen und in Mehl, Eiern sowie Bröseln panieren. In reichlich Fett bei 150 °C goldbraun herausbacken.

Den Rehrücken portionieren und mit Blaukraut sowie der Grießroulade anrichten. Mit etwas Sauce garnieren.

Rehragout
mit Moosbeeren und Briocheknödel

Zubereitung: Zunächst das geschnittene **Fleisch** mit Salz und Pfeffer würzen. Butterschmalz in einem großen Topf erhitzen und das Fleisch darin gut anbraten. Nun Gemüse, Moosbeeren, Knoblauch, Wein, Cassis, Wacholderbeeren, Speckschwarte, Senf, Ribiselgelee, Majoran und Wildjus zugeben und zugedeckt ca. 1 Stunde langsam weich köcheln lassen. (Die Kochdauer hängt vom Alter und der „Sportlichkeit" des Wildes ab.)

Fleisch herausnehmen, die **Sauce** mit etwas angerührtem Mehl eindicken und mit dem Gemüse und den Moosbeeren fest durchpassieren. Je nach Geschmack etwas Marmelade oder Schokolade einrühren. Ragout auf Tellern verteilen und die frisch gekochten, gewürzten und in Butter geschwenkten Gemüsewürferl darübergeben. Mit frischen Moosbeeren und Grantn bestreuen und mit Gartenkräutern garnieren. Die vorbereiteten Knödelscheiben rundum anrichten.

Für die **Briocheknödel** das Brot in 2 cm große Würfel schneiden. Milch erwärmen und mit der zerlassenen Butter über das geschnittene Brot gießen. Eier aufschlagen, mit Gewürzen vermischen und einarbeiten. Die Masse zu je 40 g schweren Knöderln formen und einzeln in Klarsichtfolie einwickeln. Mit der Folie 10 Minuten in leicht köchelndem Wasser garen. Folie entfernen, nach Belieben aufschneiden und anrichten.

Zutaten für 6 Portionen:
1 kg zugeputzte Rehschulter, in Würfel geschnitten
1 Stück Speckschwarte
100 g Karottenwürfel
100 g Selleriewürfel
100 g Schalottenwürfel
2 gehackte Knoblauchzehen
300 g Moosbeeren (Heidelbeeren)
1 l Rotwein
250 ml Cassis (Johannisbeerlikör)
250 ml Wildjus
1 EL Butterschmalz
2 EL passiertes Ribiselgelee
1 EL Senf
1 TL Majoran
½ TL gehackte Wacholderbeeren
1 EL Mehl, mit etwas Rotwein verrührt
Salz, Pfeffer
20 g Bitterschokolade oder Marmelade nach Belieben

Für die Briocheknödel:
400 g Milchbrot (am besten 2 Tage alt)
250 ml Milch
4 Eier
Salz, Pfeffer
Muskatnuss
50 g zerlassene Butter

Für die Garnitur:
Je 50 g gekochte Karotten- und Selleriewürfel
1 TL Butter
Salz, Pfeffer
ca. 100 g Moosbeeren
30 g frische Grantn (Preiselbeeren) zum Darüberstreuen
Thymian oder Majoran

Hirschkalbsrückensteak

im Kürbis-Speck-Mantel mit Gnocchi und Kastanien-Sprossenkohl

Zutaten:

4 Steaks vom Hirschkalbsrücken (600 g), pariert
roher Kürbis, in Streifen geschnitten
Frühstücksspeck, in Streifen geschnitten (ohne Knorpel!)
Salz, Pfeffer
Wacholderöl

Für die Wild-Rotwein-Sauce:

200 g fein geschnittene Schalotten
20 g Butter
30 g Zucker
300 ml Burgunder (oder anderer kräftiger Rotwein)
300 ml Wildjus (s.u.)
1 TL Majoran
½ TL zerdrückte Wacholderbeeren
1 TL Worcestershiresauce
1 TL Dijonsenf
½ TL Paprikapulver
gehackte Petersilie
Salz, Pfeffer
50 g kalte Butter
10 g gekochte und gemixte Ronen (ersatzweise Rote-Rüben-Saft oder passierte Heidel- bzw. Preiselbeeren)
2 cl Weinbrand
2 cl Cassis

Für den Wildjus:

100 g Frühstücksspeck
1 kg Wildknochen
200 g Zwiebeln
150 g Sellerie
150 g Äpfel
2 Lorbeerblätter
1 Thymianzweig
15 Wacholderbeeren
4 Knoblauchzehen
120 g Tomatenmark
800 ml Wasser
750 ml Rotwein
etwas Öl

Zubereitung: Zuerst den **Wildjus** vorbereiten. Dafür den Frühstücksspeck in Öl anschwitzen, Knochen beigeben und im Rohr bei 220 °C anbraten lassen. Äpfel, Zwiebeln sowie Sellerie grob schneiden und gemeinsam mit allen Zutaten außer Wasser und Rotwein beigeben. Nochmals anrösten. Mit Wein ablöschen, mit Wasser auffüllen und ca. 3–4 Stunden langsam ziehen lassen. Danach abseihen.

Die gut zugeputzten **Hirschkalbsrückensteaks** mit Salz und Pfeffer würzen. Jeweils mit Kürbisstreifen und Speckscheiben umwickeln und beidseitig 3–4 Minuten in Wacholderöl braten. Herausheben, warm halten und 5 Minuten ruhen lassen. Auf vorgewärmten Tellern anrichten, mit Sauce umgießen und die Gnocchi sowie das Sprossenkohlgemüse daneben platzieren.

Für die **Wild-Rotweinsauce** die Schalotten in Butter und Zucker hell anschwitzen. Mit Rotwein aufgießen und auf die Hälfte einreduzieren lassen. Dann Wildjus, Gewürze und Kräuter zugeben, nochmals einkochen lassen und durch ein feines Sieb passieren. Die kalten Butterstücke einrühren und mit Ronen, Weinbrand sowie Cassis abschmecken.

Für die **Gnocchi** die Erdäpfel in der Schale bei 200°C im Rohr garen. Dann schälen und durch die Erdäpfelpresse drücken. Mit Mehl, Butter, Eidottern, Salz und Muskatnuss zu einem lockeren Teig verarbeiten und 1 Stunde rasten lassen. Den Teig zu Rollen formen, mit der Teigkarte Stücke abstechen und zu kleinen Kugeln formen. In siedendes Salzwasser einlegen, Hitze zurückschalten und die Gnocchi 5 Minuten ziehen lassen. Mit dem Lochschöpfer herausheben und abtropfen lassen.

Für den **Kastanien-Sprossenkohl** den Sprossenkohl dämpfen und gemeinsam mit den gekochten Kastanien in Butter, etwas Zucker, Salz und Pfeffer durchschwenken.

Für die Gnocchi:
250 g Erdäpfel in der Schale
80 g griffiges Mehl
30 g Butter
2 Eidotter
Salz
Muskatnuss

Für den Kastanien-Sprossenkohl:
280 g geputzter Sprossenkohl
40 g Butter
20 gekochte und geschälte Kastanien
Zucker
Salz, Pfeffer

Der Jäger von Maria Tal

Wenn man Traudi und Lydia Sigwarts Wild lobt, so ist das bei 450 ha Eigenjagd, die vom Chef des Hauses geleitet wird, keine große Überraschung. Die Sigwarts geben aber auch freimütig zu, dass ein weiteres „Wildgeheimnis" ihres Hauses Franz Hohenauer heißt. Der aus Kramsach stammende Hohenauer, seit 50 Jahren Jäger und Sigwart'scher „Hoflieferant", ist Jagdleiter in Brandenberg mit einer Eigenjagd in Maria Tal.

Aber: Die Wildbestände sind während der letzten Jahrzehnte um mindestens die Hälfte zurückgegangen. Wildgeflügel gibt es außer ein paar Flugenten am Inn kaum noch. Gejagt werden vor allem Gams, Hirsch, Reh und hin und wieder ein Murmeltier.

Auch die meisten Jagdbräuche, beklagt Hohenauer nicht ohne eine gewisse Wehmut, „haben sich aufgehört. Man sitzt fast nimmer zusammen. Die jägerische Tradition ist untergegangen, und mit ihr auch Jaga, denen es nicht ums Schiaßen ging, sondern um die Kommunikation, sprich: ums Singa und Schnapstrinka."

Allein: Hohenauer, der „alles isst, nur keinen Fisch", hat für die verlorengegangene Waidmannsromantik doch noch einen naturnahen Ausgleich gefunden: die Imkerei. So sind die berühmten „Hunknidei" (Honignudeln) – auch „Lachniden" oder „Läuse" genannt – beim Sigwart ohne die 40 Hohenauer'schen Bienenstöcke kaum denkbar. Und auch den Tannenwipfelhonig fürs gleichnamige Eis liefert der Jägermeister aus Maria Tal. Wovon er indessen rein gar nichts hält, ist die Meterzeugung. „Met ist eine Verunstaltung von echtem Honig!", ist er überzeugt – und nimmt stattdessen lieber ein Stamperl „Krautinger" aus der nahen Wildschönau. Der wird nämlich aus Hirschrüben gebrannt, die auch die Hirsche lieben. Womit die Verbindung zum Waidwerk aufs Harmonischste wieder hergestellt wäre.

Hirschfilet

in dunkler Schokoladesauce mit Rotkraut im Polentakörbchen

Zutaten:
600 g Hirschfilet (küchenfertiges Mittelstück)
2 EL Öl
Salz und Pfeffer
200 ml Wildsauce
50 g Bitterschokolade
4 eingeweckte (schwarze) Walnüsse

Für die Polentakörbchen:
250 ml Wasser
250 ml Milch
1 EL Butter
120 g gelbes Polentamehl
Salz
Butter für die Formen

Für das Rotkraut:
300 g Rotkraut
1 EL Butter
½ Zwiebel
50 ml Rotwein
1 kleinwürfelig geschnittener Apfel
Saft und etwas abgeriebene Schale von 1 Orange
2 EL Balsamicoessig
250 ml Fleischsuppe
1 EL eingekochte Preiselbeeren
Salz und Pfeffer

Zubereitung: Das **Hirschfilet** mit Öl bestreichen, würzen und in einer Pfanne leicht Farbe nehmen lassen. Im Ofen bei schwacher Hitze rosa braten. Währenddessen die Wildsauce einreduzieren und Schokolade darin schmelzen.

Für die **Polentakörbchen** zunächst Wasser, Butter, Milch und Salz zum Kochen bringen. Polentamehl einrühren und unter ständigem Rühren 15 Minuten kochen. Die Masse in kleine gebutterte Souffléförmchen halbvoll einfüllen und je ein außen gebuttertes, kleines Timbaleförmchen so hineindrücken, dass ein „Körbchen" entsteht. Leicht abkühlen lassen und dann vorsichtig herausstürzen.

Rotkraut in dünne Streifen schneiden. Mit Rotwein, Essig, Orangensaft und -schale sowie den Apfelwürfeln gut vermischen und 1 Stunde zugedeckt marinieren. Dann Zwiebel feinwürfelig schneiden und in Butter andünsten. Rotkraut zugeben, würzen und mit Suppe aufgießen. Bei geschlossenem Deckel langsam dünsten, bis die Flüssigkeit verdampft ist.

Abschließend die Preiselbeeren einrühren.

Das Hirschfilet tranchieren und auf der reduzierten Sauce anrichten. Die warmen Polentakörbchen mit Rotkraut füllen und mit den heißen, in Scheiben geschnittenen Walnüssen anrichten.

Hirschragout à la minute

Zutaten:
600 g Hirschkaiserteil
Piment

Für die Sauce:
1 l Wildjus
1 EL dunkle Marmelade
Salz, Pfeffer, Zucker
200 ml Balsamicoessig
1 TL Schokolade
4 Schalotten
200 ml kräftiger Rotwein
2 EL Grenadinesirup
3 EL Öl

Beilagenempfehlung:
Spätzle oder Knödel

Zubereitung: Das **Hirschfleisch** zuputzen und in 1 cm kleine Würferl schneiden. Mit Piment würzen.

Für die **Sauce** die Schalotten feinwürfelig schneiden und in Öl stark anrösten. Den Zucker zugeben, karamellisieren und mit Rotwein und Grenadinesirup ablöschen. Die restlichen Zutaten zugeben und alles auf ein Fünftel einreduzieren lassen. Die Sauce abschmecken, abseihen und mit etwas Butter binden.

Nun das Fleisch rosa anbraten. Fleisch aus der Pfanne nehmen und noch kurz rasten lassen. Das Fleisch in der Sauce erwärmen und das Ragout auf vorgewärmten Tellern anrichten.

Filet vom Hirschkalbsrücken

mit Rahm-Pilz-Polenta

vom Landgasthof Linde

Zubereitung: Für die **Sauce** den Wildfond auf ca. ein Viertel Liter einreduzieren lassen. Schalotten hacken. Butterflocken in den Tiefkühler stellen.

Medaillons vorsichtig leicht klopfen. Wacholderbeeren mit dem Mörser zerstoßen. Medaillons mit Salz, Pfeffer, Wacholder und Rosmarin würzen. Im heißen Öl kräftig anbraten, wenden und Hitze reduzieren. Ca. 5 Minuten fertig braten, sie sollten innen noch rosa sein. Warm stellen. Überschüssiges Fett abgießen. Bratensatz mit Portwein und Rotwein ablöschen. Schalotten hinzufügen und die Flüssigkeit einreduzieren lassen. Wildfond, Preiselbeeren, Zimt, Schokolade, Gin und Grand Marnier beigeben – weiter reduzieren, bis eine sämige Konsistenz entsteht. Sauce durch feines Sieb gießen und nochmals aufkochen. Butterflocken einschwingen, bis die Sauce bindet. Mit Salz, Pfeffer und Himbeeressig abschmecken.

Für die **Rahm-Pilz-Polenta** Bouillon und Schlagobers aufkochen. Die Polenta unter Rühren einrieseln lassen. Lorbeerblatt beifügen und mit Salz, Pfeffer und Muskat würzen. Ca. 15 Minuten auf kleiner Stufe köcheln lassen. Zerkleinerte Pilze mit fein gehackten Schalotten und Knoblauch im heißen Öl andünsten. Lorbeerblatt aus der Polenta entfernen und Butter und Parmesan dazumischen. Pilze sorgfältig darunterheben. Mit geschlagenem Obers verfeinern.

Zutaten:
8 Hirschmedaillons à 30 g
Wacholderbeeren
Salz, Pfeffer, Rosmarin
2 EL Olivenöl

Für die Sauce:
750 ml Wildfond
5 Schalotten
einige Butterflocken (zum Binden der Sauce)
5 cl feiner Portwein
250 ml kräftiger Rotwein
1 EL Preiselbeeren
1 Prise Zimt
1–2 dunkle Schokoladenspäne
je ein Spritzer Gin, Grand Marnier und Himbeeressig

Für die Rahm-Pilz-Polenta:
800 ml Hühnerbouillon
200 ml Schlagobers
120 g Polenta, mittelfein
1 Lorbeerblatt
Salz, Pfeffer, Muskat
120 g Pilze
1 Schalotte
1 Knoblauchzehe
1 EL Sonnenblumenöl
50 g Butter
50 g frisch geriebener Parmesan
4 EL geschlagenes Obers
Porreeblüten zum Garnieren

Beilagenempfehlung:
Preiselbeerkompott

Hirschgulasch
mit Polentanockerln

Zutaten für 6 Portionen:
1,2 kg zugeputztes Hirschkalbs-Wadenfleisch
500 g würfelig geschnittene Zwiebeln
100 g gehackter Knoblauch
5 EL Paprikapulver
Salz, Pfeffer
½ TL Kümmel, ganz
5 Lorbeerblätter
1 EL Majoran
2 l Rindsuppe
neutrales Öl oder Rinderfett zum Anbraten
2 EL Mehl, mit Wasser verrührt
Polentanockerl (▸ S. 117)

Für die Paprikareduktion:
1 rote Paprikaschote
2 EL Wasser
1 EL Weißweinessig
1–2 EL Zucker

Für die Garnitur:
12 junge, milde Pfefferonischoten
gelbe, rote und grüne Paprikastreifen
6 blanchierte Frühlingszwiebeln
12 blanchierte Knoblauchzehen, geschnitten
Salz, Pfeffer
1 EL Butterschmalz

Zubereitung: Das **Fleisch** in walnussgroße Stücke schneiden. Mit Salz, Pfeffer, Kümmel, Lorbeer, Majoran und Paprikapulver vermengen und am besten über Nacht durchziehen lassen. Dann das Fleisch in einer großen Kasserolle in Öl anbraten, bis sich die Poren geschlossen haben und das Fleisch schön Farbe genommen hat.

In einer anderen Pfanne Zwiebeln und Knoblauch schön hellbraun anbraten. Unter das Fleisch rühren. Bratrückstände mit etwas Rindsuppe aufgießen und ebenfalls zugeben. Nun die restliche Suppe zugießen und das Fleisch ca. 2 Stunden langsam garen lassen. Abschließend das angerührte Mehl in das Gulasch einrühren und einmal kurz aufkochen lassen. Die vorbereitete Paprikareduktion einrühren.

Für die **Paprikareduktion** die rote Paprikaschote halbieren, sauber putzen, klein schneiden und mit Wasser aufmixen. Durchpassieren. Nun den Weißweinessig sowie Zucker dazugeben und ca. 5 Minuten einkochen lassen.

Für die **Garnitur** alle Zutaten bei mittlerer Hitze ca. 5–8 Minuten in einem Pfandl in Butterschmalz schmoren. Mit Salz und Pfeffer würzen. Das fertige Gulasch anrichten, mit der Garnitur dekorieren und daneben die Polentanockerl platzieren.

☞ ***Traudl Entner, die den Gasthof Sigwart vor allem mit Ziegenkäse und Fleischziegen beliefert, kocht auch gerne Hirschgulasch. Ihr „Geheimnis" dafür hat sie in einem Kitzbüheler Hotel erlauscht, in dem sie früher einmal gearbeitet hat: „Unbedingt ein kleines Stückchen Kochschokolade zum Gulasch geben! Dann schmeckt's noch einmal so gut."***

Gefüllte Hirschroulade

mit grünen Spätzle und glacierten jungen Ronen

Zubereitung: Zunächst für die **Fülle** die geputzten Pilze in breitere Scheiben schneiden und in Butterschmalz anbraten. Speck, Zwiebeln sowie Knoblauch zugeben und ebenfalls hell anbraten. Mit sämtlichen Gewürzen und Aromaten abschmecken.

Für die **Sauce** Zwiebeln und Pilze in Butter anschwitzen. Mit Wildjus aufgießen, Gewürze sowie Kräuter einrühren und 10 Minuten köcheln lassen. Mit Maizena binden und durch ein feines Sieb passieren.

Für die **glacierten Ronen** die Rüben im Ganzen in Salzwasser mit Kümmel weichkochen. Dann (mit Wegwerfhandschuhen) schälen und je nach Größe in kleinere Stücke teilen. Butterschmalz zergehen lassen, mit Rotwein, Orangengelee und Kümmel vermengen. Ronen einlegen, mit Salz sowie Pfeffer würzen.

Die **Hirschschlögelteile** in 6 gleichmäßige Schnitzel schneiden, klopfen und mit Salz, Pfeffer, Majoran, Thymian würzen und mit Senf einstreichen. Die blanchierten Wirsingblätter leicht salzen und darauflegen. Die vorbereitete Fülle darauf verteilen und gleichmäßig fest einrollen. In Alufolie fest eindrehen und im heißen Rohr bei 220 °C Ober- und Unterhitze ca. 12 Minuten garen. Dann herausnehmen, öffnen und in einer Pfanne in etwas Butterschmalz auf allen Seiten kurz anbraten. In gleichmäßige Scheiben schneiden und auf vorgewärmten Tellern anrichten. Daneben die Spinatspätzle geben und mit den glacierten Ronen sowie der Sauce anrichten.

Zutaten für 6 Portionen:

800 g zugeputzte Hirschschlögelteile
Salz, Pfeffer
Majoran, Thymian
Estragonsenf
6 blanchierte Wirsingblätter ohne Strunk (am besten die hellgrünen Blätter)
Butterschmalz
Spinatspätzle (‣ Tiroler Gamsschlegel S. 279)

Für die Fülle:

300 g gemischte Waldpilze (Steinpilze, Eierschwammerl, Flockenstielige Hexenröhrlinge, Perlpilze usw.)
1 EL Butterschmalz
120 g in Streifen geschnittener Speck
80 g fein gehackte Zwiebeln
2 fein gehackte Knoblauchzehen
1 TL Pilzmehl (gemahlene getrocknete Steinpilze)
1 EL gehackte Petersilie
1 Msp. gehackte Chilischoten
frisch gehackter Rosmarin
Paprikapulver
Salz, Pfeffer

Für die Sauce:

100 g gehackte Zwiebeln
100 g gehackte Pilze
1 EL Butter
300 ml Wildjus
Salz, Pfeffer
gehackte Petersilie
Paprikapulver
Pilzmehl
1 TL Maizena

Für die glacierten Ronen:

800 g junge, frische Thaurer Ronen
1 EL Butterschmalz
Salz, Pfeffer
1 EL Orangengelee (‣ S. 376)
1 EL Rotwein
einige Kümmelsamen

Gefüllte Gamsschnitzel

mit Parmesannudeln und Trebernsauce

Zutaten für 4–6 Portionen:
800 g zugeputzte, ausgelöste Gamsschlegelteile (keine Wade!)
Salz, Pfeffer
Majoran, Thymian, Rosmarin
Paprikapulver
Senf
1 EL Butterschmalz
4 cl Trebernschnaps oder Grappa
1 Schuss Rotwein
2 EL Sauerrahm
80 ml Schlagobers
ca. 80 g frische Preiselbeeren
ca. 300 g Wacholderrahmsauce (‣ Tiroler Gamsschlegel S. 279 und Tipp)

Für den Rahmwirsing:
500 g Wirsing (ohne Strunk), in 1 cm breite Streifen geschnitten
100 g Bauchspeckwürfel
80 g Zwiebelwürfel
1 TL gehackter Knoblauch
ca. 100 ml Schlagobers
Majoran
1 Msp. Kümmel
Salz, Pfeffer
gemahlene Muskatnuss
Butterschmalz

Für die Parmesannudeln:
500 g Bandnudeln
100 ml Schlagobers
80 g geriebener Parmesan
Salz, Pfeffer

Zubereitung: Die **Gamsschlegelteile** zu kleinen Schnitzeln zu je ca. 60 g schneiden. Dünn klopfen, mit den angeführten Gewürzen einreiben und mit etwas Senf bestreichen. Eine Pfanne mit Butterschmalz erhitzen. Die Schnitzerl kurz auf beiden Seiten anbraten und mit dem vorbereiteten Rahmwirsing füllen. Auf heißen Tellern anrichten und noch kurz warm halten.

Währenddessen die Bratrückstände mit Weintreber löschen und mit etwas Wacholderrahmsauce aufgießen. Etwas Rotwein sowie Sauerrahm und Schlagobers zugeben. Noch einige frische Preiselbeeren in die Sauce einrühren. Über die gefüllten Schnitzerl träufeln und in die Tellermitte etwas von den Parmesannudeln setzen.

Für den **Rahmwirsing** den geschnittenen Wirsing in Salzwasser blanchieren und gut abtropfen lassen. Speck, Knoblauch und Zwiebeln in Butterschmalz hell anschwitzen, mit Obers aufgießen und mit Salz, Pfeffer, gemahlener Muskatnuss und Majoran würzen. Wirsing einrühren, mit Kümmel würzen und nochmals abschmecken.

Für die **Parmesannudeln** die Bandnudeln al dente kochen. Schlagobers in einer Pfanne erhitzen, mit Salz und Pfeffer würzen. Abgeseihte Nudeln zugeben, den frisch geriebenen Parmesan darüberstreuen, durchschwenken und sofort anrichten.

☞ *Gamsfleisch sollten Sie stets bei einem zuverlässigen Jäger Ihres Vertrauens kaufen, um sicher zu gehen, keine alte, zähe „Dame“ in der Pfanne zu haben.*

☞ *Vielleicht ist Ihnen von einem Rehbraten oder Gamsschlegel etwas Sauce übriggeblieben, womit Sie die Gamsschnitzel aufgießen können. Ansonsten setzen Sie eine Wacholderrahmsauce an wie bei dem Gamsschlegel nur ohne Schlegel, lassen alles 2-3 Stunden durchkochen, passieren sie ab und frieren sie kleinweise ein zum Aufgießen für verschiedene Wildgerichte.*

Tiroler Gamsschlegel

mit Spinatspätzle

Zubereitung: Bereits am Vortag den **Gamsschlegel** parieren. Den Speck in Streifen schneiden und den Schlegel damit spicken. Mit Salz, Pfeffer, Paprika, Senf, Majoran, Thymian sowie Rosmarin würzen.

Am nächsten Tag eine Bratenform im Rohr bei 180–200 °C vorheizen. Speckwürfel zugeben und darin auslassen. Gamsschlegel und Knochen einlegen und auf beiden Seiten anbraten. Mit Rotwein ablöschen, Suppe zugießen, alle restlichen Zutaten hinzufügen und den Schlegel 3–3 ½ Stunden fertig schmoren. Währenddessen wiederholt wenden und begießen. Den Schlegel herausnehmen und warm stellen.

Mehl mit etwas Wasser verrühren und in die kochende **Sauce** einrühren. Nochmals aufkochen lassen. Abseihen, die Sauce passieren und mit Schlagobers sowie Preiselbeeren verfeinern. Abschließend abschmecken. Den Schlegel tranchieren, mit etwas Sauce begießen und mit Spätzle servieren. Zuvor noch nach Belieben garnieren.

Für die **Spinatspätzle** alle Zutaten zu einem Teig rühren. In einem weiten Topf Salzwasser aufkochen und die Spätzle durch ein Spätzlesieb hineindrücken. Aufkochen und abgießen.

Zutaten für 8 Portionen:
2,5–3,2 kg junger Gamsschlegel mit Knochen
80 g Bauchspeck zum Spicken
20 g Bauchspeckwürferl
1 kg Wildknochen
2 l Fleischsuppe
500 ml Rotwein (Blauburgunder)
20 g Paprikapulver
20 g Salz
etwas Pfeffer
30 g Senf
30 g Knoblauch
5 g Piment
20 g Wacholderbeeren
2 Lorbeerblätter
80 g Petersilie
700 g Wurzelgemüse, grob geschnitten
20 g Majoran, Thymian und Rosmarin, gemischt
100 g Essiggurkerl
etwas Worcestershiresauce
10 g Kapern
etwas Zitronenschale

Zum Verfeinern der Sauce:
50 g Mehl
500 ml Schlagobers
200 g Preiselbeermarmelade

Für die Spinatspätzle:
250 g griffiges Mehl
1 TL Salz
4 Eier
ca. 100 g passierter Spinat
frisch gehackte Kräuter

Für die Garnitur nach Belieben:
Preiselbeeren, schwarze Nüsse, Vogelbeer-Apfelkompott
frische Brombeeren, frische Heidelbeeren
Bratäpfel

Beilagenempfehlung:
Blaukraut (▸ S. 270)

Gebeizte Wildhasenkeulen
in Sauerrahmsauce

Die im folgenden Rezept verwendete Hasenbeize geht auf ein uraltes Alpbachtaler Rezept der unvergesslichen Maria „Bobby" Rissbacher zurück.

Zutaten für 6 Portionen:
entweder von 2 Hasen die Schultern und Schlögel oder von 3 Hasen nur die Schlögel
ca. 200 g Fettspeck (Grünspeck)
1 EL Butter
Salz, Pfeffer
ca. 1 l Hasengrundsauce (‣ S. 381)
200 g Karotten, 1 cm breit geschnitten
250 ml Rotwein
grob gehackte Petersilie
ca. 100 g Preiselbeermarmelade
einige Tropfen Zitronensaft
Worcestershiresauce
2 EL Mehl, mit Rotwein verrührt
100 ml Schlagobers
100 g Sauerrahm
frische Preiselbeeren und junge Petersilblätter zum Garnieren

Für die Alpbachtaler Hasenbeize:
5 l Wasser
2 Zwiebeln, nur geviertelt
150 g Salz
ca. 25 ganze Wacholderbeeren
ca. 2 Hände voll Beizkräutel (Bohnenkraut)
ca. 15 ganze schwarze Pfefferkörner
4 Lorbeerblätter
300 ml Hesperidenessig

Beilagenempfehlung:
Briocheknödel (‣ Rehragout S. 271)

Zubereitung: *Achtung 1 Woche Zubereitungszeit!*
Zuerst für die **Beize** alle Zutaten bis auf den Essig vermengen und ca. 10 Minuten leicht durchköcheln lassen. Dann erst den Essig zugießen und nochmals 5 Minuten köcheln. Auskühlen lassen. Wildhasenkeulen (und auch Schultern) sorgfältig von allen Häuten und Sehnen befreien. (Sonst zieht die Beize nicht in das Fleisch ein.) Fleisch einlegen und etwa 1 Woche in der Beize an einem kühlen Ort liegen lassen!

Dann das **Fleisch** aus der Beize nehmen und fest abtrocknen. Den Fettspeck in längliche feine Streifen schneiden und das Fleisch damit gut spicken. Mit Salz und Pfeffer würzen. In einer großen Pfanne in Butter scharf anbraten (die Butter darf dabei ruhig etwas braun werden). Nun die Karotten einmengen und mit Rotwein löschen. Die vorbereitete Hasensauce eingießen, Petersilstiele zugeben und je nach Geschmack von allen Gewürzen noch etwas zugeben. Den Hasen etwa 1–1½ Stunden fertig garen. (Bei älteren Jahrgängen kann es auch länger dauern.) Mit Mehl binden. Mit Marmelade, einigen Tropfen Zitronensaft und Schlagobers verfeinern. Abschließend den Sauerrahm nur kurz unterrühren (nicht glatt rühren!). Anrichten und mit Preiselbeeren und Petersilie garnieren.

Wildhasenrücken

rosa gebraten auf Schokolade-Rotwein-Sauce mit Mohnnudeln

Zubereitung: Für die **Sauce** die Speckschwarte mit den Hasenparüren anbraten. Wurzelwerk zugeben, Tomatenmark und Gewürze einrühren. Mit Rotwein ablöschen und mit Suppe aufgießen. Heidelbeeren, Schokolade und Marmelade hinzufügen und alles auf kleiner Flamme oder bei 150 °C Ober- und Unterhitze im Rohr ca. 2 Stunden durchköcheln lassen. Danach mit etwas Mehl binden, abseihen und mit Cognac sowie Cassis abschmecken. Nach Geschmack noch mit einem Stück Bitterschokolade verfeinern.

Karfiolröschen in Salzwasser nicht zu weich kochen und in Butter schwenken. Mit Salz abschmecken.

Für die **Schupfnudeln** alle Zutaten schnell zu einem Teig verarbeiten. Zu einer Rolle formen, Stücke abstechen und auf einem Brett der Länge nach formen (Fingernudeln). Die Schupfnudeln in Salzwasser kochen, stapelförmig anrichten und mit der Mohnbutter beträufeln. Für die Mohnbutter die zerlassene Butter mit Mohn und Zucker vermengen.

Wildhasenrücken würzen und in Butterschmalz rundherum gut anbraten. An einem warmen Ort einige Minuten durchziehen lassen. Die Hasenrücken in schräge Scheiben schneiden, in der Tellermitte platzieren und den Karfiol rundum als Rosette anrichten. Die Sauce neben dem Fleisch anrichten. Die geschmolzene Bitterschokolade mit dem Spritzsack dünn darüberspritzen und mit frischen Preiselbeeren und Majoran garnieren. Mit den Schupfnudeln auftragen.

☞ ***Besonders eignet sich für dieses Gericht eine Valrhona-Bitterschokolade mit 70 % Kakaoanteil.***

Zutaten für 6 Portionen:
800 g zugeputzter Wildhasenrücken
Salz, Pfeffer
Paprikapulver
gestoßener Wacholder
Majoran, Rosmarin
Butterschmalz zum Braten

Für die Sauce:
50 g Speckschwarte
500 g Parüren (Abschnitte) vom Wildhasen
500 g Wurzelwerk (Karotten, Zwiebeln, Knoblauch)
1 EL Tomatenmark
250 ml Rotwein
100 g Heidelbeeren (frisch oder tiefgekühlt)
100 g Ribiselgelee
50 g Bitterschokolade
1 EL Mehl zum Binden
Salz, Pfeffer
1 l Rindsuppe zum Aufgießen
Paprikapulver
ca. 4 cl Cognac
etwas Cassis
temperierte Bitterschokolade im Spritzsack zum Dekorieren

Für den Karfiol:
600 g zugeputzte Karfiolröschen
1 EL Butter zum Schwenken
Salz

Für die Schupfnudeln:
300 g gekochte, ausgedämpfte passierte Erdäpfel
1 Ei
1 Eidotter
1 EL Grieß
150 g griffiges Mehl
20 g Butter
Salz, Muskatnuss

Für die Mohnbutter:
50 g zerlassene Butter
30 g gemahlener Graumohn
1 Msp. Staubzucker

Gefüllte Kaninchenkeule

mit Erdäpfel-Lauch-Gemüse

Zutaten für 6 Portionen:
- 2 Kaninchenkeulen
- 1 Karotte
- ½ Sellerie
- Salz, Pfeffer
- Öl

Für die Rotweinsauce:
- 250 g Zwiebeln
- 1 l Rotwein
- 1 l brauner Jus
- 2 Gewürznelken
- 3 Lorbeerblätter
- Piment
- Salz, Pfeffer, Zucker
- 200 g Butter zum Montieren
- Öl zum Anbraten

Für das Erdäpfelgemüse:
- 2 gekochte, in Würfe geschnittene Erdäpfel
- 1 Stange Lauch
- 4 Scheiben Bauchspeck
- 2 gehackte Schalotten
- 1 gehackte Knoblauchzehe
- ca. 60 ml Weißwein
- ca. 60 ml klare Rindsuppe
- 1 EL Butter
- Salz, Pfeffer, Muskatnuss
- frisch gehackte Petersilie

Zubereitung: Die **Kaninchenkeulen** auslösen (Knochen entfernen) und sauber zuputzen. Mit Salz sowie Pfeffer rundum würzen und auflegen. Karotte und Sellerie in Streifen schneiden, die Keulen damit füllen, einrollen und mit einem Spieß (oder Küchengarn) fixieren. In etwas heißem Öl rundum anbraten und dann im vorgeheizten Ofen bei 150 °C ca. 13 Minuten garen. Danach mindestens 15 Minuten rasten lassen. In Scheiben schneiden und mit dem Erdäpfel-Lauch-Gemüse sowie der Rotweinsauce anrichten.

Für das **Erdäpfel-Lauch-Gemüse** die würfelig geschnittenen Erdäpfel mit Schalotten, Knoblauch und dem würfelig geschnittenen Speck anrösten. Mit Weißwein und Rindsuppe ablöschen. Etwas einreduzieren lassen und mit Butter binden. Abschmecken. Kurz vor dem Anrichten den in Ringe geschnittenen Lauch einmengen.

Für die **Rotweinsauce** gehackte Zwiebeln in Öl scharf anrösten. Die restlichen Zutaten zugeben und auf ein Fünftel einreduzieren lassen. Die Sauce abseihen mit der Butter montieren. Abschließend abschmecken.

☞ ***Mit etwas erhitztem Milchschaum, den Sie über diesen delikaten Braten träufeln, runden Sie das Gericht noch zusätzlich ab.***

Kaninchenleber

mit Speckkohl

Zutaten:
- 600 g Kaninchenleber
- 200 ml Kalbsjus oder Kalbsknochensuppe
- Majoran
- 100 g Tiroler Speck, durchzogen und in dünne Scheiben geschnitten
- 1 Zwiebel, fein geschnitten
- ½ Kohlkopf
- 125 ml Schlagobers
- Salz, Pfeffer
- 1 Prise Muskatnuss
- 2 EL Butter

Zubereitung: **Kohlkopf** gut zuputzen, feinnudelig schneiden, in wenig Butter andünsten und zugedeckt weich dünsten.

Speckscheiben knusprig ausbraten und warm stellen. **Kaninchenleber** in restlicher Butter bei kleiner Hitze rosa braten und warm stellen. Im Bratfond die Zwiebel anschwitzen und mit Kalbsjus aufgießen. Mit Majoran würzen. Schlagobers unterrühren, alles noch einmal aufkochen, mit Salz, Pfeffer und Muskat abschmecken. Leber auf dem Kohlgemüse anrichten, mit Sauce umgießen und mit Speckkrusteln garnieren.

Rosa gebratener Frischlingsrücken

mit gefüllten Bratäpfeln

Zutaten für 6 Portionen:
800 g zugeputzter junger Frischlingsrücken
ca. 100 g dünn geschnittener Bauchspeck
Salz, Pfeffer
Paprikapulver
frisch gehackter Rosmarin
Butterschmalz
Schwarze Nüsse (grüne in Sirup gereifte Nüsse) und Lorbeerblätter zum Garnieren

Für die Sauce:
ca. 200 ml gute Schweinsbratensauce
das Fruchtfleisch der ausgehöhlten Bratäpfel
1 EL Ribiselgelee
5 cl Calvados
½ EL Zucker
ca. 100 ml flüssiges Schlagobers
Salz
2 EL geschlagenes Obers

Für die Bratäpfel:
6 ganze geschälte säuerliche Äpfel (Boskop)
800 g Weißkraut (ohne Strunk), in Rauten geschnitten
100 g fein geschnittene Zwiebeln
50 g fein gehackter Knoblauch
100 ml Weißwein
1 EL Zucker
abgeriebene Orangenschale
Salz, Pfeffer
1 TL Kümmel, ganz
1 EL Butterschmalz

Beilagenempfehlung:
Erdäpfelpuffer (‣ S. 133)

Zubereitung: Zunächst für die **gefüllten Bratäpfel** die Äpfel schälen, den Deckel mit Stiel ca. 2 cm breit abschneiden und die Äpfel aushöhlen. (Das Fruchtfleisch für die Sauce zur Seite legen.) Die Äpfel inklusive Deckel mit etwas Weißwein, Zucker und Orangenabrieb würzen und bei 180 °C braten, bis sie weich sind. Währenddessen das Weißkraut kochen, bis es weich ist. Zwiebeln und Knoblauch in Butterschmalz anschwitzen, Zucker und Kümmel zugeben und mit dem Weißwein ablöschen. Gekochtes Kraut in den Sud geben, mit Salz und eventuell noch etwas Zucker würzen. Kraut in die gebratenen Äpfel füllen und den Deckel daraufsetzen.

Den **Frischlingsrücken** in gleichmäßige Steaks schneiden und mit Salz sowie Pfeffer würzen. In Butterschmalz schön gleichmäßig rosa braten. Gegen Ende der Bratzeit etwas Paprikapulver und gehackten Rosmarin daraufgeben und noch ein bisschen in der Pfanne durchziehen lassen. Nach Belieben etwas Calvados zugießen.

Für die **Sauce** das ausgehöhlte Fruchtfleisch der Äpfel mit Zucker in Butter anbraten. Mit Calvados löschen, mit der Schweinsbratensauce aufgießen und das Ribiselgelee einrühren. Kurz durchziehen lassen. Dann die Sauce passieren, mit flüssigem Schlagobers, Calvados und zum Schluss mit etwas geschlagenem Obers verfeinern. Die Steaks anrichten, mit schwarzen Nüssen und Lorbeerblatt garnieren. Bratapfel daneben platzieren und mit Calvadossauce begießen.

Frischlingsmedaillons

mit Walnuss-Oliven-Krokant und Selleriepüree in Knuspermantel

Zubereitung: Zuerst den **Ziehteig** vorbereiten. Dafür Mehl und Wasser mit Öl, Ei, Salz sowie Essig zuerst in einer Schüssel, dann auf dem Arbeitstisch zu einem glatten Teig verkneten. Den Teig mit Öl bestreichen und zugedeckt bei Zimmertemperatur 30 Minuten rasten lassen.

Den zugeputzten **Rücken** in 8 Medaillons schneiden. Mit Salz und Pfeffer würzen, in Mehl wenden. In einer Pfanne in heißem Öl bei niedriger Hitze rosa braten. Für den Walnuss-Oliven-Krokant den Zucker hell karamellisieren. Nüsse und Oliven zugeben und gut verrühren. Auf ein geöltes Backpapier auftragen und auskühlen lassen. Dann grob zerstoßen. Mit Butter, Bröseln, Kräutern, Salz sowie Pfeffer vermengen und auf die Medaillons aufteilen. Unter dem Salamander oder im Backrohr bei maximaler Oberhitze braun überbacken. Den Wildjus zur Hälfte einreduzieren.

Für das **gebackene Selleriepüree** die Selleriewürfel in Milch, Schlagobers und Zitronensaft weich kochen. Mit dem Mixer fein pürieren und salzen. In einen Spritzsack füllen. Auf einem bemehlten Tuch den Ziehteig mit dem Nudelholz ausrollen und mit dem Handrücken dünn ausziehen. In längliche Rechtecke schneiden. Nun das Püree in Form von Streifen aufspritzen. Teigränder mit Ei bestreichen, einrollen und an den Enden festdrücken. In heißem Öl knusprig backen.

Parallel dazu den Bauchspeck in Streifen schneiden und in Butter andünsten. Die Sprossenkohlblätter zugeben, salzen und zugedeckt 3 Minuten dünsten. Nun die überbackenen Frischlingsmedaillons mit den Sellerieröllchen sowie den Sprossenkohlblättern auf vorgewärmten Tellern anrichten. Mit dem reduzierten Jus beträufeln.

Zutaten:
600 g Frischlingsrücken
Salz und Pfeffer
1 EL Mehl
Öl zum Anbraten
100 ml Wildjus
200 g Sprossenkohlblätter
1 TL Butter
2 Scheiben Bauchspeck

Für den Walnuss-Oliven-Krokant:
100 g Walnüsse
100 g schwarze Oliven, ohne Kerne
100 g Zucker
50 g Butter
50 g Brösel
1 TL gehackte Kräuter
Salz und Pfeffer
Öl für das Backpapier

Für das Selleriepüree:
200 g Selleriewürfel
1 Spritzer Zitronensaft
100 ml Milch
100 ml Schlagobers
Salz
Öl zum Herausbacken

Für den Ziehteig:
150 g Mehl
60 ml lauwarmes Wasser
½ Ei
1 TL ÖL
1 Prise Salz
½ TL Essig
Öl zum Bestreichen
½ Ei zum Bestreichen

Geflügel

Gebackene Hühnerhaxen
mit lauwarmem Erdäpfel-Rucola-Salat

Zutaten:
4 Hühnerhaxen
Salz, Pfeffer
Mehl, Ei, Brösel zum Panieren
eingekochte Preiselbeeren und Limone zum Garnieren
Öl zum Herausbacken

Für den Erdäpfelsalat:
1 kg speckige Erdäpfel
250 ml Rindsuppe
Erdnussöl, Kräuteressig
1 fein gehackte Schalotte
Schnittlauch
Salz, Pfeffer
Zucker
Rucola

Zubereitung: Für den **Salat** zuerst die Erdäpfel bissfest kochen. Noch warm schälen und blättrig schneiden. Mit Erdnussöl, Kräuteressig, Rindsuppe, gehackter Schalotte, frisch gehacktem Schnittlauch sowie Zucker marinieren und 5 Stunden ziehen lassen. Danach bei Bedarf nochmals nachwürzen. Vor dem Anrichten Rucola untermischen.

Von den **Hühnerhaxen** die Haut abziehen, das Ende am Gelenk abtrennen und den Knochen zuputzen. Den mittleren Knochen (nach Belieben) auslösen und die Haxen in zwei Teile schneiden. Nun die Haxen salzen, pfeffern und in Mehl, verschlagenem Ei sowie Bröseln panieren. Der zugeputzte Knochen wird dabei nicht paniert. Hühnerhaxen in heißem Öl bei 150 °C langsam goldgelb backen. Herausheben, abtropfen lassen und mit dem vorbereiteten Salat anrichten. Mit separat gereichten Preiselbeeren und Limonenspalten garniert auftragen.

Stubenküken-Pilz-Reindl

mit Wurzelgemüse und Erdäpfeln

Zubereitung: Die **Stubenküken** in Brüste und Keulen aufteilen, die groben Knochen auslösen. (Knochen am besten für den Geflügelfond verwenden). Das Henderl salzen, pfeffern, mit etwas Majoran, Rosmarin und Paprikapulver würzen. Dann in Butterschmalz rundum schön anbraten. Zwiebeln, Perlzwiebeln, Speck und Pilze untermengen, kurz anbraten und mit Cognac und Rotwein ablöschen. Etwas Zucker zugeben und mit Geflügelfond aufgießen. Die gekochten Erdäpfel bei Bedarf kleiner schneiden, in die Sauce einmengen und noch etwas Paprikapulver sowie einen Rosmarinzweig zugeben. Jetzt das „Reindl" (Pfanne) bei 180 °C Unter- und Oberhitze ins vorgeheizte Rohr geben und die Stubenküken ca. 30 Minuten garen.

Nach der Bratzeit die **Sauce** mit einer Messerspitze Maizena oder Mehl binden. Ein nussgroßes Stück Butter dazugeben und das Ronenmark oder Ronensaft (für die Farbe) hinzufügen. Nochmals abschmecken. In einem Kupfer- oder Eisenpfanderl anrichten und mit der Sauce samt Gemüse servieren. Das mittlerweile glasierte Wurzelgemüse zugeben und mit frischen Kräutern garnieren.

Für das **glasierte Wurzelgemüse** das Wurzelwerk in mundgerechte Stücke teilen und auf den Punkt garen. In Butter mit einer Prise Zucker, Salz und Pfeffer durchschwenken. Die Artischocken putzen, salzen und in Olivenöl ca. 5 Minuten langsam braten, mit dem Wurzelgemüse anrichten.

Zutaten für 6 Portionen:

6 ganze Stubenküken
200 g Egerlinge oder Austernpilze (oder andere Waldpilze)
100 g Perlzwiebeln
80 g in Streifen geschnittener Bauchspeck
80 g fein geschnittene Zwiebeln
1 EL Butterschmalz
250 ml Geflügelfond
100 ml kräftiger Rotwein
4 cl Cognac
Zucker, Salz, Pfeffer
Majoran, Rosmarin
etwas Paprikapulver
1 Rosmarinzweiglein
1 TL Ronenmark oder -saft (Rote-Rüben-Saft)
1 EL in Streifen geschnittene Petersilie
1 kg Erdäpfel (Kipfler), geschält und in Salzwasser gekocht
Maizena oder Mehl zum Binden
Butter

Für das Wurzelgemüse:

800 g verschiedenes Wurzelgemüse (Stangensellerie, junge Karotten, Frühlingszwiebeln, junge Bohnen)
junge Artischocken
1 EL Butter
Olivenöl
Zucker, Salz, Pfeffer

Junge Bauernente
mit Weißweinkraut

Zutaten:
1 junge Ente, am besten direkt vom Bauernhof (ca. 1,5–2 kg)
1 säuerlicher Apfel (Gehäuse ausgestochen)
500 g Wurzelwerk
Salbei
Ysop
Lavendel
Salz, Pfeffer
Rosmarin
etwas Currypulver
Paprikapulver
ca. 500 ml Hühnersuppe
1 zerdrückte Knoblauchzehe
1 TL Mehl, mit Wasser verrührt

Für das Weißweinkraut:
400 g Weißkraut, rautenförmig geschnitten (ohne harten Mittelteil)
1 EL Butterschmalz
80 g fein geschnittene Zwiebeln
2 fein gehackte Knoblauchzehen
1 Msp. Kümmel (ganz)
1 EL Zucker
Salz, Pfeffer
etwas Weißwein

Beilagenempfehlung:
Erdäpfelknödel
(‣ Martinigansl S. 292)

Zubereitung: Die Innereien der **Ente** entfernen und die Flügel beim Gelenk abhacken. Die Ente innen mit allen Gewürzen fest und gleichmäßig einreiben. Mit dem ausgestochenen Apfel und den Kräuterzweigen füllen. Außen nur salzen. Die Öffnung mit einem Bindfaden zunähen und die Flügel zusammenbinden. Das Rohr auf 200 °C vorheizen, die Ente in eine Bratenwanne legen und ins Rohr schieben. Nach einer halben Stunde auf 160 °C zurückschalten und die Ente 2–2½ Stunden braten. Währenddessen alle 30 Minuten wenden und die Ente nur im eigenen Entenfett braten!

Die fertig gebratene Ente mit der Geflügelschere zerteilen und die inneren Knochen entfernen. Das weiße Entenfett abgießen und nach Belieben zu Brotaufstrich (mit frischen Kräutern und Entenfleisch) verarbeiten oder in ein Glas füllen und zum Kochen verwenden. Die ausgelösten Knochen, die gesamte Entenfülle (Apfel und Kräuter) und das Wurzelgemüse in der Bratenwanne im verbliebenen Fett anbraten. Dann mit der Hühnersuppe aufgießen und alles ca. 30 Minuten durchköcheln lassen. Mit etwas Paprikapulver, Curry sowie Kräutern abschmecken. Mit etwas Mehl leicht sämig binden und durch ein feines Sieb passieren. Nochmals abschmecken. Die zerteilten Entenstücke mit etwas Sauce in ein „Pfandl" geben und bei starker Oberhitze knusprig braten. Mit Weißkraut und Erdäpfelknödeln servieren.

Für das **Weißweinkraut** das in Rauten geschnittene Weißkraut 2 Minuten im Dampfgarer kochen. Butterschmalz erhitzen, Zwiebeln und Knoblauch glasig anschwitzen und mit Zucker, Salz, Pfeffer und Kümmel würzen. Mit Weißwein ablöschen und leicht einkochen lassen. Das gedämpfte Weißkraut einrühren und abschmecken.

☞ ***Noch dekorativer sieht dieses Gericht aus, wenn Sie die Ente im Ganzen auf einer Vorlegeplatte präsentieren. Garnieren Sie dabei die Ente noch mit einem mit Preiselbeeren gefüllten Bratapfel, eingelegtem Vanillekürbis oder frischem Thymiansträußchen.***

Angeräucherte Flugentenbrust
mit Orangen-Zimt-Sauce und Mandelgnocchi

Zutaten:
2 Flugentenbrüste
2–3 EL Räuchergranulat
Öl zum Anbraten

Für die Gnocchi:
500 g gekochte, fein geriebene Erdäpfel
120 g Mehl
40 g Butter
2 Eidotter
Salz, Pfeffer, Muskatnuss
Olivenöl zum Anbraten
1 EL Honig
2 EL gehobelte Mandeln

Für die Balsamicoschalotten:
8 EL Zucker
8 Schalotten
1,5 l Balsamicoessig
Salz

Für die Orangen-Zimt-Sauce:
1 l Orangensaft
1 l Braune Jus
5 EL Zucker
2 cl Grand Manier
1 Zimtstange
50 g Butter zum Montieren

Zubereitung: Die **Entenbrust** sauber zuputzen und die Fettseite schröpfen. Dafür mit einem scharfen Messer in das Fett Rauten einscheiden, ohne das Fleisch zu verletzen. In etwas Öl scharf anbraten und im vorgeheizten Backrohr bei 150 °C Heißluft mit der Hautseite nach oben 8 Minuten garen. Einen Topf mit Alufolie auslegen, das Räuchergranulat erhitzen und die Entenbrust darin auf einem Gitter etwa 2 Minuten kurz anräuchern. Entenbrust in Scheiben schneiden und mit den Mandelgnocchi sowie Balsamicoschalotten anrichten. Mit der Orangen-Zimt-Sauce garnieren.

Für die **Gnocchi** alle Zutaten vermischen und zu einem Teig verkneten. Kleine Kugeln formen und mit einer Gabel eindrücken. In einem Topf Salzwasser aufkochen und die Gnocchi darin ziehen lassen, bis sie oben schwimmen. Abseihen und in Olivenöl scharf anbraten. Gehobelte Mandeln und Honig zugeben und kurz durchschwenken.

Für die **Balsamicoschalotten** die Schalotten schälen und in Ringe schneiden. Den Zucker karamellisieren, mit dem Essig ablöschen und auf ein Fünftel reduzieren. Dann die Schalotten darin kochen und abermals auf eine dickflüssige Konsistenz einkochen lassen.

Für die **Orangen-Zimt-Sauce** den Zucker karamellisieren und mit den restlichen Zutaten ablöschen. Zimtstange zugeben und so lange reduzieren, bis die Sauce eine dickflüssige Konsistenz aufweist. Mit Butter montieren. Wenn nötig, noch mit etwas Salz nachwürzen.

Rosa Entenbrust

in geschrotetem Pfeffer gebraten mit Lauchzwiebeln und Erdäpfelstroh

Zubereitung: Die **Entenbrüste** mit einem scharfen Messer an der Hautseite einritzen, mit Öl bestreichen und mit Salz würzen. Auf beiden Seiten in Öl leicht anbraten. Die Hautseite in Szechuanpfeffer wälzen. Mit der Fleischseite auf ein Gitter legen und im heißen Ofen (bei 150 °C) noch 10 Minuten braten. Anschließend in Alufolie wickeln und 5 Minuten rasten lassen.

Für die **Orangenglace** Honig und Orangensaft bis kurz vor dem Karamellisieren zu Sirup einkochen lassen. Mit Kalbsjus aufgießen, Zeste einrühren und zur Glace einkochen. Eventuell noch nachwürzen. Durch ein feines Sieb passieren. Die **Lauchzwiebelchen** der Länge nach halbieren, kurz in Salzwasser aufkochen. Abseihen, in heißer Butter schwenken und mit Salz würzen.

Für das **Erdäpfelstroh** die Erdäpfel am besten mit einer Aufschnittmaschine in 1 mm dünne Scheiben schneiden. Dann mit dem Messer in dünne Streifen schneiden. In nicht zu heißem Frittierfett (bei 160 °C) langsam knusprig backen. Auf Küchenkrepp abtropfen lassen und leicht salzen.

Die in Scheiben geschnittene Entenbrust mit der Hautseite nach oben auf den Lauchzwiebelchen mit Honigglace anrichten. Das Erdäpfelstroh ringsherum drapieren.

Zutaten:
4 Entenbrüste zu je 160 g
Salz und geschroteter Szechuanpfeffer
2 EL Olivenöl
300 g Lauchzwiebeln
50 g Butter

Für die Orangenglace:
1 EL Honig
Saft und Zeste von 1 unbehandelten Orange
250 ml Kalbsjus
Salz

Für das Erdäpfelstroh:
300 g geschälte Erdäpfel
Salz
Öl zum Frittieren

Die Martinshennen von Wängle

Die Bewohner der Außerferner Ortschaft Wängle wurden von manchen Nachbarn oft verlacht, weil sie zu Martini nicht wie in reicheren Gemeinden Enten oder Gänse auftischten, sondern am Martinitag nur einen „Hennenmarkt" abhielten. Auch der Pfarrer und der Mesner wurden nicht mit einer fetten Gans beteilt, sondern mussten mit einer Wängler Henne Vorlieb nehmen. Die Pfarrer von Wängle ließen sich's jedoch keineswegs verdrießen – und stellten bis 1965 zu Martini sogar noch eine Hühnersteige vor der Kirchentür auf.

Martinigansl
mit Erdäpfelknödeln

Zutaten für 4–6 Portionen:
1 frische, junge österreichische Gans (3,5–4,5 kg)
1 säuerlicher Apfel ohne Gehäuse
300 g Wurzelwerk
Salbei, Ysop, Lavendel
Salz, Pfeffer
Rosmarin, gemahlen
Curry- und Paprikapulver
ca. 500 ml Hühnersuppe
½ Knoblauchzehe
1 EL Mehl

Für die Erdäpfelknödel:
1,5 kg Erdäpfel in der Schale
200 g griffiges Mehl
50 g Grieß
2 Eier
Salz, geriebene Muskatnuss
150 g würfelig geschnittenes Weißbrot vom Vortag
230 g fein geschnittene Zwiebeln
20 g gehackte Petersilie
etwas gehackter Knoblauch
Butter
Griffiges Mehl zum Ausrollen
Schnittlauch zum Bestreuen

Beilagenempfehlung:
Weißweinkraut
(▸ Bauernente S. 288)

Zubereitung: Die Innereien der **Gans** entfernen und die Flügel beim Gelenkknochen abhacken. Die Gans innen mit allen Gewürzen fest und gleichmäßig einreiben, mit dem Apfel und den frischen Kräuterzweigen füllen. Außen die Gans nur salzen. Mit einem Bindfaden zunähen und die Flügel zusammenbinden. Das Rohr auf 200 °C vorheizen und die Gans in einer Bratenwanne hineinschieben. Nach ½ Stunde auf 160 °C zurückschalten und die Gans 2½–3 Stunden fertig braten. Währenddessen alle ½ Stunden umdrehen und bei Bedarf mit dem eignen Fett (aber nichts Anderem!) begießen. Wichtig: Nur im eigenen Ganslfett braten!

Danach die Gans mit der Geflügelschere zerteilen und das meiste Ganslfett abgießen (s. Tipp). Die dabei ausgelösten inneren Knochen, den Apfel, die Kräuter sowie das Wurzelgemüse in das verbliebene Fett geben. Mit Hühnersuppe aufgießen, etwas Paprika- sowie Currypulver einrühren und ca. ½ Stunde köcheln lassen. Mehl mit etwas Wasser verrühren und die Sauce damit binden, durch ein feines Sieb passieren und abschmecken. Die zerteilten Ganslstücke mit etwas Sauce in eine Pfanne geben und bei starker Oberhitze knusprig braten. Mit den Erdäpfelknödeln auftragen.

Für die **Erdäpfelknödel** die Erdäpfel in der Schale weich kochen. Wasser abseihen und im Rohr bei 200 °C auf dem Rost noch 20 Minuten ausdämpfen lassen. Schälen und durch die Presse drücken. Mit Mehl, Grieß, Eiern sowie Gewürzen zu einem schönen, glatten Teig kneten und 20 Minuten rasten lassen. Währenddessen das würfelig geschnittene Weißbrot in einer Pfanne mit etwas Butter, Zwiebeln und Knoblauch anschwitzen. Zum Schluss gehackte Petersilie beigeben. Nun den Teig (mit griffigem Mehl) etwas ausrollen und in ca. 4–5 cm große Teigstücke teilen. Auf jedes Teigstück etwas Weißbrotfülle auftragen und zu schönen Knödeln formen. In Klarsichtfolie wickeln und in kochendem Wasser 20 Minuten köcheln lassen. Folie entfernen und Knödel mit frischem Schnittlauch bestreuen.

☞ ***Das abgegossene übrige Ganslfett einfach mit frisch gehackten Kräutern und nach Belieben auch mit kleinen Ganslstücken vermengen – und fertig ist ein herrlicher Brotaufstrich!***

Truthahn

mit Pilzknöderln und Maronisauce

Zubereitung: Beim **Truthahn** die Haut an den Füßen einritzen und mit Hilfe einer Zange die Sehnen herausziehen. Innen gut mit Salz, Pfeffer, Rosmarin, Majoran und dem gehackten Knoblauch würzen. Den Apfel in Spalten schneiden, die Kastanien hacken, mit Amaretto beträufeln und den Truthahn damit füllen. Zunähen. Den Truthahn außen nur salzen, mit den Bauchspeckscheiben umwickeln und mit einem Bindfaden fixieren.

In einer Kasserolle hell anbraten, auf den Rücken legen (damit die Brust nicht austrocknet) und ins vorgeheizte Backrohr schieben. Die erste halbe Stunde bei 220 °C braten, Wurzelwerk sowie Petersilstangen beigeben, dann auf 170 °C zurückschalten und den Truthahn ca. 3 Stunden braten. Währenddessen immer wieder mit etwas Suppe aufgießen.

Dann den Truthahn tranchieren und warm halten. Dabei die Brustteile in schräge Scheiben schneiden, die Keulen mit Knochen servieren. Die Kastanien und nach Belieben auch einige Apfelstücke für die Sauce verwenden. Den Truthahn mit den mittlerweile vorbereiteten Pilzknöderln sowie Romanescoröschen anrichten. Mit etwas Sauce umgießen und den Rest extra dazu reichen.

Für die **Maronisauce** Zwiebeln, Knoblauch und Kastanien (von der Füllung) in Butterschmalz hell anschwitzen. Mit Madeira löschen und Geflügelfond sowie Schlagobers zugießen. Salzen und einkochen lassen. Nach ca. 15 Minuten mit Mehl leicht eindicken und einen Hauch von Cayennepfeffer einrühren. Mit Prosecco, Amaretto und geschlagenem Obers verfeinern.

Den **Romanesco** in Röschen zerteilen und in Salzwasser nicht zu weich kochen. Gemüsefond mit Butter erhitzen und die gewürzten Romanescoröschen darin schwenken.

Für die **Pilzknödel** aus der vorbereiteten Masse Knöderl zu je ca. 50 g formen und jedes einzeln in Klarsichtfolie wickeln. In der Folie 10 Minuten in leicht köchelndem Wasser garen. (Der Geschmack bleibt so in den Knödeln erhalten.)

Zutaten für 6 Portionen:
- 1 frischer, junger Truthahn (ca. 2,5 kg)
- Salz, Pfeffer
- frisch gehackter Rosmarin und Majoran
- 2 cl Amaretto
- 1 gehackte Knoblauchzehe
- 1 Apfel
- 10 gebratene und geschälte Kastanien
- ca. 150 g dünn geschnittener fetter Bauchspeck
- 200 g Wurzelwerk
- ca. 250 ml Geflügelsuppe
- 2 Stangen Petersilie
- Pilz-Semmel-Masse (▸ Ausgelöste Wachtel S. 297, doppelte Menge) für die Knödel

Für die Maronisauce:
- 100 g fein geschnittene Zwiebeln
- 1 fein gehackte Knoblauchzehe
- 100 ml Madeira
- 200 ml Geflügelfond
- 100 ml Schlagobers
- Salz
- 1 Msp. Cayennepfeffer
- 1 TL Mehl zum Binden
- 1 TL Amaretto
- 1 Spritzer Prosecco (oder Sekt)
- 3 EL geschlagenes Schlagobers
- Butterschmalz zum Anbraten

Für die Romanescoröschen:
- 1 Romanesco-Kopf (ca. 700 g)
- Salz, Pfeffer
- Muskatnuss
- 1 EL Butter
- 3 EL Gemüsefond

Fasanen-Wirsing-Röllchen

mit Lauchpüree

Zutaten für 6 Portionen:
600 g ausgelöste, zugeputzte und von der Haut befreite Fasanenbrüste
Salz, weißer Pfeffer aus der Mühle
Rosmarin, gemahlen
ca. 2 cl Madeira zum Beträufeln
6 blanchierte schöne Wirsingblätter ohne Strunk
ca. 200 g sehr dünn geschnittener Bauchspeck (ohne Knorpel)
1 EL Butterschmalz
Rosmarinzweige
Schnittlauchröllchen und frische Preiselbeeren zum Garnieren

Für die Farce:
100 g ausgelöstes Fasanenfleisch (von den Keulen), in Stücke geschnitten, ohne Haut, Sehnen oder Knochenstückchen
Salz, Pfeffer
Muskatnuss
2 cl Madeira
100 ml flüssiges, sehr kaltes Schlagobers
Cayennepfeffer

Für die Madeirasauce:
150 ml Schlagobers
80 ml heller Geflügelfond (‣ S. 380)
80 ml Madeira
Salz, Pfeffer
1 EL Mehl, mit Weißwein verrührt
3 EL geschlagenes Obers

Für das Lauchpüree:
300 g fein geschnittenes Grün vom Lauch
Salz, Pfeffer, frisch geriebene Muskatnuss
200 g temperierte Butter
800 g geschälte, mehlige Erdäpfel
ca. 250 ml heiße Milch

Zubereitung: Für die **Farce** zunächst das ausgelöste, kalte Fasanenfleisch würzen und mit dem kalten Schlagobers sowie Madeira vermengen. Die Masse in einem Cutter fein mixen und durch ein Mehlsieb streichen. Die Masse gut verrühren und kalt stellen.

Nun die zugeputzten **Brüste** würzen, mit etwas Madeira beträufeln und in sechs gleich große Portionen teilen. Die Farce dünn aufstreichen (sie dient nur als „Klebstoff"), die blanchierten Wirsingblätter mit etwas Salz sowie Pfeffer würzen und fest um die Brüstchen wickeln. Nun einige Bauchspeckstreifen eng nebeneinander auflegen und fest über dem Wirsing einrollen. (Es sollen dabei gleichmäßig dicke Rollen entstehen.) Die Röllchen in einem Pfanderl mit Butterschmalz anbraten, umdrehen und bei 200 °C Unter- und Oberhitze im heißen Rohr ca. 15 Minuten braten. Dabei noch einige frische Rosmarinzweige mitbraten.

Die Fasanenbrüstchen in jeweils fünf Scheiben schneiden, halbmondförmig anrichten und mit der vorbereiteten Sauce begießen. Daneben das Lauchpüree auftragen oder mit zwei Löffeln Nockerln daraus formen. Mit Schnittlauchröllchen und frischen Preiselbeeren garnieren.

Für die **Madeirasauce** alle Zutaten außer dem geschlagenen Obers um ein Drittel einreduzieren lassen. Dann aufmixen und durch ein feines Sieb passieren. Nochmals erhitzen, fein abschmecken und das geschlagene Obers unterrühren.

Für das **Lauchpüree** den Lauch in Salzwasser weichkochen, trockentupfen und würzen. Mit der temperierten Butter aufmixen, bis eine hellgrüne Paste entsteht. Die Erdäpfel in Salzwasser ebenfalls weichkochen, abseihen und durch die Presse drücken. Mit der heißen Milch und einem Teil der Lauchbutter verrühren. Noch so viel Lauchbutter einrühren, bis Konsistenz und Geschmack stimmen. Mit Salz abschmecken.

Taubenbrüstchen

mit Gänseleber, Brandteig-Erdäpfeln und Karottenpüree

Zubereitung: Die **Taubenbrüstchen** würzen und in heißem Öl gemeinsam mit den Kräutern unter ständigem Übergießen rosa braten (in der Pfanne 5–7 Minuten, im Rohr ca. 7 Minuten). Gänseleber in Mehl wenden und in einer beschichteten Pfanne auf beiden Seiten braten. Erst danach würzen.

Für die **Gewürzbirne** die Birne in Butter etwas Farbe nehmen lassen. Mit Staubzucker karamellisieren. Gewürze zugeben, mit Portwein und Orangensaft löschen. Geflügeljus eingießen und einige Minuten ziehen lassen. Birnen herausnehmen und Jus fein abseihen. Birnenscheiben auf vorgewärmte Teller platzieren. Gänseleber und Taubenrüstchen darauf anrichten, Brandteig-Erdäpfel daneben gruppieren. Mit Karottenpüree und Jus garnieren.

Für die **Brandteig-Erdäpfel** Milch, Butter und Salz aufkochen. Mehl rasch einrühren und die Masse einige Minuten gut abrösten. Leicht abkühlen lassen. Die Eier einrühren und die passierten Erdäpfel untermengen. Mit zwei Löffeln gleichmäßige Nockerl formen und in heißem Fett goldgelb herausbacken. Auf Küchenkrepp abtropfen lassen.

Für das **Karottenpüree** die Schalotten in Butter andünsten, Karotten zugeben und mit Schlagobers weich kochen. Abschmecken und fein pürieren.

Zutaten für 6 Portionen:
- 4 zugeputzte Taubenbrüstchen
- Salz und Pfeffer
- Rosmarin und Thymian
- Öl zum Anbraten
- 4 Scheiben Gänseleber (je ca. 70 g)
- 1 EL Mehl
- Salz und Pfeffer

Für die Gewürzbirne:
- 1 Williamsbirne, in vier gleiche Scheiben geschnitten
- 1 TL Staubzucker
- 1 TL Butter
- Saft von 1 Orange
- Orangenzeste, in Streifen geschnitten
- Lorbeer, Sternanis, Gewürznelke, Zimtrinde, Pfefferkörner
- 50 ml weißer Portwein
- 100 ml Geflügeljus
- Salz

Für die Brandteig-Erdäpfel:
- 125 ml Milch
- 50 g Butter
- 75 g Mehl
- 2 Eier
- Salz
- 200 g gekochte, passierte Erdäpfel
- Öl zumHerausbacken

Für das Karottenpüree:
- 300 g Karotten, geschält und in Scheiben geschnitten
- 1 TL Butter
- 1 TL Schalottenwürfelchen
- 200 ml Schlagobers
- Salz und Muskatnuss

Ausgelöste Wachtel
mit Pilz-Semmel-Fülle

Zubereitung: Zuerst für die **Fülle** die Zwiebeln in Butter hell dünsten und überkühlen lassen. Mit den Eiern aufmixen und über das in Würfel geschnittene Brot gießen. Die Pilze in etwas Olivenöl anbraten, mit Salz, Pfeffer und gehackter Petersilie würzen. Pilze untermengen. Mit Salz und Pfeffer würzen, mit einigen Tropfen Madeira und einem Tropfen Trüffelöl geschmacklich abrunden.

Nun die **Wachteln** vom Rücken her vorsichtig auslösen. Die Flügelknochen beim Gelenk abtrennen, die hinteren Rohrknochen bei der Keule auslösen (oder bereits ausgelöste Wachteln im Fachgeschäft kaufen, siehe auch Tipp). Die Wachteln innen mit Salz, Pfeffer, etwas gemahlenem Rosmarin und Majoran würzen und mit 2-3 Tropfen Madeira beträufeln. Ein Viertel der Fülle zu jeweils einer ovalen Kugel formen und in die Mitte der Wachtel setzen. Mit Nähseide und Nadel von der Keule her zunähen und dabei am Schluss ein längeres Stück Nähfaden zum Herausziehen hängen lassen. Außen ebenfalls würzen und mit dünn geschnittenem Bauchspeck umwickeln. In Olivenöl anbraten und im Rohr bei 200 °C ca. 20 Minuten garen lassen. Danach den Speck entfernen, den Faden herausziehen und die Wachteln bei starker Oberhitze knusprig anbraten. In der Mitte schräg auseinander schneiden und mit der vorbereiteten Sauce anrichten.

Für die **Sauce** die Wachtelknochen zerkleinern und in Olivenöl anbraten. Mit etwas geschnittenen Zwiebeln, Sellerie, Lauch und Karotten kurz anrösten. Mit Weißwein ablöschen und mit der Hühnersuppe aufgießen. Im Rohr bei 180 °C 1½ Stunden ziehen lassen. Währenddessen immer wieder umrühren und aufgießen. Wenig Mehl in wenig Wasser anrühren und zum Binden einrühren. Sauce durch ein Sieb passieren, mit Madeira und Butterstückchen verfeinern.

☞ ***Sie können die Wachtel freilich auch füllen, ohne sie vorher ausgelöst zu haben.***

Zutaten:
- 4 ganze Wachteln
- Salz, Pfeffer
- gemahlener Rosmarin
- Majoran
- Madeira
- Bauchspeck, in dünne Scheiben geschnitten
- Olivenöl

Für die Fülle:
- 150 g Weißbrot vom Vortag, ohne Rinde in Würfel geschnitten
- 50 g geschnittene Zwiebeln
- 50 g Butter
- 2 Eier
- 150 g grob geschnittene frische Pilze
- Salz, Pfeffer und Petersilie
- Olivenöl
- Madeira
- Trüffelöl

Für die Sauce:
- Wachtelknochen
- Olivenöl
- etwas geschnittene Zwiebeln, Sellerie, Lauch und Karotten
- Schuss Weißwein
- 250 ml Hühnersuppe
- 1 TL Mehl
- Madeira
- kalte Butter

Beilagenempfehlung:
junges, in Butter geschwenktes Gemüse, aber auch gebratene Pilze, glacierte Kastanien und Trauben

Köstlichkeiten der süßen Tiroler Küche

Vom Osttiroler Blattlstock bis zu den Südtiroler Apfelküchln

Kalte Süßspeisen

Pfirsich Melba „Elephant"

Zutaten:
125 g passiertes Himbeermark
1 EL Zitronensaft
2 Blatt Gelatine
2 Eiklar
50 g Zucker
150 ml geschlagenes Obers
frische Himbeeren, Minze, Hippen zum Garnieren (▸ S. 382)
knuspriges Strudelblatt nach Belieben

Für das Pfirsichsorbet:
70 g Zucker
10 g Glucose (im Süßwaren-Fachhandel erhältlich)
100 ml Wasser
200 g gelbes Pfirsichmark
1 EL Zitronensaft

Zubereitung: Gelatine einweichen, ausdrücken und in etwas erwärmtem **Himbeermark** auflösen. Mit dem restlichen Mark und Zitronensaft vermengen. Eiklar mit Zucker steif schlagen, in das Himbeermark einrühren und das geschlagene Obers unterheben. In runde Ringe (Förmchen) füllen und kalt stellen. Für das **Pfirsichsorbet** zunächst Zucker und Wasser aufkochen. Mit Glucose, Pfirsichmark und Zitronensaft vermischen und am besten in der Sorbetiere gefrieren. (Oder unter wiederholtem Umrühren tiefkühlen.)

Die Himbeermousse auf dekorative Glasteller stürzen und mit frischen Himbeeren umkränzen. Strudelblatt (wenn vorhanden) darüberlegen und je eine Kugel Pfirsichsorbet obenauf platzieren. Mit Hippen und Minze garnieren.

Grießflammeri
mit Pfeffer-Balsamico-Erdbeeren

Zubereitung: Milch mit Kristallzucker, Salz, Orangen- sowie Zitronenschale aufkochen und unter ständigem Rühren den Grieß in die Milch einrieseln lassen. Bei geringer Hitze ca. 4 Minuten köcheln lassen. Dann in eine Schüssel füllen und abkühlen lassen. Schlagobers schlagen und gemeinsam mit dem Grand Marnier vorsichtig in die Grießmasse einarbeiten. Die fertige Masse in Kaffeetassen oder Gläser abfüllen.

Für die **Zuckerhaube** den Kristallzucker hellgelb karamellisieren. Abkühlen lassen, bis die Karamellmasse zähflüssig ist, und mit Hilfe einer Gabel über einen kalten Schöpfer dressieren. Flammeri nach Belieben damit garnieren.

Für die **Pfeffer-Balsamico-Erdbeeren** die Erdbeeren waschen, vierteln und mit den restlichen Zutaten vermischen. Gemeinsam mit dem Flammeri servieren.

Zutaten:
375 ml Milch
70 g Weizengrieß
375 ml Schlagobers
75 g Kristallzucker
Schale von 1 Zitrone und 1 Orange
1 Prise Salz
1 Schuss Grand Marnier
5 EL Kristallzucker für die Zuckerhaube

Für die Pfeffer-Balsamico-Erdbeeren:
200 g reife Erdbeeren
1 EL Zucker
1 EL schwarzer Balsamicoessig
frisch gemahlener Pfeffer aus der Mühle

Williamsbirnentarte
mit geeister Linzerschnitte und Bratapfelsorbet

Zutaten:
200 g Blätterteig
2 Williamsbirnen
Zitronensaft und Staubzucker
1 EL Marillenmarmelade (passiert)

Für die geeiste Linzerschnitte:
3 Eidotter
1 Ei
80 g Zucker
80 g Linzerbrösel (Brösel einer Linzertorte oder -schnitte)
250 ml geschlagenes Obers
3 EL Preiselbeeren

Für das Bratapfelsorbet:
250 ml Wasser
150 g Zucker
250 g Bratapfelmark (zerdrückte, passierte Bratäpfel)
20 g Glucose (im Süßwaren-Fachhandel erhältlich)
Saft von 1/2 Zitrone

Zubereitung: Zuerst für die **geeiste Linzerschnitte** die Eidotter mit Ei und Zucker über einem warmen Wasserbad auf 80°C schaumig schlagen. Über einem Eisbad kaltrühren. Dann Brösel und geschlagenes Obers unterheben. Ein Drittel der Masse auf eine mit Klarsichtfolie ausgelegte Form streichen und gefrieren. Mit Preiselbeeren bestreichen und mit der restlichen Masse ein Gitter aufspritzen. Wiederum gefrieren.

Für das **Bratapfelsorbet** Wasser mit Zucker aufkochen und wieder abkühlen lassen. Mit Bratapfelmark, Glucose und Zitronensaft vermischen. In der Eismaschine zu Sorbet gefrieren. (Oder im Tiefkühlschrank unter wiederholtem Umrühren gefrieren.)

Nun den Blätterteig ausrollen und in vier Rechtecke schneiden. Aus schmalen Blätterteigstreifen an jede Kante des Rechtecks einen dünnen Rand anlegen. Von den Birnen jeweils aus der Mitte 2 Scheiben herausschneiden. Mit Zitronensaft beträufeln, in Staubzucker wenden und auf das Blätterteig-Rechteck legen. Im heißen Ofen bei ca. 180°C goldbraun backen. Noch heiß mit leicht erwärmter Marillenmarmelade bestreichen. Mit je einem Stück geeister Linzerschnitte sowie Bratapfelsorbet anrichten.

Osttiroler Blattlstock

Zubereitung: Einen mittelfesten **Germteig** bereiten. Aus dem Teig eine Rolle formen und in 4 gleich große Stücke teilen. Jedes Teigstück etwas ausrollen und zu einem Blatt in Tortenformgröße auswalken.

Die Blätter zudecken, gehen lassen, mit einer Nadel gut einstechen und im Rohr oder schwimmend in Butterschmalz backen.

Die **Dörrbirnen** in Wasser weichkochen und faschieren, mit geriebenem Mohn, Zucker, geriebener Zitronenschale, Zimt und Nelkenpulver und etwas Birnensud zu einer geschmeidigen Fülle zusammenmischen.

Das erste Blatt legt man auf eine Platte, streicht etwa 1 cm Fülle darauf, übergießt mit zerlassener Butter, setzt das zweite Blatt darauf, streicht die Fülle darüber, übergießt mit Butter und setzt so fort, bis alle Blätter übereinander liegen.

Auf das letzte Blatt kommt am meisten Butter, so dass sie darüberrinnt und seitlich als Tropfen etwas erstarrt.

Zutaten:
750 g Mehl
75 g Zucker
75 g Butter
2 Eier
30 g Germ
Salz
etwa 250 ml Milch
1 Glas Rum
150 g frische Butter zum Abschmelzen

Für die Fülle:
750 g Dörrbirnen
300 g Mohn
150 g Zucker
Zitronenschale
Zimt
Nelkenpulver

Die Philosophie vom Blattlstock

Der Tiroler Blattlstock – dieses Gericht findet man in unterschiedlichen Rezepturen in ganz Tirol, aber auch im benachbarten Kärnten – ist so etwas wie ein süßer Fortsetzungsroman. Wie hoch er ist, hängt von Appetit und Gaumenlust der beteiligten Esser ab – und wohl auch davon, ob es gilt, einen Festtag zu zelebrieren oder lediglich den Hunger zu stillen.

Auch die Frage, ob der Blattlstock nüchtern oder „besoffen" (mit Rum oder Schnaps) sein soll, wird wohl jede Blattlstock-Köchin anders beantworten.

Fest steht indessen, dass die Hochblüte des Blattlstocks die Zeit zwischen Weihnachten und Neujahr ist und das ganze Gebilde entweder auf einen Sitz am Feiertag oder Blattl um Blattl die ganze Woche hindurch verzehrt werden kann. Für Kinder eignen sich die einzelnen „Blattln" auch besonders gut als Belohnung für Wohlverhalten oder das Aufsagen eines Neujahrsgedichts wie des folgenden:

Wünsch enk a glückseligs neues Jahr
A Christkindl mit gekrauste Haar.
An ausg'legten Tisch
Auf alle vier Eckn an Fisch
In der Mittn a Maß Wein,
Dass alle können lustig sein.
Wünsch enk a glückseligs neues Jahr.

Und nun fehlt wirklich nur noch der Blattlstock.

Tiroler Blattlstock

mit Milchschokoladeeis

Zutaten für 8 Portionen:
100 g glattes Mehl
150 ml Milch
1 Ei
1 Eidotter
1 Prise Salz
etwas Zitronenschale
Vanillezucker
30 g Butterschmalz

Für die Blattlstockfülle:
1 kg (ca. 5 Stück) Williamsbirnen
120 g Staubzucker
100 g Butter
Saft von 1 Zitrone
2 cl Birnenschnaps

Für den Krokant:
60 g Zucker
60 ml Schlagobers
35 g Honig
25 g Butter
75 g gehobelte Mandeln

Für die Birnenmousse:
300 g Birnen
125 ml Weißwein
50 g Zucker
2 EL Vanillezucker
2 cl Williamsschnaps
etwas Birnensaft

Für das Milchschokoladeeis:
250 ml Milch
250 ml Schlagobers
5 Eidotter
50 g Zucker
150 g Milchkuvertüre
4 cl Weinbrand

Zubereitung: Mehl mit Milch gut verrühren und die restlichen Zutaten außer Butterschmalz leicht untermengen. In einer beschichteten Pfanne das Butterschmalz zerlassen und nacheinander 6 dünne **Palatschinken** herausbacken.

Für die **Blattlstockfülle** die Birnen schälen, halbieren, Kerngehäuse und Strunk entfernen und die Birnen in 3 mm dicke Scheiben schneiden. In Zucker wälzen und in Butter karamellisieren. Mit Zitronensaft und Birnenschnaps geschmacklich abrunden.

Für den **Krokant** Zucker, Obers, Honig und Butter ca. 1 Minute stark durchkochen lassen. Dann die Mandeln beigeben und die Masse dünn auf ein mit Backpapier belegtes Backblech aufstreichen. Bei 180 °C im Rohr braun backen. Den Krokant erkalten lassen und grob hacken (mixen).

Für die **Birnenmousse** die Birnen mit Weißwein, Zucker und Vanillezucker weich kochen. Erkalten lassen und mit Williamsschnaps sowie Birnensaft aufmixen.

Für das **Milchschokoladeeis** Milch mit Schlagobers aufkochen. Dotter mit Zucker schaumig rühren und mit der heißen Milch verrühren. Unter ständigem Rühren zur Rose abziehen. (Über Dampf bei 80 °C so lange luftig schlagen, bis sich das Volumen beträchtlich vergrößert hat.) Die klein gehackte Milchschokolade darin auflösen. Den Weinbrand eingießen und in der Eismaschine gefrieren lassen.

Nun die einzelnen Palatschinken abwechselnd mit Blattlstockfülle und gehacktem Krokant füllen und aufeinander setzen. Dann erkalten lassen. Wie eine Torte portionieren und auf etwas Birnenmousse anrichten. Mit einer Kugel Eis servieren und beliebig garnieren.

Südtiroler Törggeltorte

Zutaten:
300 g Kristallzucker
6 Eier
Salz
1 Päckchen Vanillezucker
600 g gekochte und passierte Kastanien (ersatzweise Maronireis)
Butter zum Ausstreichen der Form
350 ml Schlagobers
50 g gekochte und geriebene Kastanien für die Garnitur
12 glacierte Kastanien zur Verzierung

Zubereitung: Die Eier trennen. Zucker und Eidotter mindestens zwanzig Minuten schaumig rühren. Das Eiklar mit einer kleinen Prise Salz zu Schnee schlagen und davon zunächst einen Löffel unter die Dottermasse mischen, dann die passierten Kastanien, den Vanillezucker und zuletzt den restlichen Eischnee vorsichtig unterheben.

Die Masse in eine gut ausgebutterte Springform füllen und im vorgeheizten Rohr bei 170 °C etwa 45 Minuten lang backen. Die Torte auskühlen lassen, in der Mitte durchschneiden, mit steif geschlagenem Obers füllen und rundum ebenfalls mit Schlagobers überziehen. Obenauf mit gekochten und geriebenen Kastanien bestreuen sowie zwölf glacierte Kastanien als Verzierung daraufsetzen.

Osttiroler Blattltorte

Zutaten:
550 g Mehl
300 g Butter
150 g Zucker
2–3 Dotter
ev. Backpulver

Für die Mohnfülle:
150 g Mohn
80 g Zucker
Rum, Zitronenschale, Milch

Für die Nussfülle:
150 g Nüsse
80 g Zucker
ca. 125 ml kochende Milch
Rum

Für die Preiselbeerfülle:
150 g Preiselbeeren

Für den Belag:
500 g Äpfel
3 Eiklar
150 g Zucker

Zubereitung: Einen **Mürbteig** bereiten, kühl rasten lassen. Den Teig in 5 gleich große Stücke schneiden, jedes Stück in Größe einer Tortenform auswalken, im Rohr hellbraun backen. Die Blätter abwechselnd mit Mohn-, Nuss- und Preiselbeerfülle zusammensetzen.

Das letzte Blatt mit leicht angedünsteten Apfelspalten belegen, spanischen Wind darüberspritzen und nochmals ins Rohr schieben, bis der Wind hellgelb getrocknet ist.

Buttermilchtorte

Zutaten:
300 g Mehl
80 g Butter
60 g Zucker
1 Dotter
etwas Milch
½ Pkg. Backpulver
120 g Zucker
3 EL Mehl
4 Eier
50 g Butter
125 ml Buttermilch
1 Vanilleschote
1 EL Zitronensaft
Muskatnuss

Zubereitung: Aus Mehl, Butter, Zucker, Dotter, Milch und Backpulver einen **Mürbteig** zubereiten, dann dünn auswalken und eine Tortenform damit auslegen. Zugedeckt ca. ½ Stunde im Kühlschrank rasten lassen.

Inzwischen Zucker und Mehl verrühren, die Eier untermischen, Butter schmelzen und mit dem Mehl-Zucker-Gemisch und der Buttermilch vermischen. Aromastoffe hinzugeben.

Die Form aus dem Kühlschrank nehmen, mit der Buttermilchmasse füllen und im vorgewärmten Backrohr ca. 40 Minuten bei 160 °C backen.

„Keschtn", Waale und Perkeo

Vieles am Südtiroler Weinbau ist anders als anderswo. Das beginnt schon mit der Sprache. Hier heißen die Weinhüter „Saltner", die Maische „Praschgl", und der Traubenmost ist ein „Siaßer", bevor er, nicht wie in Österreich zum Sturm, sondern zum „Nuien" wird.

Die Maroni, die man dazu beim Törggelen isst, nennt man Keschtn oder Köschtn. Wobei Keschtn nicht Keschtn sind: Da gibt es beispielsweise die ganz feinen, nach ihrer zukünftigen Bestimmung „Brater" genannt. Es folgen in der Hierarchie die „Sieder", die sich nicht nur zum Kochen, sondern auch als Basis süßer Füllungen eignen. Die „Matziler" (mundartlich „matzilit" bedeutet in Südtirol so viel wie klein und unscheinbar) sind von eher unerheblicher Gestalt und ebensolchem Geschmack, während die „Laffeln" oder „Lutschen" nach gar nichts schmecken und in ihren Schalen nahezu hohl sind.

Unverwechselbar werden die Südtiroler Weinberge auch durch die Waale, jene unmittelbar an der Grenze zwischen Weinberg und Bergwald angelegten, künstlichen Kanäle in oft schon recht gebirgigen Höhen, an deren Ufern man nach dem Aufstieg kilometerlang eben dahinwandern kann, bis man den Waalweg wieder verlässt, um den Spaziergang in einem Buschenschank, vorzugsweise unter einem „Keschtnvater" genannten, machtvollen Kastanienbaum bei einem „Siaßen" abzuschließen.

Zu den erklärten Freunden des Südtiroler Weines zählte sogar Kaiser Friedrich III., der für seine Liebe zu den schönen Dingen des Lebens bekannt war. Er notierte in seinem Tagebuch über die Bozner Gegend: „... da waxt ein ganz aus der Maßen guet Wein." Ein Urteil, in welchem ihm später auch der nach Italien reisende Geheimrat Goethe beipflichtete, der das milde Klima und die fruchtbaren Hanglagen Südtirols ausdrücklich lobte. Und schließlich konnte auch der vielbesungene „Weinzwerg" Perkeo, der Hüter des weltberühmten Heidelberger Fasses und dem Vernehmen nach einer der „begnadetsten Trinker der Welt", nur Südtiroler Herkunft sein.

Schwarzplententorte
(Buchweizentorte)

Zutaten:
6 Dotter
210 g Staubzucker
210 g Butter
210 g Haselnüsse
210 g Heidenmehl (Buchweizenmehl)
6 Eiklar
Marmelade, Rumglasur

Zubereitung: Abtrieb aus Butter, Dottern und Zucker bereiten. Die geriebenen Haselnüsse einmengen, den steifen Schnee mit dem Mehl unterziehen und bei ca. 180 °C ca. 30 Minuten backen.

Erkaltet wird die Torte mit Marmelade gefüllt und mit einer Rumglasur überzogen.

Schwarzplentenroulade
(Buchweizenroulade)

Zutaten:
5 Eier
4 EL heißes Wasser
1 Prise Salz
150 g Feinkristallzucker
100 g Heidenmehl (Buchweizenmehl)
100 g geriebene Schokolade
100 g Ribiselmarmelade
Saft einer ½ Zitrone
1 kleines Stamperl Rum

Zubereitung: Die Dotter mit heißem Wasser, einer Prise Salz und ⅓ des Zuckers sehr schaumig rühren. Eiklar mit dem restlichen Zucker zu steifem Schnee schlagen und unter die Dottermasse heben. Zuletzt das Mehl und die geriebene Schokolade einrühren.

Ein Backblech mit Papier auslegen und die Masse gleichmäßig auf das Blech streichen. Bei ca. 200 °C etwa 15–20 Minuten backen. Am Anfang das Rohr einen Spalt geöffnet halten, damit der Dampf entweichen kann.

Den fertig gebackenen Teig auf ein zweites mit Backpapier ausgelegtes Blech stürzen, das mitgebackene Papier abziehen, einrollen und erkalten lassen.

Die Marmelade mit Zitronensaft und Rum aufkochen lassen. Die Roulade wieder aufrollen und mit Marmelade bestreichen, einrollen und etwas ruhen lassen. Mit Staubzucker bestreuen.

Bei den „Blaufozzaten“

Je tiefer der Wald, desto besser sind auch die Heidelbeergründe. Und je besser die Heidelbeergründe sind, desto blauer werden die Münder der Bevölkerung. Besonders blau um den Mund kennt man beispielsweise die Menschen aus dem Antholzer Tal, die deshalb auch „Bloubfozza“ genannt werden.

Buchweizenröllchen

auf Apfelragout mit Büffelmozzarella-Eis

Zubereitung: Zuerst das **Büffelmozzarella-Eis** vorbereiten. Dafür alle Zutaten außer den Büffelmozzarella pasteurisieren (auf 80 °C erhitzen) und über Nacht stehen lassen. Tags darauf die Masse mit dem Büffelmozzarella mit dem Mixstab gut durchmixen und gefrieren.

Für die **Roulade** Eidotter, Zucker und Honig über einem Wasserbad zuerst warm und dann kalt schlagen. Eiklar und Staubzucker zu Schnee schlagen und locker unter die Eidottermasse heben. Buchweizenmehl mit Zitronenschale vorsichtig untermengen. Die Masse auf einem mit Backpapier ausgelegten Backblech dünn aufstreichen und bei 200 °C ca. 5–6 Minuten backen. Danach rasch einrollen.

Währenddessen für das **Schwarzbeerobers** die Hälfte der Schwarzbeeren pürieren. Die ausgedrückte Gelatine in einem Esslöffel Schwarzbeermark auflösen und mit den übrigen Schwarzbeeren vermischen. Eiklar mit Zucker schaumig schlagen und unterziehen. Schlagobers unterheben. Nun das Obers leicht anstocken lassen. Roulade aufrollen, damit bestreichen und wieder einrollen.

Für das **Apfelragout** die Äpfel schälen und in Würfel schneiden. Mit Zucker, Weißwein und Zitronensaft weich kochen. Ein Drittel davon aufmixen und mit dem Rest vermengen. Das Apfelragout in einen tiefen Teller geben. Je ein quer geschnittenes Röllchen darauf stellen und ein Nockerl Eis daneben anrichten.

Zutaten:
- 3 Eidotter
- 50 g Zucker
- 10 g Honig
- 3 Eiklar
- 20 g Staubzucker
- 80 g Buchweizenmehl
- ½ abgeriebene Zitronenschale

Für das Schwarzbeerobers:
- 300 g Schwarzbeeren
- 2 Blatt Gelatine
- 1 Eiklar
- 30 g Zucker
- 250 ml geschlagenes Obers

Für das Apfelragout:
- 2 mittlere Äpfe
- 50 g Zucker
- Saft von 1 Zitrone
- 50 ml Weißwein

Für das Büffelmozzarella-Eis:
- 300 ml Milch
- 100 g Mascarpone
- 200 g Büffelmozzarella
- 175 g Zucker
- 30 g Glucose
- Saft und Schale von 1 Zitrone

Osttiroler Heidelbeerstrudel

Zubereitung: Das gemischte, gesalzene Mehl und die kalte Butter verbröseln. Mit dem Sojamehl und Topfen gut und rasch zu einem glatten Teig verkneten. ½ Stunde rasten lassen.

Dann ausrollen, mit den leicht in Butter gerösteten Bröseln und den gezuckerten Heidelbeeren füllen, zusammenschlagen und bei 200 °C backen.

Noch heiß leicht mit Zucker bestreuen.

Zutaten:
- 200 g Weizenvollmehl
- 50 g glattes Mehl
- Salz
- 1 EL Sojamehl
- 250 g Magertopfen
- 200 g Butter
- 1 Msp. Backpulver
- 750 g Heidelbeeren
- 100 g Rohrzucker
- 100 g Butter
- 100 g Brösel
- 1 Msp. Zimt

Topfenschaum

im knusprigen Strudelblatt mit Erdbeereis

Zutaten:
130 g Topfen
Saft von 1 Zitrone
Vanillemark
40 g Staubzucker
250 ml Schlagobers
75 g Eiklar (2–3 Eiklar)
frische Erdbeeren und Minze zum Garnieren

Für das Strudelblatt:
Ziehteig oder Strudelteig (‣ S. 383)
Staubzucker

Für das Erdbeereis:
300 ml Milch
1 Prise Salz
150 g Zucker
5 Eidotter
300 g Erdbeeren, püriert und passiert
Saft von 1 Zitrone

Zubereitung: Zuerst das **Erdbeereis** zubereiten. Dafür Milch, Zucker, Salz und Eidotter unter ständigem Rühren auf 80 °C erhitzen. Mit Erdbeeren sowie Zitronensaft vermischen und in der Eismaschine gefrieren.

Dann **Topfen** durch ein Haarsieb streichen und mit Zitronensaft, Staubzucker und Vanillemark gut verrühren. Schlagobers und Eiklar getrennt steif schlagen. Geschlagenes Obers in die Topfenmasse einrühren, dann den Eischnee unterheben. Ein Sieb mit einem Küchenpassiertuch so auslegen, dass die eingefüllte Mousse leicht abtropfen kann.

Den **Ziehteig** ausziehen und in Rechtecke (5 × 5 cm) schneiden. Mit Staubzucker bestreuen und im Ofen knusprig backen. Überkühlen lassen. Nun mit Hilfe eines Eisportionierers die Mousse abwechselnd mit den Strudelblättern übereinander anrichten. Mit Nockerln vom Erdbeereis, frischen Erdbeeren und Minze garnieren.

Gestürzte Apfelcreme

Zutaten:
8 mittelgroße aromatische Äpfel
250 ml Weißwein
100 g Fruchtzucker
Saft von 1 Zitrone
6 Blatt Gelatine
250 ml Milch
2 cl Calvados
2 TL Zucker
ausgeschabtes Mark von 1 Vanilleschote
4 Eidotter
375 ml geschlagenes Obers

Zubereitung: Die **Äpfel** schälen, entkernen und quer in dünne Scheiben schneiden. Den Weißwein mit Fruchtzucker sowie Zitronensaft aufkochen und die Apfelscheiben darin etwa 1 Minute blanchieren. Kleine Wassergläser mit Apfelscheiben gleichmäßig auskleiden. Die restlichen Äpfel mit etwas Sud fein mixen und pürieren.

Die **Gelatine** in kaltem Wasser einweichen. Milch, Calvados, Vanillemark und Zucker erhitzen. Bei schwacher Hitze unter ständigem Schlagen die Eidotter einrühren. So lange schlagen, bis die Masse dickschaumig wird. Nun die ausgedrückte Gelatine und das Apfelpüree untermischen, das geschlagene Obers unterheben. In die Gläser füllen und 2–3 Stunden kühl stellen. Vor dem Servieren stürzen.

Gebrannte Vanillecreme
im Schokoladetörtchen

Zubereitung: Bereits am Vortag für die **Rotweinkirschen** alle Zutaten außer den Kirschen und Maizena gemeinsam aufkochen. Die Kirschen zugeben und über Nacht stehen lassen. Am nächsten Tag Kirschen herausnehmen und den Saft einkochen. Nach Bedarf mit etwas Maizena binden.

Mürbteig ausrollen und kleine Förmchen mit einem Durchmesser von 10 cm und einer Höhe von 2 cm damit auskleiden und bei 180 °C 8–10 Minuten blind backen.

Für die **Schokomasse** die Kuvertüre mit Butter schmelzen und den Honig einrühren.

Eier sowie Eidotter mit Zucker und Vanille schaumig rühren. Beide Massen vermengen. Mehl und Mandeln unterheben. Die Mürbteigkörbchen halbvoll füllen und in die Mitte ein von außen gebuttertes kleineres Karamellförmchen stellen. Mitsamt dem Förmchen bei 160 °C 5–6 Minuten backen. Dann auskühlen lassen. Das Förmchen aus der Mitte herausnehmen und den Schokoladering mit der vorbereiteten Vanillecreme füllen. Glatt streichen. Mit braunem Zucker bestreuen und abflämmen. Mit den Rotweinkirschen garnieren.

Für die **Vanillecreme** 200 ml Milch mit einer Prise Salz, Vanillezucker und Zitronenschale zum Kochen bringen. Die restliche Milch getrennt mit Zucker, Eidottern und Mehl glatt rühren. In die kochende Milch einrühren, 2 Minuten kochen lassen und dann zugedeckt kalt stellen.

Zutaten:
Mürbteig (▸ S. 383)
getrocknete Linsen oder Erbsen zum Blindbacken
brauner Zucker zum Abflämmen

Für die Schokolademasse:
100 g Kuvertüre
100 g Butter
1 EL Honig
2 Eidotter
2 Eier
125 g Zucker
Vanillezucker
30 g Weizenmehl
30 g geriebene Mandeln

Für die Vanillecreme:
250 ml Milch
Prise Salz
1 Pkg. Vanillezucker
abgeriebene Zitronenschale
2 Eidotter
50 g Zucker
30 g Mehl

Für die Rotweinkirschen:
300 g entsteinte Herzkirschen
200 ml roter Portwein
300 ml kräftiger Rotwein
50 ml Cassis (Johannisbeerlikör)
70 g Zucker
Saft von 1 Orange
Saft von ½ Zitrone
Zimtstange, Gewürznelke
5 g Maizena, mit Rotwein angerührt

Waldmeistertörtchen

mit Mascarponeeis

Zutaten für den Biskuitteig:
2 Eier
3 Eidotter
180 g Zucker
110 g fein gemahlene Mandeln
90 g Mehl
7 Eiklar
1 Bund Minze, kurz blanchiert und eiskalt abgeschreckt
1 EL Weißwein
1 EL Zucker

Für das Knuspernougat:
20 g dunkle Kuvertüre
50 g Nussnougat
5 g neutrales Öl
20 g zerstoßene Cornflakes

Für die Schokolademousse:
150 g Milchschokolade
3 Eidotter (60 g)
100 ml Milch
50 ml Schlagobers
30 g Zucker
1 Blatt Gelatine
120 ml geschlagenes Obers

Für die Waldmeistermousse:
3 Blatt Gelatine
200 ml Waldmeisterwein (‣ S. 379)
20 g Zucker
10 cl Wodka
Saft von ½–1 Zitrone (je nach Größe und Geschmack)
125 ml geschlagenes Obers
2 Eiklar
45 g Zucker für den Schnee
½ TL fein geschnittene Waldmeisterblätter

Für das Waldmeistergelee:
50 ml Waldmeisterwein (‣ S. 379)
10 g Zucker
½ Blatt Gelatine

Zubereitung: Zunächst für den **Biskuitteig** Eier, Dotter, 110 g Zucker und gemahlene Mandeln weiß-schaumig schlagen. Eiklar mit dem restlichen Zucker zu festem Schnee schlagen. Anschließend mit dem Mehl langsam unter die Eiermasse heben. Ein Backblech mit Papier belegen und ⅔ der Masse ca. 1 cm dick daraufstreichen. Minze, Weißwein und 1 EL Zucker ganz fein mixen und mit dieser Paste den restlichen Teig einfärben. Den grünen Teig in einen Spritzsack füllen und dünne, schräge Streifen auf den hellen Teig aufspritzen.

Im heißen Backrohr bei 200 °C Ober- und Unterhitze etwa 8–10 Minuten backen. Den fertig gebackenen Biskuitteig sofort mit dem Papier zum Auskühlen auf ein Gitter ziehen. Ausgekühltes Biskuit in Streifen schneiden, die so breit wie der Rand einer Tortenform mit 18 cm Durchmesser sind. Den Boden der Tortenform mit Backpapier auslegen, den Tortenrand mit Biskuit auskleiden.

Für das **Knuspernougat** Kuvertüre, Nussnougat und Öl in einer Schüssel über Wasserdampf schmelzen. Cornflakes mit einer Spachtel vorsichtig unterrühren. Nun dünn und gleichmäßig auf dem Tortenboden verteilen und Torte kalt stellen.

Währenddessen für die **Schokolademousse** die Schokolade in kleine Stücke hacken und in einer Schüssel über Wasserdampf schmelzen. Die Dotter mit 1 Esslöffel Milch (von der gewogenen Menge) schaumig abschlagen. Die restliche Milch mit flüssigem Schlagobers sowie Zucker aufkochen und langsam in die aufgeschlagene Dottermasse einrühren. Nochmals bis 80 °C erhitzen, bis die Masse bindet, aber nicht kocht. Dabei ständig rühren! Die eingeweichte Gelatine ausdrücken und in der erwärmten Dotter-Schlagobers-Masse auflösen. Nun die geschmolzene Schokolade einrühren und auf 30 °C abkühlen lassen. Jetzt das geschlagene Obers unterheben. In einen Tortenring mit 15 cm Durchmesser füllen und kalt stellen.

Für die **Waldmeistermousse** die eingeweichte Gelatine gut ausdrücken und in etwas leicht erwärmtem Waldmeisterwein auflösen. Nun den restlichen Waldmeisterwein, Zucker, Wodka und Zitronensaft zugeben und auf Eis abkühlen lassen. Kurz bevor die Masse anzieht, das geschlagene Obers unterheben. Das Eiklar mit dem Zucker aufschlagen. Den Eischnee und die geschnittenen Waldmeisterblätter ebenso vorsichtig unterheben.

Nun die gut gekühlte Schokolademousse-Torte mittig auf das Nougatkrokant in den Biskuitring setzen. Den Tortenring rund um die Schokolademousse entfernen und in den Zwischenraum zwischen Biskuitrand und Schokomousse das Waldmeistermousse einfüllen. Bis knapp (2 mm) unter den Tortenrand mit Waldmeistermousse auffüllen. Kalt stellen!

Für das **Gelee** den Wein erwärmen. Zucker sowie eingeweichte, ausgedrückte Gelatine einrühren und auflösen. Abkühlen lassen und die gut gekühlte Torte damit überziehen. Torte abermals kalt stellen.

Für die **Erdbeersauce** alle Zutaten aufmixen und passieren. Für den **Joghurtschaum** alle Zutaten mit einem Stabmixer aufschäumen.

Für das **Mascarponeeis** Eidotter mit Zucker über Dampf schaumig schlagen. Schlagobers, Milch, Zucker, Vanilleschote und Zitronenzesten aufkochen und in die Dottermasse einrühren. Im Wasserbad unter ständigem Rühren etwas andicken lassen.

Durch ein feines Sieb passieren, den Mascarpone einrühren und in der Eismaschine gefrieren.

Vor dem Servieren die Torte in Portionsstücke teilen und diese anrichten. Mit etwas Erdbeersauce und Joghurtschaum überziehen und eine Kugel Mascarponeeis dazureichen. Nach Belieben mit frischen Erdbeeren und Waldmeisterblättern dekorieren.

☞ ***Dieses sicherlich nicht ganz unaufwändige Rezept lässt sich vereinfachen, indem Sie die eine oder andere Garniturkomponente weglassen.***

Für die Erdbeersauce:
100 g Erdbeeren
50 g Staubzucker
1/2 TL Zitronensaft

Für den Joghurtschaum:
1 EL Milch
5 EL Joghurt
2 TL Staubzucker
2 Tropfen Zitronensaft

Für das Mascarponeeis:
9 Eidotter (180 g)
100 g Zucker
250 ml Milch
250 ml Schlagobers
50 g Zucker
1/2 Vanilleschote
ein wenig feine Zitronenzesten
300 g Mascarpone

Zwetschkenterrine
im Marzipanmantel mit Zimteis und Zabaione

Zubereitung: Die gewaschenen **Zwetschken** entkernen und je nach Größe vierteln oder sechsteln. Eine weite Pfanne erhitzen und Zucker schmelzen lassen. Die Zwetschken zugeben und mit Zitronen- sowie Orangensaft ablöschen. Nun Vanilleschote, Zimtstange und das Zimtpulver einmengen und bei kleiner Hitze durchköcheln lassen, bis die Zwetschken weich sind.

In einer anderen Pfanne die Hasel- und Walnüsse mit Zucker karamellisieren. Eine Terrinenform mit Klarsichtfolie auskleiden. Die eingeweichte Gelatine gut ausdrücken und in warmem Rum auflösen. In die Zwetschkenmasse einrühren und überkühlen lassen. Nun lagenweise Zwetschkenmasse, einige karamellisierte Nüsse, Zwetschken, Orangenfilets, Zwetschken, Nüsse usw. einfüllen, bis alles verbraucht ist. Mit Zwetschken abschließen. Die Terrine über Nacht kalt stellen. Dann stürzen.

Für das **Zimteis** Milch, Obers, Zimtstangen sowie Zimtpulver aufkochen und über Nacht ziehen lassen. Abseihen. Dotter mit Zucker schaumig schlagen und gemeinsam mit der Zimtmilch bis zur Rose abziehen (über Dampf bei ca. 80 °C so lange luftig aufschlagen, bis sich das Volumen wesentlich vergrößert hat). In der Eismaschine frieren lassen. Bevor das Eis ganz fest gefroren ist, noch den Armagnac zugeben.

Für die **Zabaione** alle Zutaten bis auf den Zwetschkenlikör und den Rum in einem Schneekessel über Wasserdampf sehr schaumig aufschlagen. Sobald die Masse richtig fest und lauwarm ist, den Alkohol untermengen.

Das **Marzipan** mit etwas Staubzucker bestreuen und 2 mm dick ausrollen. Die gestürzte Terrine damit umwickeln. Mit einem scharfen Messer schöne, gleichmäßige Scheiben herunterschneiden und in der Mitte von großen, glatten Tellern anrichten. Daneben je ein Nockerl Zimteis setzen und die Zabaione außen herum drapieren. Mit roter Fruchtsauce Zimtrinden, Rumzwetschken und/oder frischer Pfefferminze nach Belieben dekorieren.

Zutaten:
800 g Stanzer Zwetschken
Saft von 2 Zitronen
Saft von 2 Orangen
200 g Kristallzucker
100 g ganze Haselnüsse
100 g ganze Walnüsse
ca. 100 g Zucker zum Karamellisieren der Nüsse
15 Blatt Gelatine
2 cl Rum 80 % Vol.
Filets von 4 Orangen
1 Msp. Zimtpulver
1 Zimtstange
1 ausgekratzte Vanilleschote
ca. 300 g Marzipan
etwas Staubzucker zum Ausrollen des Marzipans
Fruchtsauce, Zimtrinden, Rumzwetschken (▸ S. 375) und/oder frische Pfefferminze als Garnitur

Für das Zimteis:
500 ml Milch
500 ml Schlagobers
6 Zimtstangen
½ TL Zimtpulver
8 Eidotter (160 g)
180 g Zucker
8 cl Armagnac

Für die Zabaione:
2 pasteurisierte Eidotter
60–70 ml Weißwein
2 EL Zucker
1 EL Vanillezucker
Saft von 1 Orange
4 cl Zwetschkenlikör
1 cl Rum 80 % Vol.

Weiße Schokolademousse
mit Kirschen

Zutaten:
3 Eidotter
225 g weiße Schokolade
1 EL Zucker
1 cl Rum
750 ml Schlagobers
Herzkirschen zum Garnieren

Zubereitung: Die Schokolade schmelzen. Parallel dazu die Eidotter mit Zucker und Rum über Wasserdampf zur Rose schlagen. (Luftig schlagen, bis sich das Volumen der Masse auf das Dreifache vergrößert hat.) Die geschmolzene Schokolade einrühren und das geschlagene Obers vorsichtig unterheben. In eine Schüssel füllen und mindestens 3 Stunden kühl stellen. Schokolademousse beliebig anrichten und mit den Herzkirschen garnieren.

Lebkuchenmousse

Zubereitung: Gelatine in kaltem Wasser einweichen. Dotter schaumig rühren. Weiße und dunkle Schokolade zerkleinern, im Wasserbad schmelzen und lippenwarm unter die Eier rühren. Gelatine aus dem Wasser geben, ausdrücken und in Rum lauwarm schmelzen. Ebenfalls unter die Eier-Schokolade-Masse rühren.

Das geschlagene Obers unterheben und das Lebkuchengewürz nach Geschmack dazugeben. Mousse in Cappuccinotassen abfüllen und etwa 2 Stunden kühl stellen.

Zutaten:
3 Eidotter
60 g weiße Schokolade
60 g dunkle Schokolade
1 Blatt Gelatine
300 ml geschlagenes Obers
Lebkuchengewürz
2 EL Rum

Topfenmousse

Zubereitung: Den Topfen mit Vanillezucker und Zitronensaft verrühren. Die Eier in Dotter und Klar trennen. Dotter mit Staubzucker cremig rühren und mit dem Topfen vermischen. Das Obers schlagen und kalt stellen. Die Gelatine in kaltem Wasser einweichen.

Nun Eiklar mit Kristallzucker zu Schnee schlagen. Den Rum erwärmen und die ausgedrückte Gelatine darin auflösen. Den Rum unter zügigem Rühren in die Topfenmasse einmengen. Obers und Schnee behutsam unterheben. Die Mousse in kleine Förmchen füllen und ca. 8 Stunden kalt stellen.

Zutaten:
100 g Topfen
1 Pkg. Vanillezucker
1 EL Zitronensaft
2 Eier
30 g Staubzucker
20 g Kristallzucker
100 ml Schlagobers
3 Blatt Gelatine
2 EL Rum

Die drei Tiroler Hedonistendörfer

__Ladein__, __Friss__ und __Saufaus__ – drei höchst kulinarisch gemeinte Einladungen aus und nach Tirol, sollte man meinen. Und tatsächlich gibt es hintersinnige Tiroler, die dem unwissenden Fremdling weismachen wollen, es handle sich dabei um die drei Nachbardörfer der bekannten Tiroler Gemeinden Ladis, Fiss und Serfaus. Aber Vorsicht: Es könnte sein, dass der freundliche Tiroler, der Sie von dieser Tatsache in Kenntnis setzt, es gar nicht so gut mit Ihnen meint – und Sie womöglich nur „tratzen" möchte.

Schokolade-Chili-Mousse

mit Lavendelmangos und Schokoladegitter

Zutaten:
3 Eidotter
225 g Schokolade
1 EL Zucker
1 cl Rum
½ TL Chilipulver
750 ml Schlagobers

Für die Lavendelmangos:
3 Mangos
1 EL Lavendelblüten
1 EL Zucker

Für das Schokoladegitter:
Schokolade nach Belieben

Zubereitung: Zunächst für die **Schokolademousse** die Schokolade gemeinsam mit Chilipulver (am besten in einem Wasserbad) schmelzen. Die Eidotter mit Zucker und Rum über Wasserdampf zur Rose schlagen. (Luftig schlagen, bis sich das Volumen der Masse auf das Dreifache vergrößert hat.) Die geschmolzene Schokolade einmengen und das geschlagene Obers vorsichtig unterheben. In eine Schüssel füllen und mindestens 3 Stunden kühl stellen.

Für die **Lavendelmangos** die Mangos schälen und vom Kern lösen. Eine Mango würfelig schneiden, die restlichen mit dem Zucker aufkochen und pürieren. Nun Lavendelblüten sowie Mangowürfel zugeben und mindestens 3 Stunden heiß abgefüllt im Glas ziehen lassen.

Für das **Schokoladegitter** die Schokolade im Wasserbad schmelzen. In einen Dressiersack mit dünner Tülle (oder Stanitzel) füllen, in Form eines Gitters auf ein Backpapier aufspritzen und kühl stellen.

Aus der fertigen Schokolademousse Kugeln ausstechen und auf den Lavendelmangos platzieren. Mit je einem Schoko-gitter garnieren.

☞ ***Frische Mangoscheiben als zusätzliche Garnitur verleihen diesem delikaten Dessert einen fruchtigen Akzent.***

Espressomousse
mit Mandel-Crostoli

Die Crostoli sind ein altitalienisches Karnevalsgebäck, das seinen Weg bis nach Tirol fand.

Zubereitung: Die Schokolade in einem Wasserbad schmelzen. Gelatine in kaltem Wasser 15 Minuten einweichen, gut ausdrücken und in dem heißen Espresso auflösen. Mit dem Ei schaumig rühren. Nun die geschmolzene Schokolade langsam einrühren. Leicht geschlagenes Obers unterziehen und die Masse in Moccatassen füllen. Kalt stellen.

Für die **Crostoli** aus den angeführten Zutaten einen Teig zubereiten und 30 Minuten rasten lassen. Den Teig dünn ausrollen und mit dem Teigrad in 2 cm breite Streifen schneiden. Die Teigstreifen mit dem aufgeschlagenen Eiklar auf beiden Seiten bestreichen und in den Mandelblättchen wenden. Anschließend in heißem Öl goldgelb backen. Herausheben, abtropfen lassen und mit Staubzucker bestreuen. Gemeinsam mit der kalten Mousse servieren.

Zutaten für 8 Portionen:
120 g weiße Schokolade
1 Ei
1 Blatt Gelatine
1 starker, heißer Espresso
300 ml leicht geschlagenes Obers

Für die Mandel-Crostoli:
50 g Butter
1 Eidotter
1 EL Mandellikör
125 ml Schlagobers
Vanillezucker und Salz
250 g gesiebtes Weizenmehl
1 aufgeschlagenes Eiklar zum Bestreichen
fein gehobelte Mandeln zum Wälzen
Öl zum Herausbacken
Staubzucker zum Bestreuen

Vanillekipferlmousse

im Baumkuchenring mit Punschparfait und Kumquatkompott

Zutaten:
120 g weiße Schokolade
2 Blatt Gelatine, eingeweicht
1 Eidotter
1 Ei
40 g Zucker
2 EL fein gemahlene Vanillekipferl
250 ml leicht geschlagenes Obers

Für den Baumkuchen:
70 g Butter
40 g Marzipan
70 g Zucker
30 g Mehl
25 g Weizenstärke
2 Eidotter
2 Eiklar
Salz, Vanillezucker und Zitronenschale
Butter für die Form

Für das Punschparfait:
50 ml Orangenpunsch
200 ml Orangensaft
100 g Zucker
2 Blatt Gelatine, eingeweicht
150 g Eiklar (ca. 5 Eiklar)
100 g Zucker
200 g Crème double

Für das Kumquatkompott:
125 ml Weißwein
50 g Zucker
1 Sternanis
1 Vanilleschote
15 Kumquats (Zwergorangen)

Zubereitung: Die Schokolade in einem Wasserbad schmelzen. Ei, Eidotter und Zucker ebenfalls in einem Wasserbad schaumig rühren. Gut ausgedrückte Gelatine einrühren, schmelzen und kaltrühren. Mit der geschmolzenen Schokolade verrühren und das leicht geschlagene Obers sowie die gemahlenen Vanillekipferl unterheben.

Für den **Baumkuchen** die Butter mit der Hälfte des Zuckers und dem Marzipan schaumig rühren. Eidotter mit einer Prise Salz, Vanillezucker und Zitronenschale vermischen und der Marzipanmasse beifügen. Eiklar mit dem restlichen Zucker zu Schnee schlagen und mit der gesiebten Mehl-Weizenstärke-Mischung vorsichtig vermengen. Die Masse in eine gebutterte 10 × 20 cm große Form etwa ½ cm hoch einstreichen. Im vorgeheizten Backrohr bei 220 °C mit starker Oberhitze goldgelb backen.

Die Form herausnehmen und die nächste Schicht aufstreichen und abermals backen. Den Vorgang so oft wiederholen, bis die Masse aufgebraucht ist. Nach dem Backen aus der Form nehmen und abkühlen lassen. In dünne Scheiben schneiden und zu Ringen formen. Diese Ringe mit Vanillekipferlmousse füllen und kalt stellen. Mit dem vorbereiteten Parfait und dem Kumquatkompott garnieren und servieren.

Für das **Punschparfait** den Orangensaft mit Punsch und Zucker aufkochen. Ausgedrückte Gelatine einrühren und alles abkühlen lassen. Eiklar mit etwas Zucker leicht aufschlagen. Mit dem restlichen Zucker steif schlagen. Mit Crème double und dem Orangensaft vermengen. In Förmchen füllen und gefrieren.

Für das **Kumquatkompott** den Weißwein mit Zucker und den Gewürzen aufkochen. Über die in Scheiben geschnittenen Kumquats gießen und ziehen lassen.

Geeiste Ribiselmousse

auf Crème brûlée mit gratinierter Schneehaube

Zubereitung: Für die **Ribiselmousse** die Ribiseln aufmixen und durch ein feines Sieb passieren. Dotter mit Zucker schaumig schlagen, das Fruchtpüree untermengen. Die Gelatine in kaltem Wasser einweichen, gut ausdrücken und in leicht erwärmtem Cassislikör auflösen. Einrühren und zuletzt das geschlagene Obers untermengen. Mousse am besten in kleine Mokkatassen füllen und frieren.

Für die **Crème brûlée** alle Zutaten vermengen. Abschmecken und in flache, große Teller füllen. Im Ofen bei 100 °C Unter- und Oberhitze stocken lassen. Danach im Kühlschrank erkalten lassen.

Für die **Baisermasse** das Eiklar salzen und mit dem Staubzucker nach und nach aufschlagen, bis eine sehr feste, schaumige Masse entsteht.

Die Crème brûlée mit den vermischten Zuckerarten gut und gleichmäßig bedecken und mit dem Bunsenbrenner bei mittlerer Hitze so lange abflämmen, bis der Zucker schön mittelbraun geschmolzen ist. Nun in die Mitte jedes Tellers das gefrorene Ribiselmousse setzen, mit einem Löffel Baisermasse überziehen (mit einer schönen Spitze!) und abermals mit dem Bunsenbrenner kurz (!) abflämmen.

Die **Schokolade** temperieren, in einen kleinen, selbst gedrehten Papierspritzsack füllen und den Teller damit nach Belieben dekorieren.

Zutaten für ca. 6 Portionen:

Für die Ribiselmousse:
200 g schwarze Ribiseln
4 (80 g) Eidotter
100 g Zucker
2 Blatt Gelatine
100 ml Cassislikör
150 ml geschlagenes Obers

Für die Crème brûlée:
300 ml Schlagobers
4–5 (90 g) Eidotter
50 g Staubzucker
1 ausgekratzte Vanilleschote
1 EL Vanillezucker
1 EL Grand Marnier

Für die Baisermasse:
3 (90 g) Eiklar
120 g Staubzucker
1 kleine Prise Salz

Zum Vollenden:
50 g Staubzucker
50 g fein zermahlener Rohrzucker
50 g dunkle Valrhonaschokolade

Thymiansorbet

Zubereitung: Den Thymian kurz durchwaschen und mit Läuterzucker und Wasser kurz aufmixen. Passieren und mit Limonensaft abschmecken. Eiklar aufschlagen und mit dem Saft verrühren.

In der Sorbetiere gefrieren oder unter wiederholtem Umrühren tiefkühlen.

Zutaten:
1 Handvoll Zitronenthymian
4 EL Läuterzucker (Zucker und Wasser 1:1 aufgekocht)
1 Eiklar
5 EL Wasser
Limonensaft

Maibutter-Stanitzel

mit Waldhimbeeren

Als Maibutter bezeichnet man die qualitativ besonders hochstehende Butter, die dann entsteht, wenn die Kühe beim ersten Weidegang das junge, frische Gras bekommen. In Tirol ist Maibutter aber auch ein klassisches Gericht aus halbgeschlagenem Obers, das mit Zucker und Zimt verfeinert wird.

Zutaten:
2 Eier
100 g Staubzucker
100 g Mehl
Fett für das Backblech

Für die Maibutter:
500 ml Schlagobers (am besten direkt vom Bauernhof)
100 g Staubzucker
1 EL Vanillezucker

Für die Himbeersauce:
100 g Himbeeren
50 g Staubzucker

Für die Garnitur:
600 g Waldhimbeeren oder Walderdbeeren oder Früchte Ihrer Wahl
Staubzucker zum Anzuckern
Minze- oder Erdbeerblätter und Blüten
50 g temperierte Valrhonaschokolade
Zimt

Zubereitung: Zunächst für das **Stanitzel** die Eier mit Staubzucker und Mehl glatt verrühren und 1 Stunde im Kühlschrank rasten lassen. Danach runde Scheiben mit einem Durchmesser von ca. 15 cm auf ein befettetes Backblech aufstreichen.
Im vorgeheizten Backrohr bei 180–200 °C hell anbacken, herausnehmen und überkühlen lassen. Dann nochmals in den Ofen schieben und fertig backen (insgesamt 6–7 Minuten). (Durch das Herausnehmen werden sie gleichmäßiger braun.) Noch in heißem Zustand vom Blech lösen und zu einem Stanitzel eindrehen.

Für die **Maibutter** Schlagobers mit Staubzucker und Vanillezucker aufschlagen. In einen Dressiersack füllen.

Für die **Himbeersauce** die Himbeeren mit Staubzucker aufmixen und durch ein Sieb passieren.

Nun jeweils zwei Stanitzel auf einem schönen, großen Teller platzieren und die Maibutter in die Öffnungen hineinspritzen. Ein wenig gemahlenen Zimt darüberstreuen. Mit den Waldhimbeeren anrichten und etwas Himbeersauce am Rand auftragen. Mit den Minze- und Erdbeerblättern garnieren. Die Schokolade temperieren, bis sie flüssig ist, aus Backpapier eine kleine Spritztüte drehen und die Schokolade als dünne Fäden über das Dessert ziehen. Mit Staubzucker bestreuen.

Zimtparfait

Zutaten:
2 Eier
200 g Staubzucker
2 cl Grand Marnier
1 EL Zimtpulver
300 ml geschlagenes Obers

Zubereitung: Die Eier mit dem Staubzucker über Wasserdampf zur Rose schlagen (so lange luftig aufschlagen, bis sich das Volumen wesentlich vergrößert hat). Dabei allerdings darauf achten, dass die Temperatur 60 °C nicht überschreitet.

Nun Zimt und Grand Marnier einmengen und das geschlagene Obers vorsichtig unterheben. Die Masse in Cappuccinotassen füllen und ca. 3 Stunden tiefkühlen.

Hagebuttenparfait
mit Kürbiskerncracker und Minzepesto

Zutaten:
1 Ei
1 Eidotter
3 EL Zucker
500 g Hagebuttenmarmelade
500 ml Schlagobers

Für das Minzepesto:
1 reife Birne
20 g Minzeblätter
7 g Vitamin C (in der Apotheke erhältlich, Alternative: Zitronensaft)
1 EL Zucker

Für die Kürbiskerncracker:
50 g Zucker
30 g Kürbiskerne

Garniturvorschlag:
knuspriges Blätterteiggebäck und frische Kräuter (Pfefferminze etc.)

Zubereitung: Für das **Parfait** zunächst Ei, Dotter und Zucker über Dampf zur Rose schlagen. (Luftig schlagen, bis sich das Volumen der Masse auf das Dreifache vergrößert hat.) Dann die Hagebuttenmarmelade zugeben und das geschlagene Obers vorsichtig unterheben. In eine mit Klarsichtfolie ausgelegte Form gießen und 3 Stunden tiefkühlen.

Währenddessen für das **Minzepesto** die Birne entkernen und gemeinsam mit den übrigen Zutaten pürieren. Für die Kürbiskerncracker den Zucker in einer heißen Pfanne karamellisieren. Dann Kürbiskerne untermengen und noch in heißem Zustand zwischen zwei Silikonmatten dünn ausrollen. Erkalten lassen und in beliebige Formen schneiden.

Gestocktes Parfait portionieren und mit den Kürbiscrackern auf gekühlten Tellern anrichten. Mit dem Minzepesto garnieren.

Waldhimbeerspitz
auf gelierter Holundersuppe

Zubereitung: Zunächst die **Himbeeren** mit Zucker sowie der aufgeschnittenen und ausgekratzten Vanilleschote vermengen und etwa 4 Stunden in den Kühlschrank stellen. Danach einmal kurz aufkochen und 5 Minuten auf kleinster Flamme ziehen lassen. Die Himbeeren durch ein feines Sieb passieren, ohne sie vorher aufzumixen. Von dem dadurch gewonnenen Saft 400 ml abmessen und erneut aufkochen.

In der Zwischenzeit Dotter, Butter, Himbeergeist und Salz in einen Topf geben und darin den Stabmixer bereitstellen. Sobald der Himbeersaft kocht, über die im Topf bereit gestellten Zutaten gießen und mit dem Mixer kräftig für etwa 5 Minuten mixen (steht kein Stabmixer zur Verfügung, im Mixglas aufmixen). Masse abdecken und 24 Stunden in den Kühlschrank stellen.

Für den **Spitz** eine Overheadfolie in die gewünschte Größe schneiden, zu einem Kegel zusammendrehen und mit einem Stück Tixo fixieren. Dann die Himbeermasse wie Schlagobers steif aufschlagen und jeweils in einen vorbereiteten Spitz (oder eine andere Form nach Belieben) einfüllen. Über Nacht ins Gefrierfach geben.

Für den **Holundersaft** die Blüten mit Wasser, Weißwein, Zitronensäure sowie den gewaschenen und in Scheiben geschnittenen Zitronen vermengen. Für 3 Tage in den Kühlschrank stellen. Danach durch ein Etamin (feinmaschiges Küchentuch) passieren, mit dem restlichen Zucker aufkochen und noch heiß in Flaschen abfüllen.

Für die **gelierte Holundersuppe** die Gelatine einweichen, ausdrücken und in warmem Wodka auflösen (aber nicht kochen!). Den Holundersaft mit dem Sekt vermengen, ohne dabei viel umzurühren. Die Gelatine unter den Holundersekt mischen, alles in eine Schüssel geben, abdecken und mindestens 5 Stunden kalt stellen.

Nun die gelierte Holundersuppe in tiefe, kalte Teller verteilen. Himbeerparfait in die Mitte setzen und mit etwas Himbeersauce nappieren. Rundherum mit frischen Waldhimbeeren garnieren. Nach Belieben mit frischem Holunderlikör und einigen gezogenen Zuckerfäden servieren.

Zutaten:
500 g Waldhimbeeren
200 g Kristallzucker
1 Vanilleschote
5 Eidotter (100 g)
200 g Butter
8 cl Himbeergeist
1 Prise Salz
Himbeeren, Himbeersauce und/oder Holunderlikör zum Garnieren

Für den Holundersaft:
250 g Holunderblüten (Dolden)
500 ml Wasser
500 ml Weißwein
25 g Zitronensäure
2 biologische Zitronen
750 g Kristallzucker

Für die Holundersuppe:
500 ml Holundersaft
150 ml Sekt
4 cl Wodka
3 ½ Blatt Gelatine

Maroni-Eck

mit Kürbis-Orangen-Sauce und Orangeneis

Zutaten für ca. 15 Portionen:
1500 g Black-Nougat (fester Nougat)
500 g Kastanienpüree
3 (60 g) pasteurisierte Eidotter
80 g Staubzucker
200 ml geschlagenes Obers
4 cl Amaretto di Saronno
2 cl Rum
Zimtstangen

Für die Kürbis-Orangen-Sauce:
100 g Muskatkürbisfleisch, klein geschnitten
300 ml frischer Orangensaft
150 g Zucker
1 TL Stärkemehl
2 cl Grand Marnier

Für das Orangeneis:
500 ml Orangensaft
100 g Zucker
7 Stück Würfelzucker, mit denen biologische Orangenschalen fest abgerieben wurden
30 g Glucosesirup (im Süßwaren-Fachhandel erhältlich)
2 cl Grand Marnier

Zum Garnieren nach Belieben:
Orangenfilets, in Grenadinesirup gekochte Orangenzesten, glacierte Kastanien und/oder Minze

Zubereitung: **Nougat** über Wasserdampf erwärmen und auf einem Backtrennpapier in der Größe von 30 × 20 cm etwa 2 cm hoch aufstreichen. Die Nougatschicht kalt stellen. Dotter mit Zucker schaumig schlagen, Kastanienpüree, Amaretto sowie Rum beigeben und das geschlagene Obers unterheben. Diese Mousse gleichmäßig auf die kalte Nougatschicht streichen und anfrieren lassen.

Dann nochmals eine Nougatschicht vorsichtig darauf glatt streichen und abermals gefrieren lassen. Mit einem scharfen Messer Dreiecke (Höhe 10 cm, Breite 7 cm) herausschneiden. Mit einem Apfelausstecher in der unteren Mitte ein Loch ausstechen, in das dann je eine Zimtrinde als „Stütze" gesteckt wird. Mit der vorbereiteten Kürbis-Orangen-Sauce garnieren und eine Kugel Orangeneis daneben platzieren. Nach Belieben mit Orangenfilets, in Grenadinesirup gekochten Orangenzesten, glacierten Kastanien und Minze garnieren.

Für die **Kürbis-Orangen-Sauce** die Kürbisstücke mit Zucker hell anschwitzen lassen. Mit Orangensaft sowie Grand Marnier aufgießen und langsam kochen lassen, bis der Kürbis weich ist. Mit Stärkemehl binden und durch ein feines Sieb streichen.

Für das **Orangeneis** alle Zutaten vermengen und in der Eismaschine gefrieren lassen.

Geeister Kaiserschmarren

mit Zwetschkenkompott und Preiselbeereis

Zutaten:
3 Eidotter
1 Ei
80 g Zucker
1 Msp. Zimt
250 ml Schlagobers, steif geschlagen
70 g Sultaninen
40 g Pignoli
brauner Zucker, fein gemahlen, zum Abflämmen

Für das Zwetschkenkompott:
200 g Zwetschken
80 g Zucker
50 ml Portwein
100 ml Wasser
Zitronensaft und -schale
Zimtrinde und Gewürznelke

Für das Eis:
150 ml Milch
2 Eidotter
50 g Zucker
150 g passierte Preiselbeeren
Zitronensaft

Zubereitung: Zuerst für das **Eis** die Milch mit Eidottern und Zucker über einem Wasserbad auf 80°C schaumig schlagen. Auf Eiswasser kaltrühren. Mit Preiselbeeren sowie Zitronensaft vermengen und in der Eismaschine gefrieren.

Für den Kaiserschmarren die Eidotter mit Ei, Zimt und Zucker über einem Wasserbad auf 80°C cremig aufschlagen. Auf Eiswasser kaltschlagen und das geschlagene Obers unterheben. Mit Sultaninen und Pignoli bestreuen. Ein Backblech mit Klarsichtfolie auslegen und die Masse etwa 1 cm dick aufstreichen. Gefrieren lassen. Den halbgefrorenen Schmarren herausnehmen, mit braunem Zucker bestreuen und abflämmen (oder bei maximaler Oberhitze überbacken). In Stücke brechen und gemeinsam mit dem Preiselbeereis und dem Zwetschkenkompott dekorativ anrichten.

Für das **Kompott** die Zwetschken waschen, quer halbieren, entsteinen und mit den restlichen Zutaten weich kochen. Nach Belieben die Früchte herausnehmen und den Saft noch zu Sirup einkochen.

Unterinntaler Eistrüffel

auf Bierlikörsauce und frischen Himbeeren

Zubereitung: Milch, Schlagobers, Vanillestange und deren Mark erhitzen und über Nacht ziehen lassen. Eidotter mit Zucker schaumig schlagen und mit der abgeseihten Vanillemilch zur Rose abziehen (über Dampf bei 80 °C so lange luftig schlagen, bis sich das Volumen wesentlich vergrößert hat). In der Eismaschine gefrieren lassen, herausnehmen und die übrigen Zutaten unterrühren. Nochmals kurz tiefkühlen. Aus der Masse Kugeln zu je 100 g drehen und kurz vor dem Anrichten in gehacktem Krokant wälzen.

Für den **Krokant** Zucker, Schlagobers, Honig sowie Butter aufkochen und 2 Minuten durchziehen lassen. Nun die Mandelstifte einrühren. Diese klebrige Masse dünn auf ein mit Backtrennpapier belegtes Backblech streichen und bei 180 °C braun backen. Auskühlen lassen. Vor der weiteren Verwendung grob hacken oder reiben.

Für die **Garnitur** etwas Bierlikör mit etwas flüssigem und etwas geschlagenem Obers zu einer cremigen Konsistenz verrühren. Damit auf jedem Teller einen schönen Saucenspiegel auftragen. Die Eistrüffel darauf platzieren und nach Belieben mit frischen Beeren, Staubzucker, Fruchtsauce und/oder Vanillestange garnieren.

☞ ***Wem die Zubereitung der Krokantbrösel zu mühsam ist, der kann die Eistrüffel auch nur in geriebener Schokolade (100 g geriebener Valrhona-Schokolade) wälzen. Statt aus Bierlikör könnten Sie auch mit Eier- oder Vanillelikör einen Saucenspiegel zubereiten.***

Zutaten:
- 500 ml Milch
- 500 ml Schlagobers
- 200 g Zucker
- 1 ausgekratzte Vanillestange
- 6 Eidotter (120 g)
- 120 g Rosinen, über Nacht in Rum getränkt
- 80 g Orangeat, über Nacht in Grand Marnier getränkt
- 120 g gehackter Krokant (s.u.)
- 80 g gehackte Valrhona-Schokolade

Für die Krokantmasse:
- 125 g Zucker
- 125 ml Schlagobers
- 40 g Honig
- 50 g Butter
- 150 g gehobelte Mandeln

Für die Garnitur:
- etwas Bierlikör (‣ S. 378)
- flüssiges und geschlagenes Obers
- 300 g frische Himbeeren
- Staubzucker, Fruchtsauce

Warme Süßspeisen

Hunknidei
(Schupfnudeln mit Honigsauce)

Zutaten:
750 g mehlige Erdäpfel
240 g Mehl
90 g Butter
6 Eidotter
Salz
1 EL Topfen
(20 % Fett in Tr.)
2 EL Butterschmalz
zum Braten

Für die Honigsauce:
30 g Mehl
50 g Butter
250 ml Milch
250 ml Schlagobers
3 EL Honig
1 Schuss Rum
2 EL geschlagenes Obers

Zubereitung: Die Erdäpfel sauber waschen und in der Schale bei 200 °C im Rohr (auf dem Gitterrost) garen, bis sie durch sind. Danach die Erdäpfel schälen, durch die Presse drücken und mit den restlichen Zutaten zu einem lockeren Teig verarbeiten. Den **Teig** 1 Stunde kühl rasten lassen. Dann zu Rollen formen, mit der Teigkarte kleine Stücke abstechen und mit der Hand längliche „Nidei" (Nudeln) drehen. (Diese sollten nicht länger als 3 cm sein.) Die Nidei bei mittlerer Hitze langsam herausbraten. Mit der Honigsauce teilweise begießen und auftragen.

Für die **Honigsauce** Mehl mit Butter in einer Pfanne bräunen. Mit Milch sowie Schlagobers aufgießen und dabei immer mit dem Schneebesen fest umrühren. (Die Konsistenz der Sauce sollte dabei leicht cremig sein.) Nun Honig sowie Rum zugeben und abschließend mit geschlagenem Obers abrunden.

Villgrater Nigelan
(Polsterzipfl)

Zutaten für 10 Portionen:
1 kg Mehl
8 Eidotter
250 ml Schlagobers
250 g Sauerrahm
etwas Salz
1 TL Backpulver
1 cl Rum
etwas Anis
Öl zum Herausbacken
Staubzucker
zum Bestreuen

Zubereitung: Alle Zutaten zu einem Teig vermengen. Den fertigen Teig etwa 4 Millimeter dick auswalken und zu kleinen, viereckigen Stückchen ausradeln.

In einer tiefen Pfanne reichlich Fett erhitzen. Die Polsterzipfl einlegen und (bei 180 °C) goldgelb herausbacken. Herausheben, abtropfen lassen und mit Staubzucker bestreut servieren.

Ingsante Nigelen

Zubereitung: Germteig bereiten. Den Teig nach dem Gehen zu einer Rolle formen, 2 cm dicke Würfel abschneiden, noch einmal kurz gehen lassen, dann schwimmend im heißen Fett goldgelb backen. Nigelen auskühlen lassen.

Milch und Wasser mit Zucker kurz aufkochen. Nigelen kurz darin aufweichen und dann abtropfen lassen.

Ein Gemisch aus Mohn, Zimt, Zucker vorbereiten.

Auf einen Teller eine Lage heiße, aufgeweichte Nigelen geben, gut mit dem Mohn-Zimt-Gemisch bestreuen, dann wieder Nigelen usw.

Zum Schluss mit heißer, brauner Butter übergießen.

Zutaten:
500 g Mehl
Salz
250 ml Milch
50 g Butter
2 Eier
30 g Germ

Für die Fertigstellung:
500 ml Milch
500 ml Wasser
2 EL Zucker
Mohn, Zimt, Zucker
Butter zum Übergießen

Kalser Hochzeitsnigelen

Zubereitung: Aus Germ, Zucker und warmer Milch ein Dampfl machen und aufgehen lassen.

Mehl, das Dampfl und die übrigen Zutaten zu einem Germteig verarbeiten und gehen lassen.

Eine Rolle mit einem Durchmesser von ca. 2 cm formen, kleine Stücke abschneiden und noch einmal gehen lassen.

Im heißen Fett herausbacken.

Die Nigelen auf einer Platte anrichten und mit Glühwein übergießen – noch warm servieren.

Zutaten:
30 g Germ
40 g Zucker
ca. 250 ml Milch
400 g Mehl
40 g Butter
Salz
1 Ei
½ Stamperl Rum
Glühwein zum Übergießen

Die Löffelschelmen mit dem Schnauderer Schmalz

Feldthurns, die Heimatgemeinde des Südtiroler Langzeitlandeshauptmannes Dr. Silvius Magnago, hat nicht nur politische, sondern auch kulinarische Geschichte geschrieben. Die Feldthurner waren nämlich früher dafür berüchtigt, dass sie sich bei langen Wallfahrtsprozessionen und Bittgängen von den Anrainern immer Löffel ausborgten und diese danach nicht mehr zurückgaben. Was sie damit gelöffelt haben, ist übrigens auch „amtsbekannt“ (oder zumindest von Volkskundlern überliefert): Sie löffelten das berühmte „Schnauderer Schmalz“, ein mit Suppe verdünntes Schweineschmalz.

Hausgemachte Strauben

mit Lavendeleis

Straubenteig wird im ganzen Alpenraum ähnlich zubereitet. Auf gut Osttirolerisch geht das Originalrezept so: „Den Teig fest schlag'n, bis er schön rinnt; er darf nit abreiß'n, sobald man ihn durch die Straubenleire, auch Lorl oder Trichter genannt, gibt. Diese hält man unten zu, dann fährt man mit der vollen Leire über das heiße Schmalz rundum, dass a rund' s Kranzele mit lauter Ringelen wird, das isch schnell gelb. Man tuit's umkehren und außahebn. A größere Pfanne darf man nie nemmen, lei ane für a Straube. Alle Bitt-für-uns isch ane fertig." Alles klar?

Zutaten:
250 ml Milch
300 g Mehl
3 Eier
Salz
40 g flüssige Butter
Schuss Rum
2 EL Sauerrahm
Fett zum Backen
Staubzucker zum Bestreuen

Für das Lavendeleis:
250 g Joghurt
150 g Staubzucker
300 ml Sauerrahm
2 EL Lavendelpulver

Zubereitung: Zunächst für das **Lavendeleis** das Lavendelpulver fein aufmixen und durch ein feines Sieb sieben. Mit den restlichen Zutaten in einen Mixkrug geben und gut aufmixen. Die Masse in die Eismaschine geben. Sobald das Eis fertig ist, in einen Becher streichen und in der Tiefkühltruhe frieren lassen.

Für den **Straubenteig** alle Zutaten mit der flüssigen Butter zu einer Masse verarbeiten. In einem Topf reichlich Fett erhitzen, wobei der Durchmesser des Topfes die Größe der Strauben bestimmt. Nun die Masse durch einen Trichter kreisförmig ins heiße Fett rinnen lassen und goldgelb backen. Die fertigen Strauben herausnehmen, abtropfen lassen und mit Staubzucker bestreuen. Anrichten und mit je etwas Lavendeleis servieren.

Apfelknödel
mit Boxelemehlbröseln und Preiselbeersorbet

Zubereitung: Die würfelig geschnittenen Äpfel mit den übrigen Zutaten rasch vermengen und aus der Masse kleine Knödel formen. In einem Topf Salzwasser mit wenig Zitronenschale, Gewürznelke und Zimtrinde aufkochen und die Knödel 7–8 Minuten darin kochen. Herausheben und abtropfen lassen. Boxelemehl mit Zucker, Bröseln und Zimt vermengen und die Apfelknödel darin wälzen. Auf vorgewärmten Tellern anrichten und mit braun aufgeschäumter Butter beträufeln. Mit je einer Kugel Preiselbeersorbet dekorativ anrichten.

Für das **Sorbet** passierte Preiselbeeren mit Zucker, Wasser und Zitronensaft erhitzen.

Abkühlen und in der Sorbetière gefrieren. (Oder im Tiefkühlfach unter wiederholtem Umrühren tiefkühlen.)

Zutaten:
- 500 g Äpfel (Golden Delicious), in kleine Würfel geschnitten
- 1 Ei
- 50 g Weizenmehl
- 50 g Semmelbrösel
- 1 Pkg. Vanillezucker
- Saft und Zeste von ½ Zitrone
- Prise Salz
- Zitronenschale, Gewürznelke und Zimtrinde für das Kochwasser
- 150 g aufgeschäumte Butter zum Abschmalzen

Für die Boxelemehlbrösel:
- 100 g Boxelemehl (Johannisbrotmehl, ersatzweise geriebene Haselnüsse)
- 50 g Semmelbrösel
- Zucker und Zimt nach Belieben

Für das Sorbet:
- 250 g eingekochte Preiselbeeren (passiert)
- 50 g Zucker
- 100 ml Wasser
- 1 cl Zitronensaft

Gebackene Apfelradeln

auf Preiselbeerschaum

Zutaten:
2 große Äpfel
2 Eier
1 EL Vanillezucker
1 EL Zucker
300 g Mehl
125 ml Milch
Öl zum Backen

Für den Preiselbeerschaum:
5 EL Preiselbeermarmelade
300 ml geschlagenes Obers
Zucker

Zubereitung: Die **Äpfel** schälen, entkernen und in 1 cm dicke Scheiben schneiden. Für den Backteig das Ei trennen und das Eiklar steif schlagen. Die Dotter mit Zucker, Vanillezucker, Mehl sowie Milch vermengen. Jetzt den Schnee vorsichtig unterheben. Die Äpfel abtrocknen, durch den Teig ziehen und in heißem Öl (bei 150 °C) goldbraun backen. Die fertig gebackenen Apfelradeln herausheben, abtropfen lassen und mit dem vorbereiteten Preiselbeerschaum anrichten.

Für den **Preiselbeerschaum** die Preiselbeeren zerdrücken und mit geschlagenem Obers sowie etwas Zucker zu einem Schaum verrühren.

Südtiroler Apfelküchl

mit Zitronen-Vanillecreme und gefrorenem Muskatellerschaum

Zutaten:
2 Äpfel (Golden Delicious)
250 g Mehl
200 ml Milch
50 ml Weißwein
Salz
3 Eidotter
3 Eiklar
Öl zum Herausbacken
Zucker und Zimt zum Bestreuen

Für die Vanillecreme:
200 ml Milch
Vanillezucker
1 Prise Salz
2 Eidotter
Saft von 2 Zitronen
etwas abgeriebene Zitronenschale
60 g Zucker
30 g Mehl
200 ml geschlagenes Obers

Für den Muskatellerschaum:
2 Eidotter
25 g Zucker
Schale und Saft von ½ Zitrone
100 ml Rosenmuskateller
150 g leicht geschlagenes Obers

Zubereitung: Zuerst für den **Muskatellerschaum** Eidotter, Zucker und Wein über einem Wasserbad cremig rühren. Auf Eis kaltschlagen. Zitronensaft und -schale einrühren, das leicht geschlagene Obers unterheben und die Masse in der Eismaschine gefrieren.

Für die **Vanillecreme** die Milch aufkochen. Mit den restlichen Zutaten bis auf das geschlagene Obers gut verrühren und unter ständigem Rühren 2 Minuten kochen. Zugedeckt auskühlen lassen. Dann das Schlagobers unterheben.

Für die **Apfelküchl** Äpfel schälen, Kerngehäuse ausstechen und Äpfel in nicht zu dünne Scheiben schneiden. Aus Mehl, Milch, Weißwein, Salz, Eidottern und Eischnee einen Backteig anrühren. Die Apfelscheiben eintauchen und in heißem Öl goldgelb herausbacken. Herausheben, auf Küchenkrepp abtropfen lassen und mit Zucker und Zimt bestreut anrichten. Mit Vanillecreme und einer Kugel Muskatellereis garnieren.

Gebackene Birnenknödel
mit Kürbismarmelade

Zutaten:
300 g Birnen
2 Eier
90 g Zucker
50 g Brösel
etwas Butter zum Rösten
50 g geriebene Nüsse
50 g Magertopfen
2 cl Williamsbrand
Vanille und Zimt
Strudelteig (▸ S. 383)
und 1 Eiklar zum Wälzen
Fett zum Backen
Staubzucker zum
Bestreuen
Kürbismarmelade (▸ S. 375)

Zubereitung: Die reifen Birnen schälen, entkernen und kleinwürfelig schneiden. Zucker und Brösel in etwas Butter durchrösten. Mit den Birnen, Eiern, Topfen, Nüssen, Williamsbrand und den Gewürzen zu einem Teig verarbeiten. Die Masse 1/2 Stunde kühl stellen.

Aus der Masse kleine Knödel formen, den Strudelteig in feine Streifen schneiden. Die Knödel zuerst in Eiklar, dann in den Strudelteig-Streifen wälzen und in heißem Fett bei 150 °C goldbraun backen. Herausheben und abtropfen lassen. Mit Staubzucker bestreuen und mit Kürbismarmelade servieren.

Moosbeernockerl

Zubereitung: Mehl mit Salz und wenig Milch anrühren. Die Heidelbeeren dazugeben und zu einem Teig vermengen. In einer mittelheißen Pfanne Butterschmalz erhitzen. Mit Hilfe eines Löffels Nocken ins heiße Fett setzen, anbraten, umdrehen und jedes Nockerl mit einem kleinen Butterstückchen belegen. Auf jede Nocke ca. 1 Esslöffel Zucker streuen und nochmals wenden. Abschließend etwas Wasser hinzufügen und einkochen lassen.

Auf Tellern gleichmäßig anrichten und mit einigen frischen Heidelbeeren bestreuen. Mit frischer Minze, Duftgeranie oder Heidelbeerzweigen garnieren.

☞ ***Sollten Sie beim Sammeln der Heidelbeeren auch einige Preiselbeeren finden, so mengen Sie diese ruhig dazu. Die Nocken erhalten dadurch ein feines Aroma!***

☞ ***Die unansehnliche Verfärbung der Zähne, die beim Genuss von Heidelbeeren nicht zu verhindern ist, lässt sich durch in Zucker gewälzte Zitronenspalten leicht beseitigen. Einfach die Zähne damit putzen!***

Zutaten:
700 g Moosbeeren (Heidelbeeren)
200 g Mehl
Salz
Milch
Kristallzucker
Butterschmalz
Butter zum Abrunden
Heidelbeeren und frische Minze, Heidelbeerzweige etc. als Garnitur

Garniturempfehlung:
Eis nach Belieben

Zutaten:
25 g Butter
2 EL Staubzucker
350 g Topfen
2 Eier
Zitronensaft, Rum
Vanillezucker
Salz
130 g weiße Semmelbrösel (von entrindetem Weißbrot)

Für die Bröselbutter:
100 g Butter
50 g Zucker
wenig Zimt
100 g Brösel

Für den Marillenröster:
400 g Marillen, halbiert und entsteint
20 ml Wasser
20 ml weißer Portwein
50 g Zucker
Zitronensaft und -schale
Zimtrinde und Gewürznelke

Topfennockerl
mit Marillenröster und Bröselbutter

Zubereitung: Für die **Topfennockerl** die Butter mit Staubzucker schaumig rühren und mit den restlichen Zutaten vermengen. Die Masse 30 Minuten kühl stellen. Dann mit einem kleinen Esslöffel Nockerl daraus formen und in Salzwasser 3 Minuten ziehen lassen.

Für die **Bröselbutter** die Butter aufschäumen. Zucker, Zimt und Brösel einrühren und gut durchschwenken. Die gekochten Nockerl darin wälzen. Auf dem vorbereiteten Marillenröster anrichten.

Für den **Marillenröster** die Marillen mit Zucker in einer flachen Stielpfanne rasch anrösten. Mit Portwein und Wasser aufgießen. Die Gewürze zugeben und die Marillen zugedeckt weich kochen.

Der Topfen stammt nicht aus Tirol

Topfen bedeutet im Grunde nichts anderes als einen Frischkäse, der aus demselben Topf kommt wie die Saure Milch, aus der er gewonnen wird. Das Verfahren, entrahmte Milch durch Sauermilchkulturen und Lab dickzulegen und die Molke anschließend von der frischen Käsemasse zu trennen, war schon den mongolischen Hirtenvölkern bekannt und ist rund 9000 Jahre alt. Der ebenso wasserreiche wie fettarme Topfen hat seither an Beliebtheit ständig zugelegt. Ist doch gerade er in der süßen Küche dafür zuständig, so manche „sündige" Creme oder Fülle, aber vor allem auch Teige und Massen leichter verdaulich und kalorienärmer zu machen.

Topfenknödel

mit Topfeneis auf Rhabarber

Zubereitung: Eidotter mit Eiern und Weißbrot verkneten, durch ein feines Sieb streichen. Butter mit den Aromastoffen aufschlagen. Die Masse unter die aufgeschlagene Butter mischen und den Topfen locker unterheben. Aus der Masse gleichmäßige ca. 40 g schwere Knödel formen.

Wasser mit Salz, Vanillezucker, Zitronen- und Orangenschalen sowie einem Schuss Rum versetzen und aufkochen lassen. Die Knödel darin 10 Minuten gar ziehen lassen. Herausheben und auf der Rhabarbersauce anrichten. Mit je einer Kugel Topfeneis servieren und nach Belieben mit in Himbeersirup bissfest gedünsteten Rhabarberwürfeln garnieren.

Für das **Topfeneis** alle Zutaten bis auf die Gelatine vermengen. Abschmecken. Die Gelatine einweichen, auflösen und unterrühren. Nun etwa 2 Stunden durchziehen lassen und in der Eismaschine gefrieren lassen.

Für die **Rhabarbersauce** den Zucker leicht schmelzen lassen. Die restlichen Zutaten einmengen und den Rhabarber weich kochen. Passieren.

Zutaten:
250 g Weißbrot
80 g Butter
70 g Staubzucker
20 g Vanillezucker
1 Prise Salz
abgeriebene Schale von 2 Zitronen und 2 Orangen
3 Eier
3 Eidotter
700 g Topfen (20 % Fett i. Tr.), gut im Tuch abgehangen
Salz, Vanillezucker, Zitronen- und Orangenschalen und Rum für das Wasser

Für das Topfeneis:
800 ml Milch
220 g Zucker
200 g Naturjoghurt
300 g Topfen (20 % Fett i. Tr.)
Saft von 1–2 Zitronen
2 Blatt Gelatine

Für die Rhabarbersauce:
50 g Zucker
200 g Rhabarber, in Stücke geschnitten
200 ml Apfelsaft
1 TL Vanillezucker
Himbeersirup und Rhabarberwürfel als Garnitur

Zwetschkenknödel

auf Rhabarberkompott

Zutaten für 4 Knödel:
250 g gekochte und geriebene Erdäpfel
1 Eidotter
80 g Mehl
20 g zerlassene Butter
2 EL Zucker
1 Msp. Zimt
4 Zwetschken
4 Stück Würfelzucker
Zimt, Zucker und Brösel zum Wälzen
braune Butter zum Abschmalzen

Für das Rhabarberkompott:
(für 1 kg)
5 Stangen Rhabarber
500 g Gelierzucker
1 Msp. Zimt
2 cl Grand Marnier

Zubereitung: Für den **Teig** die geriebenen Erdäpfel mit Zucker, geschmolzener Butter, Dotter, Zimt und Mehl gut verkneten. Zwetschken entkernen, mit je einem Würfelzucker füllen und mit jeweils etwas Teig gut umhüllen. Zu schönen runden Knödeln formen. In kochendem Wasser ca. 20 Minuten ziehen lassen. Knödel herausheben und in Zucker, Zimt und Bröseln wälzen. Mit brauner Butter abschmalzen und mit dem vorbereiteten Rhabarberkompott servieren.

Für das **Rhabarberkompott** den Rhabarber schälen, schneiden und mit den restlichen Zutaten 6 Minuten kochen. Noch heiß in Gläser abfüllen.

Zwetschkenknödel

mit Vanilleeis im Schokomantel

Zutaten:
8 reife Zwetschken
4 Stück Würfelzucker
Butter
Brösel, Zucker und Zimt

Für den Erdäpfelteig:
300 g mehlige Erdäpfel gekocht und passiert
2 Eidotter
1 EL zerlassene Butter
100 g Mehl
Salz und Muskatnuss

Für das Vanilleeis:
3 Eidotter
70 g Zucker
250 ml Milch
1 Vanilleschote, der Länge nach aufgeritzt
Salz
100 ml Schlagobers

Für den Schokolade-Backteig:
130 g Mehl
1 TL Schokoladepulver
130 ml Bier
2 Eidotter
1 EL Öl
2 Eiklar
1 EL Zucker
Salz
Fett zum Frittieren

Zubereitung: Zunächst für den **Erdäpfelteig** alle Zutaten vermengen und zu einem schönen Teig verarbeiten. Den Erdäpfelteig ausrollen und Scheiben von ca. 10 cm Durchmesser ausstechen. Die Zwetschken entkernen und stattdessen mit einem halben Stück Würfelzucker füllen. Je eine Zwetschke auf ein Teigstück legen und zu einem schönen, runden Knödel formen. In Salzwasser 10 Minuten kochen. In mit Butter gerösteten Bröseln, Zucker und Zimt wälzen und mit dem in Schokolade-Backteig gebackenen Vanilleeis servieren.

Für das **Vanilleeis** Milch und Vanilleschote aufkochen. Eidotter und Zucker cremig rühren, mit der Milch auf 80 °C erhitzen. Vanillemark ausstreifen und mit einer Prise Salz in die Masse geben. Passieren und auf Eis kaltrühren. In der Eismaschine gefrieren. Kurz vor Ende des Gefriervorgangs das leicht geschlagene Obers dazugeben und fertig gefrieren. Dann jeweils Kugeln ausstechen und diese nochmals besonders hart gefrieren.

Für den **Backteig** das Mehl mit Schokoladepulver, Eidottern, Öl, Salz und Bier glattrühren. Kurz ruhen lassen. Eiklar mit Zucker zu Schnee schlagen und unterheben. Die Vanilleeiskugeln mit Hilfe eines Holzspießchens in den Backteig eintauchen und im heißen Frittierfett backen. Trockentupfen und rasch servieren.

Marillenpalatschinken
mit Joghurteis

Zubereitung: Zunächst für das **Joghurteis** alle Zutaten in einen Mixkrug geben und gut aufmixen. Masse in die Eismaschine geben. Sobald das Eis fertig ist, in einen Becher streichen und tiefkühlen.

Für die **Palatschinken** alle Zutaten vermengen und zu einem glatten Teig verarbeiten. Aus dem Teig in etwas heißem Fett unter einmaligem Wenden dünne Palatschinken backen.

Die Palatschinken jeweils mit Marillenmarmelade füllen, nach Belieben falten und auf Tellern anrichten. Aus dem Joghurteis Kugeln stechen, anrichten und die Palatschinken mit etwas brauner Butter beträufeln.

Zutaten:
100 g Mehl
250 ml Milch
4 Eier
2 EL Zucker
Zimt
1 TL Vanillezucker
Butter oder Öl zum Backen
Marillenmarmelade zum Füllen
Braune Butter zum Beträufeln
Staubzucker zum Bestreuen

Für das Joghurteis:
250 g Joghurt
150 g Staubzucker
300 ml Sauerrahm

Topfenpalatschinken

Zubereitung: Das gesiebte Mehl mit der Milch glattrühren. Die restlichen Zutaten locker unter den Teig heben. Durch ein Spitzsieb passieren und 10 Minuten rasten lassen. In einer Stielbratpfanne dünne Palatschinken herausbacken.

Für die **Topfenfülle** die weiche Butter mit dem Zucker schaumig rühren. Die Eidotter nach und nach dazugeben. Geschmacksträger, Sultaninen und Topfen dazugeben. Das geschlagene Eiklar locker unter die Masse heben.

Für die **Royalmasse** alles zusammen gut verrühren.

Die gebackenen Palatschinken mit der fertigen Topfenfülle füllen, beliebig falten und in ein ausgebuttertes Geschirr geben. Mit der Royalmasse übergießen, im Ofen bei ca. 180 °C überbacken und heiß servieren.

Zutaten für 10 Portionen:
150 g Mehl
250 ml Milch
2 Eier
50 g zerlassene Butter
Vanillezucker
Salz
Öl zum Herausbacken

Für die Topfenfülle:
50 g Butter
100 g Zucker
2 Eidotter
100 g Sultaninen, vorher in Rum eingeweicht
400 g Topfen
Vanillezucker
Zitronenschale
Salz
2 Eiklar

Für die Royalmasse:
300 ml Milch
100 ml Schlagobers
4 Eier
100 g Zucker

Marillenknödel
mit Mandel-Brioche-Bröseln

Zutaten:
350 g gekochte, passierte mehlige Erdäpfel
65 g Maizena
25 g Hartweizengrieß
2 Eidotter
Mark von ½ Vanilleschote
abgeriebene Schale von 1 Zitrone
2 EL flüssige Butter
16 Stück Würfelzucker
Marillenschnaps
16 kleine, vollreife Marillen
Staubzucker zum Bestreuen
Minze zum Garnieren

Für die Brösel:
100 g fein geriebene helle Briochebrösel
30 g fein geriebene Mandeln
abgeriebene Schale von ½ Orange
1 Msp. gemahlener Zimt
70 g Butter
1 TL Zucker
1 TL Vanillezucker
1 TL Honig

Beilagenempfehlung:
Marillenröster (‣ S. 338) oder Topfeneis (‣ S. 339)

Zubereitung: Die passierten Erdäpfel mit Maizena, Hartweizengrieß, Dottern, Vanillemark, Zitronenschale und flüssiger Butter rasch zu einem glatten **Teig** vermengen. Die gewaschenen und abgetrockneten Marillen nun so weit einschneiden, dass man den Stein entfernen kann. Durch einen mit etwas Schnaps getränkten Würfelzucker ersetzen. Den Teig zu einer Rolle formen, in 16 Teile stechen, flach drücken und dünn um die Marillen formen. In Klarsichtfolie wickeln und 10–15 Minuten in leicht köchelndem Wasser garen.

Inzwischen die Butter aufschäumen lassen. Zucker, Vanillezucker und Honig einrühren. **Briochebrösel** sowie die geriebenen Mandeln untermengen und mit abgeriebener Orangenschale und Zimt aromatisieren. Sobald die Knödel fertig sind, die Folie entfernen und die Knödel in den Bröseln wälzen. Noch etwa 5 Minuten im heißen Rohr bei 180 °C ziehen lassen. Mit Staubzucker bestreuen und mit frischer Minze dekorieren.

Powidltascherl
mit Zimteis

Zubereitung: Die Erdäpfel reiben und mit Zucker, geschmolzener Butter, Dotter, Zimt und Mehl zu einem glatten Teig kneten. Den Teig ca. 5 mm dick ausrollen und runde Scheiben ausstechen. Die Powidlmarmelade mit Rum glatt rühren. Nun jeweils etwas Powidlmasse auftragen, die Teigränder mit Ei bestreichen und die Tascherl gut verschließen.

In kochendem Wasser ca. 20 Minuten ziehen lassen. Herausheben, abtropfen lassen. In einem Gemisch aus Zimt, Zucker und Bröseln wälzen und mit braun geschmolzener Butter beträufeln. Anrichten und mit dem vorbereiteten Eis garnieren.

Für das **Zimteis** alle Zutaten in einen Mixkrug geben und gut aufmixen, in die Eismaschine geben. Sobald das Eis fertig ist, in einen Becher streichen und in der Tiefkühltruhe einfrieren.

Zutaten:
250 g gekochte Erdäpfel
1 Eidotter
80 g Mehl
20 g zerlassene Butter
2 EL Zucker
1 Msp. Zimt
250 g Powidlmarmelade
2 EL Rum
1 Ei zum Bestreichen
braune Butter zum Abschmalzen
Zimt-Zucker-Brösel zum Wälzen

Für das Zimteis:
250 g Joghurt
150 g Staubzucker
300 ml Sauerrahm
2 TL Zimt

Orangen-Holunder-Palatschinke
mit Apfeleis

Zutaten:
100 g Mehl
Prise Salz
150 ml Milch
1 EL Vanillezucker
2 cl Rum
etwas abgeriebene Zitronenschale
3 Eier
1 Eiklar
Butterschmalz
Orangengelee zum Bestreichen (‣ S. 376)

Fürs Hollermandl:
500 g Holunderbeeren
100 g Zucker
500 ml Wasser
50 g Zwetschken- oder Apfelstücke
Maizena
ganze Holunderbeeren

Für das Apfeleis:
500 g säuerliche Äpfel
150 g Glucose (im Süßwaren-Fachhandel erhältlich)
150 g Staubzucker
Saft von 2 Zitronen

Für die Apfelchips:
säuerliche Äpfel nach Belieben (Kerngehäuse ausgestochen und in dünne Scheiben gehobelt)
500 ml Wasser
Saft von 7 Zitronen
400 g Zucker

Zubereitung: Mehl, Salz, Milch und Aromazutaten zu einem glatten Teig verrühren. Eier und Eiklar einrühren. Butterschmalz in einer Pfanne erhitzen und bei mittlerer Hitze nacheinander dünne **Palatschinken** backen. Die fertigen Palatschinken mit Orangengelee bestreichen und einrollen. Auf Tellern anrichten, mit etwas Hollermandl umgießen und je eine Kugel Apfeleis sowie einige Apfelchips daneben gruppieren.

Fürs **Hollermandl** sämtliche Zutaten aufkochen und fest durch ein Sieb passieren. Nach Geschmack zuckern und mit etwas Maizena binden. Zum Schluss noch ganze Holunderbeeren in die Sauce einmengen.

Für das **Apfeleis** Glucose, Staubzucker und Zitronensaft verrühren. Äpfel auspressen und den Saft hinzugeben. In der Eismaschine gefrieren.

Für die **Apfelchips** Wasser mit Zitronensaft und Zucker aufkochen, dann erkalten lassen. Die Apfelscheiben ½ Stunde darin einlegen. Dann auf ein Backtrennpapier legen und im Backrohr bei 50 °C trocknen lassen. Nach 1½ Stunden umdrehen und weitertrocknen.

Herbstliches Früchteomelett

mit Holundersauce und karamellisierten Nüssen

Zubereitung: Dotter mit der ausgeschabten Vanilleschote, der Hälfte des Zuckers und dem Zitronenabrieb schlagen, bis ein weißlicher Schaum entsteht. Das Eiklar mit einer Prise Salz sowie dem restlichen Zucker zu Schnee schlagen und unter die Dottermischung heben. Das gesiebte Mehl locker untermengen und zum Schluss die warme, flüssige Butter unterziehen. Diese Masse in eine warme, gefettete Pfanne gießen, glatt streichen und im vorgeheizten Rohr bei 200 °C Unter- und Oberhitze ca. 10 Minuten backen.

Die geschnittenen **Früchte** und Beeren mit etwas Staubzucker und dem Alkohol marinieren.

Für die **Hollersauce** den Hollersaft erhitzen und mit etwas Maizena binden. Noch einige frische Beeren einrühren. (Wer es lieber süßer hat, kann noch etwas Zucker hinzufügen.)

Die **Nüsse** in einer weiten Pfanne mit dem Zucker so lange rösten, bis der Zucker geschmolzen ist und die Nüsse von einer Zuckerschicht umgeben sind. Danach sofort auf ein Backpapier leeren, damit sie nicht nachdunkeln.

Nun eine schöne große angewärmte Platte vorbereiten. Sobald das Omelett fertig ist, am Rand mit einer Palette lösen und mit Schwung auf die Platte stürzen. Auf einer Omeletthälfte die marinierten Früchte verteilen und die andere Hälfte darüberklappen. Den Rand mit Holundersauce und den karamellisierten Nüssen dekorieren. Mit Staubzucker bestreuen, mit Minze- oder Erdbeerblättern garnieren.

Zutaten für 6 Portionen:
- 4 Eidotter (80 g)
- ½ ausgekratzte Vanilleschote
- Abrieb von ½ Zitrone
- 8 Eiklar (240 g)
- Prise Salz
- 120 g Zucker
- 50 g Mehl
- 30 g flüssige Butter
- etwas Butter für die Pfanne (Durchmesser 33 cm)
- Staubzucker zum Bestreuen
- Minze- oder Erdbeerblätter zum Garnieren

Für die Holundersauce:
- 300 ml Hollersaft (▸ S. 378)
- 1 TL Maizena
- ca. 50 g frische Holunderbeeren

Für die karamellisierten Nüsse:
- 50 g Walnüsse
- 50 g Haselnüsse
- 50 g gestiftelte Mandeln
- 30 g Pistazien
- 100 g Zucker zum Karamellisieren

Für die Früchte:
- 80 g Heidelbeeren
- 80 g Himbeeren
- Filets von 2 Orangen
- 1 Birne, in Spalten geschnitten
- 100 g Erdbeeren
- 50 g Trauben, halbiert und entkernt
- Staubzucker
- 4 cl Grand Marnier

Haselnussschmarren

Zutaten:
70 g Butter
70 g Staubzucker
1 TL Vanillezucker
1 Prise Salz
Zitrone- und Orangenzeste
3 Eidotter
15 g Semmelbrösel
3 Eiklar
Kristallzucker
70 g geriebene Haselnüsse
Butter für die Form
Staubzucker zum Bestreuen

Zubereitung: Den Staubzucker mit Butter schaumig rühren. Den Vanillezucker, Salz, abgeriebene Zitronen- und Orangenzeste sowie die Dotter und Brösel unter die schaumig gerührte Masse einmengen. Eiklar mit etwas Kristallzucker cremig schlagen und mit den geriebenen Haselnüssen vermischen.

Nun die beiden Massen vorsichtig unterheben. Eine feuerfeste Form gut mit Butter ausstreichen und die Masse einfüllen. Den Schmarren im vorgeheizten Backrohr bei 150 °C ca. 20 Minuten backen. Vor dem Servieren in Stücke reißen und mit Staubzucker bestreuen.

Kaiserschmarren

mit Zwetschkenröster und Balsamicoessenz

Zutaten:
240 g Mehl
8 Eiklar
8 Eidotter
5 EL Kristallzucker
Vanillezucker
1 EL Rum
60 g Rosinen
Öl zum Backen
Staubzucker zum Bestreuen

Für den Zwetschkenröster:
500 g Zwetschken
120 g Gelierzucker
2 cl Zwetschkenschnaps
2 Gewürznelken

Für die Balsamicoreduktion:
1 l Balsamicoessig
500 g Zucker

Zubereitung: Für den **Kaiserschmarren** Eiklar zu Schnee schlagen. Alle anderen Zutaten verrühren und den Eischnee vorsichtig unterheben. In einer Pfanne Öl erhitzen und den Schmarren unter einmaligem Wenden ca. 10 Minuten goldgelb backen.

Für den **Zwetschkenröster** die Zwetschken entkernen, halbieren und mit dem Gelierzucker sowie den Nelken etwa 6 Minuten kochen lassen. Zum Schluss den Schnaps zugießen. Nelken wieder entfernen und Röster nach Belieben grob aufmixen oder die Stücke ganz lassen.

Für die **Balsamicoreduktion** den Balsamicoessig gemeinsam mit dem Zucker auf ein Fünftel reduzieren und am besten in eine Dressierflasche füllen.

Den mittlerweile fertig gebackenen Kaiserschmarren in Stücke reißen oder teilen, mit dem Zwetschkenröster anrichten und mit etwas Staubzucker bestreuen. Die Balsamicoreduktion in Form von dekorativen Mustern aufspritzen.

☞ ***Da die Balsamicoreduktion eine äußerst aparte Garnitur sowohl für warme als auch für kalte Dessertvariationen abgibt, ist es empfehlenswert dieses süße Elixier gleich in größeren Mengen herzustellen.***

Ofenwarmer Kastanienscheiterhaufen

mit Sauerrahmeis und Minzepesto

Zutaten:
200 g Hefezopf
(am besten 2 Tage alt)
300 g gekochte Kastanien
300 g reife Birnen
50 g Rosinen
3 EL Zucker
Vanillezucker
1 EL Rum
etwas Zitronensaft
und abgeriebene Schale
Prise Zimt
etwas Butter zum
Ausfetten der Förmchen

Für den Guss:
250 ml Milch
125 ml Schlagobers
3 Eier
2 EL Zucker

Für das Sauerrahmeis:
100 ml Milch
100 g Zucker
40 g Traubenzucker
300 g Sauerrahm
40 ml Orangensaft

Für das Minzepesto:
1 kleiner Bund Minze
1 EL Pignioli (Pinienkerne)
50 g weiße Schokolade,
gehackt
Olivenöl

Zubereitung: Zuerst das **Sauerrahmeis** vorbereiten. Dafür alle Zutaten mit dem Mixstab aufmixen und in der Eismaschine gefrieren.

Für den **Scheiterhaufen** Birnen schälen, Kerngehäuse entfernen und Birnen in Blättchen schneiden. Kastanien zerdrücken und mit den Birnen, Rosinen, Zucker sowie Aromazutaten vermengen. Den Hefezopf in dünne Scheiben schneiden. Feuerfeste Förmchen ausbuttern und mit einer Schicht Hefezopf auslegen. Darauf eine Schicht Kastanienfülle auftragen und diese wiederum mit Zopfscheiben belegen. Den Vorgang wiederholen, bis alles verbraucht ist. Mit Hefezopf abdecken.

Für den **Guss** die Milch mit den restlichen Zutaten vermengen und über den Scheiterhaufen gießen. Im vorgeheizten Ofen bei 160 °C 15 Minuten backen.

Für das **Minzepesto** Olivenöl mit Minze fein mixen. Gehackte Pignioli und Schokolade zugeben. Minzepesto in ein Glas geben und Sauerrahmeis darauf platzieren. Gemeinsam mit dem fertigen Scheiterhaufen servieren.

Zimtauflauf

Zutaten:
80 g Bitterschokolade
20 g glattes Mehl
80 g geriebene Haselnüsse
3 Eier
60 g handwarme Butter
1 Pkg. Vanillezucker
1 TL Zimt
Salz
2 EL Weinbrand
80 g Kristallzucker
Butter und Zucker für die
Förmchen

Beilagenempfehlung:
warme Schokoladesauce
oder Vanilleschaum (▸ Osttiroler Buchteln S. 356)

Zubereitung: Dariolformen (kleine Portionsförmchen) mit Butter ausstreichen und mit Zucker ausstreuen. Die Schokolade in kleine Stücke brechen und über Dampf schmelzen. Mehl und Nüsse miteinander vermischen, die Eier trennen.

Nun die weiche Butter mit Vanillezucker, Zimt, Weinbrand und einer Prise Salz gut cremig rühren. Dotter nach und nach untermischen. Mit der geschmolzenen Schokoalde verrühren. Das Backrohr auf 200 °C vorheizen. Eiklar mit Kristallzucker zu cremigem Schnee schlagen. Die Schnee- und Mehlmischung behutsam unter die Dottermasse heben. Die Förmchen mit der Masse füllen und in eine Metallform mit dünnem Boden stellen. So viel kochendes Wasser eingießen, dass die Förmchen halb hoch im Wasserbad stehen. Den Auflauf ca. 50 Minuten garen.

Schokoladeauflauf

mit Sorbet von der Wildbachertraube und Himbeersauce

Zubereitung: Zuerst das **Sorbet** vorbereiten. Dafür die Trauben mit Zucker etwa 6 Minuten kochen lassen. Dann den Alkohol zugießen, aufmixen und durchpassieren. Unter ständigem Rühren tiefkühlen.

Für den **Auflauf** die Eier trennen, das Eiklar zu Schnee schlagen, die Schokolade schmelzen. Butter und Zucker schaumig rühren. Geschmolzene Schokolade mit der Buttermasse vermengen, Dotter langsam unterrühren und den Eischnee abwechselnd mit Nüssen sowie Mehl vorsichtig unterheben. Die Masse in eine (oder mehrere kleinere) gebutterte und bemehlte Form gießen. Im vorgeheizten Backrohr bei 180 °C Heißluft ca. 20 Minuten backen.

Währenddessen für die **Sauce** die Himbeeren mit dem Zucker 6 Minuten kochen. Den Alkohol dazumengen, aufmixen und passieren.

Nun den Auflauf nach Belieben mit Staubzucker bestreuen. Etwas Sorbet ausstechen, anrichten und mit etwas Himbeersauce garnieren.

☞ ***Da sich mit dieser Himbeersauce nahezu jedes Dessert verfeinern lässt, sollten Sie stets genug davon im Haus haben und die Sauce am besten gleich in größeren Mengen herstellen.***

Zutaten:
60 g Butter
60 g dunkle Kochschokolade
60 g geriebene Haselnüsse
40 g Mehl
60 g Zucker
4 Eier
Butter und Mehl für die Formen
Staubzucker zum Bestreuen

Für das Traubensorbet:
250 g gerebelte Wildbachertrauben (oder andere Trauben)
125 g Zucker
2 cl Zwetschkenschnaps 40 vol %

Für die Himbeersauce für ein 1-kg-Einmachglas:
1 kg Himbeeren
500 g Gelierzucker
2 cl Himbeerschnaps

Schokoladesoufflé

mit weißer Schokoladesauce und Kirschenragout

Zutaten:
125 g Butter
50 g Eidotter (2–3 Eidotter)
2 Eier
65 g Staubzucker
125 g Valrhona pur Caraibe 66 % Kakaoanteil oder andere Edelbitterschokolade
25 g Mehl
Butter für die Förmchen

Für die weiße Schokoladesauce:
80 g pasteurisierte Eidotter
40 g Rohzucker
100 ml Milch
150 ml Schlagobers
100 g weiße Schokolade am besten von Valrhona (Ivoire), in kleine Stücke geschnitten
2 cl Crème de Cacao

Für das weiße Schokoladeeis:
250 ml Milch
250 ml Schlagobers
50 g Zucker
100 g pasteurisierte Eidotter (5 Dotter)
4 cl Crème de Cacao (Kakaolikör)
150 g weiße Schokolade

Für das Kirschenragout:
200 ml Kirschensaft
200 ml Cassis
100 ml Rotwein
1 Vanilleschote, halbiert und ausgekratzt
1 Zimtstange
150 g Zucker
1 EL Vanillezucker
400 g entkernte Kirschen od. Weichseln
1 TL Maizena
2 cl Kirschenschnaps

Zubereitung: Für das **Soufflé** zunächst Butter und Schokolade über Wasserdampf schmelzen lassen. Eier, Dotter und Zucker schaumig rühren, flüssige Butter und Schokolade einrühren, bis eine geschmeidige Creme entsteht. Mehl vorsichtig einrühren. Die Masse in ausgebutterte Förmchen füllen und über Nacht im Kühlschrank durchkühlen lassen. Den Backofen auf 200 °C vorheizen und das Soufflé 15–18 Minuten backen, wobei das Soufflé nicht ganz durchgebacken, sondern innen noch flüssig sein sollte. Nun jeweils etwas Eis und Kirschenragout auf den Tellern anrichten. Das Soufflé daneben platzieren und mit Schokoladesauce, Hippen und Krokant dekorieren.

Für die **weiße Schokoladesauce** Dotter und Zucker schaumig schlagen. Milch mit Schlagobers aufkochen und langsam unter ständigem Rühren unter die Dottermasse mengen. Weiße Schokolade zugeben und über Wasserdampf dick schlagen. Mit Crème de Cacao abschmecken und kalt stellen.

Für das **weiße Schokoladeeis** Milch mit Schlagobers aufkochen. Dotter und Zucker so lange schlagen, bis ein weißlicher Schaum entsteht. Die weiße Schokolade in der heißen Milch auflösen und mit dem Dottergemisch unter ständigem Rühren zur Rose abziehen, aber dabei nicht aufkochen. (Über Dampf bei 80 °C so lange luftig aufschlagen, bis sich das Volumen erheblich vergrößert hat.) In die Eismaschine geben und etwas später den Crème de Cacao dazugeben.

Für das **Kirschenragout** den Saft mit Wein, Cassis, Zucker, Vanillezucker, Zimtstange sowie Vanilleschote aufkochen und ca. 5 Minuten auf kleiner Flamme ziehen lassen. Mit etwas angerührtem Maizena binden und noch einmal aufkochen lassen. Mit Schnaps abrunden und die Kirschen einlegen.

Für den **Hippenteig** Butter, Zucker und Vanille schaumig schlagen und unter ständigem Rühren nach und nach das Eiklar beigeben. Mehl unterheben und 2 Stunden kalt stellen. Mit Hilfe einer Schablone in beliebigen Formen auf ein mit Backpapier belegtes Backblech setzen und im vorgeheizten Backrohr bei 200 °C 3–4 Minuten backen.

Für den **Kakaobruch-Krokant** Butter, Zucker, Obers und Glucose aufkochen und zur Seite stellen. Den Kakaobruch einrühren und erkalten lassen. Aus der Masse runde, walnussgroße Kugeln formen und auf einem Backtrennpapier bei 200 °C ca. 4 Minuten backen.

Für den Hippenteig:
100 g Butter
100 g Staubzucker
¼ ausgekratzte Vanilleschote
3 Eiklar
100 g Mehl

Für den Kakaobruch-Krokant:
20 g Butter
35 g Zucker
15 ml Schlagobers
15 g Glucose (im Süßwaren-Fachhandel erhältlich)
35 g Valrhona-Kakaobruch (ersatzweise grob gehackte Wal- oder Haselnüsse)

Mister Churchill und die Tiroler Wirtstöchter

Der Engländer G.C. Churchill, einer der Erschließer der Dolomiten, lobte 1856 die Gastlichkeit in Tirol: „Freundliche Tiroler Gasthäuser, mit geräumigen, kühlen, sauberen Zimmern warten auf den Reisenden. Mit altbekannter Herzlichkeit wird man empfangen. Im ersten Stock, auf dem geräumigen Treppenabsatz, von dem die Schlafzimmer abgehen, wird für vornehme Gäste der Tisch gedeckt. Auf den Holzbalkonen stehen Blumen in Holzkistchen, ein hübscher Anblick. Beim Abschied überreicht die Wirtstochter einen Blumenstrauß – ist das nicht eine liebenswürdige Art, die Rechnung zu versüßen? Was hier mit Kreide auf den Tisch geschrieben, kann man eigentlich nicht als Rechnung bezeichnen. Die Beträge sind so klein, dass man von der Tugendhaftigkeit und Ehrlichkeit der Wirtsleute überzeugt ist. Auf Reisende, die über Nacht bleiben, warten überall komfortable, saubere Zimmer, sogar an den entlegensten Orten. Die Möbel sind aus Nussholz, an den Wänden hängen hübsche gerahmte Bilder, über die Betten sind rote Decken gebreitet. Wie lange wird es noch diese netten, einfachen Tiroler Landgasthöfe geben?“

Mohnsoufflé
im Strudelteig mit Tannenwipfelhonig-Eis

Zutaten:
140 g Butter
100 g Zucker
80 g Weißbrot, entrindet und in kleine Würfel geschnitten
100 ml trockener Rotwein
20 g Honig
15 ml Rum
Schale von 1 Zitrone
7 Eidotter
120 g gemahlener Mohn
8 Eiklar
1 Prise Salz
Fett für die Becherförmchen
Rumzwetschken (▸ S. 375), Honigfäden, gerösteter Mohn, Staubzucker und Minze als Garnitur

Für den Strudelteig:
100 g Weizenmehl
10 g neutrales Öl
1 Msp. Salz
50 ml lauwarmes Wasser
Öl zum Einstreichen
etwas Mehl zum Ausziehen
ca. 50 g flüssige Butter zum Bestreichen

Für das Honigeis:
12 pasteurisierte Eidotter (ca. 240 g)
250 g Tannenwipfelhonig (▸ S. 377)
500 ml Milch
500 ml Schlagobers

Zubereitung: Das geschnittene Weißbrot mit dem Rotwein begießen und durchziehen lassen. Inzwischen die Butter mit 50 g Zucker schaumig schlagen und die Dotter einzeln einrühren. Die Aromastoffe wie Honig, Rum, Zitronenschale zugeben. Eiklar mit einer Prise Salz und dem restlichen Zucker zu Schnee schlagen. Die getränkten Weißbrotwürfel leicht ausdrücken und mit dem Mohn vermengen. Mohnmasse und Eischnee abwechselnd vorsichtig unter den Butterabtrieb heben. In befettete Förmchen füllen und im Wasserbad ca. 25–30 Minuten bei 180 °C Unter- und Oberhitze garen.

Für den **Strudelteig** Mehl, Öl, Salz und lauwarmes Wasser zu einem glatten, geschmeidigen Teig verkneten. Mit etwas Öl bestreichen, mit Klarsichtfolie bedecken und ½ Stunde rasten lassen. Dann den Teig etwas mit Mehl bestauben und mit dem Nudelholz so dünn wie möglich ausrollen. Mit dem Handrücken unter den Teig fahren und dünn ausziehen (man sollte durch den Teig eine Zeitung lesen können). Quadrate von ca. 22 × 22 cm ausschneiden und in die Mitte jeweils ein fertig gebackenes Mohnsoufflé setzen. Den Teig darüberstülpen und oben vorsichtig zusammendrücken. Mit einem Spagat zusammenbinden. Oberhalb der Schnur den Teig etwas auseinanderziehen. Mit Butter bepinseln und bei 250 °C Unter- und Oberhitze kurz im Rohr knusprig backen.

Nun in die Mitte jedes Tellers 3 Rumzwetschken eng nebeneinander setzen, das knusprig gebackene Mohnsoufflé leicht anzuckern und direkt daraufsetzen. Daneben 1 Kugel Honigeis anrichten und nach Belieben mit Honigfäden, geröstetem Mohn und Zucker sowie Minze dekorieren.

Für das **Honigeis** Milch mit Obers aufkochen. Dotter mit Honig kräftig schaumig rühren. Beide Massen zusammenmengen und unter ständigem Rühren zur Rose abziehen. (Über Dampf bei 80 °C So lange luftig schlagen, bis sich das Volumen kräftig vergrößert hat.) Sofort in die Eismaschine geben und frieren lassen.

☞ ***Das Mohnsoufflé schmeckt freilich auch ohne Strudelteighülle ganz vorzüglich.***

Mohnkrapferl

Zubereitung: Butter und Milch erwärmen und mit den übrigen Zutaten zu einem Teig verarbeiten.

Für die **Fülle** die Milch erhitzen, den Mohn einkochen, kurz kochen lassen, überkühlen und die übrigen Zutaten untermischen. Wenn die Fülle zu dünn ist, etwas Semmelbrösel untermischen.

Den **Teig** auswalken, Kreise ausstechen, ein Häufchen Fülle daraufgeben, in der Mitte zusammenschlagen und die Ränder fest andrücken (wie bei Schlipfkrapfen).

Im heißen Fett herausbacken.

Zutaten:
60 g Butter
500 g Mehl
1 TL Salz
2 Eier
ca. 250 ml heiße Milch

Für die Fülle:
250 ml Milch
300 g Mohn
1 geriebener Apfel
Zimt
2 EL Honig oder Zucker
Rum
ev. Semmelbrösel

Mohnpingelen

Zubereitung: Mohn, Topfen und Zucker verrühren und daraus Bällchen formen.

Aus dem Mehl, der Milch, den Eiern, dem Zucker und dem Salz einen Teig zubereiten. Die Bällchen darin wenden und im heißen Fett herausbacken. Mit Zucker bestreuen.

Zutaten:
250 g geriebener Mohn
150 g Topfen
150 g Zucker
300 g Mehl
250 ml Milch
4 Eier
50 g Zucker
Salz

Mohnkrapflan

Zubereitung: Einen mittelfesten Germteig bereiten, aufgehen lassen, ca. ½ cm dick auswalken, Kreise ausstechen, jeden Kreis mit einem Löffel Mohnfülle belegen, in der Hälfte zusammenschlagen und gut zudrücken (wie bei Schlipfkrapfen). Nochmals aufgehen lassen und im heißen Fett herausbacken.

Für die **Fülle** den geriebenen Mohn mit den Gewürzen und den fein geraffelten Äpfeln mischen. Bei Bedarf etwas kochende Milch einrühren, so dass eine feste, aber bindige Masse entsteht.

Zutaten:
20 g Germ
2 Dotter
40 g Zucker
Zitronenschale und -saft
1 Stamperl Rum
40 g Butter
ca. 250 ml Milch

Für die Fülle:
250 g Mohn
2 Äpfel
Zimt, Zucker, Zitronensaft
Milch nach Bedarf
Fett zum Herausbacken

Osttiroler Buchteln
mit Vanilleschaum

Zutaten:
60 ml lauwarme Milch
250 g Mehl
45 g Zucker
20 g Germ
3 Eier
1 Prise Salz
Orangenzesten
60 g Butter
Marillenmarmelade
2 cl Rum
Butter zum Bestreichen
Staubzucker zum Bestreuen

Für den Vanilleschaum:
125 ml Schlagobers
80 ml Milch
Mark von 1 Vanilleschote
30 g Zucker
3 Eidotter

Zubereitung: Die Milch mit 30 g Mehl, 20 g Zucker und Germ zu einem Vorteig verrühren. Den **Teig** aufgehen lassen. Dann das restliche Mehl mit Eiern, restlichem Zucker, Salz, Orangenzeste, zimmerwarmer Butter und dem Vorteig zu einem glatten, geschmeidigen Teig kneten. Aufgehen lassen.

Nun den Teig etwa ½ cm dick ausrollen und Scheiben mit ca. 6 cm Durchmesser ausstechen. Marillenmarmelade mit Rum verrühren. Jeweils einen Teelöffel Marillenmarmelade auf die Scheiben setzen und zu Knödeln formen. Eine Form gut mit Butter ausstreichen und die Buchteln mit der Öffnung nach unten in die Form setzen. Dabei gut mit flüssiger Butter bestreichen. Im vorgeheizten Backrohr bei 180 °C ca. 30 Minuten backen.

Währenddessen für den **Vanilleschaum** das Schlagobers mit Milch, Vanillemark und Zucker aufkochen. Diese Mischung unter die Eidotter rühren und über einem heißen Wasserbad schaumig schlagen. Die fertigen Buchteln mit Staubzucker bestreuen und mit dem Vanilleschaum servieren.

Roggenkrapfen

Zutaten:
500 g Roggenmehl
500 g Weizenmehl
etwas Zucker
Salz
Kümmel
50 g Germ
80 g Butter
4 Eier
lauwarme Milch

Zubereitung: Germteig zubereiten.

Den Germteig zu einer Rolle formen, dann schneidet man vom Teig Stücke herunter, drückt sie mit dem Daumen in der Mitte ein, nimmt den äußeren Rand und dreht ihn in der Mitte zu einer Spirale.

Die Spirale drückt man in die Mulde und legt die so geformten Krapfen umgedreht auf ein Brett und walkt sie 1 cm dick aus.

Dann ca. 10 Minuten gehen lassen.

In der Zwischenzeit lässt man das Fett heiß werden, mit der Oberseite nach unten legt man die „Plattlen" in das Fett ein und lässt sie schön braun backen.

Matreier Krapfen

Zubereitung: Mehl, Dampfl, erweichte Butter, versprudelte Eier und die übrigen Zutaten zu einem weichen Germteig verarbeiten, gut kneten und gehen lassen.

Den Teig in 4 gleiche Stücke teilen und Rollen formen. Davon 3 cm breite Stücke abschneiden und aufdrehen, etwas gehen lassen.

Austreiben zu ½ cm dicke Scheiben.

Gut aufgehen lassen und im heißen Fett herausbacken, abtropfen lassen.

☞ *Mit der Unterseite nach oben ins Fett geben.*

Zutaten:
1,3 kg Weizenmehl
500 g Roggenmehl
Salz, Kümmel
1½ Pkg. Germ
Zucker für das Dampfl
5–7 Eier
80 g Butter
125 ml Schnaps oder Rum
warme Milch nach Bedarf
Schweinefett zum Backen

Tschapplerkrapfen

Zubereitung: Das Mehl mit Dampfl und den anderen Zutaten zu einem weicheren **Germteig** verarbeiten, gut kneten, zu einem Laib formen, kreuzweise einschneiden und zugedeckt gehen lassen.

In 4 Teile teilen, jeden Teil zu einer ca. 4 cm dicken Rolle drehen, gleichmäßige, etwa 5 cm breite Stücke abschneiden, diese etwas rund formen, auf ein Brett geben und zudecken.

Eines nach dem anderen „pitschen" – den Rand nach oben ziehen, dass das Ganze die Form eines Schüsselchen erhält, der Rand wird bis zur unteren Schnittfläche nach oben gezogen. Dann den Rand unter ständigem Drehen zusammenfassen, die entstandenen Falten zu einem Zapfen drehen, mit dem Zapfen nach unten auf das Brett legen und die Laibchen flachdrücken.

Es ist wichtig, dass die Zapfen in der Mitte sind.

Dann wieder der Reihenfolge nach austreiben. Die Krapfen haben einen Durchmesser von 10 cm und sind 1 cm dick.

Mit der Oberseite nach unten ins heiße Backfett legen, dann mit Fett übergießen, umdrehen, fertig backen.

☞ *Auf Wärme achten und immer gut zudecken, damit die Oberfläche nicht harschig wird.*

☞ *Die Zubereitung dieser Krapfenrezepte ist nicht einfach – am besten schaut man einer erfahrenen Krapfenköchin zuerst einmal über die Schulter, bevor man sich an dieses Unterfangen wagt.*

Zutaten:
2 kg Mehl
3 ganze Eier
3 gehäufte EL Butter
50 g Germ
½ Tasse Schnaps
Salz, Anis
Milch für einen weicheren Germteig
Backfett

Ziachkiachlen

Zutaten:
400 g Mehl
20 g Germ
1 EL Zucker
250 ml Milch
1 TL Salz
2 Dotter
2 EL Rum
30 g Butter
Backfett

Zubereitung: Germteig bereiten. Aus dem Teig gleichmäßig eigroße Kugeln ausstechen, diese zu Laibchen rollen und zugedeckt auf einem warmen, bemehlten Tuch auf die doppelte Höhe gehen lassen.

Backfett heiß werden lassen.

Die Teiglaibchen zieht man so aus, dass in der Mitte ein dünnes Häutchen ist und am Rand ein dicker Wulst. Die obere Seite kommt zuerst ins heiße Fett.

Damit sie schön aufgehen, schöpft man Fett darüber, dann umdrehen und hellbraun fertig backen. Das Grübchen bleibt hell.

☞ ***Die richtige Temperatur des Backfetts erkennt man daran, dass etwas eingestreutes Mehl leicht aufschäumt. Bei zu heißem Backfett werden die Kiachlen außen dunkel und innen sind sie noch teigig.***

Defregger Bauernkrapfen

Zutaten:
500 g Weizenmehl
500 g Roggenmehl
30 g Salz
Anis
40 g Germ
½ Pkg. Backpulver
5 Dotter
6 EL Öl
Milch
½ EL Zucker

Zubereitung: Milch mit Zucker lauwarm erwärmen, den Germ einbröseln und gehen lassen.

Mehl, Backpulver, Salz und Anis in einer großen Schüssel vermischen und warm stellen.

Das Dampfl, Eier, Öl und restliche Milch dazugeben und zu einem Teig verkneten. So lange kneten, bis die Aniskörner herauskommen.

Zugedeckt an einem warmen Ort gehen lassen.

Auf einem Brett auswalken, ausstechen, zugedeckt noch einmal gehen lassen.

Im schwimmenden Fett herausbacken.

☞ ***Der Teig muss immer zugedeckt sein. Krapfen immer so ins Fett legen, dass die Unterseite oben ist. Erst wenn die Krapfen hochgekommen sind, mit heißem Fett übergießen.***

Affenblattlen

Zubereitung: Das Mehl mit der Butter abbröseln, mit den übrigen Zutaten zu einem Teig verarbeiten, 1 Stunde rasten lassen.

Handtellergroße Plattlen auswalken, diese in der Mitte zusammenschieben, dass sie das Aussehen eines Mascherls haben, und im heißen Fett herausbacken.

Dazu reicht man Milch oder Kaffee.

Zutaten:
300 g Mehl
150 g Butter
2 Eier
3 EL Schlagobers oder Milch
2 EL Rum
1 EL Zucker
1 Msp. Zimt und Salz
Backschmalz

Osttiroler Ofenplenten

Zubereitung: Alle Zutaten außer Äpfel und Rosinen mischen, in eine bebutterte Form füllen. Äpfel schälen, vom Kerngehäuse befreien und in dünne Spalten schneiden. Den Plenten damit belegen, eventuell auch einige Rosinen darauflegen und bei 180 °C ca. 50 Minuten backen.

Zutaten:
1 Schale Mehl
1 Schale Polenta
1 l Milch oder Buttermilch
1 TL Salz
1 TL Backpulver
3 EL Zucker
Vanillezucker
2 Eier
300 g Äpfel
Rosinen nach Belieben

Erdäpfelriebler

Zubereitung: Die Erdäpfel mit der Schale in wenig Wasser dämpfen. Anschließend schälen. Mit einer Gabel zerdrücken und Mehl, Salz sowie Eier untermengen. Etwas Öl und Butter in einer Pfanne erhitzen, die Erdäpfelmasse hineingeben und unter ständigem Wenden auf allen Seiten anrösten.

☞ *Diese nahrhafte warme Süßspeise kann auch als Hauptspeise serviert werden.*

☞ *In manchen Gegenden wird Maismehl mit Weizenmehl vermischt, und in Osttirol sagt man: „Da Riebler darf net muisat weden, sondern muss bröckalat bleiben, net ganz nass und a net ganz trocken. Dazu braucht er Fett." Und in manchen Fällen, so könnte man hinzufügen, auch Preiselbeeren, etwas Zucker und ein Glas frischer, kalter Milch.*

Zutaten:
1 kg Erdäpfel
200 g Mehl
2 Eier
Salz
Öl und Butter

Beilagenempfehlung:
Preiselbeeren oder Apfelkompott

Käsedesserts

Mosaik von Golden Gel und Mascarpone
in Blätterteig

Zutaten:
250 g Südtiroler Golden Gel (oder anderer Blauschimmelkäse)
250 g Mascarpone
150 g Blätterteig

Für die Portweinpflaumen:
getrocknete Pflaumen nach Belieben
Roter Portwein
wenig Zucker
Zitronen- und Orangenschale
Zimtrinde und Gewürznelke
Vanillestange

Zubereitung: Den **Blätterteig** in die Größe der Kastenform ausrollen, auf ein mit Backpapier ausgelegtes Backblech legen und im vorgeheizten Backrohr hellbraun backen. Eine kleine Kastenform mit Klarsichtfolie auslegen, den Blätterteig zurechtschneiden und in die Form legen. Nun Streifen vom **Golden Gel** und **Mascarpone** in drei Schichten, neben- und übereinander einlegen. Mit Blätterteig abdecken und für einige Stunden kalt stellen. Dann in Portionsstücke teilen und mit den Portweinpflaumen servieren.

Für die **Portweinpflaumen** die getrockneten Pflaumen mit Portwein bedecken. Gewürze sowie Zucker zugeben und zugedeckt einkochen.

Creme Brûlée von Schafsricotta

mit gebackenem Kloatznkrapfl

Zubereitung: Die Milch mit Schlagobers aufkochen. Zucker, eine Prise Salz, **Schafsricotta** sowie Eidotter verrühren und mit dem Stabmixer in die kochende Milch einrühren. In hitzebeständige Gläser füllen und im heißen Ofen bei 95 °C ca. 1 Stunde garen. Danach leicht abkühlen lassen und kurz vor dem Servieren mit etwas Zucker gratinieren oder abflämmen.

Für den **Krapfenteig** alle Zutaten zu einem Teig verarbeiten und 20 Minuten rasten lassen. Für die **Fülle** die getrockneten Birnen mit Wasser, Zucker und Vanillezucker weich kochen und dann fein mixen. Den Teig dünn ausrollen und die Hälfte des Teiges mit der Birnenfülle bestreichen. Mit der anderen Teighälfte abdecken und leicht andrücken. Mit einem gewellten Teigroller verschobene Vierecke ausradeln und diese in sehr heißem Fett backen. Vor dem Servieren nach Belieben mit Staubzucker bestreuen und zur Crème brûlée reichen.

Zutaten:
250 ml Schlagobers
100 ml Milch
Salz
20 g Zucker
80 g Schafsricotta
3 Eidotter
Zucker zum Gratinieren

Für den Krapfenteig:
350 g Mehl
2 Eidotter
20 g Zucker
1 Pkg. Vanillezucker
40 g zerlassene Butter
1 EL Öl
100 ml Milch
50 ml Schlagobers
2 cl Treber
Öl zum Herausbacken
Staubzucker zum Bestreuen

Für die Fülle:
Kloatzn (getrocknete Birnen)
wenig Zucker
Vanillezucker
Wasser

Fromme Kaser

Wie tief die Liebe der Tiroler zu ihrem Käse sitzt, das kann man nirgendwo besser erleben als in Wörgl, wo die drei Käseheiligen St. Lucio, St. Fridolin und St. Theodul – mit jeweils einem Käselaib als Attribut – das kunstvoll gearbeitete Glasfenster der einzigen „Kaserkapelle" in ganz Österreich zieren.

In Boxelemehl gewälzter Ziegenfrischkäse

mit Gewürzbirnen und Kastanien-Trüffel-Honig

Zutaten:
300 g Ziegenfrischkäse
100 g grobes Boxelemehl (Johannisbrotmehl, ersatzweise geriebene Haselnüsse)
1 kleines Glas Kastanien-Trüffel-Honig
1 mittlere schwarze Trüffel nach Belieben

Für die Gewürzbirnen:
2 reife Williamsbirnen
250 ml kräftiger dunkler Rotwein
125 ml roter Portwein
100 g Zucker
Zitronen- und Orangenschale von unbehandelten Früchten
Gewürznelke, Zimtrinde, Sternanis

Zubereitung: Bereits am Vortag für die **Gewürzbirnen** den Rotwein mit Portwein, Zucker und Gewürzen 10 Minuten kochen. Lauwarm abkühlen lassen. Die geschälten Birnen einlegen und über Nacht ziehen lassen. Am nächsten Tag Birnen herausnehmen, halbieren und mit dem Kugelausstecher eine Aushöhlung ausstechen.
Nun den **Ziegenfrischkäse** in 8 Portionen aufteilen, zu Kugeln formen und diese in Boxelemehl wälzen. Je eine Kugel Ziegenfrischkäse in die ausgehöhlten Birnen setzen, die zweite daneben anrichten. Rotwein und Portwein zur Reduktion einkochen und die Birnen damit garnieren.
Mit etwas Kastanien-Trüffel-Honig und gehobelten Trüffeln vollenden.

Die Ziegenmutti vom Asperhof

Wenn in Sigwarts Tiroler Weinstuben zu Brixlegg Ziegenkäse in allen nur denkbaren Würzstufen auf den Tisch kommt, so verbirgt sich dahinter meistens die Entner-Traudl aus Breitenbach, die auf ihrer beliebten Jausenstation am Asperhof 80 Mutterziegen für die Milch- und Käseproduktion hält – und damit nicht nur dem Gaumen der Gäste, sondern auch deren Gesundheit viel Gutes tut.

„Goaßmilch kann Sterbenskranke wieder auf die Beine bringen", ist Traudl Entner überzeugt und „veschreibt" dieselbe auch gegen Neurodermitis, aber auch „nur" gegen den Durst. „Kalte Goaßmilch ist ein Hochgenuss", verspricht sie, „nur ‚kuhwarm' darf sie nie sein."

Die Milch nimmt Frau Entner vorzugsweise von weißen Ziegen und gelegentlich auch Schafen. Denn: „Die riacht weniger intensiv!"

Für Fleischziegen hat die Ziegenmutti, die auch gerne Puppen bastelt und repariert und in Breitenbach sogar ein kleines Puppenmuseum mit Streichelzoo führt, indessen gar nicht viel übrig: „Bei uns sterben die Viecherln an Altersschwäche oder wir gebn s' weg. An das viele Bauchweh und Magenweh, das wir beim Schlachten sunst hätten, mag i gar nit denken."

Blauschimmel-Melange
mit Bauernbrotkrusteln

Zutaten:
400 g eher milder Blauschimmelkäse
125 ml Milch
125 ml Schlagobers
1 Prise Rosenpaprika
2 cl Weinbrand
2 cl Süßwein
Bauernbrotkrusteln als Einlage

Zubereitung: Den Käse in kleine Stücke schneiden und in einem Topf mit Milch sowie Schlagobers kurz aufkochen lassen. Mit Rosenpaprika würzen und mit Weinbrand abschmecken. Noch etwa 2 Minuten köcheln lassen. Dann mit dem Mixstab pürieren. In heiß ausgespülte Tassen füllen und mit Bauernbrotkrusteln servieren.

Harte Zeiten für Kasermandln

Bei aller Fröhlichkeit kommt bei der Heimkehr von der Alm stets auch ein bisschen Wehmut auf. Schließlich lässt man oben auf der Alm nicht nur den Sommer, sondern auch jede Menge schöner Erinnerungen zurück – und natürlich auch die „Kasermandln". Die machen sich's – so will es zumindest der Volksglaube wissen – sobald die letzten Senner abgezogen sind, in den Almhütten gemütlich und richten sich auf einen langen, kalten Winter ein.

Spätestens, wenn der Bauer im darauffolgenden Frühjahr erstmals wieder „Almschaun" geht, um die Ausbesserung der Winterschäden zu veranlassen, verschwinden die mysteriösen Almbesucher wieder, allerdings nicht ohne sich im Sommer darauf an den Sennern und Sennerinnen, die ihnen im Winter so viel Arbeit gemacht haben, durch allerlei Spuk und böse Streiche aufs Finsterste zu rächen …

Vorausschauende Sennerinnen und Senner beugen derlei Unbill vor, indem sie, um die Gäste freundlich zu stimmen, beim Almabtrieb einige Speisereste für die Kasermandln zurücklassen, wobei es freilich nicht immer das Feinste ist, das man den ungeladenen Wintergästen gönnt.

Die wahren Köstlichkeiten – Almnudeln, Käselaibe, Kaskrapfen oder Rahmkoch – sind, wenn die Kasermandln kommen, längst mit dem übrigen „Almnutzen" zu Tale befördert worden. Und deshalb können die „Kasermandln", wie sich leicht vorstellen lässt, auch niemals zu echten Feinschmeckern werden.

Ganz im Gegensatz zu jenen Konsumenten, die vom „Almnutzen" nunmehr den ganzen Winter profitieren können. Denn der Großteil des Almkäses und anderer Almspezialitäten von der Lammsalami bis zur Gamswurst landet schon längst nicht mehr in den bäuerlichen Vorratskammern im Tal, sondern in den Käsetheken und Feinkostvitrinen gut sortierter Supermärkte, wo Stadt und Land auf höchst wohlschmeckende Weise zusammengewachsen sind.

Warmes Bergkäsedessert

Zubereitung: Brotscheiben in jeweils vier Quadrate teilen, so dass 12 kleine Vierecke entstehen. Butter, Sardellenpaste, Kapern, Pregler und Senf zu einem Aufstrich abtreiben und mit diesem die Brotquadrate bestreichen. Bergkäsescheiben ebenfalls so zurechtschneiden, dass sie auf die Brote passen. Gleichmäßig auf die Hälfte der bestrichenen Brotscheiben setzen und mit den restlichen Broten zu kleinen Sandwiches zusammenklappen. Diese gut zusammendrücken, zunächst in Mehl, dann in versprudelten Eiern und zuletzt in Paniermehl wenden. In stark erhitztem Öl oder Butterschmalz knusprig ausbacken.

Heiß mit etwas Feigensenf zu einem Glas Vernatsch servieren.

Zutaten:
3 Scheiben Sandwich- oder Kastenbrot von 1,5 cm Dicke
200 g in dünne Scheiben geschnittener Bergkäse
2 EL zimmerwarme Butter
1 TL Sardellenpaste
1 EL klein gehackte Kapern
2 cl Preglerschnaps
1 TL Senf
2 Eier
100 g Mehl
100 g Brösel
reichlich Öl oder Butterschmalz zum Ausbacken
Feigensenf

Bergkäsebrot

Zubereitung: In einer Schüssel Germ mit lauwarmer Milch vermengen, kurz durchmischen und Eier zugeben. Mit Salz und frisch geschrotetem Pfeffer würzen, Mehl und zimmertemperierte Butter unter ständigem Kneten langsam einarbeiten. So lange kneten, bis ein geschmeidiger Teig entstanden ist. Teig zugedeckt an einem warmen Ort so lange aufgehen lassen, bis sich sein Volumen verdoppelt hat. Nochmals zusammenschlagen und geriebenen Käse einarbeiten.

Eine Kastenform gut mit Butter ausstreichen, den Teig auf die Größe hin auswalken und einlegen. Abermals abdecken und aufgehen lassen. Backrohr auf 190 °C vorheizen. Brot mit Ei bestreichen und mit etwas Käse bestreuen, 30–40 Minuten goldgelb backen. Fertig gebackenes Bergkäsebrot auskühlen lassen und wie einen Brotwecken aufschneiden. Mit Tannenwipfelhonig servieren.

Zutaten:
20 g Germ
100 ml Milch
2 Eier
Salz, Pfeffer aus der Mühle
300 g Mehl
3 EL Butter
80–100 g Tiroler Bergkäse
Butter für die Form
1 Ei zum Bestreichen
geriebener Käse zum Bestreuen
Tannenwipfelhonig

Aus der Tiroler Vorratskammer

Vom Bauernbrot bis zum Bierlikör

Unser Brot

Der Klassiker aus der Gannerhof-Hausbäckerei

Zutaten:
4 Schaufeln Roggenmehl
4 Schaufeln Weizenmehl
(1 Schaufel = 500 g)
8 Handvoll Salz
1 Stöckl (Würfel mit 42 g) Germ
2 Handvoll Sonnenblumenkerne
Brotgewürz nach Geschmack
5 l warmes Wasser

Zubereitung: Die Zutaten alle miteinander vermengen und den Teig zugedeckt an einem warmen Ort gehen lassen. Den Teig zu beliebigen Brotlaiben formen und am besten in einem Steinbackofen bei 180 °C Oberhitze und 130 °C Unterhitze backen.

Schwarzbrot

Zubereitung: Den Germ mit lauwarmem Wasser anrühren und mit den restlichen Zutaten zu einem festen, aber glatten Teig kneten. Dann 1 Stunde rasten lassen.

In drei Teile stechen, grob durcharbeiten und zu Wecken kneten. Mit Roggenmehl stauben und nochmals ½ Stunde rasten lassen. Das Rohr auf 220 °C vorheizen und Brot hineinschieben. Dabei beim Hineinschieben des Brotes am besten etwas Wasser auf den Boden des Backrohrs eingießen, damit etwas Dampf entsteht. Nach 10 Minuten auf 180 °C Unter- und Oberhitze zurückschalten. Nach 40 Minuten herausnehmen und auf einem Gitter auskühlen lassen.

Zutaten:
1 kg Roggenmehl
500 g Brotmehl
700 ml lauwarmes Wasser
5 g Anis (je 1 TL)
5 g Kümmel
5 g Fenchel
5 g Korianderkörner
45 g Salz
75 g Germ
Roggenmehl zum Bestauben

Schwarzbrot mit Erdäpfeln

Zubereitung: Am Vortag wird das Mehl in einem Backtrog an einen warmen Ort gestellt.

Der Sauerteig wird in lauwarmen Wasser aufgelöst, in das Mehl gesiebt und mit diesem etwas verrührt.

Am nächsten Morgen gibt man zum Mehl Brotgewürze und das nötige lauwarme Wasser und Salz und knetet einen mittelfesten Teig. Gehen lassen.

Die gekochten, geschälten Erdäpfel werden passiert oder faschiert und knapp vor dem nochmaligen Kneten unter das Brotmehl gemischt.

1–2 kg schwere Laibe formen und gehen lassen.

Dann im vorgeheiztem Backofen backen.

Zutaten:
10 kg Schwarzmehl
5 kg Erdäpfel
ca. 5 l Wasser
750 g Sauerteig oder 200 g Germ
2 kg Brotgewürze wie Kümmel, Koriander, Fenchel, Anis
250 g Salz

Vintschgerl mit Speck

Zubereitung: Die Zutaten zu einem Brotteig verarbeiten, gehen lassen, in beliebig viele Stücke teilen, plattdrücken und auf ein befettetes Blech legen, eventuell mit Mehl bestäuben und gehen lassen.

Bei 200 °C backen – die Dauer richtet sich nach der Größe der Vintschgerl.

Zutaten:
700 g Roggenmehl
300 g Weizenmehl
1 EL Salz
1–2 EL Fenchel
150 g kleinwürfelig geschnittener, gerösteter Speck
60 g Germ oder 30 g Germ und 1 Tasse Sauerteig
625 ml Wasser

Knuspriges Baguette

Zutaten:
1 kg Weizenmehl extra (glatt)
50 g Germ
30 g Salz
2 cl Weißweinessig
ca. 450 ml lauwarmes Wasser

Zubereitung: Germ mit der Hälfte des lauwarmen Wassers verrühren. Mit allen restlichen Zutaten zu einem glatten, geschmeidigen Teig verkneten. Teig dritteln, zu Kugeln formen und 1/2 Stunde rasten lassen. Danach den Teig flachdrücken und die untere Seite nach oben einrollen. Nochmals 1/2 Stunde rasten lassen, danach abermals flachdrücken und die untere Teigseite nach innen einrollen. In die gewünschte Baguettelänge bringen und nochmals 1/2 Stunde rasten lassen.

Nun dreimal schräg einschneiden, mit abgekochtem heißen Wasser bestreichen und im vorgeheizten Backrohr bei 220 °C Unter- und Oberhitze ca. 20 Minuten backen. Wenn möglich und der Backofen dafür geeignet ist, ca. 125 ml Wasser auf den Backrohrboden eingießen, um eine schöne Dampfentwicklung entstehen zu lassen. (Nicht bei jedem Gerät erlaubt!)

☞ ***Achten Sie darauf, das Salz niemals direkt mit Germ zu vermengen, da sonst möglicherweise die Gärkraft verloren geht.***

Lienzer Apfelbrot

Zutaten:
1 kg Weizenbrotmehl
20 g Germ
125 ml warmes Wasser
2 kg geriebene Äpfel in der Schale
100 g Walnüsse
300 g Haselnüsse
500 g Zucker
Rum
Saft von 1 Zitrone
200 g Aranzini
200 g Zitronat
300 g Feigen

Zubereitung: Mehl, Germ und Wasser zu einem Brotteig zusammenkneten, die übrigen Zutaten klein schneiden und in den Brotteig einkneten.

Gehen lassen, Laibe oder Striezel formen und noch einmal gehen lassen.

Bei 180 °C 1–1 1/2 Stunden backen.

Noch heiß mit Zuckerwasser oder zerlassener Butter bestreichen.

Matreier Zelten

Zubereitung: Die Früchte kleinschneiden und über Nacht mit Rum einweichen.

Den Sauerteig mit etwas Wasser und Roggenmehl anrühren. Mehl, Sauerteig, das Dampfl, Gewürze und die Früchte zu einem festen Brotteig verkneten. Zugedeckt gehen lassen.

Brote formen, gehenlassen und langsam backen. Noch heiß mit Zuckerwasser bepinseln.

Zutaten:
150 g Sauerteig
1 kg Roggenmehl
500 g Weizenbrotmehl
40 g Germ
Salz, Fenchel, Rum, Zucker, Zeltengewürz
500 g Feigen
500 g Kloatzen
500 g Rosinen
500 g Haselnüsse
500 g Walnüsse
200 g Aranzini
200 g Zitronat

Zelten unterm Weihnachtsbaum

Jedes Tiroler Tal hat seine Zelten, die rechtzeitig vor dem Heiligen Abend gebacken und bis zum Fest aufbewahrt werden. Lediglich die Dienstboten bekommen nach alter Sitte bereits in der Vorweihnachtszeit einen sogenannten „Scherz" zum Vorkosten. Dazu wurde früher ein Gläschen „Kasteler" getrunken, ein selbstgebrannter Schnaps, der seinen Namen der Tatsache verdankte, dass er im Kleiderschrank, sprich: im Kasten aufbewahrt wurde. Der größte und schönste Zelten wird dann vom Familienoberhaupt am Heiligen Abend angeschnitten und zu heißem Weihnachtspunsch verzehrt. Bis 20. Jänner, dem Fest des hl. Sebastian, sollten – so sagt man – die letzten Zelten aufgegessen sein. Weshalb es im Volksmund auch heißt: „Der heilige Sebastian schneidet den letzten Zelten an."

Eingelegte Eierschwammerl

Zutaten:
5 kg Eierschwammerl
500 ml Kräuteressig
Salz, Pfeffer
Wacholderbeeren und Lorbeerblatt
Öl zum Auffüllen

Zubereitung: Die Eierschwammerl sorgfältig putzen und mit den restlichen Zutaten zum Kochen bringen. Die Flüssigkeit abgießen und die Schwammerl noch heiß in Gläser abfüllen. Mit heißem Öl aufgießen und gut verschließen.

In Öl eingelegte Steinpilze
und Pilzessig

Zutaten:
1,5 kg kleine, feste, makellose Steinpilze (ersatzweise Eierschwammerl)
gutes, neutrales Olivenöl zum Auffüllen
20 schwarze Pfefferkörner
10 Lorbeerblätter
20 g Salz
5 Knoblauchzehen
5 Gewürznelken
1 ganze Chilischote

Für den Einlegesud:
1 l kräftiger Weißweinessig (Acetto Sasso)
500 ml Wasser

Zubereitung: Für den **Sud** alle Zutaten aufkochen und 5 Minuten durchköcheln lassen. Die **Steinpilze** in den Essigsud geben und je nach Größe 5–10 Minuten sanft vor sich hin köcheln lassen. Mit einem Schaumlöffel auf ein ganz sauberes Tuch auflegen und auskühlen lassen. (Dabei aber nicht aufeinander legen!) Weiterverwendung vom Essigsud siehe unten.

In hohe Einweckgläser füllen, ohne die Pilze dabei zu berühren. (Oder Wegwerfhandschuhe anziehen.) Pfefferkörner und Gewürze ebenfalls einfüllen. Mit einem guten, neutralen Olivenöl auffüllen und an einem dunklen, kühlen Ort 2–3 Monate durchziehen lassen.

Für den **Pilzessig** Essig abseihen und in kleine Fläschchen abfüllen. Nach Belieben einige kleine Eierschwammerl und einen Estragonzweig hineingeben, gut verschließen und im Keller lagern. Zum Verfeinern von Speisen verwenden oder netten Freunden als kleines Geschenk mitbringen.

Himbeeressig

Zutaten:
500 g Himbeeren
1 l Apfelessig

Zubereitung: Die gewaschenen Beeren in einer Schüssel ausdrücken und mit Essig übergießen.

4–5 Tage bei Zimmertemperatur stehen lassen, abseihen, in Flaschen füllen, kühl aufbewahren.

Eingelegter Kren

Zutaten:
200 g Krenwurzel
200 g Semmelbrösel
1 Prise Salz
1 TL Zucker
ca. 125 ml Schlagobers
Milch nach Bedarf
1 Apfel

Zubereitung: Geputzten Kren und Apfel fein reiben, Brösel und Gewürze dazumischen, mit Schlagobers und Milch zu einem weichen Brei vermischen.

☞ ***Wird der Brei wieder hart, da sich die Brösel ansaugen, mit Milch abhelfen. Er hält auch in Gläsern, fest verschlossen, einige Tage frisch.***

Pustertaler Schottnkugeln

Zutaten:
5 l Buttermilch, eine kleinere Menge lohnt sich nicht
Salz

Zubereitung: Buttermilch stellt man auf den Herdrand und lässt sie ca. einen halben Tag „klein kochen“, bis die Molke gelblich wird.

Nun etwas abkühlen lassen und in ein Tuch seihen, über Nacht abtropfen lassen.

In eine Schüssel klein mit den Händen abbröseln, mit einem feuchten Tuch abdecken und ca. 2 Tage in die Wärme stellen.

Nachher aufmischen, salzen und wieder einen Tag stehen lassen.

Durchmischen und wenn er Geruch zeigt, in Becher füllen oder Kugeln formen, langsam trocknen lassen, jeden Tag umdrehen, mit einem Tuch zudecken, damit keine Sprünge werden.

☞ ***Schottnkugeln lassen sich wie alter Parmesan über Nudelgerichte oder Ragouts reiben. Außerdem stehen die Kugeln schon seit alters her im Ruf, sehr gesund zu sein.***

Buttermilchkäse

Zutaten:
1 l Buttermilch
2 Dotter
3 EL Mehl
etwas Milch
Salz, Pfeffer

Zubereitung: Mehl und Dotter werden glatt gerührt und in siedende Buttermilch unter ständigem Rühren eingekocht. Eventuell mit Milch sämiger machen und mit Salz und Pfeffer abschmecken.

Rumzwetschken

Zubereitung: Die gewaschenen Zwetschken mit einer Nadel einige Male einstechen. Wasser mit Zucker aufkochen lassen, die aufgeschnittene Vanilleschote, Zimtstange sowie Gewürznelke zugeben und 5 Minuten leicht köcheln lassen. Den Topf vom Herd nehmen und den Rum eingießen. (Achtung dabei riecht es sehr stark nach Alkohol!)

Das Einweckglas zuerst auskochen, trocknen und nun die Rosinen hineingeben. Danach schichtweise Zwetschken, ein Stück Orangenschale, Zwetschken, 1 Stück Zitronenschale, Zwetschken, die Vanilleschote vom Sud usw. einfüllen. Mit dem Rum-Zuckersirup bedecken und 20 Minuten im Wasserbad bei 80 °C einwecken. Dann 2 Monate lang an einem kühlen, dunklen Ort ziehen lassen, damit sich der Geschmack richtig entfalten kann.

☞ ***Rumzwetschken sind nicht nur in der süßen Küche als wohlschmeckende Garnitur unentbehrlich, sondern harmonieren auch mit Käse oder Wildgerichten ganz ausgezeichnet.***

Zutaten für ein 3-Liter-Glas:
1,25 kg Zwetschken
15 g Rosinen
je ⅓ Schale von 1 Orange und Zitrone
1 Vanilleschote
1 Zimtstange
1 Gewürznelke
500 g Zucker
500 ml Wasser
250 ml Stroh Rum 80 % Vol.

Eingeweckte Quitten

Zubereitung: Die Quitten schälen, halbieren, in Spalten schneiden und entkernen. Einweckgläser mit den Quitten auslegen. Zucker mit Wasser und Gewürzen aufkochen, erkalten lassen und damit die Gläser voll aufgießen. Gut verschließen und einwecken.

Zutaten:
500 g Quitten
300 g Zucker
400 ml Wasser
Zitronensaft
Gewürznelke
Zimtrinde

Kürbismarmelade

Zubereitung: Kürbis schälen und in grobe Stücke schneiden. Mit den restlichen Zutaten 6 Minuten kochen lassen. Die Zimtstange herausgeben. Mit dem Pürierstab aufmixen und heiß in Gläser abfüllen.

Zutaten:
500 g Kürbis
1 Stange Zimt
1 Msp. Nelkenpulver
1 Msp. Piment
500 g Gelierzucker

Orangengelee

Zutaten:
750 ml frisch gepresster Orangensaft
100 g Zucker
1 kg Gelierzucker 1:1
fein geschnittene Zesten von 5 biologischen Orangen
200 ml Wasser
etwas Grand Marnier

Zubereitung: Die feingeschnittenen Orangenschalen mit Wasser und Zucker aufkochen, kurz ziehen lassen und das Wasser wieder abgießen. Den frisch gepressten Orangensaft abseihen, mit Gelierzucker aufstellen und 3 Minuten durchkochen lassen. Nun die blanchierten Orangenzesten zugeben und nochmals 1 Minute durchkochen lassen. Noch heiß in Gläser füllen, mit etwas Grand Marnier beträufeln und gut verschließen. Kühl stocken lassen.

Hagebuttenmarmelade

Zutaten:
5 kg Hagebuttenfrüchte
2,5 Packungen Gelierzucker (2:1)
1 Zimtstange
Nelkenpulver
5 l Wasser

Zubereitung: Die Hagebutten in Wasser weichkochen. Mit dem Pürierstab mixen und passieren, so dass die Hagebutten von sämtlichen Kernen getrennt sind. Mit den restlichen Zutaten 8 Minuten kochen. Noch heiß in Gläser füllen.

Preiselbeermarmelade

Zubereitung: Die gut geputzten Preiselbeeren mit den restlichen Zutaten etwa 8 Minuten kochen. Die Zimtstange entfernen und mit dem Pürierstab zur Hälfte aufmixen. Noch heiß in Gläser abfüllen.

Zutaten:
5 kg reife Preiselbeeren, geputzt
2,5 Packungen Gelierzucker (2:1)
1 Zimtstange
Nelkenpulver

Tannenwipfelhonig

Zubereitung: Tannenwipfel waschen, mit Wasser bedecken und 2–3 Stunden bei geringer Hitze köcheln lassen. Durch ein feines Sieb abseihen. Nun 1 kg Kristallzucker pro 1 l Fond miteinander so lange möglichst langsam köcheln lassen, bis ein dicker Sirup entsteht (erfordert einiges an Geduld).

Um die richtige Konsistenz zu prüfen, folgende Probe durchführen: auf einem Teller etwas „Honig" erkalten lassen. Ist die Konsistenz in Ordnung, kann der Honig abgefüllt werden. Wenn er nicht gleich geliert, weiterkochen. Trocken und kühl aufbewahren.

Zutaten:
hellgrüne Tannenwipfel nach Belieben
(im Mai, Juni gesammelte hellgrüne Triebe der Tannen)
1 kg Kristallzucker pro 1 l Fond

Hollersaft

Zutaten:
2 kg abgerebelte schöne Hollerbeeren
Schale von 1 Zitrone
200 g Zucker
750 ml Wasser

Zubereitung: Die Hollerbeeren mit Zitronenschale sowie Wasser aufkochen und so lange köcheln, bis die Beeren aufgeplatzt sind (ca. 10 Minuten). Durch ein Passiertuch gießen und einige Stunden abtropfen lassen.

Diesen Saft mit Zucker vermengen, einmal kurz aufkochen lassen und in ausgekochte Flaschen füllen.

☞ ***Dieser Saft eignet sich nicht nur hervorragend zum Verfeinern von Wild-Rotweinsaucen, sondern ist auch wertvoller Bestandteil eines gesunden Früchtetees, der gegen Verkühlung hilft.***

Cassislikör
(Johannisbeerlikör)

Zutaten:
1 kg schwarze Johannisbeeren
125 g Himbeeren
2 Gewürznelken
2 l Cognac (Weinbrand)
500 g Zucker
250 ml Wasser

Zubereitung: Die gewaschenen und abgetrockneten Johannisbeeren zerstampfen und in einen Steinguttopf (oder in ein großes Einmachglas) geben. Die Himbeeren und Nelken darauf verteilen und den Cognac darübergießen. Das Glas 2 Monate an einem temperierten Platz stehen lassen.

Dann den Zucker mit Wasser aufkochen und 1 Minute kochen lassen. Auf die gleiche Temperatur wie den Fruchtansatz auskühlen lassen. Die Früchte auf ein Etamin (feinmaschiges Küchentuch) leeren und gut abtropfen lassen. Mit dem Zuckerwasser vermengen. In schöne Flaschen abfüllen und nochmals 2 Monate an einem dunklen, kühlen Ort lagern. Am besten erst zu Weihnachten den ersten Likör verkosten!

Bierlikör

Zutaten:
1 Fl. Zillertaler Malzbier
300 g Staubzucker
2 EL Vanillezucker
125 ml Wasser
250 ml Weingeist 96 % Vol.

Zubereitung: Bier mit Staubzucker, Vanillezucker sowie Wasser aufkochen lassen und kalt stellen. Danach mit dem Weingeist versetzen, in Flaschen füllen und 2 Monate lagern.

Der gute Geist vom Gannerhof

Dass manches Gespräch, das grundvernünftig beginnt, hochgeistig endet, ist in vielen Wirtshäusern so, die eine gute Schnapskarte ihr Eigen nennen. Ohne ein oder zwei Stamperl Edelbrand sollte auch ein Essen im Gannerhof zu Innervillgraten nicht zu Ende gehen. Josef Mühlmann, nach seinem Lieblingsbrenner gefragt, gibt unumwunden zu: Es handelt sich um seinen Freund Rudolf-Maria Schwarzer, dessen schon 1905 zum K.u.K. Hoflieferanten ernannte Destillerie im Zentrum von Lienz liegt. Schwarzer („I haß zwar Schwarzer, aber i hab a weiße Weste") ist von Beruf Steuerberater und alles andere als ein Schwarzbrenner. 10.000 Flaschen international vielfach ausgezeichneten Edelbrands stellt er in seiner „Einmann-Destillerie" her, darunter auch jenen legendären Orangenbrand, bei dem ihm, wie er ehrlich zugibt, seine fünf Kinder helfen, die nötigen 4000 sizilianischen Blutorangen zu schälen. Insgesamt brennt Schwarzer jedoch vierzig Sorten, darunter auch Quitte, Apfelquitte, Birnenquitte, Apfel, Rote Williams und jene Vintschgauer Marille, aus der Josef Mühlmann seine nicht minder köstliche Marillenmarmelade produziert. Selbstverständlich muss es in einer Osttiroler Brennerei auch den typischen „Pregler" geben, der seinen Namen dem Wort Pregeln (Mischen, Kochen) verdankt und ein mit 48% Vol. Alk sehr hochprozentiger „g'mischter Satz" von einem Edelbrand aus verschiedenen Obstsorten ist.

„Ich mach den Pregler genauso wie mein Opa", beteuert Rudolf-Maria Schwarzer, „daher erlaube ich mir auch, ihn als Urpregler zu bezeichnen."

Waldmeisterwein

Zubereitung: Den Weißwein mit Zucker aufkochen und über die zerkleinerten Waldmeisterblätter gießen. Etwa 5 Minuten ziehen lassen. Durch ein Sieb seihen und in Flaschen füllen. Im Kühlschrank aufbewahren.

☞ ***Nützen Sie die Chance, im Frühjahr Waldmeister selbst zu sammeln. Er wächst gar nicht so selten, vorzugsweise an schattigen Standorten. Wenn Sie die Blätter nicht gleich verarbeiten, so können diese auch getrocknet werden, wodurch sich ihr Aroma sogar noch verstärkt.***

Zutaten:
1 l Weißwein (halbtrocken)
70 g Zucker
60 g gehackte frische Waldmeisterblätter

Grundrezepte

Jus (Braune Grundsauce)

Zutaten für ca. 1 Liter:
1 EL Pflanzen- oder Olivenöl
150 g Kalbs- oder andere Knochen
150 g Wurzelwerk (Karotten, gelbe Rüben, Petersilwurz, Sellerie, Lauch, Zwiebel)
2 Knoblauchzehen
2–3 EL Tomatenmark
2 l Wasser
200 ml kräftiger Rotwein
Salz
wenig Zucker
Pfefferkörner
1–2 Lorbeerblätter
etliche Wacholderbeeren

Zubereitung: Öl in einem geeigneten Topf erhitzen und die Knochen darin gut anrösten, bis sie gerade noch nicht schwarz, aber dunkelbraun sind. Wurzelwerk grob würfeln und hinzufügen. Knoblauchzehen halbieren und ebenfalls hinzufügen. Tomatenmark einrühren, leicht zuckern und kurz mitrösten. Mit Rotwein ablöschen und mit Wasser aufgießen. Gewürze hinzufügen und alles leicht wallend köcheln lassen, bis nur noch 1 Liter Flüssigkeit im Topf ist. Dann abseihen und je nach Rezept weiterverwenden.

Heller Geflügelfond

Zutaten:
2 kg Geflügelknochen
1 EL neutrales Öl
200 ml trockener Weißwein
ca. 1,5 l Wasser
50 g Champignons
100 g Zwiebeln
60 g Karotten
50 g Knollensellerie
40 g Lauch
2 frische Zweige glatte Petersilie
2 Thymianzweige
2 Rosmarinzweige
1 Gewürznelke
2 Lorbeerblätter
½ TL Paprikapulver
1 Msp. Currypulver
Salz, Pfeffer

Zubereitung: Die Knochen zerhacken und in einer Kasserole mit dem Öl hell anbraten. Das Wurzelwerk und die Champignons dazugeben und kurz mitrösten. Die Gemüse einmengen, mit Weißwein ablöschen und mit Wasser aufgießen. Das Ganze ca. 2 Stunde bei kleiner Hitze köcheln lassen und abseihen.

Lammsauce

Zubereitung: Schalotten und Ingwer fein schneiden. In Olivenöl scharf anbraten, mit dem Lammjus aufgießen und Thymian sowie Rosmarin zugeben. Nun die Flüssigkeit auf ein Fünftel reduzieren. Dann mit Butter abrunden, mit Salz, Pfeffer und Zucker abschmecken.

☞ ***Lammsauce lässt sich mit folgenden Kräutern bzw. Aromazutaten bestens kombinieren: Ingwer, Thymian, Rosmarin, Quendel, Zwiebel (Schalotten), Knoblauch, Butter, Sekt, Kräuter der Provence, Limonen, Lavendel oder Orange (in Verbindung mit Zimt).***

Zutaten für 1 Liter fertige Sauce:
5 l Lammjus
500 g Schalotten
250 g Ingwer
2 EL getrockneter Thymian
1 EL getrockneter Rosmarin
250 g Butter
Salz, Pfeffer, Zucker
Olivenöl zum Anbraten

Wildsauce

Zubereitung: Bis auf die Butter alle Zutaten in einen Topf geben, aufkochen und auf ein Fünftel reduzieren. Die Sauce abseihen und mit Salz, Pfeffer sowie Zucker abschmecken. Mit der Butter abrunden.

☞ ***Zur Verfeinerung von Wildsauce eignen sich folgende Kräuter bzw. Aromazutaten bestens: Rosmarin, Piment, Zimt, Schokolade, rote Marmeladen, Orangen, Grenadine, Wacholder, Lorbeer, Nelken, Zucker, Vanille, Preiselbeeren, Sternanis, Rotwein, Bananen oder Balsamicoessig.***

Zutaten für 1 Liter fertige Sauce:
5 l Wildjus
500 ml kräftiger Rotwein
1 EL Wacholderbeeren
4 Lorbeerblätter
etwas rote Marmelade
1 EL Piment
2 Zimtstangen
125 ml Apfel-Balsamicoessig
Salz, Pfeffer
Zucker
250 g Butter

Hasengrundsauce

Zubereitung: Die klein gehackten Knochen in Butter gut anbraten. Wurzelwerk und einige grob gehackte Petersilstiele zugeben, mit Salz und Pfeffer würzen. Mit Rotwein ablöschen und mit Gemüsefond aufgießen. Alle restlichen Zutaten dazugeben und ca. 1,5–2 Stunden durchköcheln lassen.

Zutaten:
ca. 1 kg Hasenknochen
50 g Butter
500 g Wurzelwerk
Salz, Pfeffer
Petersilstiele
3 Lorbeerblätter
1,5 l Gemüsefond
1 TL grob zerstoßene Wacholderbeeren
1 EL Worcestershiresauce
Paprikapulver
1 EL Senf
250 ml Rotwein
100 g Ribiselgelee
100 g Preiselbeermarmelade

Nudelteig

Zutaten:
300 g glattes Mehl Type 700
3 Eier
1 Eidotter
2 EL Sonnenblumenöl
2 EL lauwarmes Wasser

Zubereitung: Alle Zutaten zu einem glatten Teig vermengen und 3 Stunden ruhen lassen. Dann je nach weiterer Verwendung dünn ausrollen und in die gewünschte Form schneiden.

Nudelteig mit Hartweizengrieß

Zutaten:
3200 g Hartweizengrieß
2 Eier
1 TL Salz
ev. etwas lauwarmes Wasser

Zubereitung: Alle Zutaten für den Teig verkneten, mit Klarsichtfolie abdecken und ½ Stunde rasten lassen. Anschließend dünn ausrollen und in die gewünschte Form schneiden. Wenn Sie die Nudeln erst trocknen lassen und später verwenden wollen, kein Salz verwenden!

Topfenteig für Obstknödel

Zutaten:
400 g Topfen
150 g glattes Mehl
60 g handwarme Butter
1 Ei
1 Eidotter
Schale von ½ Zitrone, gerieben
1 Prise Salz

Zubereitung: Die handwarme Butter mit Salz und der geriebenen Zitronenschale schaumig rühren. Ei und Eidotter untermengen. Mehl sowie Topfen beifügen und zu einem glatten Teig kneten. In Folie hüllen und im Kühlschrank 3 Stunden rasten lassen. Zu einer Rolle formen, Stücke abstechen und das gewünschte Obst damit umhüllen.

Hippenteig

Zutaten:
100 g glattes Mehl
100 g Butter
100 g Staubzucker
100 g (ca. 3) Eiklar

Zubereitung: Butter und Staubzucker schaumig rühren. Eiklar und Mehl dazugeben. Die Masse auf eine Silikonmatte oder Backpapier aufstreichen und im vorgeheizten Backrohr bei 160°C ca. 2 Minuten backen. Noch heiß von der Matte herunternehmen und beliebig formen, etwa über einen Esslöffel oder rund um ein Glas biegen etc.

Strudelteig

Zubereitung: Alle Zutaten vermengen und zu einem geschmeidigen Teig verkneten. Mit Öl einstreichen, mit Folie bedecken und 30 Minuten rasten lassen. Auf einem bemehlten Tuch ausrollen und mit dem Handrücken dünn ausziehen.

Zutaten:
200 g Weizenmehl
125 ml lauwarmes Wasser
1 Prise Salz
1 EL neutrales Öl
1 Ei

Ziehteig

Zubereitung: Mehl und Wasser mit Öl, Ei, Salz sowie Essig zuerst in einer Schüssel, dann auf dem Arbeitstisch zu einem glatten Teig verkneten. Den Teig mit Öl bestreichen und zugedeckt bei Zimmertemperatur 30 Minuten rasten lassen.
Danach den Teig auf einem bemehlten Tuch mit dem Nudelholz ausrollen und mit dem Handrücken dünn ausziehen.

Zutaten:
150 g Mehl
60 ml lauwarmes Wasser
½ Ei
1 TL ÖL
1 Prise Salz
½ TL Essig

Mürbteig

Zubereitung: Butter, Zucker, Eidotter, Zitronenschale sowie Vanille verrühren und das Mehl einmengen. Den Mürbteig in Klarsichtfolie einwickeln und vor der Weiterverwendung mindestens 30 Minuten kühl stellen.

Zutaten:
300 g Mehl
200 g Butter
100 g Zucker
Vanillezucker und Zitronenschale
2 Eidotter

Weißwein bis zum Zwölfeläuten, Törggelen bis nach Mitternacht

Tiroler Weine

Während im Norden Tirols von Weinbau nur verschwindende Spuren zu finden sind – vor allem am weithin sichtbaren Weinberg zu Zirl bei Innsbruck, kann Südtirol auf die älteste Weinbautradition im deutschen Sprachraum hinweisen. Durch Funde lässt sich beweisen, dass der Weinbau an Etsch und Eisack schon lange bekannt war, als die Römer ca. 190 v. Chr. erstmals in das Land der „Räter" eindrangen. Man vermutet, dass die Illyrer am Anfang des ersten vorchristlichen Jahrtausends Reben aus ihrer griechischen Heimat mitgebracht haben, die bald an den auch heute noch bevorzugten Gegenden am Magdalener Hügel und im Überetsch gepflanzt wurden. Die ältesten Wildrebenfunde sind am Ledrosee und in Stufels bei Brixen schon für die Zeit um 500 v. Chr. bezeugt, die um 200 datierenden Funde vom Piperbichl am Ritten zeugen jedoch bereits von der Verwendung von Kulturreben, die vermutlich durch etruskische Flüchtlinge in den Norden gelangten, zu denen man in Moritzing bei Bozen auch die dazugehörigen „situlae" – aus derselben Epoche stammende Trinkgefäße – fand. Und Wein aus Eppan wird immerhin bereits 433 erstmals urkundlich erwähnt, was andere, selbst alte Weinbaugebiete Europas nur mit schierem Neid erfüllen kann.

Rohstoff für „einen guten Tropfen": die Früchte des Weinstocks

Dass die Weinkultur nicht von den Römern, die den Boden des heutigen Südtirol erstmals um 15 n. Chr. betraten, übernommen wurde, beweisen auch heute noch nur regional gebräuchliche Wörter im Weinbau und auch die in uralte Zeit weisende Form der Tiroler Torggel (einer Weinpresse), die offensichtlich eine Abart der griechischen Kelter ist und sich von der römischen durchaus unterscheidet.

Schon längst kein Geheimtipp mehr: Südtiroler Weine

Nichtsdestoweniger entbrannte unter den Römern die erste Fachdiskussion über die Qualität des Südtiroler Weins, der bis heute noch viele folgen sollten.

Im 2. Jahrhundert v. Chr. lobt Marcus Porcius Cato der Ältere bereits die rätische Traube aus dem Etschland. Catull war, was die Weine aus dem Norden betraf, ganz und gar nicht seiner Meinung, während Vergil und andere dichtende Zeitgenossen den Wein aus Rätien gleich hinter dem noblen Falerner ansiedelten. Und Plinius, der in naturkundlichen Dingen so gut wie alles wusste, wusste auch hier warum: Er führte den Wohlgeschmack des Weines aus dem Norden darauf zurück, dass die Winzer Rätiens ihren Rebensaft nicht, wie die Römer, in Ziegenschläuchen, sondern in Holzfässern aufbewahrten.

Die rätischen Weine wurden jedoch nicht nur in den Süden, sondern auch noch weiter nach Norden exportiert, wo römische Ministerialen und Legionäre die guten Tropfen aus ihrer Heimat vermissten, oder – wie im Rheingau, dem Donautal oder dem Thermenland am Ostalpenrand – erst selbst mühsam so etwas wie eine Weinkultur aufbauen mussten.

Das Lob des „rätischen" Weines riss auch im Mittelalter nicht ab. Zu seinen besonderen Bewunderern zählte etwa der aus Südtirol stammende Minnesänger Oswald von Wolkenstein, der eine der ersten bacchantischen Hymnen auf die Weine seiner Heimat verfasste.

Heb auff und lasz uns trincken
von disem gueten Wein
Und lämt er uns die schincken
so muess er doch herein!

Südtiroler, die auf einen Besuch in die Wachau oder nach Wien kommen, verstehen manchmal die Weinwelt nicht mehr. Wenn sich die „Nordlichter" da lange nach Einbruch der Dunkelheit noch einen schönen, spritzigen Veltliner oder Riesling bestellen, dann riskieren sie, so sie Zivilcourage besitzen (und welcher Südtiroler besäße die nicht?) ein geradeliniges: „Ja, tiat eich denn dös net weh?"

„Bacchantin" im Gannerhof: Fotokunst von Petra Mühlmann

Wie auch der berühmte Brixener Wirt Hans Fink in seinem Buch über Tisch und Keller in Südtirol einräumt, „zieht der vorsichtige Südtiroler den Roten dem Weißen vor, besonders wenn es gegen Abend geht. Das führt bei manchen so weit, dass sie Weißwein nur bis zum Zwölfuhrläuten trinken."

Diese althergebrachten Trinkbräuche mögen auf einer natürlichen Vorsicht gegenüber den höheren Säurewerten des Weißweins beruhen, die man auch in anderen Gegenden Italiens und in romanischen Ländern ganz allgemein findet – dem Südtiroler Weißwein insgesamt tun sie indessen letztlich doch ein wenig Unrecht. Ist der Südtiroler Weißwein doch alles andere als ein „edler Säuerling", auch wenn er – gerade in den höheren Regionen – durchaus stattliche Säurepromille erreicht. Der zum Großteil auf der Weißburgunderrebe aufgebaute Terlaner beispielsweise – um gleich ein besonders berühmtes Beispiel zu zitieren – ist indessen fast immer ein durchaus magenfreundlicher Genosse, ebenso wie es auch der hierzulande oft in lichte geschmackliche Höhen gekelterte Gewürztraminer oder der von manchen moderneren Weinbauern mit viel Erfolg gekelterte Chardonnay ist. Auch Ruländer, Silvaner und Sauvignon zählen dazu, zumal im Eisacktal mit großem geschmacklichen Erfolg ausgebaut.

Der Wein, mit dem in Südtirol – und damit sind wir beim vielleicht populärsten Thema der Südtiroler Weinkultur angelangt – „getörggelt" wird, ist dennoch meistens ein Rotwein, in den meisten Fällen ein Vernatsch, der einen trotz seiner scheinbaren Leichtigkeit tatsächlich ganz schön ins Torkeln bringen kann. Dennoch stammt das Wörtchen Törggelen von einer anderen sprachlichen Wurzel ab und geht auf lat. „torculum" bzw. südtirolerisch „Torggel" zurück, was nichts anderes als Traubenpresse bedeutet.

In Begleitung von Bauernspeck, saftig-aromatischen Vintschgerln, knusprigen Schüttelbroten und „Keschten" mit Butter oder Gorgonzola entwickelt sich auch und gerade ein

Fangeisen für Fürstengäste

Dass in Philippine Welsers und Erzherzog Ferdinands II. Schloss Ambras reichlich geschlemmt wurde, geht aus dem berühmten Kochbuch der Philippine Welser hervor. Weniger bekannt sind die Trinksitten des Paares, über die es in den Archiven der Ambraser Kunst- und Wunderkammern allerdings ebenfalls recht genaue Aufzeichnungen gibt.

Weinverkostungen, lernt man daraus, sind nicht erst in unserer Zeit in Mode gekommen. Die „Welserin" und ihr fürstlicher Gemahl schienen bereits ein ausgesprochenes Faible für Verkostungen aller Art gehabt zu haben, die in ihrem rundum opulenten Haushalt durchaus an der Tagesordnung waren.

Das Verkostungsritual lief immer auf dieselbe Weise ab: Auserwählte Gäste des Fürstenpaares wurden zum Dejeuner in den Schlosspark gebeten, wo eine in den Felsen gehauene Bacchusgrotte ihrer harrte. Dort speiste man an einem sogenannten „umlaufenden Tisch", der mithilfe eines unterirdischen Wasserrades mitsamt den daran sitzenden Gästen zum Gaudium aller in eine ringelspielartige Bewegung versetzt werden konnte.

Wer sich als besonderer Weinfreund zu erkennen gab, der wurde daraufhin gebeten, doch am eigens für ihn vorbereiteten, wunderschön mit floristischen Motiven ziselierten Koststuhl Platz zu nehmen.

Wenn unser „Weinprofi" dann gut saß, begann dieser Koststuhl seine geheimen Kräfte zu entwickeln – und wurde, mittels eines auf Druck reagierenden Federmechanismus zum Fangstuhl. Mit eisernen Greifarmen umschlang er den Verkoster nunmehr an Oberarmen und Schenkeln. Jetzt gab's kein Kneifen mehr. Da musste verkostet werden, was das Zeug hielt.

Offenbar galten in der Renaissance für Verkostungen jedoch eher quantitative als qualitative Kriterien. Denn man drückte dem gefesselten Weinfreund keineswegs ein Riedelglas, ja nicht einmal eines von dessen berühmten kristallenen Vorläufern aus der Glasbläserstadt Rattenberg am Inn in die Hand, sondern ein – immerhin einen Viertelmeter hohes – Trinkgefäß mit den Umrissen eines Bacchusjüngers, der auf einem Fasse ritt. Der Kopf des Jüngers war abnehmbar wie ein Stoppel und unser „Weindelinquent" wurde nunmehr dazu verdonnert, das Gefäß durch die unter dem Stoppel liegende Öffnung in einem Zug zu leeren. Schaffte er es nicht, wurde es erneut randvoll gefüllt und es gab einen zweiten Versuch. Über die Qualität des Weines schweigen sich die Annalen aus. Die Fangarme wurden jedenfalls erst wieder gelöst, wenn das Fürstenpaar launig ein „Ex" konstatieren konnte.

Da Ferdinand II. und Philippine Welser keine Unmenschen waren, wurden den prospektiven Verkostern übrigens zuvor besonders stark gewürzte Speisen vorgesetzt. Sie dürften also meist durstig genug gewesen sein, um die Prüfung mit dem Humpen zu bestehen. Wer sie geschafft hatte, der durfte sich dann als Belohnung ins Ambraser Trinkbuch (nicht zu verwechseln mit dem – etwas seriöseren – Ambraser Heldenbuch) eintragen, das Philippine Welser mit den kryptischen Worten „Ich hoff zu Gott" eröffnet hatte. Ob sie diese Eintragung vom Fangstuhl aus gemacht hat, ist leider nicht bekannt. Der Stuhl selbst funktioniert heute zwar nicht mehr, ist aber noch immer – für interessierte Organisatoren von Verkostungen mit anspruchsvollem Publikum – in den Ambraser Sammlungen unter der Inventarnummer P 289 jederzeit zu besichtigen.

Weinlese: Täfelung in Sigwarts Tiroler Weinstuben

einfacher Wein wie dieser zu einer raren Delikatesse, vor allem dann, wenn die Weingärten draußen im strahlenden Gold in der Abendsonne leuchten und sich der Duft des frisch gepressten Mostes mit jenem der Holzkohlenglut vermischt.

Anders als anderswo sehen auch die Weinberge aus, die mit den rebenumrankten Pergeln, durch welche man mit einem Fuhrwerk oder einem kleinen Traktor praktischerweise auch noch hindurch fahren kann, sicherlich zu den schönsten der Welt zählen, auch wenn, wie Skeptiker immer wieder mit Recht einwenden, die Pergel-Erziehung eher den Quantitäts- als den Qualitätsweinbau begünstigt.

Im Übrigen hat gerade der Qualitätsweinbau Südtirol in den letzten beiden Jahrzehnten maßgeblich geprägt. Die Südtiroler Weinbauern sind durchaus ernsthafte Önologen, die über die preisgünstigen Massenweine rund um den Kalterersee längst hinausdenken und international, vor allem aber in Italien selbst, als Weltklasse-Spezialisten für weiße und rote Burgunder, Sauvignons, spannende autochthone Sorten und sogar für saftige Cabernets akzeptiert sind. Kaum eine italienische Weingegend hat so viele „Drei Gläser" (die höchste Auszeichnung des italienischen Kult-Guides „Gambero Rosso") abgeräumt hat wie Südtirol und Hans Terzer, der Obmann der weltbekannten Kellerei St. Michael, wurde von Fachjournalisten für seine Sauvignons und Weißburgunder sogar zu einem der zehn weltbesten Önologen gewählt. Dennoch glänzen Südtirols Weine auf österreichischen (ja sogar auf Nordtiroler) Weinkarten meist durch Abwesenheit.

Dabei zählen Südtirols Spitzenwinzer seit Jahren zu den innovativsten der Welt. Einer der bekanntesten von ihnen, Alois Lageder, gilt (gemeinsam mit seinem Landsmann Hayo Loacker) als einer der prominentesten Vorreiter des biodynamischen Weinbaus. Das geht so weit, dass er über seinem Keller ein Windrad errichten ließ, das an eine Hifi-Anlage gekoppelt ist, die Lageders Eichenfässer mit Bachs sechstem Brandenburgischen Konzert beschallt, sobald das geringste Lüfterl aufkommt. „Auf diese Weise bleibt der Wein auch im Keller in Kontakt mit den Rhythmen der Natur", sagt der Erfinder der Weltmarke „Löwengang", der mit seinem

Typisch für Südtiroler Weinberge: die Pergeln

„Cor Römigberg" auch alljährlich beweist, dass selbst am vielgeschmähten „Kalterersee" ein hochkarätiger Cabernet in bester schwarzbeeriger Bordeaux-Tradition heranreifen kann.

Auch Lageders Römigberg-Nachbar, Michael Graf Goëss-Enzenberg (ein gebürtiger Kärntner mit Wiener Ehefrau) hat im wahrsten Sinne des Wortes Berge versetzt und mit einem „unsichtbaren High-Tech-Keller" (Architekten: Walter Angonese, Rainer Köberl und Silvia Boday) unterhöhlt, um heute einige der edelsten Tropfen der Region, wie etwa seine fleischig-aromatischen Vorzeige-Cuvée „Cassiano", zu keltern.

Weinaristokratie pur verkörpert, ohne deshalb von Adel zu sein, auch Luis Raifer, der als jahrzehntelanger Obmann der Kellereigenossenschaft Schreckbichl und Erfinder der Marke „Cornell" so etwas wie der ungekrönte König des Südtiroler Weins, vor allem aber des „Lagrein Dunkel" ist. Von jener viril-energetischen Rebsorte also, die nach Bitterschokolade schmeckt und alljährlich für etliche der interessantesten Südtiroler Kreszenzen verantwortlich ist.

Mindestens ebenso spannend ist freilich der Gewürztraminer, jener hocharomatische autochthone Tropfen, der – wie etwa in Kurtatsch mit über 15 % Alkohol – höchste önologische Sprengkraft oder, wie unter den Händen der charmanten Kastelaz-Winzerin Elena Walch – sprühenden Charme und unverschnörkelte Elegance zu erreichen vermag.

Trotz solcher Welterfolge ist auch die „gute alte" und mitunter vielgeschmähte Vernatschrebe alles andere als ausgestorben. Und wer weiß, vielleicht kommen auch einmal wieder Weinzeiten, in denen Weine nicht, wie heute, nur nach Dichte, Struktur, Extrakt und Haltbarkeit beurteilt werden, sondern nach einem Kriterium, in dem gerade der „typische Südtiroler" nach wie vor unschlagbar ist – nämlich in der Bekömmlichkeit.

Tiroler Küchenlexikon

Blaukraut – Rotkraut
Boxelemehl – Johannesbrotmehl
Erdäpfel – Kartoffeln
Fisolen – grüne Bohnen
Holler – Holunder
Kaminwurzen – Dauerwurst
Karfiol – Blumenkohl
Keschtn – Maroni – Edelkastanien
Kitz – Ziegenjunges
Kohlsprossen – Sprossenkohl
Kren –Meerrettich
Krusteln – Croûtons
Kutteln – Kaldaunen
Lauch – Porree
Melanzani – Auberginen
Moosbeeren – Schwarzbeeren – Heidelbeeren
Mues, Mus – Koch
Nigelen, Nigelan – festliches süßes Schmalzgebäck aus Osttirol
Obers, Schlagobers – Sahne
Plenten – Polenta, Maisgrieß
Ronen – Rote Bete – Rote Rübe
Rucola – Rauke
Sauerrahm – saure Sahne
Schöpsernes – Hammelfleisch
Schotten, Schott – Topfen, Quark
Schwarzplenten – Buchweizen
Tirtlen, Tirtln, Türschtlan – Schmalzgebäck aus Nudel- oder Erdäpfelteig
Vogerlsalat – Feldsalat
Zieger – Molkenkäse

Küchenfachausdrücke

tranchieren – zerlegen, in Scheiben schneiden
reduzieren – einkochen
montieren – mit Butter oder Obers weich, samtartig machen
pochieren – gar ziehen lassen
blanchieren – überbrühen
sautieren – anschwitzen
drapieren – in Falten legen, kunstvoll anrichten
legieren – mit Obers oder Ei binden
confieren – langsam garen
glacieren – überglänzen
nappieren – überziehen
gratinieren – überbacken
parieren – Fett, Sehnen und Häute entfernen

Espuma-Flasche – Siphonflasche zum Herstellen von Schäumen
Salamander – Grillschlange
Sorbetiere – spezielle Eismaschine zum Erzeugen von Sorbets
Etamin – feinmaschiges Küchentuch

Abkürzungen

kg = Kilogramm
g = Gramm
TL = Teelöffel
EL = Esslöffel
Msp. = Messerspitze
Pkg. = Packung
l = Liter
ml = Milliliter
cl = Zentiliter

Die Rezepte sind – wenn nicht anders angegeben – für vier Personen gedacht.

Adressen der Gasthöfe

Gannerhof
Familie Mühlmann
A-9932 Innervillgraten 93
Tel.: +43 (0)4843/5240
Fax: +43 (0)4843/5506
gannerhof@aon.at
www.gannerhof.at
Ruhetage: Montag, Dienstag

Hotel Elephant
Weißlahnstraße 4
I-39042 Brixen
Tel.: +39 0472/832 750
Fax: +39 0472/836 579
info@hotelelephant.com
www.hotelelephant.com

Sigwarts Tiroler Weinstuben
Anton Sigwart
Marktstraße 40
A-6230-Brixlegg
Tel.: +43 (0)5337/63390
Fax: +43 (0)5337/63390-15
tiroler-weinstuben@aon.at
www.tiroler-weinstuben.at
Ruhetage: Montag, Dienstag, Mittwoch (außer wenn Feiertag)

Landgasthof Linde
Familie Christina und Hannes Ebster
Dorf 2
A-6275 Stumm im Zillertal
Tel.: +43 (0)5283/2277
Fax: +43 (0)5283/2277-50
info@landgasthof-linde.at
www.landgasthof-linde.at
Ruhetag: Montag, in der Zwischensaison Montag und Dienstag

Parkhotel Tristachersee
Familie Kreuzer
Tristachersee 1
A-9900 Lienz
Tel.: +43 (0)4852/67666
Fax: +43 (0)4852/67699
parkhotel@tristachersee.at
www.parkhotel
tristachersee.at

Paznauner Stube – Hotel Trofana Royal
Küchenchef Martin Sieberer
Dorfstraße 95
A-6561 Ischgl
Tel.: +43 (0)5444/600
Fax: +43 (0)5444/600-90
office@trofana.at
www.trofana.at

Pretzhof
Tulfer 259
I-39040 Wiesen/Pfitsch
Tel. & Fax: +39 0472/764455
info@pretzhof.com
www.pretzhof.com
Ruhetage: Montag und Dienstag (außer wenn Feiertag)

Adressen der Produzenten und Lieferanten

Pilze, Pilzberatungen, Ausstellungen
Verein für Pilzkunde Tirol/ Jenbach
Achenseestraße 21
A-6200 Jenbach
Tel.: 05244 64380

Edelbrände (z. B. Krautinger = Wildschönauer Rübenbrand), Liköre, Marmeladen u.v.m.
Beate Holaus
Dillentalhof
Auffach 50
A-6313 Wildschönau

Fische
Gerhard Markl
Römerstr 22
A-6230 Brixlegg

Achenseefische
Anton Kandler
A-6212 Maurach 43g

Ziegenkäse und Ziegenmilch
Jausenstation Asperhof
Familie Entner
Oberberg 56
A-6252 Breitenbach
peter_e80@nusurf.at

Metzgerei
Johann Wegscheider
Emberg 60
A-6272 Kaltenbach

Jagd und Imkerei
Franz Hohenauer
Am Bergl 18
A-6233 Kramsach

Blüten- und Waldhonig, Vermietung von Ferienwohnungen und Almhütten
Anton Gutwenger
Hochberg 23
A-9932 Innervillgraten
info@gutwenger.at
www.gutwenger.at

Eier aus Bodenhaltung
Anton Bodner
Oberried 32
A-9912 Anras
bodner.anton@aon.at

Ziegentopfen, Frischkäse von Kuh und Ziege
Maria und Alois Hofmann
vulgo Nolte
Noltnerhof
Innervillgraten 118
A-9932 Innervillgraten
nolte@tirolspeed.com

Vinothek, Weinimport – die Philosophie vom guten Trinken und Essen
Weinphilo
Alexandra und Mario Urso
Messinggasse 11
A-9900 Lienz
info@weinphilo.com
www.weinphilo.com

Salami & Rindfleisch
Franz Walder vulgo Schaller
Kalkstein 151
A-9932 Innervillgraten

Edelbrände
(Pregler, Orangenbrand,
Quitte, Rote Williams u.v.m.)
Rudolf-Maria Schwarzer
Mühlgasse 29a
A-9900 Lienz
info@schwarzerbrennerei.at
www.schwarzerbrennerei.at

Hafer und Erbsen,
Rüben- Weißkraut
fürs Sauerkraut
Hubert Senfter
Innerahornhof
Innervillgraten 7
A-9932 Innervillgraten

Grau- und Hüttenkäse,
Bauernbutter, Käsebolla
Magdalena Senfter
Innervillgraten 10
A-9932 Innervillgraten

Schafwollprodukte sowie
im Bauernladen Schaf- und
Ziegenkäse, Lammschinken
und -würste u.v.m.
Villgrater Natur Produkte
Josef Schett KG
Josef Schett
Innervillgraten 16
A-9932 Innervillgraten
josef.schett@villgraternatur.at
www.villgraternatur.at

Milchkälber
Ludwig Schett vulgo Keppler
A-9932 Innervillgraten 8

Käsesorten, die vorwiegend
mit Rohmilch oder Milch von
Almtieren (Kühen, Schafen, Ziegen)
hergestellt werden
„Degust" - Käsekunst -
„Formaggi d'artista
Hansi und Edith Baumgartner
Löwecenter/Eisackstraße 1
I-39040 Vahrn
info@degust.com
www.degust.com

Buchweizen und Schaffleisch
Andreas Bodner
Hollererhof
Karnol 80
I-39042 St. Andrä

Speck
Viumser Speck OHG
des Priller Robert
Handwerkerzone 54
I-39040 Viums

Rezeptnachweis

Traudi und Lydia Sigwart

26 u, 28, 29, 36, 42, 46, 49, 50, 52, 53, 54 o, 58, 63, 70, 71, 72, 77, 81, 84 u, 87, 88, 91, 98, 100, 102, 109, 110, 114, 117, 118 u, 121, 123, 124, 125 o, 130 u, 131, 133 u, 134, 135, 136, 139, 142, 143, 144, 145, 146, 147, 150, 152, 155, 161, 162, 164, 170, 171, 174, 175, 176, 179, 183, 186, 188 u, 189, 191, 192, 195, 197 u, 198, 203, 204, 206, 211, 213, 215, 217, 218, 220, 221, 223 o, 226, 228, 230, 232, 234, 236, 238, 243, 260, 261, 262, 264, 265, 267, 268, 271, 272, 276, 277, 278, 279, 280, 281, 284, 287, 288, 292, 293, 294, 297, 304, 312, 315, 321 o, 322 o, 325, 326, 329, 330 o, 337, 339, 344, 346, 347, 352, 354, 369 o, 370 o, 372 m, 375 o, 376 o, 377 u, 378, 379

Viktor Grunser

32, 33, 35, 41, 43, 44, 47, 51, 54 u, 56, 57, 60 u, 61, 64, 65, 69, 74, 78, 84 o, 86, 89, 90, 92, 93, 94, 97, 99, 103, 105, 112, 120, 126, 133 m, 149, 153, 154, 156, 158, 159, 163, 167, 168, 169, 172, 182, 187, 193, 199, 200, 201 u, 202, 207, 209, 212, 214 u, 222, 224, 229, 231, 235, 239, 240, 248, 266, 274 o, 285, 291, 295, 300, 302, 309 o, 310 o, 311, 319, 320, 327, 333, 334 u, 338, 341, 343 u, 350 o, 359 u, 360, 361, 362, 375 m,

Josef Mühlmann

25, 26 o, 30, 34, 37, 39, 55, 68, 76, 79, 80, 83, 95, 111, 115, 122, 133 o, 137, 140, 165, 166, 177, 184, 205, 210, 219 o, 242, 244, 245, 246, 247, 250, 251, 252, 253, 255, 257, 258, 259, 270, 274 u, 283 o, 286, 290, 301, 310 u, 316, 317, 318, 321 u, 322 u, 324, 330 u, 332, 334 o, 336, 340, 343 o, 345, 348, 350 u, 351, 356 o, 368, 372 o, 375 u, 376 u, 377 o

Archiv Löwenzahn/Rezepte von Osttiroler Bäuerinnen

113, 116, 125 u, 127, 128, 129, 130 o, 214 o, 303, 306 u, 307, 308, 309 u, 331, 355, 356 u, 357, 358, 359 o, 359 m, 369 m, 369 u, 370 u, 371, 372 u, 374,

Christoph Wagner

24, 60 o, 75, 82, 101, 104, 108, 118 o, 138, 188 o, 194, 201 o, 219 u, 223 u, 225, 249, 283 u, 306 o, 364, 365

Parkhotel Tristachersee

63, 197 o

Pretzhof

40

Martin Sieberer

256

Landgasthof Linde

275

Ein herzliches Dankeschön!

Lydia und *Gertraud Sigwart*, *Viktor Grunser*, *Josef Mühlmann*, *Christoph Wagner*, den Fotografen *Ursula Nusser* und *Bernhard Aichner* für die hervorragenden Rezepte, Texte und Bilder.

Allen MitarbeiterInnen in Küche und Service für die Unterstützung bei den Fototerminen.

Den Erzeugern und Lieferanten regionaler Produkte für ihre Zeit und ihr Engagement.

Martin Sieberer, *Familie Kreuzer* vom Parkhotel Tristachersee, *Familie Mair* vom Pretzhof, *Familie Ebster* vom Landgasthof Linde für ihre besten Rezepte.

Renate Wagner-Wittula für das Lektorat.

Anton Sigwart, *Alois und Verena Mühlmann*, *Heinrich Radmüller* und *Fritz Müller* für Rat und Tat.

Ines Zwerger und *Kurt Höretzeder* für die grafische Gestaltung.

Einfach allen, die zum Entstehen dieses Kochbuchs beigetragen haben!

Das Löwenzahn Verlags-Team

Rezeptregister

A

B

G

L

Q

R

W

Z

www.tirolshop.com
Tirol
Naturnah
die neue Kollektion